九色鹿

陈春晓 — 著

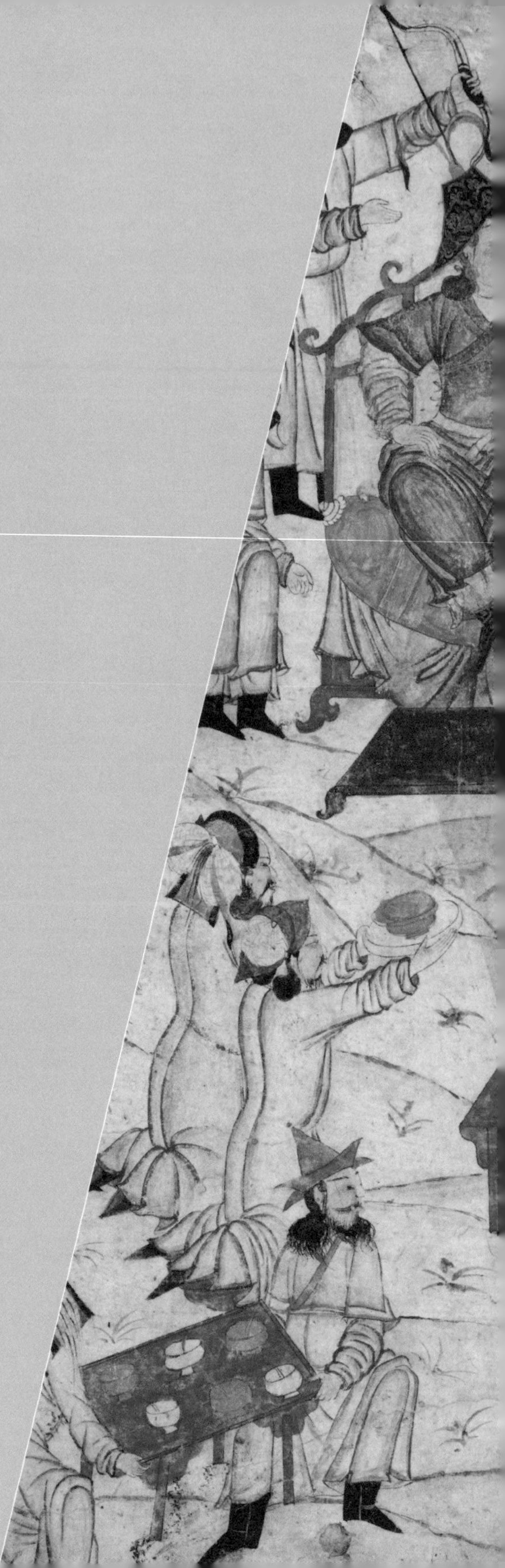

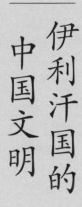

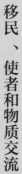

伊利汗国的中国文明

移民、使者和物质交流

社会科学文献出版社
SOCIAL SCIENCES ACADEMIC PRESS (CHINA)

序

蒙元时期是中国古代中外交往最为密切的时代，在蒙古四大汗国建立后，元朝与以伊朗为中心的伊利汗国之间的关系十分密切，人员往来频繁，文化交流丰富多彩。因此，蒙元时代的中国与伊朗交流史是古代中外关系史研究中的重要课题。然而，已有的成果大多立足中国，讨论伊朗文明对中国的影响，而较少论及中国文明在伊朗的传播情况。陈春晓的这部著作转换了研究视角，以中国文明在伊朗的传播为主要研究对象，这对整个中国古代中外关系史的研究领域来说，是一个重要的题目，特别是在丝绸之路研究热潮兴起的今天，这个题目不仅有学术意义，还有现实价值。

这一角度的系统考察在国内尚属首次，难度较高。为什么说难度高呢，因为这项研究需要建立在丰富而多样的史料基础之上，不仅要利用大量的波斯语、阿拉伯语文献，同时还要使用汉语、蒙古语、突厥语、叙利亚语、亚美尼亚语等多语种材料，相互参证，去伪存真。由于这个问题的研究需要相当多的投入，特别是需要驾驭波斯语材料的能力，因此中国学者在这方面的研究往往止步不前。陈春晓竭尽所能地运用新旧史料，克服重重困难，使得她的研究细致而深入。

这部著作在许多方面颇有创获，如作者首次对徙居伊利汗国的中国移民群体做了全面而系统的考察，包括对军匠、医师、儒生、道士、佛僧、画师等各类人物，都做了详细的钩沉和分析研究；并通过发掘新史料，对元朝与伊利汗国的遣使事件及两国外交关系，特别是对那些前人讨论较少的使团，得出不少有价值的结论。物质文化方面的中伊交流史是本书所论最为丰富多彩的地方，对于伊利汗国时代进入伊朗地区的中国物质文化产品，如玉石、铜铁制品等，都做了详细的说明，也首次翻译出大量相关的波斯文材料；而名物的考辨和流传过程的分析，则对古代物质文化传播史及社会生活史的研究，均具有极大的参考价值。在物质文化研究在史学研究中越来越受关注的今天，陈春晓的这项研究成果，更具有多学科的意义，一定会在中外关系史领域以及其他史学领域中，彰显出它的价值。

陈春晓在硕士、博士期间受过良好的中国历史学训练，同时也在南京大学跟从刘迎胜教授、在北京大学跟从王一丹教授学习波斯语，打下良好的基础。在随我做博士论文期间，又利用北京大学马可·波罗研究项目的资助，得以到伊朗德黑兰大学进修一个学期，跟从乌苏吉（M. B. Vosoughi）教授等学习波斯语，走访了许多伊利汗国的遗址，同时收集了大量国内难得一见的波斯语材料，为她的博士论文写作打下了良好的基础。本书正是在这样难得的机遇和作者本人的刻苦等多种因缘的推动下，得以完成。

春晓毕业后，到中国社会科学院民族学与人类学研究所工作，并到新疆挂职两年，深入南疆社会，了解西域风土人情。她一边拓展自己的研究领域，一边修订博士论文，还坚持不懈地参加我主持的马可·波罗项目，是我们项目的主力之一。由于这样的缘分，我在此略述这部著作的学术旨趣与学术价值，是为序。

荣新江

2023 年 1 月 1 日

于三升斋

缩略语

（附：主要史料版本使用原则）

（一）*EI=The Encyclopaedia of Islam.*

（二）*EIr=Encyclopædia Iranica.*

（三）*Dihkhudā*=ʻAlī Akbar Dihkhudā, *Lughat-nāma*, ed. by Muḥammad Muʻīn & Jaʻfar Shahīdī, Tehran: Muʾassasa-ʾi Intishārāt va Chāp-i Dānishgāh-i Tihrān, 1993-1994.

（四）《五世系》（又译《五族谱》）=*Shuʻab-i Panjgāna*, Istanbul: Topkapı Sarayı Müzesi Kütüphanesi, MS. Ahmet III 2937.

（五）《史集》"蒙古史"

本书使用了《史集》"蒙古史"的多种版本和译本。引用原则是：以汉译本为首选；当汉译本翻译有误，或涉及专名的波斯文转写时，则根据苏联集校本的波斯文原文译出；苏联集校本未刊出部分，则据伊斯坦布尔抄本、塔什干抄本、伊朗议会图书馆抄本译出。

1. 汉译本

第 1 卷 = 拉施特:《史集》，余大钧、周建奇译，商务印书馆，1983。

第 2 卷 = 拉施特:《史集》，余大钧、周建奇译，商务印书馆，1985。

第 3 卷 = 拉施特:《史集》，余大钧译，商务印书馆，1986。

2. 苏联集校本

Vol. 1 part 1 = Rashīd al-Dīn Fażl Allāh, *Jāmiʿ al-Tavārīkh*, ed. by A. A. Romaskevich, L. A. Khetagurov and ʿA. ʿA. ʿAlīzāda, Moscow: Intishārāt-i Dānish, 1965.

Vol. 2 part 1 = Rashīd al-Dīn Fażl Allāh, *Jāmiʿ al-Tavārīkh*, ed. by ʿA. ʿA. ʿAlīzāda, Moscow: Intishārāt-i Dānīsh, Shuʿba-yi Adabiyyāt-i Khāvar, 1980.

Vol. 3 = Rashīd al-Dīn Fażl Allāh, *Jāmiʿ al-Tavārīkh*, ed. by ʿA. ʿA. ʿAlīzāda, Baku: Farhangistān-i ʿUlūm-i Jumhūr-i Shuravī-yi Sūsīyālistī-yi Āẕarbāyjān, 1957.

3. 伊斯坦布尔本 = Rashīd al-Dīn Fażl Allāh, *Jāmiʿ al-Tavārīkh*, Istanbul: Topkapı Sarayı Müzesi Kütüphanesi, MS. Revan 1518.

4. 塔什干本 = Rashīd al-Dīn Fażl Allāh, *Jāmiʿ al-Tavārīkh*, Tashkent: Abu Rayhan Biruni Institute of Oriental Studies of the Academy of Sciences of the Republic of Uzbekistan, MS. 1620.

5. 伊朗议会图书馆本 = Rashīd al-Dīn Fażl Allāh, *Jāmiʿ al-Tavārīkh*, Tehran: Kitābkhāna-yi Majlis-i Shurāy-i Millī, MS. 2294.

（六）《瓦撒夫史》

本书使用《瓦撒夫史》多种刊本和译本。引用原则是：第 1 卷使用哈默尔刊本，第4卷使用内贾德刊本，第2、3、5卷使用孟买石印本。同时多种刊本参校。

1. 哈默尔刊本

Band 1 = Vaṣṣāf al-Ḥażrat, *Geschichte Wassaf's*, Persisch herausgegeben und Deutsch übersetzt von Hammer-Purgstall, Wien: Verlag der Österreichischen Akademie der Wissenschaften, 2010.

Band 2 = Vaṣṣāf al-Ḥażrat, *Geschichte Wassaf's*, Deutsch übersetzt von Hammer-Purgstall, Wien: Verlag der Österreichischen Akademie der Wissenschaften, 2010.

Band 3 = Vaṣṣāf al-Ḥażrat, *Geschichte Wassaf's*, Deutsch übersetzt von Hammer-Purgstall, Wien: Verlag der Österreichischen Akademie der Wissenschaften, 2012.

Band 4 = Vaṣṣāf al-Ḥażrat, *Geschichte Wassaf's*, Deutsch übersetzt von Hammer-Purgstall, Wien: Verlag der Österreichischen Akademie der Wissenschaften, 2016.

2. 内贾德刊本 = ʿAbd Allāh ibn ʿIzz al-Dīn Fażl Allāh Shīrāzī, *Tajziyat al-Amṣār wa Tazjiyat al-Aʿṣār*, Vol. 4, ed. by ʿAlī-Riżā Ḥājyān Nizhād, Tehran: Intishārāt-i Dānishgāh-i Tihrān, 2009.

3. 孟买石印本 = Vaṣṣāf al-Ḥażrat, *Tārīkh-i Vaṣṣāf al-Ḥażrat*, Bombay: Muḥammad Mahdī Iṣfahānī, 1853, 5 vols in 1.

（七）《完者都史》= Abū al-Qāsim ʿAbd Allāh ibn Muḥammad Qāshānī, *Tārīkh-i Ūljāytū*, ed. by Mahīn Hambalī, Tehran: Bungāh-i Tarjuma va Nashr-i Kitāb, 1969.

（八）《心之喜悦》

1. 校勘本 = Ḥamd Allāh Mustawfī Qazvīnī, *The Geographical Part of the Nuzhat al-Qulūb*, ed. by G. Le Strange, Leiden: E. J. Brill; London:

Luzac & Co., 1915.

2. 英译本 = Ḥamd Allāh Mustawfī Qazvīnī, *The Geographical Part of the Nuzhat al-Qulūb*, tr. by G. Le Strange, Leiden: E. J. Brill; London: Luzac & Co., 1919.

（九）比鲁尼《医药书》

1. 阿拉伯文本 =Abū Rayḥān Bīrūnī, *Kitāb al-Ṣaydana fī al-Ṭibb*, ed. by ʿAbbās Zaryāb, Tehran: Markaz-i Nashr-i Dānishgāhī, 1991.

2. 波斯文本 = Abū Rayḥān Bīrūnī, *al-Ṣaydana fī al-Ṭibb*, tr. by Bāqir Muẓaffarzāda, Tehran: Farhangistān-i Zabān va Adab-i Fārsī, 2004.

3. 英译本 = *Al-Biruni's Book on Pharmacy and Materia Medica*, tr. & ed. by Hakim Mohammed Said and Sami K. Hamarneh, Karachi: Hamdard National Foundation, 1973.

（十）《迹象与生命》=Rashīd al-Dīn, *Āsār va Aḥyā'*, ed. by M. Sutūda and Ī. Afshār, McGill University-Tehran University Press, 1989.

转写规范

本书中波斯语、阿拉伯语、突厥语的转写，采用IJMES（International Journal of Middle East Studies）转写系统。

IJMES TRANSLITERATION SYSTEM FOR ARABIC, PERSIAN, AND TURKISH

Consonants

A = Arabic, P = Persian, OT = Ottoman Turkish, MT = Modern Turkish

	A	P	OT	MT		A	P	OT	MT		A	P	OT	MT
ء	ʾ	ʾ	ʾ	—	ز	z	z	z	z	ك	k	k *or* g	k *or* ñ	k *or* n
ب	b	b	b	b *or* p	ژ	—	zh	j	j				*or* y	*or* y
پ	—	p	p	p	س	s	s	s	s				*or* ğ	*or* ğ
ت	t	t	t	t	ش	sh	sh	ş	ş	گ	—	g	g	g
ث	th	s̱	s̱	s	ص	ṣ	ṣ	ṣ	s	ل	l	l	l	l
ج	j	j	c	c	ض	ḍ	ż	ż	z	م	m	m	m	m
چ	—	ch	ç	ç	ط	ṭ	ṭ	ṭ	t	ن	n	n	n	n
ح	ḥ	ḥ	ḥ	h	ظ	ẓ	ẓ	ẓ	z	ه	h	h	h[1]	h[1]
خ	kh	kh	h	h	ع	ʿ	ʿ	ʿ	—	و	w	v *or* u	v	v
د	d	d	d	d	غ	gh	gh	g *or* ğ	g *or* ğ	ي	y	y	y	y
ذ	dh	ẕ	ẕ	z	ف	f	f	f	f	ة	a[2]			
ر	r	r	r	r	ق	q	q	ḳ	k	ال	[3]			

[1] When h is not final. [2] In construct state: at. [3] For the article, al- and -l-.

Vowels

		ARABIC AND PERSIAN	OTTOMAN AND MODERN TURKISH	
Long ا or	ى	ā	ā	words of Arabic and Persian origin only
	و	ū	ū	
	ي	ī	ī	
Doubled	ـِيّ	iyy (final form ī)	iy (final form ī)	
	ـُوّ	uww (final form ū)	uvv	
Diphthongs	وَ	au *or* aw	ev	
	يَ	ai *or* ay	ey	
Short	ـَ	a	a *or* e	
	ـُ	u	u *or* ü / o *or* ö	
	ـِ	i	ı *or* i	

For Ottoman Turkish, authors may either transliterate or use the modern Turkish orthography.

目 录

导　论

一　研究对象和意义

中国与伊朗的往来与交流是古代中外关系史的重要组成部分。中国正史对此的记载，始自《史记·大宛列传》之“安息”国，之后历代的史书皆延续了这一传统。而考古发现更把中国与伊朗的接触时间大大前推。可以说，从人类文明诞生以来，亚洲的东方与西方之间直接或间接的交流就从未中断过。至蒙元时代，蒙古人对世界的征服，使中国与伊朗第一次处于同一个大政权的统治之下，因此，这一时期两国之间的往来关系具有了与以往时代不同的特征。

伊利汗国的建立者旭烈兀，是成吉思汗第四子拖雷之子，宪宗蒙哥与世祖忽必烈的同母弟，其身份极其尊贵。1252 年，他受蒙哥汗之命率兵“征西域素丹诸国”，[1] 先后攻灭盘踞祃拶答而（Māzandarān，今译马赞德兰）的木剌夷诸堡垒，推翻报达（Baghdād，今译巴格达）的黑衣大食政权，并一度占领了苫国（Shām，即叙利亚）的部分地区。他征服的这些地区，构成了后来伊利汗国的大体疆域。然而在旭烈兀西征之初，他只是作为蒙哥合罕派出的代表，率领着从各支蒙古军队中抽出的五分之一的人马向西征服。这些即将征服的土地当时并未被许诺给旭烈兀，他在伊朗一直是以合罕“代理人”的身份实施统治。直到蒙哥去世、忽必烈与阿里不哥争位之际，忽必烈为了得到旭烈兀的支持，才将“自阿母河至苫国及密昔儿（Miṣr，即埃及）遥远边境的土地”投桃报李地赐封给了他。[2] 自此之后，旭烈兀控制的这些地区正式成为他的合法领地，并在他去世后，由他的后裔继承统治。

在当时的波斯语文献中，这片东至阿母河、西至小亚细亚、南至波斯湾、北至高加索的广大领土，常常被称作“伊朗”（Īrān）或“伊朗之地”（Īrān Zamīn）。[3] 而一些史料和钱币上出现的“伊利汗”

1　《元史》卷三，中华书局，1976，第 46 页。

2　《史集》苏联集校本，Vol.3，p.90；参看汉译本，第 3 卷，第 94 页。

3　Īrān 这一名称，在前伊斯兰时代就被用来称呼这个国家，但在阿拉伯人征服此地之后，伊朗成为伊斯兰帝国的一部分，Īrān 这个名称就不再使用了。伊朗民族主义兴起后，使用新波斯语写作的诗人菲尔多西（Firdawsī）在其伟大史诗《列王纪》（*Shāhnāma*）中用 Īrān 等相关词语描述古代强盛的波斯帝国。蒙古人推翻哈里发政权后，Īrān 这个古老的名字被重新启用，成为伊利汗国的官方称谓。参看 Dorothea Krawulsky, *The Mongol Īlkhāns and Their Vizier Rashīd al-Dīn*, Frankfurt am Main: Lang, 2011, pp. 43-51。

（Īlkhān）一词，则被用以称呼旭烈兀及其继任诸汗，[1]这个政权和王朝也被后来的学者们称为“伊利汗国”（Ilkhanate）和“伊利汗朝”（Ilkhanid）。

一方面由于旭烈兀与忽必烈的同胞亲谊，另一方面更因为元朝与伊利汗国地处整个蒙古帝国的东西两端，中间隔着需要它们共同对付的察合台汗国和窝阔台汗国，是以，元朝和伊利汗朝这两个王朝自成立之始，就建立了较之其他汗国更为友好和密切的关系，直至两个王朝灭亡。在这一政治背景下，13—14 世纪这将近百年的时段中，伊朗与中国的人员往来、物质交流、文化传播达到了空前繁荣的程度。对中国方面来说，大批入华波斯回回将伊朗伊斯兰文明传入中原汉文明土壤中。蒙古统治者对色目人的倚重，促使回回文化对元朝历史产生了重要的作用，也对中土文明产生了相当强势的影响。大量的汉文史料与考古资料都反映了这一历史文化现象，也因此得到学者持续不断的深入研究，积累了丰硕的成果。[2]

相较而言，中国与伊朗交流的另一方向，即中国文明向伊朗的传播情况，则显得晦涩不明。这一研究现状的形成，既有主观因素，也有客观原因。主观因素是，中国学者的研究兴趣往往更偏重于本土，更关心外来文化带给中国的影响，而相对较少关注中华文

---

1 Īlkhān 的含义，学界有不同意见，多数认为 Īl- 为突厥语“从属”之意，表示旭烈兀家族对蒙古大汗及后来元朝的臣属。可参看 Gerhard Doerfer, *Türkische und mongolische Elemente im Neupersischen*, Band 2, Wiesbaden: Franz Steiner, 1965, S. 207-209。

2 关于元代回回文化研究，专著有陈垣《元西域人华化考》，励耘书屋，1934；陈久金《回回天文学史研究》，广西科学技术出版社，1996；宋岘《〈回回药方〉考释》，中华书局，2000；白寿彝主编《中国回回民族史》，中华书局，2003；杨志玖《元代回族史稿》，南开大学出版社，2003；马建春《元代东迁西域人及其文化研究》，民族出版社，2003；张迎胜《元代回族文学家》，人民出版社，2004；刘迎胜《〈回回馆杂字〉与〈回回馆译语〉研究》，中国人民大学出版社，2008；尚衍斌《元史及西域史丛考》，中央民族大学出版社，2013；马娟《元代伊斯兰教研究》，上海古籍出版社，2020；等等。

明向世界的传播进程。而更重要的客观原因则是史料的限制，汉文文献对遥远西方世界的记载较为匮乏，仅借助汉文史料，难以对伊朗伊斯兰地区的历史做深入研究。相反，波斯文、阿拉伯文等穆斯林文献，对这一研究而言，不论价值还是数量都超过了汉文史料。刘迎胜先生曾指出："就元史、蒙古史史料而言，汉文文献详于内地，略于西域；而穆斯林史料却恰恰相反。"[1] 正因如此，要研究中国文明在伊朗的传播历史，波斯文、阿拉伯文史料是要利用的最主体、最重要资料。19 世纪以来，西方学者一直在持续不断地搜集、整理、校勘波斯文、阿拉伯文史料，一些重要的文献相继得到刊布出版、翻译和注释。时下，文献及各种形式的资料储备已经能够为研究这一问题提供较好的基础。

在这样的前提下，今天来研究中国文明对伊朗的影响，既是可以实现的，也是极具现实意义的。现今的中国已经崛起为世界不可忽视的政治力量，我们有必要，也亟须讨论中华文明的向外传播和中国文化的世界影响力问题。本书即将考察的中国文明在伊朗的传播，就是尝试在古代历史范畴中对这一问题做出回应。

二　学术史回顾

中国和伊朗的关系史，一直受到中国学术界的持续关注。20 世

1　刘迎胜：《察合台汗国史研究》，上海古籍出版社，2011，第 4 页。

纪初，我国历史学家张星烺出版了中外关系史巨著《中西交通史料汇编》，其中第六编“中国与伊兰之交通”梳理了整个古代中国与伊朗的往来交通历史。这部资料汇编，将汉文古籍中的相关史料尽可能地全部辑出，为研究中伊关系史奠定了基础。[1]

20世纪80年代，朱杰勤先生出版了《中国和伊朗关系史稿》，提纲挈领地论述了中国与伊朗往来交流通史。他从两国的政治关系、陆海交通、人员往来、技术传输、宗教传布、艺术影响、贸易流通及文学交互等各个方面做了探讨。[2]

具体到蒙元时期的中伊关系研究，主要有美国历史学家爱尔森（Thomas T. Allsen）撰写的专著《蒙元欧亚大陆的文化与征服》。[3]此书从政治外交和物质交流两大方面考述蒙元时期中国与伊朗的往来关系。正文三章是围绕着三个问题进行的专题性研究。第一个专题为元朝与伊利汗国的政治经济关系，按时间顺序梳理了两国的外交往来。第二个专题是对中伊交往史上的重要媒介性人物孛罗丞相的研究。第三个专题涉及文化交流方面，分别从历史编纂学、地理地图学、农业、饮食、医药、天文学及绘画各领域论述中国与伊朗的交流和相互影响。这部著作虽然篇幅不大，但集中展现了蒙古时代东西方的交流历史，作者对汉文史料及波斯文史料的对比应用，使其论证充实而有力。

近年来，中国学者在中伊关系史研究领域取得了较大进展。复旦大学邱轶皓于2019年出版了他的专著《蒙古帝国视野下的元史与

1 张星烺:《中西交通史料汇编》，辅仁大学图书馆，1930。

2 朱杰勤:《中国和伊朗关系史稿》，新疆人民出版社，1988。

3 Thomas T. Allsen, *Culture and Conquest in Mongol Eurasia*, Cambridge; New York: Cambridge University Press, 2001.

东西文化交流》。[1] 全书由13篇专题研究论文组成，既有对蒙元时期中伊交往中史事、名物、文献的个案考证，也有关于蒙古帝国（包含各汗国）政治观念、文化传统、组织结构等宏观问题的思考和探索。作者熟练地运用汉文、波斯文、阿拉伯文等多语种史料，大力推动了中国在蒙古史、中伊关系史领域研究的进展。

此外，蒙元时代中国与伊朗关系史的研究还散见于伊利汗国史、中伊交流史、艺术史的论著中。这三个研究领域各有侧重，各具学术传统，成果十分丰富。

（一）伊利汗国史研究

19世纪是西方蒙元史研究的大发展时期，比较语言学的影响促使学者使用多语种的文献史料进行历史研究。欧洲学者是该研究领域的先行者，瑞典的伟大历史学家多桑（C. d'Ohsson）凭借其通晓多种语言的优势，利用巴黎所藏东方文献，用法文写成了他的鸿篇名作《蒙古史》。[2] 多桑的史书编排受到伊利汗国史学家拉施都丁（Rashīd al-Dīn Fażl Allāh Hamadānī，又译“拉施特”）《史集》（*Jāmiʿ al-Tavārīkh*）的影响，后半部分着力于讲述伊朗蒙古王朝的历史，即按照年代顺序，对从旭烈兀至不赛因的伊朗统治史做了系统的论述。多桑之书的价值在于他引用了大量的穆斯林史料，有些史料在之后近两百年内都不易被研究者所利用，所以在很长一段时间内，《多桑蒙古史》都是学者借鉴参考的主要论著。

1　邱轶皓：《蒙古帝国视野下的元史与东西文化交流》，上海古籍出版社，2019。

2　C. d'Ohsson, *Histoire des Mongols: depuis Tchinguiz-Khan jusqu'à Timour Bey, ou Tamerlan*, La Haye: Les frères van Cleef, 1834-1835. 汉译本见《多桑蒙古史》，冯承钧译，商务印书馆，1935。

德国具有深厚的东方学传统，以语言学、文献学研究为其重点。20 世纪初苏俄学者对蒙古时代中亚、伊朗历史的研究传统，通过米诺尔斯基（Vladimir Minorsky）经法国进入欧洲学术界，德国哥廷根大学伊朗学家欣茨（Walther Hinz）成为伊朗学“历史学派”的奠基人。他专长于伊朗社会、经济、制度及文化史，刊布的 14 世纪会计指南《幸福之书》（*Risāla-yi Falakiyya*）是研究伊利汗国财政税收和社会经济的一手文献。[1] 他的学生罗默尔（Hans Robert Römer）和施普勒（Bertold Spuler）继承并发扬了他的学术特点。罗默尔专长后伊利汗时代的伊朗史和埃及马木鲁克史研究。

施普勒主要研究伊斯兰早期及蒙古统治时期的伊朗，其代表作《蒙古人在伊朗：伊利汗朝的政治、行政制度和文化（1220—1350）》是一部研究伊利汗国历史的专著。此书不再是按时间顺序进行历史叙述，而是按照专题研究的形式，介绍伊利汗国的政治、宗教、军事、经济、对外关系、社会生活等各个方面。[2] 其中大量使用波斯文、阿拉伯文及其他语种资料，包括一些原始抄本，书末还附有引用史料的详细目录。后经多次再版，目前最新修订版是 1985 年 Brill 出版社发行的第四版。[3]

霍夫曼（Birgitt Hoffmann）是班贝格大学伊朗学研究中心教授，曾在弗莱堡大学受教于罗默尔，是当代德国伊朗学“历史学派”代表人物之一。她继承了此学派对蒙古时代伊朗史一贯的浓厚兴趣，撰著了一系列关于伊利汗国史的研究论著，其中最重要的一部是关

1 ʿAbd Allāh ibn Muḥammad Māzandarānī, *Die Resālä-ye Falakiyyä des ʿAbdollāh ibn Moḥammad ibn Kiyā al-Māzandarānī: Ein persischer Leitfaden des staatlichen Rechnungswesens (um 1363)*, hrsg. von Walther Hinz, Wiesbaden: Franz Steiner, 1952.

2 Bertold Spuler, *Die Mongolen in Iran: Politik, Verwaltung und Kultur der Ilchanzeit 1220-1350*, Leipzig: J. C. Hinrichs, 1939.

3 Bertold Spuler, *Die Mongolen in Iran: Politik, Verwaltung und Kultur der Ilchanzeit 1220-1350*, 4. verb. und erw. Aufl., Leiden: E. J. Brill, 1985.

于《拉施特镇捐赠书》(*Vaqfnāma-ʾi Rabʿ-i Rashīdī*)的研究。[1]此外，围绕拉施都丁和伊利汗国，她还撰写了一系列论文:《完美的组织者拉施都丁——以拉施特镇的捐赠奴隶和花园为例》《蒙古统治下的伊朗：伊利汗国》《伊朗的捐赠及其研究》《伊利汗朝：从蒙古征服至汗国覆灭时期的伊朗历史和文化(1220—1335)》《为世界征服者服务的文字艺术：蒙古伊利汗廷的波斯官员和诗人》《讲述自我：拉施都丁作品中的自我陈述》《追寻纪念和救赎：拉施都丁与他的拉施特镇》《从成吉思汗到伊朗伊利汗：文献记载下的蒙古诸王即位仪式——政治礼仪的功能与变迁》。[2]

目前任教于德国波恩大学的朱迪思·菲弗尔(Judith Pfeiffer)

---

1 Birgitt Hoffmann, *Waqf im mongolischen Iran: Rašīduddīns Sorge um Nachruhm und Seelenheil*, Stuttgart: F. Steiner, 2000. 详见本书第一章。

2 Birgitt Hoffmann, "Rašīduddīn Fazlullāh as Perfect Organizer: The Case of the Endowment Slaves and Gardens of the Rabʿ-i Rašīdī", in: *Proceedings of the Second European Conference of Iranian Studies Held in Bamberg 30th September to 4th October 1991*, ed. by Bert G. Fragner et al., Rom: Istituto Italiano per il Medio ed Estremo Oriente, 1995, pp. 287-296; "Iran unter mongolischer Herrschaft: Die Ilchane", *Die Mongolen in Asien und Europa*, hrsg. von Stephan Conermann und Jan Kusber, Frankfurt am Main: Lang, 1997, S. 103-120; "Auqāf-i Īrān wa muškil-i pažūhiš dar bāra-yi ān", *Waqf, Mīrāṯ-i Ǧāwīdān*, 29, Jg. 8, 1, 2000, pp. 123-132; "Das Ilkhanat. Geschichte und Kultur Irans von der mongolischen Eroberung bis zum Ende der Ilkhanzeit (1220-1335)", *Dschingis Khan und seine Erben: das Weltreich der Mongolen*, München: Hirmer, 2005, S. 244-251; "Wortkunst im Dienste der Welteroberer: Persische Bürokraten und Dichter unter den mongolischen Ilchanen", *Iran und iranisch geprägte Kulturen: Studien zum 65. Geburtstag von Bert G. Fragner*, hg. von Markus Ritter, Ralph Kauz und Birigitt Hoffmann, Wiesbaden: Reichert, 2008, S. 259-271; "Speaking about Oneself: Autobiographical Statements in the Works of Rashid al-Din", in: *Rashīd al-Dīn: Agent and Mediator of Cultural Exchanges in Ilkhanid Iran*, ed. by A. Akasoy, C. Burnett & R. Yoeli-Tlalim, London; Turin: Warburg Institute, 2013, pp. 1-14; "In Pursuit of memoria and Salvation: Rashīd al-Dīn and his Rabʿ-i Rashīdī", in: *Politics, Patronage and the Transmission of Knowledge in 13th-15th Century Tabriz*, ed. by Judith Pfeiffer, Leiden; Boston: Brill, 2014, pp. 171-186; "Von Dschingis Khan zu den Ilkhanen von Iran: Das Thronzeremoniell mongolischer Fürsten nach zeitgenössischen Quellen - Funktionen und Wandelungen eines politischen Rituals", in: *Bamberger Orientstudien,* hrsg. von Lale Behzadi, u.a., Bamberg: Bamberg University Press, 2014, S. 245-316.

教授，侧重于伊朗伊斯兰学的研究。她发表的伊利汗国史研究论文有:《不同版本的改宗：穆斯林叙事中的完者都什叶派改宗》《阿合马—帖古迭儿致哈剌温的第二封信》《反思“双重和解”：伊利汗国早期蒙古精英的伊斯兰教改宗》《浮夸的波斯蒙古帝国史：关于〈瓦撒夫史〉关键版本的认识论反思》《被经典的文化记忆：合赞汗与拉施都丁的蒙古历史建构》《忏悔的分歧与两级：伊利汗国政治与宗教界限的协商》等。[1]

奥地利的东方学研究同样建立在语言学的基础上，18—19 世纪是其东方文献翻译的高峰时代，其中贡献最大者当数哈默尔 - 普尔格施塔勒（Joseph Freiherr von Hammer-Purgstall），他撰著的《伊利汗国史》是第一部研究伊利汗国历史的专著。[2] 全书分为五章，叙述了从成吉思汗至拜都时期的蒙古历史，偏重对战争与政治的记述。其中第五章提到从中国引入纸钞的事件，并在附录中翻译了

1 Judith Pfeiffer, “Conversion Versions: Sultan Öljeytü’s Conversion to Shiʿism (709/1309) in Muslim Narrative Sources” , *Mongolian Studies*, Vol. 22, 1999, pp. 35-67; “Aḥmad Tegüder’s Second Letter to Qalāʾūn” , in: *History and Historiography of Post-Mongol Central Asia and the Middle East*, ed. by Judith Pfeiffer & Sholeh A. Quinn, Wiesbaden: Harrassowitz, 2006, pp. 167-202; “Reflections on a ‘Double Rapprochement’ : Conversion to Islam among the Mongol Elite during the Early Ilkhanate” , in: *Beyond the Legacy of Genghis Khan*, ed. by Linda Komaroff, Leiden; Boston: Brill, 2006, pp. 369-389; “A Turgid History of the Mongol Empire in Persia: Epistemological Reflections Concerning a Critical Edition of Vaṣṣāf’s *Tajziyat al-Amṣār va Tazjiyat al-Aʿṣār*” , in: *Theoretical Approaches to the Transmission and Edition of Oriental Manuscripts: Proceedings of a Symposium Held in Istanbul, March 28-30, 2001*, ed. by Judith Pfeiffer & Manfred Kropp, Würzburg: Ergon in Kommission, 2007, pp. 107-129; “The Canonization of Cultural Memory: Ghāzān Khan, Rashīd al-Dīn, and the Construction of the Mongol Past” , in: *Rashīd al-Dīn: Agent and Mediator of Cultural Exchanges in Ilkhanid Iran*, ed. by A. Akasoy, C. Burnett & R. Yoeli-Tlalim, pp. 57-70; “Confessional Ambiguity vs. Confessional Polarization: Politics and the Negotiation of Religious Boundaries in the Ilkhanate” , in: *Politics, Patronage and the Transmission of Knowledge in 13th-15th Century Tabriz*, pp. 129-168.

2 Hammer-Purgstall, *Geschichte der Ilchane, das ist der Mongolen in Persien: Mit neun Beilagen und neun Stammtafeln*, Darmstadt: C. W. Leske, 1842-1843.

《瓦撒夫史》(*Tārīkh-i Vaṣṣāf al-Ḥażrat*) 中关于纸钞的引进与破坏一部分内容的记载。

另一位专注于伊利汗时代波斯语文献研究的奥地利学者是卡尔·雅恩（Karl Jahn），他在德国、奥地利、荷兰都工作过，最主要的贡献是对拉施都丁《史集》的校勘和译注。他的勘译不仅是对“蒙古史”部分，还包括“中国史”在内的世界史部分。[1] 此外，围绕着《史集》，他还撰写了一系列蒙古史、中亚史和中伊交流史的论文。[2]

现今奥地利最重要的伊朗学家当属奥地利科学院伊朗学研究所的弗拉格纳（Bert G. Fragner）教授。他在伊朗学领域涉猎极广，遍及语言、文学、历史、社会各个方面。其关于伊利汗国和蒙古史方面的著述有:《蒙古宰相拉施都丁的一份手稿》《世界史视角下的伊朗伊利汗王朝》《伊利汗的统治及其对伊朗政治文化的影响》《蒙古人及其统治》等。[3]

---

1 Karl Jahn, *Geschichte Ġāzān-Ḫān's aus dem Ta'rīḫ-i-Mubārak-i-Ġāzānī des Rašīd al-Dīn Faḍlallāh ibn 'Imād al-Daula Abūl-Ḫair*, London: Luzac, 1940; *Ta'rīh-i-Mubārak-i-Ġāzānī des Rašīd al-Dīn Faḍl Allāh Abī-l-Ḫair, Geschichte der Ilḫāne Abāgā bis Gaiḫātū(1265—1295)*, Prag: Deutsche Gesellschaft der Wissenschaften und Künste, 1941; *Rashid al-Din's History of India: Collected Essays with Facsimiles and Indices*, Hague u.a.: Mouton, 1965; *Die Geschichte der Oġzen des Rašīd ad-Dīn*, Wien: Böhlaus, 1969; *Die Chinageschichte des Rašīd ad-Dīn*, Wien; Köln; Graz: Böhlau, 1971; *Die Geschichte der Kinder Israels des Rašid-ad-Din*, Wien: Österreichischen Akademie der Wissenschaften, 1973; *Die Frankengeschichte des Rašīd ad-Din*, Wien: Österreichische Akademie der Wissenschaften, 1977.

2 Karl Jahn, *Wissenschaftliche Kontakte zwischen Iran und China in der Mongolenzeit*, Wien: Österreichische Akademie der Wissenschaften, 1969.

3 Bert G. Fragner, "Ein Autograph des Mongolenwesirs Rašīd ad-Dīn Fażallāh", in: *Festgabe deutscher Iranisten zur 2500 Jahrfeier Irans*, hrsg. von Wilhelm Eilers, Stuttgart: Hochwacht, 1971, S. 35-46; "Iran under Ilkhanid Rule in a World History Perspective", in: *L'Iran face à la domination mongole: études*, réunies et présentées par Denise Aigle, Tehran: Institut français de recherche en Iran; Louvain: Diffusion, Peeters, 1997, pp. 123-131; "Ilkhanid Rule and Its Contributions to Iranian Political Culture", in: *Beyond the Legacy of Genghis Khan*, ed. by Linda Komaroff, pp. 68-80; "Die Mongolen und ihr Imperium", in: *Zentralasien, 13. bis 20. Jahrhundert: Geschichte und Gesellschaft*, hrsg. von Bert Fragner und Andreas Kappeler, Wien: Promedia, 2006, S. 103-119.

英国的伊利汗国史研究，以霍渥士（Henry Hoyle Howorth）的长篇著作《九至十九世纪蒙古史》为最早。[1]该书第3卷“波斯蒙古史”也是按照时间顺利叙述各个伊利汗统治下的伊朗历史，但因所依据材料多为其他学者研究或史料译本，因而缺乏创新性。

英国著名伊朗学家波伊勒（John Andrew Boyle）主编的《剑桥伊朗史》第5卷“塞尔柱和蒙古史”，是另一部伊利汗国史纲领性著作。此书后半部分对伊利汗国的政治统治、社会经济、宗教状况、文学诗歌、艺术形式和科学发展进行了概括式的阐述。关于中国对伊利汗国的影响，书中这样描述道：“位于东西方交通之间的伊利汗国，同时受到来自中国和欧洲的影响。最早到达波斯的中国人，恐怕是成吉思汗和旭烈兀军队中的火炮手——投石机专家了。而围绕在纳昔剌丁·徒昔身边的来自各国的智者之中，在蔑剌合天文台的傅孟质（Fu Meng-chi）[2]向他讲述中国天文学的原理。同样我们还注意到在合赞汗的宫廷中服务的中国医师。而我们还可以推测，中国的技工很大程度上主导了佛教寺庙的修建，并且在波斯细密画中留下了不可泯灭的印迹。”[3]

兰普顿（Ann K. S. Lambton）于1953年接任了伦敦大学亚非学院（SOAS）的波斯语教授席位，她的研究重点在伊朗的土地所有制、伊朗的行政制度以及塞尔柱、蒙古和恺加时期的政治史上。[4]

---

1 H. H. Howorth, *History of the Mongols: From the 9th to the 19th Century*, Vol. 3, London: Longmans, Green, and Co., 1888.

2 关于此人的考述，详见本书第三章第二节。

3 J. A. Boyle ed., *The Cambridge History of Iran*, Vol. 5, Cambridge: Cambridge University Press, 1968, p. 417.

4 Ann K. S. Lambton, *Landlord and Peasant in Persia: A Study of Land Tenure and Land Revenue Administration*, London; New York: Oxford University Press, 1953; *State and Government in Medieval Islam: An Introduction to the Study of Islamic Political Theory: The Jurists*, Oxford; New York: Oxford University Press, 1981; “Awqāf in Persia: 6th-8th/12th-14th Centuries”, *Islamic Law and Society*, Vol. 4, No. 3, 1997, pp. 298-318.

其发表的论文《蒙古人在波斯的财政管理》，重点讨论了起儿漫（Kirmān，今译克尔曼）和法儿思（Fārs，今译法尔斯）两省在伊利汗时代的财政、税收等经济情况。[1] 兰普顿深耕于中世纪波斯农业社会史研究，出版有《中古波斯社会的延续与变迁：11—14 世纪行政、经济和社会史》这部力作，将伊利汗国时期的伊朗社会史放置于长时段的历史中做深入考察，极具思考性和洞察力。[2] 她还对拉施都丁撰著的农书《迹象与生命》（*Āsār va Aḥyā'*）格外关注，发表了题为《拉施都丁〈迹象与生命〉及其对农学、树艺学和园艺学的贡献》一文，探讨拉施都丁时代的伊朗农业状况。[3]

伦敦大学亚非学院的另一位杰出的伊朗学、蒙古史专家大卫·摩根（David O. Morgan），尽管晚年任教于美国威斯康星大学（University of Wisconsin-Madison），但他一生的大多数学习时光和成果发表都是在英国渡过和完成的。他的专著《中世纪波斯（1040—1797）》奠定了其在伊朗学领域中的学术地位。[4] 在伊利汗国史方面，他还撰写了《波斯的蒙古军》《成吉思汗大札撒与伊利汗国蒙古法律》《波斯人对蒙古人和欧洲人的看法》《拉施都丁与合赞汗》《蒙古还是波斯：伊利汗国的行政体制》《再谈伊朗的蒙古

---

1 A. K. S. Lambton, "Mongol Fiscal Administration in Persia", *Studia Islamica*, No. 64, 1986, pp. 79-99; "Mongol Fiscal Administration in Persia (Part II)", *Studia Islamica*, No. 65, 1987, pp. 97-123.

2 A. K. S. Lambton, *Continuity and Change in Medieval Persia: Aspects of Administrative, Economic, and Social History, 11th-14th Century*, Albany: Bibliotheca Persica, 1988.

3 A. K. S. Lambton, "The *Āthār wa Aḥyā'* of Rashīd al-Dīn Faḍl Allāh Hamadānī and His Contribution as an Agronomist, Arboriculturist and Horticulturalist", in: *The Mongol Empire and Its Legacy*, ed. by Reuven Amitai-Preiss and David O. Morgan, Leiden; Boston: Brill, 1999, pp. 126-154.

4 David O. Morgan, *Medieval Persia 1040-1797*, London; New York: Longman, 1988.

人》《再谈成吉思汗的大札撒》等一系列论文。[1]

伦敦大学亚非学院乔治·莱恩（George Lane）教授的《十三世纪蒙古人在伊朗的早期统治：波斯的复兴》是研究旭烈兀和阿八哈统治时期的伊朗历史专著。该书讨论了蒙古军队对木剌夷和报达的征服，伊利汗与别儿哥、八剌的边境之争，蒙古政权与起儿漫、设剌子和也里的地方政权的关系，以及志费尼与纳昔剌丁·徒昔这两位重要的波斯名臣在伊利汗国前期政治中的作用。[2] 他还发表了《阿儿浑阿合：蒙古行政官》《把·赫卜烈思的记载及其与波斯蒙古人的关系》等文章，[3] 并为《伊朗学百科全书》撰写相关词条。[4]

---

1 David O. Morgan, "The Mongol Armies in Persia" , *Der Islam*, Vol. 56, 1979, pp. 81-96; "The 'Great yāsā of Chingiz Khān' and Mongol Law in the Īlkhānate" , *Bulletin of the School of Oriental and African Studies*, Vol. 49, No. 1, 1986, pp. 163-176; "Persian Perceptions of Mongols and Europeans" , in: *Implicit Understandings: Observing, Reporting, and Reflecting on the Encounters between Europeans and Other Peoples in the Early Modern Era*, ed. by S. B. Schwartz, Cambridge: Cambridge University Press, 1994, pp. 201-217; "Rašīd al-dīn and Ġazan Khan" , in: *L'Iran face à la domination mongole*, pp. 179-188; "Mongol or Persian: The Government of Īlkhānid Iran" , *Harvard Middle Eastern and Islamic Review*, Vol. 3 No.1/2, 1996, pp. 62-76; "The Mongols in Iran: A Reappraisal" , *Iran: Journal of the British Institute of Persian Studies*, Vol. 42, 2004, pp. 131-136; "The 'Great *Yasa* of Chinggis Khan' Revisited" , in: *Mongols, Turks and Others: Eurasian Nomads and the Sedentary World*, ed. by R. Amitai and M. Biran, Leiden: E. J. Brill, 2005, pp. 291-308.

2 George Lane, *Early Mongol Rule in Thirteenth-Century Iran: A Persian Renaissance*, London; New York: Routledge Curzon, 2003.

3 George Lane, "Arghun Aqa: Mongol Bureaucrat" , *Iranian Studies*, Vol. 32 (4), 1999, pp. 459-482; "An Account of Gregory Bar Hebraeus Abu al-Faraj and His Relations with the Mongols of Persia" , *Hugoye: Journal of Syriac Studies*, Vol. 2 (2), 1999, pp. 209-233; "A Tale of Two Cities: The Liberation of Baghdad and Hangzhou and the Rise of the Toluids" , *Central Asiatic Journal*, Vol. 56, 2012/2013, pp. 103-132.

4 George Lane, "Aḵbār-e Moḡolān", *Encyclopædia Iranica*, online edition, 2015, available at http://www.iranicaonline.org/articles/akhbar-e-mogolan; "Ṭusi, Naṣir-al-din", *Encyclopædia Iranica*, online edition, 2018, available at http://www.iranicaonline.org/articles/tusi-nasir-al-din-bio; "Jovayni, ʿalāʾ-al-din", *Encyclopædia Iranica*, XV/1, pp. 63-68, available online at http://www.iranicaonline.org/articles/jovayni-ala-al-din; etc.

英国基尔大学（Keele University）的彼得·杰克逊（Peter Jackson）是波伊勒的学生，他致力于研究伊利汗国的蒙古人与欧洲基督教世界的关系，著有《蒙古人与西方：1221—1410》，论述13世纪基督教力量与蒙古入侵浪潮的交锋与冲突。[1] 他的另一部著作《蒙古人与伊斯兰世界：从征服到改宗》则是对蒙古人如何征服、统治伊斯兰地区以及他们如何被伊斯兰教影响的分析。[2] 他还翻译出版了《鲁不鲁乞行纪》，[3]发表了《蒙古可汗和宗教忠诚：伊利汗国的宰相、史学家所面临的问题》《1260年的圣地危机》等论文。[4]

剑桥大学的查尔斯·梅尔维尔（Charles Melville）是当代英国研究伊利汗国史最重要的学者之一，他的专著《出班之败亡与伊利汗国的没落》是研究伊利汗国晚期历史的重要作品。[5] 此外，他在伊利汗国政治史、制度史、宗教史、对外关系史多个方面都著述颇丰，发表了《伊斯兰君王：合赞汗的皈依》《完者都的巡游》《"大象之年"：不赛因统治时期马木鲁克与蒙古在汉志的角逐》《蒙古统治时期波斯史书中的中国生肖纪年》《不赛因与1319年的异密之乱》《完者都汗征服岐兰：传说和现实》《伊朗的怯薛》《从菲尔多西到拉施都丁：蒙古时代的波斯编年史诗》《蒙古伊朗的皇家形象》等

1　Peter Jackson, *The Mongols and the West, 1221-1410*, Harlow; New York: Pearson Longman, 2005.

2　Peter Jackson, *The Mongols and the Islamic World: From Conquest to Conversion*, New Haven: Yale University Press, 2017.

3　Peter Jackson tr. & ed., *The Mission of Friar William of Rubruck: His Journey to the Court of the Great Khan Möngke, 1253-1255*, London: The Hakluyt Society, 1990.

4　Peter Jackson, "Mongol Khans and Religious Allegiance: The Problems Confronting a Minister-Historian in Ilkhanid Iran", *Iran*, Vol. 47, 2009, pp. 109-122; "The Crisis in the Holy Land in 1260", *The English Historical Review*, Vol. 95, No. 376, 1980, pp. 481-513.

5　Charles Melville, *The Fall of Amir Chupan and the Decline of the Ilkhanate, 1327-1337: A Decade of Discord in Mongol Iran*, Bloomington, Ind.: Indiana University, 1999.

系列论文。[1]

从卡特麦尔（Étienne Marc Quatremère）、伯希和（Paul Pelliot）、费琅（Gabriel Ferrand）、伯劳舍（Edgard Blochet），到稍晚的格鲁塞（René Grousset）和伯希和的学生韩百诗（Louis Hambis）、鄂法兰（Françoise Aubin），法国东方学家在蒙元时期波斯语文献、蒙古史、伊利汗国史及穆斯林东方文献研究领域有着杰出的成就。20世纪以来，又涌现出一批专长于伊朗蒙古史研究的学者。如法国高等研究应用学院的让·奥班（Jean Aubin）娴熟运用包括汉语在内的多语种文献，撰著了一系列研究蒙古时代伊朗的经济、社会和政治的历史论著。他尤为关注波斯湾的历史变迁，著有《13—15世纪忽里模子诸王史》和《文化震荡中的蒙古异密和波斯宰相》。[2]

雅各·帕维奥（Jacques Paviot）主要研究中世纪基督教与伊斯兰

1 Charles Melville, "Padshah-i Islam: The Conversion of Sultan Mahmud Ghazan Khan", *Pembroke Papers*, 1, Cambridge: University of Cambridge, Centre of Middle Eastern Studies, 1990, pp. 159-177; "The Itineraries of Sultan Öljeitü, 1304-16", *Iran*, Vol. 28, 1990, pp. 55-70（汉译见查尔斯·梅尔维尔《完者都的巡游》，俞雨森译，《欧亚译丛》第1辑，商务印书馆，2015，第148—187页）; "'The Year of the Elephant': Mamluk-Mongol Rivalry in the Hejaz in the Reign of Abu Saʿid (1317-1335)", *Studia Iranica*, Vol. 21(2), 1992, pp. 197-214; "The Chinese-Uighur Animal Calendar in Persian Historiography of the Mongol Period", *Iran*, Vol. 32, 1994, pp. 83-98; "Abu Saʿid and the Revolt of the Amirs in 1319", *L'Iran face à la Domination Mongole*, pp. 89-120; "The Ilkhan Öljeitü's Conquest of Gilan (1307): Rumour and Reality", in: *The Mongol Empire and Its Legacy*, ed. by Reuven Amitai-Preiss and David O. Morgan, pp. 73-125; "The Keshig in Iran: The Survival of the Royal Mongol Household", in: *Beyond the Legacy of Genghis Khan*, ed. by Linda Komaroff, pp. 135-164; "Between Firdausī and Rashīd al-Dīn: Persian Verse Chronicles of the Mongol Period", *Studia Islamica*, No. 104/105, 2007, pp. 45-65; "The Royal Image in Mongol Iran", in: *Every Inch a King: Comparative Studies on Kings and Kingship in the Ancient and Medieval Worlds*, ed. by Lynette G. Mitchell & C. Melville, Boston: Brill, 2013, pp. 343-369.

2 Jean Aubin, "Les princes d'Ormuz du XIIIe au XVe siècle", *Journal Asiatique*, Vol. 241, 1953, pp. 77-138; *Émirs mongols et vizirs persans dans les remous de l'acculturation*, Paris: Association pour l'avancement des études iraniennes, 1995.

教关系史。他发表了《热那亚商人不思迦莱鲁：蒙古波斯与基督教世界的中介人（13 世纪末—14 世纪初）》《蒙古治下伊朗的意大利商人》《庄维尔与蒙古人》《英格兰与蒙古人（1260—1330 年）》等论文。[1]

丹尼斯·艾格勒（Denise Aigle）是当前法国研究蒙古史、伊朗史最重要的学者。其专著《蒙古统治下的法儿思》是研究伊利汗国时期法儿思地方政治、经济历史的重要作品，[2]而其新作《蒙古帝国：在神话与现实之间》从政治意识形态、宗教和文化角度探讨蒙古统治者与被统治者的互动，穆斯林精英对萨满教的态度与改造，伊利汗国与马木鲁克的往来关系以及蒙古人在叙利亚地区的征服与被征服。[3]此外，她还发表有《野里知吉带、旭烈兀和阿八哈的信：是蒙古人的序曲还是基督教的腹语？》《合赞汗入侵叙利亚的伊斯兰合法性》《蒙古统治下的波斯：二元政体的效率和缺陷》等关于伊利汗国诸方面的研究论文。[4]

区别于欧洲的东方学、伊朗学重视语言和文献的传统，美国的学者更擅长以现代理论构建蒙元时代的宏大历史叙事，以多学科的视角

---

1 Jacques Paviot, “Buscarello de’ Ghisolfi, marchand génois intermédiaire entre la Perse mongole et la Chrétienté latine (fin du XIIIe - début du XIVe siècles)” , *La Storia dei Genovesi*, Vol. 11, 1991, pp. 107-117; “Les Marchands Italiens dans l’Iran Mongol” , *L’Iran face à la Domination Mongole*, pp. 71-86; “Joinville et les Mongols” , *Jean de Joinville: de la Champagne aux royaumes d’outre-mer*, études réunies par Danielle Quéruel, Langres: D. Guéniot; Paris: Diffusion, Klincksieck, 1998, pp. 207-218; “England and the Mongols (c. 1260-1330)” , *Journal of the Royal Asiatic Society*, Vol. 10 (3), 2000, pp. 305-318.

2 Denise Aigle, *Le Fārs sous la domination mongole: politique et fiscalité (XIIIe-XIVe s.)*, Paris: Association pour l’avancement des études iraniennes, 2005.

3 Denise Aigle, *The Mongol Empire between Myth and Reality*, Leiden: Brill, 2015.

4 Denise Aigle, “The Letters of Eljigidei, Hülegü and Abaqa: Mongol Overtures or Christian Ventriloquism? ” , *Inner Asia*, Vol. 7 (2), 2005, pp. 143-162; “La légitimité islamique des invasions de la Syrie par Ghazan Khan” , *Eurasian Studies*, Vol. V (1-2), 2006, pp.5-29; “Persia under Mongol Domination, the Effectiveness and Failings of a Dual Administrative System” , *Bulletin d’Etudes Orientales*, Vol. 57 (Supplément), 2006, pp.65-78.

从蒙古帝国整体上进行研究。如罗沙比（Morris Rossabi）、爱尔森、穆天梅（Timothy May）、艾骛德（Christopher P. Atwood）等历史学者，在对蒙古帝国史的整体研究中，都曾涉及对伊利汗国历史的讨论。[1]

美国加州大学伯克利分校的约翰·梅森·史密斯（John Masson Smith）对伊利汗国货币制度和蒙古人的军事力量等问题有较为系统的研究，发表过《蒙古统治时期伊朗的金币》《蒙古统治时期伊朗的银币》《蒙古军力与波斯人口》《旭烈兀西征：去往报达路上的奢侈与悲伤》等文章。[2]

柯尔巴斯（Judith Kolbas）专长于经济史研究，尤其对蒙元时期中亚、西亚地区的财政及货币体系有深入研究。其专著《蒙古人在伊朗：从成吉思汗到完者都时期（1220—1309）》利用伊利汗国发行的钱币资料，以汗国统治者和执政者为专题，考察伊利汗国政治和经济的整体面貌。[3]她还发表有《合赞汗的金制改革》等论文。[4]

---

1 Morris Rossabi, *Voyager from Xanadu: Rabban Sauma and the First Journey from China to the West*, Tokyo; New York: Kodansha International, 1992; Thomas T. Allsen, *Culture and Conquest in Mongol Eurasia*; Timothy May, “The Relationship between Sufis and Inner Asian Ruling Elites”, *Southeast Review of Asian Studies*, Vol. 30, 2008, pp. 84-101; “A Mongol-Ismâʿîlî Alliance?: Thoughts on the Mongols and Assassins”, *Journal of the Royal Asiatic Society*, Vol. 14(3), 2004, pp. 231-239; Christopher P. Atwood, “Rashīd al-Dīn’s Ghazanid Chronicle and Its Mongolian Sources”, In: *New Approaches to Ilkhanid History,* ed. by Timothy May, Dashdondog Bayarsaikhan and Christopher P. Atwood, Leiden; Boston: Brill, 2021, pp. 53-121.

2 John Masson Smith, “Gold Money in Mongol Iran”, *Journal of the Economic and Social History of the Orient*, Vol. 11, No. 3, 1968, pp. 275-297; “The Silver Currency of Mongol Iran”, *Journal of the Economic and Social History of the Orient*, Vol. 12, No. 1, 1969, pp. 16-41; “Mongol Manpower and Persian Population”, *Journal of the Economic and Social History of the Orient*, Vol. 18, No. 3, 1975, pp. 271-299; “Hülegü Moves West: High Living and Heartbreak in the Road to Baghdad”, in: *Beyond the Legacy of Genghis Khan*, ed. by Linda Komaroff, pp. 126-127.

3 Judith Kolbas, *The Mongols in Iran: Chingiz Khan to Uljaytu, 1220-1309*, London; New York: Routledge, 2006.

4 Judith Kolbas, “The Gold Reform of Ghazan Khan”, in: *Proceedings of the XIVth International Numismatic Congress Glasgow 2009*, ed. by Nicholas Holmes, Glasgow: International Numismatic Council, 2011, pp.1841-1846.

还应提到的是以色列希伯来大学的伊利汗国史研究。阿密台（Reuven Amitai）是其中的一位重要学者，其专著《蒙古与马木鲁克：1260—1281 年马木鲁克与伊利汗国的战争》是研究伊利汗国与马木鲁克关系史的最重要成果。[1] 此外，他还连续发表数十篇伊利汗国史研究论文，后收入他的论文集《蒙古人在伊斯兰世界：伊利汗国史研究》中。[2]

阿密台的同事彭晓燕（Michal Biran）主要研究伊斯兰时代的中亚地区历史，同时也涉及伊利汗国及其与察合台汗国关系史的研究，撰有《也里之战（1270）：一场蒙古内部的战争》《征服报达中的音乐：萨福丁与伊利汗国的音乐家们》《旭烈兀的"伊斯兰化"：伊利汗国想象中的皈依》《蒙古征服报达过程中的暴力与非暴力》《伊利汗时期报达的图书馆、书籍和知识传播》等论文。[3]

日本史学界对伊利汗国史的研究始于本田实信，他从翻译《史集》开始，为日本学界引入了利用波斯语史料研究蒙元史的方法。他

---

1 Reuven Amitai, *Mongols and Mamluks: The Mamluk-Īlkhānid War, 1260-1281*, Cambridge; New York: Cambridge University Press, 1995.

2 Reuven Amitai, *The Mongols in the Islamic Lands: Studies in the History of the Ilkhanate*, Aldershot; Burlington: Ashgate/ Variorum, 2007.

3 Michal Biran, "The Battle of Herat (1270): A Case of Inter-Mongol Warfare" , in: *Warfare in Inner Asia (500-1800)*, ed. by Nicola Di Cosmo, Leiden; Boston; Köln: Brill, 2002, pp. 175-219; "Music in the Conquest of Baghdad: Ṣafī al-Dīn Urmawī and the Ilkhanid Circle of Musicians" , in: *The Mongols' Middle East: Continuity and Transformation in Ilkhanid Iran*, ed. by Bruno de Nicola and Charles Melville, Leiden; Boston: Brill, 2016, pp. 133-154; "The Islamization of Hülegü: Imaginary Conversion in the Ilkhanate" , *Journal of the Royal Asiatic Society*, Vol.26 (1/2), 2016, pp.79-88; "Violence and Non-Violence in the Mongol Conquest of Baghdad (1258)" , in: *Violence in Islamic Thought from the Mongols to European Imperialism*, ed. by Robert Gleave and István Kristó-Nagy, Edinburgh: Edinburgh University Press, 2018, pp. 15-31; "Libraries, Books and Transmission of Knowledge in Ilkhanid Baghdad" , *Journal of the Economic and Social History of the Orient*, Vol.62 (2/3), 2019, pp.464-502.

发表有《伊利汗国之IQṬĀ’制》《合赞汗的税制改革》《阿母河等处行尚书省考》《伊利汗的冬营地与夏营地》《合赞汗的统一度量衡》等。[1]之后，又有赤坂恒明、志茂硕敏、北川诚一、井谷钢造多位学者致力于伊利汗国史研究：赤坂恒明对《五世系》（*Shu'ab-i Panjgāna*）有深入探讨；[2]志茂硕敏专长于伊利汗国的蒙古部族与政治集团研究；[3]北

---

1 本田実信「イルカン国に於けるIQṬĀ’制に就いて」『北海道大學文學部紀要』第7号、1959、35-54頁；「ガザン＝カンの税制改革」『北海道大學文學部紀要』第10号、1961、87-127頁；「阿母河等処行尚書省考」北海道大学文学部附属北方文化研究施設編『北方文化研究』2号、北海道大学、1967、89-110頁（汉译见《阿母河等处行尚书省考——蒙古人在伊朗的早期行政机关》，余大钧译，《北方民族史与蒙古史译文集》，云南人民出版社，2003，第513—539页）；「イルハンの冬營地・夏營地」『東洋史研究』34巻4号、1976、563-590頁；「ガザン＝カンの度量衡統一について」『山本博士還暦紀念東洋史論叢』山川出版社、1972、421-430頁。

2 赤坂恒明「『五族譜』と『集史』編纂」『史観』第130冊、1994、47-61頁；「『五族譜』モンゴル分支と『集史』の関係」『早稲田大学大学院文学研究科紀要』第41輯第4分冊、1996、27-41頁；「『五族譜』モンゴル分支と『集史』諸写本」『アジア・アフリカ言語文化研究』55号、1998、141-164頁。

3 志茂碩敏「Īl Khān国史料に見られるQarāūnāsについて」『東洋学報』54巻1号、1971、1-71頁；「Ghazan Khan政権の中核群について——Il Khan国史上におけるGhazan Khan政権成立の意義」『アジア・アフリカ言語文化研究』18号、1979、56-150頁；「Īl Khān国成立後の『Adherbaijan軍政府』起源の軍隊について——Ghazan Khanの即位時前後にみられるĪl Khān国におけるモンゴル諸勢力の消長」『アジア・アフリカ言語文化研究』19号、1980、15-48頁；「Ghazan Khan歿後のĪl Khān国におけるモンゴル諸勢力の消長について——Īl Khān国史上におけるGhazan Khan政権」『アジア・アフリカ言語文化研究』21号、1981、74-110頁；「イル汗国史上におけるフラグ家姻戚の有力諸部族」護雅夫編『内陸アジア・西アジアの社会と文化』山川出版社、1983、667-695頁；「イル汗國におけるモンゴル人」『東洋史研究』42巻4号、1984、696-732頁（汉译见《伊儿汗国的蒙古人》，乌力吉图译，《蒙古学资料与情报》1987年第2期，第1—10页；《伊儿汗国的蒙古人（续）》，乌力吉图译，《蒙古学资料与情报》1987年第3期，第13—23页）；『モンゴル帝国史研究序説——イル汗国の中核部族』東京大学出版会、1995；「『Tarikh-i Ghazani』と『集史』「モンゴル史」」『ペルシア語古写本史料精査によるモンゴル帝国の諸王家に関する総合的研究』平成7年度科学研究費補助金（総合研究A）研究成果報告書、1996；「ガザン・カンが詳述するモンゴル帝國遊牧部族連合：モンゴル帝國各ウルスの中核部族」『東洋史研究』60巻2号、2001、405-456頁；『モンゴル帝国史研究正篇：中央ユーラシア遊牧諸政権の国家構造』東京大学出版会、2013。

川诚一关注伊利汗国与北部谷儿只（今译格鲁吉亚）及基督教关系史；[1] 井谷钢造则对伊利汗国与小亚关系史有较多著述，[2] 还对穆斯妥菲·可疾维尼（Ḥamd Allāh Mustawfī Qazvīnī）《心之喜悦》（*Nuzhat al-Qulūb*）的地理部分发表了一组讨论文章。[3] 近年来，日本学者中，渡部良子、四日市康博和谏早庸一研究伊利汗国史的成果较为突出：渡部良子以波斯文公文书为基础，研究伊利汗国及元朝的行政运作、官员制度等；[4] 四日市则关注元朝与伊利汗国的制度、贸易、文化交往各个方面，尤其对伊利汗国的公文书和印章制度有精到的分

1　北川誠一「Gurjistan 州に所在した Juvaini 家領」『北大史学』15 号、札幌：北大史学会、1975、102-116 頁；「イル＝ハン国のグルジア支配とサドゥン・アルツルニの登用」『史學雜誌』87 巻 6 号、1978、1007-1033 頁；「モンゴル帝国の北西イラン支配とオルベリヤン家の台頭」『北海道大學文學部紀要』26 巻 2 号、1978、49-112 頁；「十三－十四世紀のグルジア語年代記」『北大史学』20 号、1980、27-37 頁；「イル＝ハンとニクダリヤン」『イスラム世界』18 号、1981、1-18 頁；「ヤズド・カークーイェ家とモンゴル人」『文経論叢（人文学科篇）』6 号、1986、115-142 頁；「イルハン称号考」『オリエント』30 巻 1 号、1987、41-53 頁；「モンゴル帝国のグルジア征服」『オリエント』40 巻 2 号、1997、69-84 頁；「イルハン国北王道考」『史朋』39 号、2007、39-54 頁。

2　井谷鋼造「西曆十三世紀の小アジア」『東洋史研究』38 巻 4 号、1980、664-674 頁；「モンゴル侵入後のルーム：兄弟間のスルタン位爭いをめぐって」『東洋史研究』39 巻 2 号、1980、358-387 頁；「イルハン国とルーム」『イスラム世界』23・24 号、1985、34-54 頁；「モンゴル軍のルーム侵攻について」『オリエント』31 巻 2 号、1988、125-139 頁。

3　井谷鋼造「Nuzhat al-Qulub に現れるルームの諸都市」『東洋文化学科年報』2 号、1987、92-100 頁；「Nuzhat al-Qulub に見えるアルメニアとジャズィーラの諸都市」『東洋文化学科年報』3 号、1988、114-123 頁；「Nuzhat al-Qulub に見えるアゼルバイジャン周辺の諸地方」『東洋文化学科年報』4 号、1989、74-82 頁；「Nuzhat al-Qulub に見えるタブリーズ市」『東洋文化学科年報』5 号、1990、126-137 頁；「Fatih 4517 ペルシャ語写本 Nuzhat al-Qulub に見えるルーム地方の記述について」『追手門学院大学文学部紀要』27 号、1993、97-104 頁。

4　渡部良子「イルハン朝の地方統治—ファールス地方行政を事例として」『日本中東学会年報』12 号、1997、185-216 頁；「十二—十四世紀におけるペルシア語書記術理論の形成と発展」『史學雜誌』110 巻 12 号、2001、21-60 頁；「『書記典範』の成立背景：14 世紀におけるペルシア語インシャー手引書編纂とモンゴル文書行政」『史學雜誌』111 巻 7 号、2002、1-31、143-144 頁；「モンゴル時代におけるペルシア語インシャー術指南書」『オリエント』46 巻 2 号、2003、197-224 頁；「Daftar-i Dilgusha に見えるシャバーンカーラ史の叙述：モンゴル時代史研究における韻文史書利用の可能性」『上智アジア学』25 号、2007、49-80 頁。

析。[1]谏早庸一对伊利汗国科技史，尤其是天文历法，有着深入且持续的探讨。[2]

中国对伊利汗国史的研究开始较晚，专著有徐良利所著《伊儿汗国史研究》和《十三四世纪蒙古人在西亚统治研究》。前者系统地介绍了伊利汗国的政治、经济、对外关系和文化制度，尤其对合赞汗的改革给予重点关注；后者则侧重蒙古人在西亚的军事征伐及其与地方、周边政权的关系。[3]此外，徐黎丽撰有《金帐汗国与伊利汗国的关系（1251 年—1335 年）》，[4]刘中玉撰有《伊利汗国时代的伊朗文化

---

1 四日市康博「元朝とイル＝ハン朝の外交・通商関係における国際貿易商人」森川哲雄、佐伯弘次編『内陸圏・海域圏交流ネットワークとイスラム』福岡：櫂歌書房、2006、79-91 頁；“Az Sīraf ba Kīsh: Tijārat-i Uqiyānūs-i Hind va Kīsh dar ʿAsr-i Moghūl (From Sīraf to Kīsh: Maritime Trade in the Indian Ocean under Mongol Rule)”，in: *Proceedings of the International Congress of Siraf Port, November 14-16, 2005 Bushehr-Iran*, ed. by Esmael Tabadar & Abdolkarim Mashayekhi, Bushehr: Iranology Foundation, 2005, pp. 125-136; “Horses in the East-West Trade between China and Iran under Mongol Rule”，in: *Pferde in Asien: Geschichte, Handel und Kultur*, hrsg. von Bert G. Fragner, et al., Wien: Verlag der Österreichischen Akademie der Wissenschaften, 2009, S. 87-97; “Chinese Seals in the Mongol Offical Documents in Iran: Re-examination of the Sphragistic System in the Il-khanid and Yuan Dynasties”，新疆吐鲁番学研究院编《吐鲁番学研究——第三届吐鲁番学暨欧亚游牧民族的起源与迁徙国际学术研讨会论文集》，上海古籍出版社，2010，第 215—230 页；「ユーラシア史的視点から見たイル＝ハン朝公文書：イル＝ハン朝公文書研究の序論として」『史苑』75 巻 2 号、2015、257-300 頁；“Four Seals in ’Phags-pa and Arabic Scripts on Amir Coban’s Decree of 726 AH/1326 CE”，*Orient*, No. 50, 2015, pp. 25-33；「イルハン朝文書行政における朱印と朱印文書：元朝印章制度の伝播と変容」『史滴』37 号、2016、107-128 頁；「イルハン朝（モンゴル支配期イラン）の公文書」小島道裕、田中大喜、荒木和憲編『古文書の様式と国際比較』東京：勉誠出版、2020、356-381 頁。

2 諫早庸一「ペルシア語文化圏における十二支の年始変容について -- ティムール朝十二支考」『史林』91 巻 3 号、2008、496-527 頁；「天文学から見たユーラシアの 13 世紀～ 14 世紀—文化の軸としてのナスィール・アッディーン・トゥースィー（1201 ～ 1274 年）」『史苑』79 巻 2 号、2019、88-114 頁；“From Alamut to Dadu: Jamāl al-Dīn’s Armillary Sphere on the Mongol Silk Roads”，*Acta Orientalia Academiae Scientiarum Hungaricae*, Vol. 74 (1), 2021, pp. 65-78。

3 徐良利：《伊儿汗国史研究》，人民出版社，2009；《十三四世纪蒙古人在西亚统治研究》，光明日报出版社，2019。

4 徐黎丽：《金帐汗国与伊利汗国的关系（1251 年—1335 年）》，《西北民族研究》1998 年第 2 期。

振兴》，[1]班布日撰有《论伊斯兰化蒙古人对“扎撒”、“必力克”的信仰——以中西亚伊斯兰化蒙古汗国为中心》，[2]李一新、钱志和、张文德等对合赞汗改革分别有专题论文。[3]由于语言条件的不足，过去中国学者研究伊利汗国史不能直接使用原始史料，论述主要依靠波斯文、阿拉伯文文献的西文或中文译本以及西方学者的研究著述。近年来，有越来越多的中国学者开始利用波斯文原始史料来研究伊利汗国史。王一丹《孛罗丞相伊利汗国事迹探赜——基于波斯语文献的再考察》是该领域的代表作品，作者在波斯语文献中搜拣出数条未被利用的材料，对伊利汗国史上的重要人物孛罗丞相在伊朗的事迹做了系统梳理。[4]邱轶皓的《伊利汗国的成立：异密·部族·集团——以〈五族谱〉（旭烈兀—阿合马）为中心》一文则是关于伊利汗国蒙古部族研究的重要成果，他利用《五世系》、《史集》、《武功纪》（*Ẓafar-nāma*）等波斯语文献，考察伊利汗国的政治结构、异密家族与军事集团之间的关系。[5]陈春晓撰有《忽推哈敦与伊利汗国前期政治——蒙古制度在西亚的实践》，以忽推哈敦的生平事迹为中心，考察阿八哈至阿鲁浑时期伊利汗国的汗位政治。[6]陈新元《速混察·阿合伊朗史事新证——兼论伊利汗国的畏兀儿人》通过个案研究，考察畏兀儿群体在

1　刘中玉：《伊利汗国时代的伊朗文化振兴》，《欧亚学刊》第8辑，中华书局，2006。

2　班布日：《论伊斯兰化蒙古人对“扎撒”、“必力克”的信仰——以中西亚伊斯兰化蒙古汗国为中心》，《西部蒙古论坛》2013年第3期。

3　李一新：《合赞汗时期伊利汗国的伊斯兰教化》，《西北民族研究》1991年第2期；钱志和：《试论合赞汗改革》，《宁夏大学学报》1994年第1期；张文德、罗秋萝：《论伊利汗国的伊斯兰化》，《江苏师范大学学报》1994年第4期。

4　王一丹：《孛罗丞相伊利汗国事迹探赜——基于波斯语文献的再考察》，《民族研究》2015年第4期。

5　邱轶皓：《伊利汗国的成立：异密·部族·集团——以〈五族谱〉（旭烈兀—阿合马）为中心》，《元史及民族与边疆研究集刊》第27辑，上海古籍出版社，2014。

6　陈春晓：《忽推哈敦与伊利汗国前期政治——蒙古制度在西亚的实践》，《西域研究》2016年第2期。

伊利汗国政治舞台上的角色和地位。[1] 周思成《命令文书、沙里亚法与习惯：阿耳迭必勒波斯文文书中所见伊利汗国法律渊源初探》利用伊朗阿耳迭必勒出土的波斯文命令文书，考察蒙古统治伊朗时期蒙古法与伊斯兰教法在当地实施的细节问题。[2]

（二）中伊交流史

蒙元时期中国与伊朗交流史研究可大致分为三个方面：外交关系史、海陆交通史、物质和文明传播史。

1. 外交关系史

中国与伊朗两国之间的外交往来主要有赖于遣使活动，这也是学者研究的重点问题。惠谷俊之《论合赞汗对元朝的遣使》一文，主要依据《瓦撒夫史》的记载，考察了合赞汗对元朝的遣使情况，认为分处亚洲东西两端使得元朝与伊利汗国建立了良好的关系，同时，商业贸易是促进双方关系的重要因素。[3] 刘迎胜《旭烈兀时代汉地与波斯使臣往来考略》一文则考证了蒙哥去世至阿里不哥失败期间，旭烈兀与汉地间的几次重要遣使活动，进而探讨旭烈兀在蒙古帝国中地位的变化和他对阿里不哥的态度。[4] 杨钦章、四日市康博分别撰文对泉州出土的元代奉使波斯碑给予考证，并论述整个元代中

1　陈新元：《速混察・阿合伊朗史事新证——兼论伊利汗国的畏兀儿人》，《西域研究》2019 年第 1 期。

2　周思成：《命令文书、沙里亚法与习惯：阿耳迭必勒波斯文文书中所见伊利汗国法律渊源初探》，《西域研究》2019 年第 3 期。

3　惠谷俊之「ガザン・ハンの対元朝使節派遣について——14 世紀初頭におけるイラン・中国交渉史の一齣」『オリエント』8 巻 3-4 号、1965、49-55 頁。

4　刘迎胜：《旭烈兀时代汉地与波斯使臣往来考略》，原载《蒙古史研究》第 2 辑，内蒙古人民出版社，1986，此据氏著《蒙元帝国与 13—15 世纪的世界》，生活・读书・新知三联书店，2013。

国与波斯之间的遣使活动。[1]邱轶皓《大德二年（1298）伊利汗国遣使元朝考：法合鲁丁・阿合马・惕必的出使及其背景》是对合赞汗时期法合鲁丁・惕必（Fakhr al-Dīn Aḥmad Ṭībī）船队出使元朝这一事件所做的全面考察。[2]此外，围绕着孛罗丞相出使这一重要遣使事件，韩儒林、余大钧、爱尔森、金浩东等中外学者各抒己见，为尽可能地还原历史真相贡献力量。[3]罗沙比的专著《来自仙那都的旅行者》以列班・扫马（Rabban Sauma）的出使为主线，描绘了蒙古征服时代整个世界的面貌和东西方的相互联系。[4]另有许晓光《元代中国与伊朗关系的特殊性》，从宗藩关系、经济交往以及联姻、朝贡诸方面，论述两国之间的亲密往来。[5]

2. 海陆交通史

明晰中国到伊朗的海陆交通，是研究中伊交流史的基础工作，历来受到中外学者的重点关注。古代沟通伊朗与中国的地理路线大体分为两条：一条是以中亚为媒介的陆上丝绸之路，一条是以南印度为中转的海上丝绸之路。近代以来，西方考古探险家开始了对亚洲大陆的考察，在他们留下的考察报告中无不包含对道路的详细记

---

1 杨钦章：《元代奉使波斯碑初考》，《文史》第 30 辑，中华书局，1988；四日市康博：《从〈奉使波斯碑〉看元朝同伊利汗国使臣往来》，《元史及民族与边疆研究集刊》第 30 辑，赵莹波译，上海古籍出版社，2015。

2 邱轶皓：《大德二年（1298）伊利汗国遣使元朝考：法合鲁丁・阿合马・惕必的出使及其背景》，《中央研究院历史语言研究所集刊》第 87 本第 1 分，2016。

3 韩儒林：《爱薛之再探讨》，原载《华西协合大学中国文化研究所集刊》第 1 卷第 4 期，1941，此据氏著《穹庐集》，河北教育出版社，2000；余大钧：《蒙古朵儿边氏孛罗事辑》，《元史论丛》第 1 辑，中华书局，1982；Thomas T. Allsen, *Culture and Conquest in Mongol Eurasia*, pp. 27-28；金浩东：《蒙元帝国时期的一位色目官吏爱薛怯里马赤（Isa Kelemechi，1227—1308 年）的生涯与活动》，李花子译，《欧亚译丛》第 1 辑。

4 Morris Rossabi, *Voyager from Xanadu: Rabban Sauma and the First Journey from China to the West*, Tokyo; New York: Kodansha International, 1992.

5 许晓光：《元代中国与伊朗关系的特殊性》，《西南师范大学学报》1995 年第 4 期。

载。斯坦因（Marc Aurel Stein）的《西北印度和东南伊朗的考古调查》与《西部伊朗的古代道路》两部著作是他关于伊朗至中亚、印度的考古调查报告，而《亚洲腹地》和《在中亚的古道上》是他对中亚探险的详细记录，他对新疆的调查的正式报告为《古代和田》和《西域考古记》。这些实地考察报告为我们研究古代中伊陆路交通提供了重要的参考。[1]

考古调查之外，在发达的阿拉伯地理学传统影响下，中西亚地区留下了大量的穆斯林地理文献，近代以来学者利用这些文献研究地理交通取得了丰硕成果。巴托尔德（V. V. Barthold）的《蒙古入侵时期的突厥斯坦》"河中地理概述"一章是对中亚地理及交通研究的重要论著。[2] 另一部重要著作是斯特兰奇（Guy Le Strange）的《大食东部历史地理研究：从阿拉伯帝国兴起到帖木儿朝时期的美索不达米亚、波斯和中亚诸地》，此书主要利用 9—17 世纪的穆斯林文献，对美索不达米亚、波斯和中亚的地理状况及政区变迁做了系统论述，至今仍广为研究者所利用。[3] 此外，基于对 10 世纪波斯地理著作《世界境域志》的译注研究，米诺尔斯基对伊朗历史地理

---

1 M. A. Stein, *Archaeological Reconnaissances in North-Western India and South-Eastern Īrān*, London: Macmillan, 1937; *Old Routes of Western Īrān*, London: Macmillan and Co., Ltd., 1940; *Innermost Asia*, Oxford: The Clarendon Press, 1928; *On Ancient Central-Asian Tracks: Brief Narrative of Three Expeditions in Innermost Asia and North-Western China*, London: Macmillan and Co., Ltd., 1933; *Ancient Khotan: Detailed Report of Archaeological Explorations in Chinese Turkestan*, Oxford: Clarendon Press, 1907; *Serindia: Detailed Report of Explorations in Central Asia and Westernmost China*, Oxford: Clarendon Press, 1921.

2 巴托尔德：《蒙古入侵时期的突厥斯坦》，张锡彤、张广达译，上海古籍出版社，2011，第 77—209 页。

3 Guy Le Strange, *The Lands of the Eastern Caliphate: Mesopotamia, Persia, and Central Asia, from the Moslem Conquest to the Time of Timur*, Cambridge: Cambridge University Press, 1905. 汉译本见《大食东部历史地理研究：从阿拉伯帝国兴起到帖木儿朝时期的美索不达米亚、波斯和中亚诸地》，韩中义译注，何志龙校订，社会科学文献出版社，2018。

有深入而持续的考察，关于蒙古时代著有《木克里库尔德斯坦的蒙古地名》。[1]

中国的蒙元史、中亚史学者更擅长利用汉文史料研究西北地理和交通，如韩儒林《西北地理札记》、[2]陈得芝《耶律楚材诗文中的西域和漠北历史地理资料》《李志常和〈长春真人西游记〉》《常德西使与〈西使记〉中的几个问题》、[3]张广达和王小甫合作的《刘郁〈西使记〉不明地理考》、[4]刘迎胜《至元初年以前的垂河流域及其周围地区》《察合台汗国的疆域与地理研究》等，[5]这些文章对厘清中亚至中国西北的交通道路情况极富价值。

在地名考证之外，一些学者对蒙元时期的东西道路交通做了宏观视域下的论述。如任荣康撰写的《元初的元—伊联盟与中亚交通——兼考马可·波罗抵忽炭三地之年限》，将东西交通置于亚洲大陆的政治形势下，论证元朝与伊利汗国联盟同中亚交通之间的关系。[6]周清澍《蒙元时期的中西陆路交通》一文，总结了从蒙古、河

---

1 V. Minorsky, "Mongol Place-Names in Mukri Kurdistan", *Bulletin of the School of Oriental and African Studies*, Vol. 19 (1), 1957, pp. 58-81.

2 韩儒林：《西北地理札记》，原载《华西协合大学中国文化研究所集刊》第1卷第3期，1941，此据氏著《穹庐集》。

3 陈得芝：《耶律楚材诗文中的西域和漠北历史地理资料》，原题《耶律楚材》，载谭其骧主编《中国历史地理学家评传》第2卷，山东教育出版社，1990，此据氏著《蒙元史研究丛稿》，人民出版社，2005；《李志常和〈长春真人西游记〉》，原题《李志常》，载谭其骧主编《中国历史地理学家评传》第2卷，此据氏著《蒙元史研究丛稿》；《常德西使与〈西使记〉中的几个问题》，原载《元史及民族史研究集刊》第14辑，南方出版社，2001，此据氏著《蒙元史研究丛稿》。

4 张广达、王小甫：《刘郁〈西使记〉不明地理考》，《中亚学刊》第3辑，中华书局，1990。

5 刘迎胜：《至元初年以前的垂河流域及其周围地区》，原载《蒙古史研究》第4辑，内蒙古大学出版社，1993，此据氏著《海路与陆路——中古时代东西交流研究》，北京大学出版社，2011；刘迎胜：《察合台汗国史研究》第12章“察合台汗国的疆域与地理研究”。

6 任荣康：《元初的元—伊联盟与中亚交通——兼考马可·波罗抵忽炭三地之年限》，《中亚学刊》第3辑，中华书局，1990。

西和中原通往中亚以及南西伯利亚地区之间交通路线。[1] 李云泉《蒙元时期驿站的设立与中西陆路交通的发展》对驿站的设立和几条主要通道的变化情况进行了分析。[2] 党宝海系统研究了蒙古帝国的交通驿站，其《蒙元驿站交通研究》考察了从元朝经察合台汗国到伊利汗国驿道的具体情况。[3]

蒙元时代，沟通东西方的另一种交通途径——海路交通达到了空前繁盛的程度。海路与陆路交通具有不同的特征，陆路交通尽管也会变化，但由于城镇相对稳定，民族语言比较统一，所以地名与路线的考察相对有章可循。而海洋港口变迁迅速，居民流动性较强，语言较为多样复杂，致使海路地名和路线变幻多端，考据更加困难。因此，海路交通的研究，更主要地依靠东西方保留下来的文献史料。元代最重要的一部海外交通著作《岛夷志略》，很早就成为中外学者借以研究海交史的重要材料，布莱特施耐德（Emil Bretschneider）在其著作《中世纪研究》中首将《岛夷志略》“天堂”一条译成英文；[4] 法国鄂卢梭（Léonard Aurousseau）又将其中的“占城”、“民多朗”、“宾童龙”和“日丽”四条译成法文；[5] 费琅将“三佛齐”“旧港”两条译成法文。[6] 日本学者藤田丰八首次对《岛夷志略》做了详细的校注，于1915年在罗振玉主编的《雪堂丛刻》中刊登出版。美国学者柔克义（W. W. Rockhill）曾将《岛夷

---

1 周清澍:《蒙元时期的中西陆路交通》,《元史论丛》第4辑，中华书局，1992。

2 李云泉:《蒙元时期驿站的设立与中西陆路交通的发展》,《兰州大学学报》1993年第3期。

3 党宝海:《蒙元驿站交通研究》，昆仑出版社，2006。

4 E. Bretschneider, *Medieval Researches from Eastern Asiatic Sources*, Vol. 2, London: Trübner & Co., 1888, pp. 300-301.

5 Léonard Aurousseau, “Georges Maspero: *Le Royaume de Champa*” , *Bulletin de l'Ecole française d'Extrême-Orient*, Vol. 14 (1), 1914, pp. 8-43.

6 G. Ferrand, *L'empire sumatranais de Çrīvijaya*, Paris: Imprimerie nationale, 1922.

志略》前 99 条中的 60 条地名译成英文，发表在 1913—1915 年《通报》上，题名为《十四世纪中国与南洋群岛、印度洋沿岸往来贸易考》。[1] 中国学者苏继庼在他们的基础上，也对《岛夷志略》做了校注。[2] 此外还有日本学者桑田六郎的《岛夷志略新证》，[3] 德国学者普塔克（Roderich Ptak）围绕《岛夷志略》所撰写的系列研究文章，[4] 等等。

蒙元时代波斯湾最重要的港口是忽里模子（Hurmūz，今译霍尔木兹）和怯失（Kīsh，今译基什）。这两座港口在 13—14 世纪为争夺波斯湾的控制权展开了激烈的争斗。让·奥班对忽里模子有深入的研究，发表过论文《13—15 世纪忽里模子诸王史》和《16 世纪初的忽里模子》。[5] 廉亚明（Ralph Kauz）与普塔克合著的《元明文献中的忽里模子》则是一篇全面梳理有关忽里模子汉文史料的佳作。[6] 伊朗

---

1 W. W. Rockhill, "Notes on the Relations and Trade of China with the Eastern Archipelago and the Coasts of the Indian Ocean during the Fourteenth Century", *T'oung Pao*, Vol. 14 (4), 1913, pp. 473-476; Vol. 15 (3), 1914, pp. 419-447; Vol. 16 (2), 1915, pp. 236-271; Vol. 16 (3), 1915, pp. 374-392; Vol. 16 (4), 1915, pp. 435-467; Vol. 16 (5), 1915, pp. 604-626.

2 汪大渊著，苏继庼校释《岛夷志略校释》，中华书局，1981。

3 桑田六郎「島夷志略新証」『東洋学報』52 巻 3 号、1969、1-21 頁。

4 Roderich Ptak, "Glosses on Wang Dayuan's *Daoyi zhilüe* (1349/50)", *Récits de voyage des Asiatiques. Genres, mentalités, conception de l'espace: Actes du colloque EFEO-EHESS de décembre 1994*, édités par Claudine Salmon, Paris: Ecole française d'Extrême-Orient, 1996, pp. 127-141; "Images of Maritime Asia in Two Yuan Texts: *Daoyi zhilue* and *Yiyu zhi*", *Journal of Sung-Yuan Studies*, Vol. 25, 1995, pp. 47-75; "Wang Dayuan on Kerala", in: *Explorations in the History of South Asia: Essays in Honour of Dietmar Rothermund,* ed. by G. Berkemer, T. Frasch, H. Kulke & J. Lütt, New Delhi: Manohar, 2001, pp. 39-52.

5 Jean Aubin, "Les princes d'Ormuz du XIII au XV siècle", *Journal Asiatique*, Vol. 241, 1953, pp. 77-137; "Le royaume d'Ormuz au début du XVI siècle", *Mare-Luso Indicum*, Vol. 2, 1973, pp. 77-179.

6 Ralph Kauz & Roderich Ptak, "Hormuz in Yuan and Ming Sources", *Bulletin de l'Ecole française d'Extrême-Orient*, Vol. 88, 2001, pp. 27-75. 此文由姚继德翻译成汉文出版，《元明文献中的忽鲁谟斯》，宁夏人民出版社，2007，但翻译质量不佳，难供学术使用。参见求芝蓉《评 *Hormuz in Yuan and Ming Sources* 及其汉译本》，《国际汉学研究通讯》第 5 期，北京大学出版社，2012。

德黑兰大学乌苏吉（M. B. Vosoughi）教授的博士论文《忽里模子诸王史》用波斯语写成，后同名英文论文发表于英国波特（Lawrence G. Potter）教授主编的论文集《历史上的波斯湾》中。[1] 针对怯失，廉亚明撰写的《蒙古时代怯失的海上贸易》，探讨了从塞尔柱到蒙元时代波斯湾中心港口的变迁历程，尤其是蒙古人在怯失与忽里模子的博弈中所发挥的作用。[2] 家岛彦一的《蒙古帝国时代的印度洋贸易——以怯失商人的贸易活动为中心》和四日市康博的《蒙古治下怯失商人的海、陆贸易网：印度洋、法儿思和伊剌克的角色》都是对蒙元时期以惕必（Ṭībī）家族为中心的怯失商人的海洋贸易路线、贸易活动所做的考察。[3]

此外，刘迎胜对元代海交史，尤其是海外地理地名有集中的研究，发表了《汪大渊两次出洋初考》《"东洋"与"西洋"的由来》《从〈不阿里神道碑铭〉看南印度与元朝及波斯湾的交通》等多篇论文，后收入其《海路与陆路——中古时代东西交流研究》论文集中。[4] 高荣盛《古里佛 / 故临——宋元时期国际集散 / 中转交通中心的形成与运作》一文考察了南印度港口故临在中国南海至波斯湾航线上的中转站地位。[5] 杨晓春《元代南海贸易中的商品与货币问

---

1 M. B. Vosoughi, "The Kings of Hormuz", in: *The Persian Gulf in History*, ed. by Lawrence Potter, New York: Palgrave Macmillan, 2009, pp. 89-105.

2 Ralph Kauz, "The Maritime Trade of Kish during the Mongol Period", in: *Beyond the Legacy of Genghis Khan*, ed. by Linda Komaroff, pp. 51-67. 汉译见《蒙古时代怯失的海上贸易》，陈春晓译，徐忠文、荣新江主编《马可·波罗 扬州 丝绸之路》，北京大学出版社，2016。

3 Yokkaichi Yasuhiro, "The Maritime and Continental Networks of Kīsh Merchants under Mongol Rule: The Role of the Indian Ocean, Fārs and Iraq", *Journal of Economic and Social History of the Orient*, Vol. 62 (2-3), 2019, pp. 428-463.

4 见刘迎胜《海路与陆路——中古时代东西交流研究》。

5 高荣盛:《古里佛 / 故临——宋元时期国际集散 / 中转交通中心的形成与运作》,《元史论丛》第 11 辑，天津古籍出版社，2009。

题——〈岛夷志略〉相关记载的归纳与讨论》对元代南海民间市场流通的货币问题进行了探讨。[1] 陈春晓就南印度地名考证问题发表了《中古时代印度西海岸地名考——多语种文献的对勘研究》。[2] 邱轶皓的《艅船考——13 至 15 世纪西方文献中所见之"Jūng"》考证了中国的大型帆船于 13—15 世纪的活动范围与历史功能。[3]

3. 物质和文明传播史

罗沙比所撰《大不里士与元代中国》是一篇关于元朝与伊利汗国往来交流的概述性论文。作者指出两国间的遣使活动更多是出于贸易的目的，而非政治或军事；文章扼要爬梳了中国在天文、植物、医学、工艺、绘画等方面给伊朗带来的影响。[4]

中伊物质和文明传播史具体又可分为物质交流、制度交流、科技交流以及文化交流诸层面。

物质交流方面，劳费尔（Berthold Laufer）于 1919 年出版的名著《中国伊朗编》是迄今为止关于古代中国与伊朗物质文化交流史的最重要著作。[5] 此书按照名词解释的形式，逐一列举古代伊朗传入中国与中国传入伊朗的物品，作者尤擅比较语言学的方法，从物品名称的来源和演变来考证其传播的过程。不过此书偏重于伊朗对中

1　杨晓春:《元代南海贸易中的商品与货币问题——〈岛夷志略〉相关记载的归纳与讨论》,《元史及民族与边疆研究集刊》第 36 辑，上海古籍出版社，2018。

2　陈春晓:《中古时代印度西海岸地名考——多语种文献的对勘研究》,《海交史研究》2020 年第 2 期。

3　邱轶皓:《艅船考——13 至 15 世纪西方文献中所见之"Jūng"》，原载《国际汉学研究通讯》第 5 期，修订后收入氏著《蒙古帝国视野下的元史与东西文化交流》。

4　Morris Rossabi, "Tabriz and Yuan China", in: *Aspects of the Maritime Silk Road: From the Persian Gulf to the East China Sea*, ed. by Ralph Kauz, Wiesbaden: Harrassowitz Verlag, 2010, pp. 97-106. 汉译见罗茂锐《大不里士与元代中国》，王一丹译，陈春晓校，荣新江、党宝海编《马可·波罗研究论文选粹（外文编）》，中西书局，2022。

5　Berthold Laufer, *Sino-Iranica: Chinese Contributions to the History of Civilization in Ancient Iran, with Special Reference to the History of Cultivated Plants and Products*, Chicago: Field Museum of Natural History, 1919. 汉译本见劳费尔《中国伊朗编》，林筠因译，商务印书馆，1964。

国的物质贡献，对中国向伊朗的物质传播介绍则较为简略。

与劳费尔等传统东方学家不同，近几十年来的物质交流史研究侧重于探究物质交流背后的文化意义。例如爱尔森的《蒙古帝国的商品和交流：伊斯兰纺织文化史》就是研究东西方物质交流史的力作。作者不仅对东西文献所记载的“Tatar cloth”（即“纳石失”）做了名物考辨，还对蒙古人对这种织物的偏好、使用和织品的技术传播、原料供应等方面做了考察，进而探讨文化层面的因素——蒙古的原始游牧传统使他们对黄金有着“偏执”的热爱，并赋予黄金以“权力”和“合法”的含义；织金锦，作为一种奢侈品，便成为其政治体系中的重要组成部分。[1]

制度交流方面，弗拉格纳的《伊利汗的统治及其对伊朗政治文化的影响》从政治文化角度阐述蒙古与汉地的体制对伊朗政治制度的影响，其中述及中国玺印制度在伊朗的应用。[2] 四日市康博的《伊朗蒙古公文书中的汉字印章》一文以伊利汗国公文书所使用的汉字印章为研究对象，为中国与伊朗制度交流提供了另一种案例。[3] 伊利汗乞合都时期曾短暂地在全国发行纸钞，这是元朝在经济制度方面影响伊利汗国的重要事件，中外学者多有研究，卡尔·雅恩、王永生、徐良利都发表过相关论证文章。[4]

---

1 Thomas T. Allsen, *Commodity and Exchange in the Mongol Empire: A Cultural History of Islamic Textiles*, Cambridge; New York: Cambridge University Press, 1997.

2 Bert G. Fragner, “Ilkhanid Rule and Its Contributions to Iranian Political Culture”, in: *Beyond the Legacy of Genghis Khan*, ed. by Linda Komaroff, pp. 68-80.

3 Yokkaichi Yasuhiro, “Chinese Seals in the Mongol Official Documents in Iran: Re-examination of the Sphragistic System in the Il-Khanid and Yuan Dynasties”, 新疆吐鲁番学研究院编《吐鲁番学研究——第三届吐鲁番学暨欧亚游牧民族的起源与迁徙国际学术研讨会论文集》。

4 Karl Jahn, “Paper Currency in Iran: A Contribution to the Cultural and Economic History of Iran in the Mongol Period”, *Journal of Asian History*, Vol. 4 (2), 1970, pp. 101-135；王永生：《波斯伊利汗国仿行元朝钞法——兼论中国印刷术的西传》,《文史知识》1995 年第 2 期；徐良利：《论伊利汗国乞合都汗仿中国元朝行钞法》,《学习与探索》2005 年第 4 期。

科技交流方面的研究涉及武器、医学、农学、天文学的传播。爱尔森曾撰文讨论由蒙古人战争所带来的东西方武器方面的相互影响——投石机在中国的应用和火炮在西方的流传。[1]医学的交流集中体现在对《伊利汗中国科技珍宝书》这一文献的研究上：日本学者羽田亨一探讨过这部书与汉文医书王叔和《脉经》之间的关系；[2]远藤光晓则从音韵学角度，研究它所反映出的当时中国汉语语音情况；[3]我国波斯语学者时光已将此书全文翻译成中文，并做了译注工作。[4]农学方面主要是围绕着拉施都丁农书《迹象与生命》的文献研讨。[5]天文学则反映在蔑剌合（Marāgha，今译马拉盖）天文台及《伊利汗积尺》（*Zīj-i Īlkhānī*）中有关中国历法的记载，对此日本学者谏早庸一做了许多研究。[6]

文化交流方面，巴托尔德关于蒙古对波斯文化的影响的研究，由刘先涛译为中文，发表在《蒙古学资料与情报》上。[7]滕海键《蒙古西征与东方文化的西传》概述了中国在艺术文化等方面对钦察汗

---

1 T. T. Allsen, "The Circulation of Military Technology in the Mongolian Empire", in: *Warfare in Inner Asian History (500-1800)*, ed. by Nicola Di Cosmo, pp. 265-293.

2 羽田亨一「ペルシア語訳『王叔和脈訣』とラシードウッディーン」『东洋史研究』52 号、1993、520-521 頁；「ペルシア語訳『王叔和脈訣』の中国語原本について」『アジア・アフリカ言語文化研究』48-49 号、1995、719-726 頁。

3 遠藤光曉「王叔和『脉訣』ペルシャ語訳に反映した14世紀初中国音」『中国音韻学論集』白帝社、2001、195-218、337-338 頁；『元代音研究：「脈訣」ペルシャ語訳による』汲古書院、2016。

4 时光校注《〈伊利汗中国科技珍宝书〉校注》，北京大学出版社，2016。

5 详见本书第七章。

6 Yoichi Isahaya, "History and Provenance of the 'Chinese' Calendar in the *Zīj-i Īlkhānī*", *Tarikh-e Elm: Iranian Journal for the History of Science*, No. 8, 2009, pp.19-44; "The *Tārīkh-i Qitā* in the *Zīj-i Īlkhānī*: The Chinese Calendar in Persian", *SCIAMVS: Sources and Commentaries in Exact Sciences*, No. 14, 2013, pp. 149-258; Mitsuaki Endo & Yoichi Isahaya, "Yuan Phonology as Reflected in Persian Transcription in the *Zīj-i Īlkhānī*",『経済研究』8 号、2016、1-38 頁；（与須賀隆合撰）「『イル・ハン天文便覧』に見える中国暦・ヒジュラ暦換算表の再構——モンゴル帝国期東西天文学交流の再考」『「歴史的記録と現代科学」研究会集録』第 5 回、2019、252-277 頁。

7 巴托尔德：《蒙古征服对波斯文化的影响》，刘先涛译，《蒙古学资料与情报》1988 年第 4 期。

国和伊利汗国的影响。[1] 马建春《蒙・元时期的波斯与中国》一文，梳理了元朝与伊利汗国交往的各个方面，尤其阐述了回回人的东迁对元代中国文化、科技、艺术领域的影响。[2] 王一丹致力于蒙元时代波斯语文献的研究，尤其对拉施都丁与中国文化的传播有重要的论述，她的专著《波斯拉施特〈史集・中国史〉研究与文本翻译》上卷研究部分是对拉施都丁与中国文化关系的通论。[3] 程彤的《伊利汗国法尔斯地区"宝"字钱币考释》是一篇关于中国文明对伊朗影响的重要文章，通过对伊朗法儿思省出土的带有汉字"宝"字样式钱币的研究，考察中国与波斯湾的海上贸易关系。[4] 日本学者宫纪子的新著《蒙古时代东、西方的"知识"》下卷集中讨论了元朝与伊利汗国文化交流的多个方面。[5]

（三）艺术史

艺术交流史，应属文化交流史的一个分支。但由于在学科分类中，艺术史是一个专门的研究领域，并且该领域的成果极其丰富，因此这里将它单独作为一个类别介绍。伊利汗统治时期，伊朗的艺术受到中国元素的深刻影响，形成了这一时期独特的伊斯兰美术风格。日本学者在伊斯兰美术史研究领域有着长期而深入的探索。三上次男对陶瓷史的研究很早就引起了中国学者的注意，他的名作《陶瓷之路——东西文明接触点的探索》对中国陶

1 滕海键：《蒙古西征与东方文化的西传》，《昭乌达蒙族师专学报》2000 年第 5 期。

2 马建春：《蒙・元时期的波斯与中国》，《回族研究》2006 年第 1 期。

3 王一丹：《波斯拉施特〈史集・中国史〉研究与文本翻译》，昆仑出版社，2006。

4 程彤：《伊利汗国法尔斯地区"宝"字钱币考释》，《西域研究》2008 年第 4 期。

5 宮紀子『モンゴル時代の「知」の東西』名古屋大学出版会、2018。

瓷在世界各地区的流传做了全面的介绍，尤其是伊斯兰地区出土的中国瓷器，是该书讨论的主要内容。[1] 龙谷大学的杉村栋（Toh Sugimura）教授是较早研究伊斯兰美术的日本学者，他的主要研究方向是 14、15 世纪中国与波斯的绘画交流，对土耳其托普卡普宫所藏细密画有许多论述。[2] 龙谷大学另一位美术史学者水野美奈子对波斯细密画中的装饰母题有丰富的研究，围绕中国的龙、凤、云彩及太湖石等装饰母题及中国对伊斯兰美术的影响发表了一系列论文。[3] 东京大学的桝屋友子（Masuya Tomoko）在纽约大学完成其博士论文《伊利汗时期的苏莱曼王座》，主要研究 13—14 世纪的波斯陶瓷艺术；她与斯特凡诺·卡尔博尼（Stefano Carboni）合著有《波斯瓷砖》，另有论文《伊儿汗国早期美术所见的东西交流》以苏莱曼王座（Takht-i Sulaymān）和写本《动物的效用》（*Manāfiʿ-i Ḥayāvān*）中的细密画为例，讨论伊斯兰艺术形式中的中国因素。[4] 目前为止，最重要的一部关于中国与伊朗艺术交流的著作当属门井由佳（Kadoi Yuka）的博士论文《伊斯兰中国风：蒙

1　三上次男『陶磁の道：東西文明の接点をたずねて』岩波書店、1969；汉译本见三上次男《陶瓷之路——东西文明接触点的探索》，胡德芬译，天津人民出版社，1983。

2　Toh Sugimura, *The Encounter of Persia with China: Research into Cultural Contacts Based on Fifteenth Century Persian Pictorial Materials*, Osaka: National Museum of Ethnology, 1986；杉村棟『绒毯：シルクロードの華』朝日新聞社、1994；「イスラーム（ティームール朝）」『世界美術大全集・東洋編』17、小學館、1999。

3　水野美奈子「太湖石からサズ葉文様への系譜」『オリエント』43 巻 1 号、2000、71-88 頁；『イスラ』朝日新聞社、1994；「イスラーム世界の空想動物に見る中国的意匠：楽園思想との接点」『シルクロード学研究』18 号、2003、43-70 頁；「トプカプ宮殿美術館所蔵のサライ・アルバムにおける半円形図案画の考察：馬具に見る東西交流の痕跡」龍谷大学国際文化学会编『国際文化研究』13 号、2009、3-14 頁。

4　Masuya Tomoko, *The Ilkhanid Phase of Takht-i Sulaiman*, Ph.D. diss., New York University, 1997；Stefano Carboni & Tomoko Masuya, *Persian Tiles*, New York: The Metropolitan Museum of Art, 1993；桝屋友子：《伊儿汗国早期美术所见的东西交流》，陈萍译，《美术史研究集刊》第 28 期，2010。

古伊朗的艺术》，于 2009 年在爱丁堡出版。[1] 这部专著是关于蒙古统治时期中国与伊朗的艺术交流，作者利用大量纺织、陶瓷、金银器和细密画等装饰和绘画艺术材料，考察蒙元时期伊朗艺术对中国元素的采用和吸纳。我国学者吴天跃撰有书评，对该书做了很好的评介。[2] 此外，门井由佳还利用“蒙古大《列王纪》”（the Great Mongol *Shāhnāma*）插图中的织物，研究伊利汗宫廷的服饰文化。[3] 东京大学的深见奈绪子、羽田正，金沢大学的佐佐木达夫，日本中近东文化研究所的川床睦夫等学者也在艺术史方面有相关研究。

西方学者中，伦敦大学亚非学院的萨京特（Robert Bertram Serjeant）是 20 世纪致力于伊斯兰纺织品研究的著名学者，其 1942—1951 年连载于《伊斯兰艺术》（*Ars Islamica*）杂志上的长篇论文《蒙古入侵之前的伊斯兰织物史》成为该领域的奠基之作。[4] 同时代的普林斯顿教授唐纳德 · 韦伯（Donald N. Wilber）于 1955 年出版的《伊斯兰伊朗的建筑：伊利汗国时代》一书则是研究伊斯兰建筑史的重要著作。[5] 当今西方伊斯兰艺术史学界，最活跃的学者当属美国波士顿学院艺术系教授布莱尔（Sheila S. Blair）和她的丈夫

1 Kadoi Yuka, *Islamic Chinoiserie: The Art of Mongol Iran*, Edinburgh: Edinburgh University Press, 2009.

2 吴天跃:《贴近细节的美术史——〈伊斯兰中国风：蒙古伊朗的艺术〉书评》,《美术向导》2014 年第 3 期。

3 Kadoi Yuka, “Textiles in the Great Mongol *Shahnama*: A New Approach to Ilkhanid Dress”, in: *Dressing the Part: Textiles as Propaganda in the Middle Ages*, ed. by Kate Dimitrova & Margaret Goehring, Turnhout: Brepols, 2013, pp. 153-165.

4 R. B. Serjeant, “Material for a History of Islamic Textiles up to the Mongol Conquest”, *Ars Islamica*, Vol. 9, 1942, pp. 54-92; Vol. 10, 1943, pp. 71-104; Vol. 11/12, 1946, pp. 98-145; Vol. 13, 1948, pp. 75-117; Vol. 15/16, 1951, pp. 29-85.

5 Donald N. Wilber, *The Architecture of Islamic Iran: The Il Khanid Period*, Princeton: Princeton University Press, 1955.

兼同事布鲁姆（Jonathan M. Bloom），布莱尔侧重东部伊斯兰世界研究，对伊朗和中亚的艺术著述颇丰；而布鲁姆专长西部伊斯兰地区——阿拉伯、埃及和西班牙等地的艺术史研究。二人合作出版了多部专著和论文，如《伊斯兰艺术和建筑：1250—1800年》《伊斯兰艺术》《装饰之爱：哥本哈根大卫收藏品中的伊斯兰艺术品》等。[1]布莱尔另有专门研究伊朗艺术史的著作，如《伊朗纳坦兹的伊利汗神殿》和《史集：拉施都丁的插画世界史》。[2]后者刊布了哈里里收藏和爱丁堡大学图书馆所藏《史集》插画，讨论这些图画的来源及书法、绘画技巧，探索《史集》抄本从拉施都丁工作室到英国皇家亚洲学会的流传过程。此研究是关于伊利汗国书籍史的重要著作。此外，布莱尔还发表了《伊利汗国的建筑和社会：关于拉施特镇捐赠的分析》《伊朗插画书籍的发展》《伊利汗的宫殿》《孙丹尼牙蒙古之都："皇家宫殿"》《伊利汗国晚期钱币：类型学分析》等多篇关于伊利汗时期艺术研究的论文。[3]牛津大学伊斯兰艺术史学者奥利弗·华生（Oliver Watson）专长伊朗陶瓷器研究，发表过《中国式样的伊斯兰碗碟》《青花瓷：伊斯兰、中国、欧洲》《蒙古时代的陶

1　Sheila S. Blair & Jonathan M. Bloom, *The Art and Architecture of Islam: 1250-1800*, New Haven: Yale University Press, 1994; *Islamic Arts*, London: Phaidon, 1997; *Cosmophilia: Islamic Art from the David Collection, Copenhagen*, Chestnut Hill: McMullen Museum at Boston College, 2006.

2　Sheila S. Blair, *The Ilkhanid Shrine Complex at Natanz, Iran*, Cambridge: Center for Middle Eastern Studies, Harvard University, 1986; *A Compendium of Chronicles: Rashid al-Din's Illustrated History of the World*, London: The Nour Foundation in Association with Azimuth Editions and Oxford University Press, 1995.

3　Sheila S. Blair, "Ilkhanid Architecture and Society: An Analysis of the Endowment Deed of the Rab'-i Rashīdī", *Iran*, Vol. 22, 1984, pp. 67-90; "The Development of the Illustrated Book in Iran", *Muqarnas*, Vol. 10, 1993, pp. 266-274; "The Ilkhanid Palace", *Ars Orientalis*, Vol. 23, 1993, pp. 239-248; "The Mongol Capital of Sulṭāniyya, 'The Imperial'", *Iran*, Vol. 24, 1986, pp. 139-151; "The Coins of the Later Ilkhanids: A Typological Analysis", *Journal of the Economic and Social History of the Orient*, Vol. 26 (3), 1983, pp. 295-317.

瓷》等文章。[1]芝加哥大学艺术系的伯利坎普（Persis Berlekamp）[2]、开罗美利坚大学的伯纳德·欧肯（Bernard O'Kane）[3]等西方学者，对伊利汗时期的波斯艺术也都有成果发表。

中国学者对伊斯兰美术史的涉足，以罗世平与齐东方合著的《波斯和伊斯兰美术》一书为代表性作品，该书对伊朗地区伊斯兰化前后的艺术流变做了系统梳理。[4]尚刚尤其关注元代工艺美术史研究，特别是这一时期东西方交流对中国艺术的影响，其所著《元代工艺美术史》和《古物新知》是该领域的重要论著。此外他对元青花的兴起始末、艺术形式及对外传播历史，也发表过一系列的研究论文。[5]叶文程、罗立华有多篇关于中国外销瓷的研究论文，探讨外销瓷的外销航线和陶瓷之路的形成，还对元明青花在海外的流传格外关注。[6]许明实地调查了伊朗和土耳其两国收藏的元青花器物，出版了

---

1 Oliver Watson, "Islamic Pots in Chinese Style" , *The Burlington Magazine*, Vol. 129, No.1010, 1987, pp. 304-306; "Blue and White: Islam, China, Europe" , *Dar al-Athar al-Islamiyyah Newsletter*, No. 5, pp. 8-13; "Pottery under the Mongols" , in: *Beyond the Legacy of Genghis Khan*, ed. by Linda Komaroff, pp. 325-345.

2 Persis Berlekamp, "Painting as Persuasion: A Visual Defense of Alchemy in an Islamic Manuscript of the Mongol Period" , *Muqarnas*, Vol. 20, 2003, pp. 35-59; "The Limits of Artistic Exchange in Fourteenth-Century Tabriz: The Paradox of Rashid al-Din's Book on Chinese Medicine" , *Muqarnas*, Vol. 27, 2010, pp. 209-250.

3 Bernard O'Kane, "Persian Poetry on Ilkhanid Art and Architecture" , in: *Beyond the Legacy of Genghis Khan*, ed. by Linda Komaroff, pp. 346-354; "Monumentality in Mamluk and Mongol Art and Architecture" , *Art History*, Vol.19(4), 1996, pp. 499-522; "The Arboreal Aesthetic: Landscape, Painting and Architecture from Mongol Iran to Mamluk Egypt" , in: *Studies in the Iconography of Islamic Art in Honour of Robert Hillenbrand*, ed. by Bernard O'Kane, Edinburgh: Edinburgh University Press, 2005, pp. 223-251.

4 罗世平、齐东方:《波斯和伊斯兰美术》，中国人民大学出版社，2004。

5 尚刚:《元代工艺美术史》，辽宁教育出版社，1999;《古物新知》，生活·读书·新知三联书店，2012;《唐、元青花叙论》,《中国文化》1994 年第 1 期。

6 叶文程:《试谈元代景德镇青花瓷的外销》,《景德镇陶瓷》1987 年第 4 期；叶文程、罗立华:《中国元明青花瓷器在国外（上）》,《河北陶瓷》1992 年第 3 期,《中国元明青花在国外（下）》,《河北陶瓷》1992 年第 4 期。

《土耳其、伊朗馆藏元青花考察亲历记》，刊布了两国所藏元青花瓷的珍贵图文资料。[1]俞芳洁《伊朗、土耳其所藏元青花瓷探微》一文对伊、土所藏元青花瓷与中国出土元青花瓷的器型与纹饰做了比较研究。[2]2012年11月，上海博物馆举办了元青花瓷主题的大型展览，并出版学术研究论文集，推动了这一领域研究的进一步发展。[3]刘中玉对元青花的研究认为，合赞汗改宗伊斯兰为中国瓷器提供了广阔的市场前景和创新空间，并刺激了元朝青花瓷的规模化生产。[4]中伊绘画史交流方面，穆宏燕发表了《中国宫廷画院体制对伊斯兰细密画艺术发展的影响》《“蒙古大〈列王纪〉”：波斯细密画走向成熟之作》《摩尼教经书插图的艺术史意义》《摩尼教经书插图的发展与世俗化转型》《中国造纸术促进伊斯兰书籍装饰艺术的兴起》等一系列论文。[5]

三　研究思路和视角

“交流”是人与人之间互动行为的总称。“交流史”系指不同地

1　许明:《土耳其、伊朗馆藏元青花考察亲历记》，上海人民出版社，2008。

2　俞芳洁:《伊朗、土耳其所藏元青花瓷探微》,《四川文物》2010年第5期。

3　上海博物馆编《青花的世纪——元青花与元代的历史、艺术、考古》，北京大学出版社，2013。

4　刘中玉:《14世纪蒙古体系变动下的青花瓷——元青花与伊利汗国伊斯兰转向关系梳论》,《形象史学》2017年第1期。

5　穆宏燕:《中国宫廷画院体制对伊斯兰细密画艺术发展的影响》,《回族研究》2015年第1期;《“蒙古大〈列王纪〉”：波斯细密画走向成熟之作》,《北方工业大学学报》2018年第6期;《摩尼教经书插图的艺术史意义》,《美术研究》2017年第4期;《摩尼教经书插图的发展与世俗化转型》,《西域研究》2019年第1期;《中国造纸术促进伊斯兰书籍装饰艺术的兴起》,《回族研究》2019年第2期。

域、民族、文化群体相互接触和彼此影响的历史。交流史研究所涉及的对象和过程十分多样且复杂。概括来说，交流史研究对象可归纳为三大类主题：人口流动、物质交换和文化传播。人口流动是交流发生的基础和载体，因为一切交流都是由人完成的，流动的人口包括移民、使者、商旅等各类群体。物质交换是指通过官方或民间渠道实现的实物的传输，是交流活动的行为和过程，也是交流过程的最直接的表现形式，参与交流的物质包括动物、植物、矿物及各类手工制成品等。文化传播则是人口和物质的交流达到一定规模和程度后，产生的更深层面的互渐和影响，如文学、艺术、医学、科技、宗教等方面。人口、物质和文化的交流，前两者是后者的基础和前提。

中国对伊利汗国的文明传播史研究同样也可概括为这三个方面。从学术史回顾可知，已有的成果主要集中在第三类“文化传播”的主题上，尤其是科技史、医学史、艺术史方面的成果累出，已颇成体系。这得益于丰富的考古、实物和文献资料为研究提供了有力的材料。例如《伊利汗积尺》是中伊天文历法交流方面的主体史料；青花瓷、细密画共同构成艺术史研究的素材基础；拉施都丁关于中国医学的著述，则为研究中医在伊朗的传播提供了可能性。

然而，关于促成文明传播的主体——“人”的历史，却不太清晰。蒙古征服时代，从中国迁徙至伊朗的庞大人群中，只有少数如孛罗丞相这样的大人物得以青史留名，而多数普通人的生平和际遇则晦暗不明。尤其是那些中下层的芸芸小卒，不仅籍籍无名，甚至连人数都无法估算。他们跟随着蒙古大军背井离乡，最终隐没在西征的宏大历史叙事中。但是，这些普通人的历史不能被忽略。正是他们，在异域的土壤中撒下了中华文明的种子，使之在漫长的历史过程中，开出绚丽的花朵。文明的传播和文化的交流，非一人之力，亦非一日之功。因此，本书将要重点研究的对象之一，就是这些从中国来到伊朗的普通人，他们不是功勋卓著的将领，而是从事各色劳作的平凡小民，书中将努力探寻他们远行的动因、活动的事迹以及在异国他乡的生存生活状况。

“物质交换”是交流活动的重要表现方式，也是交流史研究的基本论题。从中国输入伊朗的物品，有民间商品，有官方赐物；有价值连城的奢侈品，有普通的日用百货；有通过固定渠道惯常输入的，有被偶然携带过去的；有些物品传入伊朗后便长期存在，有些物品的出现只是昙花一现。本书固不可能将输入伊朗的所有中国物品一一俱道，只能有选择地讨论某些类物品。矿物和植物即为本书将要重点考察的两类物品。选择这两类物品的原因有二：一是这两类物品是最普通、最广泛的品类，它们不是青花瓷、丝绸这样专供上层的奢侈品，而是普通人也能获得的日常生活中所用的东西，最能反映物质交流的普遍性；二是本书写作所依赖的资料所致，古代波斯、阿拉伯学者有编纂宝石书和医药书的传统，这些文献为考察矿物和植物的传播史提供了有力支撑，使研究具有可操作性和获取结论的可能性。具体来讲，本书所考察的矿物主要涉及玉石和金属制成品两个种类，前者是中国独特的文化符号，研究玉石在伊朗的应用，可以考察由物质所承载的中国文化观念在伊朗的传播情况；后者是人们日常生产生活所需的材料和制成品，以它为例可以探究在日常生活层面上，中国文明对伊朗社会的影响和贡献。本书对植物传播的研究，则主要依托伊利汗时代成书的珍贵农业文献《迹象与生命》，在对此文献研究的基础上，考证蒙元时期中国植物输入伊朗的情况，以及由此带来的中国饮食文化对当地社会生活的影响。

在完成对人群、物质、文化传播的研究后，就可以大致勾画出蒙元时代中国文明西渐伊朗的总体面貌了。本书对这些具体问题的考证研究，最终是为了回答一个宏观层面的问题：中国文明究竟给伊朗带来了怎样的影响？在以往交流史的论述中，我们常常说“×× 给 ×× 带来了影响”，但这是一种很空泛的“判词”。因为毋庸置疑，只要有交流就一定有影响，而问题的关键是影响有多大，是能给本土文明的某些方面带来“质”的改变，抑或仅仅是昙花一现，风吹即散？这种影响是精神层面的，还是物质层面的？是广泛的、普遍的，还是只作用于某些群体、某些地区？想要避免空泛的回答，就要触及问题的核心，即要对这段交流史做一个“质”的判断和“量”的衡量。显然这是一个很有难度的挑战。在本书结束的时候，将尝试回答这个宏观的问题。也许结论和答案并不完美，但那样才更能引发思考。如果所有历史的经验都是正面的、积极的、规律的，那么史学研究就丧失了它的最大魅力。

第一章　波斯文、阿拉伯文基本史料

本书所使用的史料涉及波斯文、阿拉伯文、汉文、蒙古文、突厥文、叙利亚文、亚美尼亚文等多种文字，其中以波斯文、阿拉伯文文献为主体。由于国内学者对这部分文献的应用和研究相对较少，且每种文献的抄本、刊本、译本情况复杂，因此有必要就本书主要使用的波斯文、阿拉伯文文献做一番介绍。按照作品的内容题材，可分为历史书、地理书、专业知识类书籍等类型。现按类别和成书时间，将这些文献的作者、内容、版本及整理研究情况介绍如下。

第一节 历史书

蒙古统治伊朗时期，使用波斯文撰写史书达到了前所未有的繁荣程度，在短短一百年时间里，产生了一大批重要历史著作。同时，阿拉伯文的创作依然流行。这些著述中对伊利汗国史事的记录、对遥远东方的描述，以及对伊朗与中国往来关系的记载，是本书所依赖的直接史料。

一 《全史》(*al-Kāmil fī al-Tārīkh*)

此书系伊本·阿昔儿（'Izz al-Dīn ibn al-Athīr）于13世纪30年代用阿拉伯文写成的鸿篇巨制。作者出生于毛夕里（Mawṣil，今译摩苏尔）的地主和官员家庭，他的几位兄弟在塞尔柱治下的赞吉王朝（Zengid Dynasty）任职，但伊本·阿昔儿本人似乎是一位纯粹的学者。他早年在毛夕里接受伊斯兰传统教育，并游学报达，成了一名伊斯兰历史学家。

伊本·阿昔儿撰有《全史》和《阿塔毕王朝辉煌史》(*al-Tārīkh al-Bāhir fī al-Dawla al-Atābakīya*) 两部史书，后者为赞吉王朝地方史，而前者则是关于整个波斯的通史著作。《全史》经由几个阶段陆续创作，最终在1231年完成。全书共12卷，旨在效仿《塔巴里年代记》(*Tārīkh al-Ṭabarī*) 记述整个伊斯兰世界的历史，其中关于伊斯兰之前的历史记述多数来自塔巴里的史书。第12卷主要记述蒙古崛起至其西征的历史，作为同时代的记录，显得十分珍贵。

《全史》阿拉伯文本的标准校勘本是由托恩贝格（C. J.

Tornberg）完成的，1851—1876年在莱顿出版，后又在贝鲁特再版。[1]译本方面，俄国学者齐曾高（В. Тизенгáузен）将第12卷蒙古部分译成俄文，收入《金帐汗国历史资料》第1卷中。[2]1991年起，波斯文全文译本由鲁哈尼（Sayid Muḥammad Ḥusayn Rūḥānī）翻译完成后在德黑兰出版。[3]近年来,《全史》的英文节译本由牛津大学理查德（D. S. Richards）完成出版，他节译了原书1029—1231年的章节内容，以“塞尔柱突厥史”和“十字军史”两个主题分卷出版，其中“十字军史”的第三部分涉及蒙古崛起的历史。此英译本为《全史》当前最为重要的西文译本。[4]

二《札兰丁传》(*Sīrat al-Sulṭān Jalāl al-Dīn Mankubirtī*)

作者奈撒维（Shihāb al-Dīn Muḥammad ibn Aḥmad Nasavī）是呼罗珊人，供职于花剌子模朝。1219年成吉思汗入侵花剌子模，花剌子模沙摩诃末（‘Alā’ al-Dīn Muḥammad）节节败退，其子札兰丁随之西逃至里海。次年末，摩诃末去世，札兰丁嗣位。札兰丁返回中亚反击蒙古军，被击败后逃入印度，后又辗转进军伊朗复国。奈撒维在蒙古入侵时，居住在呼罗珊的故乡，他与花剌子模王朝的一些高官有较多来往。当札兰丁从印度归来时，奈撒维投靠了札兰

1 ‘Izz al-Dīn ibn al-Athīr, *Ibn-el-Athiri Chronicon quod Perfectissimum Inscribitur*, edidit C. J. Tornberg, Lugduni Batavorum [Leiden]: E. J. Brill, 1851-1876; *Al-Kāmil fī al-Tārīkh*, ed. by C. J. Tornberg, Beirut: Dar Ṣādir, 1965-1967.

2 *Сборник материалов, относящихся к истории Золотой Орды*, т. I, извлечение из арабских источников, Санкт-Петербург, 1884.

3 ‘Izz al-Dīn ibn al-Asīr, *Tārīkh-i Kāmil*, tr. into Persian by Ḥusayn Rūḥānī, Tehran: Asāṭīr, 1991-2002.

4 ‘Izz al-Dīn ibn al-Athīr, *The Chronicle of Ibn al-Athīr for the Crusading Period from al-Kāmil fī'l-Ta'rīkh*, tr. by D. S. Richards, Aldershot; Burlington, Vt.: Ashgate, 2006-2008.

丁，并作为他的书记官随之一路征战，直到 1231 年札兰丁在迪牙别克儿（Diyār Bakr）[1] 地区败亡。此后奈撒维又跟随花剌子模将领别儿哥汗（Berke Khān）。别儿哥汗于 1246 年去世后，奈撒维在阿勒颇（Ḥalab）渡过了最后几年，于 1249—1250 年去世。[2]

奈撒维撰有两部著作:《不幸的哀鸣》（*Nafthat al-Maṣdūr*）和《札兰丁传》。前者是他去世前几个月对自己不幸遭遇的记述，用波斯文写成；后者则是阿拉伯文撰写的关于末代花剌子模沙札兰丁的历史纪实。《札兰丁传》完成于 1241 年，记述了从花剌子模沙摩诃末在位直至札兰丁败亡期间的历史。由于书中记载多为作者亲历，且对蒙古入侵时的呼罗珊史实及灭亡花剌子模的过程描述得尤为详尽，因此它被认为是反映蒙古征服花剌子模的重要史料。

《札兰丁传》自成书以来，被后代学者频繁摘引，目前尚有一部 13 世纪中期翻译的波斯文译本存世，不过此译本缺少了包括作者自传在内的部分内容。此书的阿拉伯文校勘本最早由法国学者乌达（Octave Victor Houdas）于 19 世纪末刊出并译为法文，全书分为两卷，第 1 卷为阿拉伯文原文，第 2 卷为法文译文和注释。[3] 20 世纪中叶，开罗出版了另一个阿拉伯文校勘本。[4] 1965 年，伊朗推出了 13 世纪的波斯文译本，由米诺维（Mujtabā Mīnūvī）校勘出版，并在 1986 年再版。[5]

1　迪牙别克儿，位于今土耳其东部迪亚巴克尔省。

2　Peter Jackson, "al-Nasawī" , *EI*, new edition, Vol. 7, Leiden; New York: E. J. Brill, 1993, pp. 973-974.

3　Muḥammad ibn Aḥmad Nasawī, *Histoire du Sultan Djelal ed-Din Mankobirti, Prince du Kharezm*, texte Arabe publié d'apres le manuscrit de la Bibliothèque nationale par O. Houdas, Paris: E. Leroux, 1891-1895.

4　Muḥammad ibn Aḥmad al-Nasawī, *Sīrat al-Sulṭān Jalāl al-Dīn Mankubirtī*, ed. by Ḥāfiẓ Aḥmad Ḥamdī, Cairo: Dār al-Fikr al-ʻArabī, 1953.

5　Muḥammad ibn Aḥmad Nasavī, *Sīrat-i Jalāl al-Dīn Mīnkubirnī*, tr. from Arabic to Persian in the 13th c., ed. by M. Mīnūvī, chāp-i 1, Tehran: Bungāh-i Tarjuma va Nashr-i Kitāb, 1965; chāp-i 2, Tehran: Shirkat-i Intishārāt-i ʻIlmī va Farhangī, 1986.

三《纳昔里史话》(*Ṭabaqāt-i Nāṣirī*)

作者朮札尼(Minhāj Sirāj Jawzjānī)出生于1193年，在古儿王朝(Ghurid Dynasty)的宫廷中供职。蒙古入侵时，他参加过反抗蒙古人的战争。在蒙古人征服了河中地区和呼罗珊之后，朮札尼逃往忻都西北部的德里算端国，1227年他来到乌赤(Uchch)，次年，开始为德里算端苫思丁·亦里秃迷失(Shams al-Dīn Iltutmish)效力。1233年，他担任瓜里尔(Gwalior)地区的哈的(qāżī)和伊玛目(imam)。此后，他还担任德里的纳昔里经学院(madrasa-yi Nāṣiriya)的院长。1241—1242年间，他是整个德里苏丹国的大法官。朮札尼去世于13世纪下半叶。[1]

《纳昔里史话》是朮札尼献给德里算端纳昔鲁丁·马合谋沙(Nāṣir al-Dīn Abu'l Muẓaffar Maḥmud Shāh，算端苫思丁·亦里秃迷失之子)的作品，大约成书于1259—1260年。全书分为23章，叙述起于始祖阿丹(Adam)，迄于蒙古时代的旭烈兀和别儿哥时期，三分之二都在记述从古儿王朝的崛起到蒙古征服时期的历史。此书对成吉思汗军队征服阿富汗地区的史事记载非常详细，同时也是关于德里算端史的重要史料。[2]

《纳昔里史话》尚有许多抄本流传，现存最古老的为14世纪抄本。校勘本方面，最早由利斯(W. N. Lees)根据两种抄本整理刊

1 A. S. Bazmee Ansari, "al-Djūzdjānī", *EI*, new edition, Vol. 2, Leiden; New York: E. J. Brill, 1991, p. 609.

2 C. E. Bosworth, "*Ṭabaqāt-e Nāṣeri*", *EIr*, online edition, New York, 2010, available at http://www.iranicaonline.org/articles/tabaqat-naseri (accessed on December 3, 2010).

布了关于古儿、哈剌契丹和蒙古部分的节刊本。[1]阿富汗学者哈比比（ʿAbd al-Ḥayy Ḥabībī）在利斯刊本的基础上，将原文全部刊出，在喀布尔出版，[2]此后又多次再版，此版本是目前学者主要使用的校勘本。译本方面，英国的雷沃蒂（H. G. Raverty）在19世纪末就出版了此书的英文译注本，[3]随后此书的索引又单独刊行出版。[4]虽然雷沃蒂的译本受到巴托尔德（V. V. Barthold）的严肃批评，[5]但它至今仍是术札尼书的唯一完整西文译本。此外，还有伊利亚德（H. M. Elliot）和道森（John Dowson）关于加兹尼、古儿和德里算端部分的英文节译本。[6]

四 《世界征服者史》(*Tārīkh-i Jahāngushā*)

作者阿老丁·阿塔灭里·志费尼（ʿAla' al-Dīn ʿAṭā Allāh Atā-Malik Juvaynī）出自波斯显赫的志费尼家族，其祖辈世代在塞尔柱和花剌子模政权中任职高位，尤其是担任撒希卜底万（财政大臣）

1 Minhāj Sirāj Jūzjānī, *The Tabaqāt-i Nāsirī of Aboo 'Omar Minhāj al-Dīn 'Othmān, Ibn Sirāj al-Dīn al-Jawzjani*, ed. by W. Nassau Lees, Mawlawis Khadim Hosain and 'Abd al-Hai, Calcutta: College Press, 1864.

2 Minhāj Sirāj Jūzjānī, *Ṭabaqāt-i Nāṣirī*, ed. by ʿAbd al-Ḥayy Ḥabībī, Kabul: Anjuman-i Tārīkh-i Afghānistān, 1949-1954.

3 Minhāj Sirāj Jūzjānī, *Tabaḳāt-i-Nāṣirī: A General History of the Muḥammadan Dynasties of Asia, including Hindūstān, from A.H. 194 (810 A.D.) to A.H. 658 (1260 A.D.) and the Irruption of the Infidel Mughals into Islām*, tr. & ed. by Major H. G. Raverty, London: Gilbert & Rivington, 1881.

4 Minhāj Sirāj Jūzjānī, *Index to the English Translation of the Tabaqāt-i-Nāṣirī*, prepared by Direction of the Council of the Asiatic Society of Bengal, Calcutta: Asiatic Society of Bengal, 1897.

5 巴托尔德:《蒙古入侵时期的突厥斯坦》，第72—73页。

6 H. M. Elliott and J. Dowson, *History of India as Told by Its Own Historians: The Muhammadan Period*, Vol. II, London: Trübner and Co., 1869, pp. 259-383.

一职。蒙古西征时，志费尼的父亲巴哈丁·摩诃末（Bahā al-Dīn Muḥammad）担任阿母河行尚书省的财政官，他本人随任阿母河行尚书省长官阿儿浑阿合的书记官。他的哥哥苫思丁（Shams al-Dīn Ṣāḥib-i Dīvān）自旭烈兀时期起，便开始任宰相（Vazīr）和财政大臣。志费尼曾侍从旭烈兀攻打报达的哈里发，继而被委派为报达地区的长官。阿八哈统治后期，由于受到政敌麦术·灭里（Majd al-Malik）的攻击，志费尼一家遭受君主的怀疑，他一度陷入牢狱。不过阿八哈的继任者阿合马却对志费尼家族十分信任，他即位后立即释放了志费尼。但阿合马的对手阿鲁浑则十分痛恨志费尼家族，他在报达驻冬期间，以拖欠税款的罪名逮捕了志费尼，在几个月的折磨后，志费尼于 1283 年 5 月去世。[1]

志费尼所撰写的《世界征服者史》是蒙元时代第一部使用波斯文撰著的重要史书，这部著作的独特价值在于，作者是以波斯穆斯林的视角来记载蒙古入侵的历史。志费尼写作此书开始于他在哈剌和林期间，在那里他可能接收到一些关于蒙古人的信息。他的写作停止于其就任报达长官后。波伊勒认为这实际上是一部未完成稿。[2] 尽管如此，此书也已经是一部相当完整且优美的作品，其内容被之后包括《史集》在内的诸多史书广泛引用。

《世界征服者史》一般被分为三卷，第 1 卷讲述成吉思汗至贵由汗时期的历史，第 2 卷叙述蒙古征服前截止至旭烈兀西征时的花剌子模王朝历史，第 3 卷记述旭烈兀西征伊朗的历史。此书有许多抄本，这表明它曾广泛地流传。20 世纪初，吉布丛书（E. J. W.

1　George Lane, “Jovayni, ʿalāʾ-al-Din” , *EIr*, Vol. XV, Fasc. 1, New York: Encyclopaedia Iranica Foundation 2011, pp. 63-68; available online at http://www.iranicaonline.org/articles/jovayni-ala-al-din (accessed on 30 December, 2016).

2　志费尼:《世界征服者史》“英译者序”，何高济译，商务印书馆，2004，第 11 页。

Gibb Memorial Series）出版了由穆罕默德·可疾维尼（Muḥammad Qazvīnī）校勘的波斯文三卷本，此校勘本以法国国家图书馆（Bibliothèque nationale de France）Suppllément Persan 205 抄本为底本集校七种抄本而成，至今仍是学界所广泛使用的权威刊本。[1]1958 年出版的波伊勒的英译本就是根据可疾维尼波斯文本翻译的。[2] 何高济先生自 20 世纪 60 年代开始着手翻译这部著作，1980 年他根据波伊勒英译本译出的汉译本正式出版，命名为《世界征服者史》，为我国学者利用这部重要文献做出了卓越贡献。[3] 近年来，伊朗又出版了新的校勘本，由伊朗学者阿巴西（Ḥabīb Allāh ʻAbbāsī）和米拉吉（Īraj Mihrakī）校勘完成，此刊本仍以巴黎藏本为底本，集校了伊朗国内收藏的三个抄本。[4]

五 《蒙古消息》（*Akhbār-i Mughūlān dar Anbāna-yi Mullā Quṭb*）

该文献是近年来新发现的一部反映伊利汗前期历史的编年简史，主要记述旭烈兀西征（回历 650 年，公元 1253 年）至阿鲁浑即位（回历 683 年，公元 1285 年）期间的伊朗历史。原书作者不详，现存抄本为伊朗库姆沙赫布丁·纳杰非·马尔什图书馆（Kitābkhāna-yi Āyat Allāh al-ʻAẓmī Shahāb al-Dīn Najifī Marʻashī）所藏的伊利汗

1　ʻAlāʼ al-dīn ʻAṭā Malik-i-Juwaynī, *Tārīkh-i Jahāngushā*, ed. by Mīrzā Muḥammad ibn ʻAbdu 'l-Wahhāb-i-Qazwīnī, E. J. W. Gibb Memorial Series 16/1-3, Leiden: E. J. Brill; London: Luzac & Co., 1912-1937.

2　ʻAla-ad-Din ʻAta-Malik Juvaini, *The History of the World-Conqueror*, tr. by John Andrew Boyle, Cambridge, Mass.: Harvard University Press, 1958.

3　志费尼:《世界征服者史》，何高济译，内蒙古人民出版社，1980。

4　ʻAlāʼ al-Dīn ʻAṭā Malik Juvaynī, *Tārīkh-i Jahāngushā*, ed. by Ḥabīb Allāh ʻAbbāsī & Īraj Mihrakī, Tehran: Zavvār, 2006.

时期学者忽都不丁·失剌齐（Maḥmūd ibn Masʿūd Quṭb al-Shīrāzī，1236—1311）手抄本。该抄本上盖有拉施特镇图书馆的捐赠印章，表明它曾收藏于彼处。书中纪年多有缺漏，其记载与后来成书的《史集》具有相当程度的一致性，可能二者具有相同的史源，或此书即是《史集》所参考的资料之一。

2009年伊朗文献学家阿夫沙尔（Īraj Afshār）刊布了此书。[1] 日本学者高木小苗和英国学者乔治·莱恩（George Lane）对这部文献分别撰写了史料评介。[2] 2018年乔治·莱恩出版了此书的英文译注本，极利于研究者利用这部文献。[3]

六 《史集》(*Jāmiʿ al-Tavārīkh*)

伊利汗国宰相、史学家拉施都丁（Rashīd al-Dīn Fażl Allāh Hamadānī）主纂的官修史书《史集》完成于1311年。按照其目录，全书分为三卷：第1卷为“蒙古史”，第2卷为“完者都汗传”和“世界史”，第3卷为“诸域志”。现存抄本仅“蒙古史”和“世界史”两部分，其中“蒙古史”中的《伊利汗传》集中记录了旭烈兀西征至合赞汗时期（约1252—1304）的伊朗历史，为本书写作最重要的史料来源。

1　*Akhbār-i Mughūlān dar Anbāna-ʾi Mullā Quṭb*, ed. by Īraj Afshār, Qom: Kitābkhāna-yi Buzurg-i Ḥażrat Āyat Allāh al-ʿUẓmā Marʿashī Najafī, 2010.

2　高木小苗「クトゥブッディーン・シーラーズィー書写『モンゴルの諸情報』について—その基礎的研究とイルハン国初期の史料としての重要性」『アジア・アフリカ言語文化研究』82号、2011、95-143頁；George Lane, “Mongol News: *The Akhbār-i Moghulān dar Anbāneh Quṭb* by Quṭb al-Dīn Maḥmūd ibn Masʾūd Shīrāzī”, *Journal of the Royal Asiatic Society*, Vol. 22 (3-4), 2012, pp. 541-559。

3　George Lane, *The Mongols in Iran: Quṭb Al-Dīn Shīrāzī's Akhbār-i Moghūlān*, London; New York: Routledge, 2018.

百年来经过各国学者的努力,《史集》已有众多刊本和译本出版。其中《伊利汗传》的校勘本也是由多名学者陆续完成的。最早出版的是卡特麦尔（Étienne Marc Quatremère）校勘和法文译注的《旭烈兀汗传》，[1]之后卡尔·雅恩（Karl Jahn）于1940年、1941年分两次出版完成了从阿八哈汗至合赞汗的部分。[2]自1946年开始，苏联科学院分卷出版了《史集》“蒙古史”全部俄文译注本和部分篇章的波斯文集校本。此版本校勘、翻译质量较高，20世纪80年代商务印书馆出版的由余大钧、周建奇先生翻译的汉译本，就是根据此俄译本转译而成的，[3]而此汉译本也成为中国学者利用《史集》的最主要途径。此外，伊朗学者若山（Muḥammad Rawshan）和穆萨维（Muṣṭafā Mūsavī）的四卷本波斯文校注本，包含了全部“蒙古史”部分，于1994年在德黑兰出版。[4]

《史集》“世界史”部分中的《中国史》是关于中国历史文化的专题记载。《中国史》可分为“导言”和“中国简史”两部分。“导言”是对中国汉字、历法、印刷术、史书编纂等文化传统的评介。“中国简史”是根据一部未知的汉文史籍编译的中国历代帝王世系。《史集·中国史》于1971年由卡尔·雅恩译成德文出版，同时还刊

1 Raschid-Eldin, *Histoire des Mongols de la Perse*, publiée, traduite en français, accompagnée de notes et d'un mémoire sur la vie et les ouvrages de l'auteur par E. Quatremère, Paris: Imprimerie royale, 1836.

2 Rashīd al-Dīn Ṭabīb, *Geschichte Ġāzān-Ḫān's aus dem Ta'riḫ-i-Mubārak-i-Ġāzānī des Rašīd al-Dīn Faḍlallāh ibn 'Imād al-Daula Abūl-Ḫair*, herausgegeben mit einer Einleitung, kritischem apparat und indices von Karl Jahn, London: Luzac & Co., 1940; *Ta'rīḫ-i-Mubārak-i-Ġāzānī des Rašīd al-Dīn Faḍl Allāh Abī-l-Ḫair: Geschichte der Ilḫāne Abāġā bis Gaiḫātū (1265-1295)*, Textausgabe mit Einleitung, Inhaltsangabe und Indices von Karl Jahn, Reichenberg: F. Kraus, 1941, rep. Gravenhage: Mouton, 1957.

3 拉施特:《史集》，余大钧、周建奇译，商务印书馆，1983—1986。

4 Rashīd al-Dīn Fażl Allāh Hamadānī, *Jāmi' al-Tavārīkh*, ed. by Muḥammad Rawshan & Muṣṭafā Mūsavī, Tehran: Nashr-i Alburz, 1994.

布了两种抄本的影印本。[1]我国波斯语学者王一丹为《史集·中国史》研究做出了突出贡献，她先后出版了这部书的波斯文校勘本和汉文译注本，并基于《中国史》对拉施都丁与中国文化的关系给予了详细论述。[2]

《史集》"世界史"部分中的《忻都、信德及怯失迷儿史》(简称《印度史》)记载了中国与伊朗海路交通的丰富信息以及蒙古人在伊朗的佛教活动。《印度史》早在1965年就由卡尔·雅恩全文影印出版，[3]但由于没有校勘和译文，所以利用它的学者并不多，直到1980年德译本面世。[4]2005年德黑兰出版了若山的校勘本，[5]对研究者使用这部书提供了极大帮助。除《中国史》《印度史》之外，《史集》的《法儿思史》《塞尔柱史》《花剌子模史》《亦思马因教派史》等世界史部分，也对蒙元时期的中国情况有零星记载。

此外，1927年土耳其学者托甘(Zeki Velidi Togan)在托普卡普皇宫图书馆发现了一个《史集》附编的单独抄本，即被称作《五世系》(*Shuʿab-i Panjgāna*)的记载蒙古、拂郎、乞台、阿拉伯、犹太五个民族君王世系的著作。该抄本的内容与《史集》有着密切关联，自发现之后，国外学者多有关注和利用。日本学者赤坂恒明对

1　Rashīd al-Dīn, *Die Chinageschichte des Rašīd ad-Dīn*, übers. u. komm. von Karl Jahn, Wien; Köln; Graz: Böhlau im Komm., 1971.

2　Rashīd al-Dīn, *Tārīkh-i Chīn az Jāmiʿ al-Tavārīkh-i Khwāja Rashīd al-Dīn Fażl Allāh*, ed. by Wang Yidan, Tehran: Markaz-i Nashr-i Dānishgāhī, 2000；王一丹：《波斯拉施特〈史集·中国史〉研究与文本翻译》。

3　Karl Jahn, *Rashīd al-Dīn's History of India: Collected Essays with Facsimiles and Indices*, The Hague: Mouton, 1965.

4　Karl Jahn, *Die Indiengeschichte des Rašid ad-Dīn*, Wien: Verlag der Österreichischen Akademie der Wissenschaften, 1980.

5　Rashīd al-Dīn Fażl Allāh Hamadānī, *Jāmiʿ al-Tavārīkh: Tārīkh-i Hind va Sind va Kishmīr*, ed. by Muḥammad Rawshan, Tehran: Mīrāṣ-i Maktūb, 2005.

它做过文献学方面的研究。[1]国内方面，王一丹教授主持了“波斯文《五族谱》整理与研究”课题，其团队对该文献尤其是蒙古世系部分进行了深入的校勘和注释研究。越来越多的中国学者开始利用《五世系》来研究蒙古世系及蒙古历史。

七 《完者都史》(*Tārīkh-i Ūljāytū*)

作者哈沙尼（Abū al-Qāsim ʿAbd Allāh ibn ʿAlī Qāshānī）是伊利汗国的宫廷史官，在《完者都史》一书的末尾，他称自己才是《史集》的真正作者。巴托尔德推测哈沙尼很可能曾为拉施都丁编撰《史集》搜集过资料。[2]不过与《史集》体例不同,《完者都史》为断代编年史，正文按照年代顺序记述完者都汗统治时期（1304—1316）的大事记。此书弥补了《史集》佚失“完者都汗传”的遗憾。

1968年哥廷根大学博士玛利亚姆・帕尔维兹－贝尔热（Maryam Parvizi-Berger）完成的学位论文，是对《完者都史》所做的波斯文校勘和德文节译，[3]1969年德黑兰出版了马辛・罕伯利（Mahīn Hambalī）的波斯文校勘本。[4]刘迎胜曾对《完者都史》的史料价值及罕伯利校勘本做过评介，[5]在其著作《察合台汗国史研究》中亦

1 赤坂恒明「『五族譜』と『集史』編纂」『史観』第130冊、1994;「『五族譜』モンゴル分支と『集史』の関係」『早稲田大学大学院文学研究科紀要』第41輯第4分冊、1996;「『五族譜』モンゴル分支と『集史』諸写本」『アジア・アフリカ言語文化研究』55号、1998。

2 巴托尔德:《蒙古入侵时期的突厥斯坦》，第56—57页。

3 Maryam Parvisi-Berger, *Die Chronik des Qāšānī über den Ilchan Ölgäitü: 1304-1316*, doctoral dissertation of University of Göttingen, 1968.

4 Abū al-Qāsim ʿAbd Allāh ibn Muḥammad Qāshānī, *Tārīkh-i Ūljāytū*, ed. by Mahīn Hambalī, Tehran: Bungāh-i Tarjuma va Nashr-i Kitāb, 1969.

5 刘迎胜:《哈沙尼和他的〈完者都史〉》,《蒙古学资料与情报》1985年第3、4期；皮路斯（刘迎胜）:《评罕伯莉校勘本〈完者都史〉》,《中亚学刊》第3辑，中华书局，1990。

对此文献有较多地摘译和利用。近年来，邱轶皓持续对《完者都史》进行翻译和研究，先后发表回历 704、705 年纪事的译注研究成果。[1]2022 年，多位日本蒙元史专家共同完成的《完者都史》日文译注本出版，此为对这部文献研究工作的重大推进。[2]

八《瓦撒夫史》(*Tārīkh-i Vaṣṣāf al-Ḥażrat*)

作者失哈不丁（Shihāb al-Dīn ʿAbd Allāh ibn ʿIzz al-Dīn Fażl Allāh Shīrāzī），原为设剌子（Shirāz，今译设拉子）地方税务官，后得拉施都丁举荐任职于伊利汗宫廷。他撰写的这部史书全名为《地域之分割与岁月之推移》(*Tajziyat al-Amṣār wa Tazjiyat al-Aʿṣār*)，旨在接续志费尼的《世界征服者史》，而作者本人也由此获得“御前赞颂者”（Vaṣṣāf al-Ḥażrat）的称号。此书初编为四卷，完成于 1312 年。第 1 卷记述蒙哥之死，元世祖、元成宗两朝，及伊利汗国旭烈兀、阿八哈、阿合马三汗历史；第 2 卷记述阿鲁浑时代及法儿思、罗耳地方史；第 3 卷记述乞合都至合赞汗时代及起儿漫、德里地方史；第 4 卷记述元成宗之死，武宗、仁宗及合赞汗后期至完者都时期的历史，并于卷末依据志费尼书补述蒙古帝国建立、花剌子模王朝及旭烈兀西征的历史。第 5 卷成书较晚，大约完成于 1328 年，内容为完者都后期至不赛因时期历史，以及朮赤系、察合台系、窝阔台系史事。由于《瓦撒夫史》前四卷与《史集》为同时代之作，其记载避免了后来史书大量抄袭《史集》的情况，而且记述内容与拉

1 邱轶皓：《〈完者都史〉“七〇四年纪事”译注》，《暨南史学》2018 年第 3 期；《〈完者都史〉“七〇五年纪事”译注》，《暨南史学》2020 年第 2 期。

2 大塚修、赤坂恒明、髙木小苗、水上遼、渡部良子訳註『カーシャーニー オルジェイトゥ史：イランのモンゴル政権イル・ハン国の宮廷年代記』名古屋大学出版会、2022。

施都丁多有不同，因此《瓦撒夫史》被认为具有较高的史料价值。[1]

《瓦撒夫史》现存抄本众多，但由于其辞藻华丽，阅读与校勘都十分困难。1853 年孟买出版了全书的石印本，并于 1959 年在德黑兰重印。[2] 校勘方面，1856 年奥地利学者哈默尔 – 普尔格施塔勒（Joseph Freiherr von Hammer-Purgstall）校勘出版了《瓦撒夫史》的第 1 卷，并附德文译文。[3] 遗憾的是其他几卷在哈默尔生前未能出版，直到近年，奥地利科学院不仅再版了哈默尔刊本第 1 卷，还完成了哈默尔遗稿中《瓦撒夫史》第 2、3、4 卷的德文译本的整理，并在 2010—2016 年陆续出版。不足的是后三卷仅为译本，未附波斯文原文。[4] 尽管如此，这项工作也是一百多年来对《瓦撒夫史》研究的一大贡献。另一位致力于《瓦撒夫史》校勘工作的是德黑兰大学的内贾德（Ḥājyān Nizhād）博士，由他校订的《瓦撒夫史》第 4 卷、第 1 卷先后在德黑兰出版。[5]

九 《世系汇编》（*Majmaʿ al-Ansāb*）

作者沙班卡剌伊（Muḥammad ibn ʿAlī Shabānkāraʾī）是伊利汗

1 Peter Jackson, "Waṣṣāf", *EI*, new edition, Vol. 11, Leiden: E. J. Brill, 2002, p. 174.

2 Vaṣṣāf al-Ḥażrat, *Tārīkh-i Vaṣṣāf al-Ḥażrat*, Bombay: Muḥammad Mahdī Iṣfahānī, 1853; *Kitāb-i Vaṣṣāf al-Ḥażrat*, Tehran: Ibn Sīnā, 1959.

3 Vaṣṣāf al-Ḥażrat, *Geschichte Wassaf's*, Band 1, hrsg. u. übers. von Hammer-Purgstall, Wien: Hof- und Staatsdruckerei, 1856.

4 Vaṣṣāf al-Ḥażrat, *Geschichte Wassaf's*, Band 1-4, hrsg. u. übers. von Hammer-Purgstall, neu herausgegeben von Sibylle Wentker nach Vorarbeiten von Klaus Wundsam, Wien: Verlag der Österreichischen Akademie der Wissenschaften, 2010-2016.

5 ʿAbd Allāh ibn ʿIzz al-Dīn Fażl Allāh Shīrāzī, *Tajziyat al-Amṣār wa Tazjiyat al-Aʿṣār*, Vol. 4, ed. by ʿAlī-Rižā Ḥājyān Nizhād, Tehran: Intishārāt-i Dānishgāh-i Tihrān, 2009; Vol. 1, ed. by ʿAlī-Rižā Nīk Nizhād, Tehran: Intishārāt-i Mīrmāh, 2020.

国后期的诗人、史学家,《世系汇编》为其撰著的一部通史性著作。此书初稿完成于回历 733 年（1332—1333），被献予当时伊利汗国的宰相乞牙思丁（Ghiyās al-Dīn，拉施都丁之子），但伊利汗国灭亡后，乞牙思丁被杀，这部书稿也在 1336 年随着他的宅邸一同被毁。在此之后，沙班卡剌伊修订完成了第二稿，现存于伊斯坦布尔的抄本就属于这一版本。1343 年，沙班卡剌伊又完成此书的第三稿，并将它献给了出班王朝的老忽辛（Pīr Ḥusayn），现今巴黎和大不里士都藏有出自这一版本的抄本。此外第三稿还存有简写本。[1]

《世系汇编》全书分为两部分：第一部分叙述天地万物的自然属性、世界七大气候带以及世界各地地理、民族情况；第二部分介绍人类历史，从始祖阿丹开始，一直记述到伊利汗国灭亡之后。此书分述了古儿、木剌夷、沙班卡剌（Shabānkāra）、法儿思、起儿漫、耶思德（Yazd，今译亚兹德）、忽里模子等伊朗地方政权历史。全书的最后记述蒙古帝国史，包括成吉思汗及其后裔的世系，以及他们对世界的征服过程，包括窝阔台、贵由、蒙哥的统治历史，伊利汗国历任君主以及伊利汗国灭亡后的地方政权出班王朝、札剌亦儿王朝史实。该书记载与志费尼、拉施都丁、瓦撒夫所述常有不同，因此具有独特的史料价值。

此书现有波斯文刊本，由伊朗学者米尔·哈希姆·穆哈迪思（Mīr Hāshim Muḥaddis̱）校勘，于 1984 年在德黑兰出版了第二部分，2002 年出版了两部分全本。[2]

1　C. E. Bosworth and P. Jackson, “Shabānkāra’ī” , *EI*, new edition, Vol. 9, Leiden: E. J. Brill, 1997, pp. 158-159.

2　Muḥammad ibn ʿAlī ibn Muḥammad Shabānkāra’ī, *Majmaʿ al-Ansāb*, Vol. 2, ed. by Mīr Hāshim Muḥaddis̱, Tehran: Amīr Kabīr, 1984; *Majmaʿ al-Ansāb*, ed. by Mīr Hāshim Muḥaddis̱, Tehran: Amīr Kabīr, 2002, 2 vols.

十 《选史》(*Tārīkh-i Guzīda*)

此书为伊利汗国著名历史学家和地理学家穆斯妥菲·可疾维尼(Ḥamd Allāh Mustawfī Qazvīnī)完成于1334年的通史著作，记述了截止到1330年之前伊斯兰世界各王朝的历史。书中第四章“波斯穆斯林王朝史”第12节讲述突厥与蒙古历史。其著述参考了《史集》及其他二十多种史籍。作者作为同时代人，其所述历史具有较高参考价值。

英国学者布朗(Edward Granville Browne)最早刊布了《选史》的波斯文影印本，随后又出版了英文节译本。[1]而此书的校勘本于1960年由伊朗学者纳瓦伊(ʿAbd al-Ḥusayn Navāyī)完成出版。[2]

十一 《武功纪》(*Ẓafar-nāma*)

穆斯妥菲·可疾维尼的另一部重要著作是长篇史诗《武功纪》。这部诗歌旨在接续菲尔多西(Firdawsī)的著名史诗《列王纪》(*Shāhnāma*)，讲述伊斯兰化以后的波斯历史，内容截止到伊利汗不赛因统治末年。《武功纪》篇幅宏大，诗句多达15万行，包含了极其丰富的历史信息。作者将全书分为三部分：第一部分介绍从伊斯兰时代开始至阿拔斯哈里发灭亡时期的历史；第二部分讲述蒙古入

---

1 Ḥamd Allāh Mustawfī Qazvīnī, *The Ta'ríkh-i-guzída; or, "Select History" of Hamdu'lláh Mustawfí-i-Qazwíní*, ed. by Edward G. Browne, Leiden: E. J. Brill; London: Luzac & Co., 1910-1913.

2 Ḥamd Allāh Mustawfī Qazvīnī, *Tārīkh-i Guzīda*, ed. by ʿAbd al-Ḥusayn Navāyī, Tehran: Amīr Kabīr, 1960.

侵以前的伊朗伊斯兰王朝史；第三部分为伊利汗国历史，止于回历735年（1334—1335）。此书关于蒙古时代历史的记载，具有非常重要的史料价值。一方面，作者参考了《史集》的框架和内容；另一方面，他的记述常有异于《史集》的内容，或对《史集》未载细节进行补充。显然作者除了《史集》之外，还有另外的资料来源，使得此书为《史集》做了完善和扩充。[1]

《武功纪》目前已知有三种抄本。一种藏于大英博物馆，另两种藏于土耳其。1999年奥地利科学院与伊朗学者合作，将大英博物馆所藏抄本分两卷影印出版。[2]其后，伊朗文学研究所又将其全书整理校勘出版，现已出版前八卷和第10卷。[3]

第二节　地理书

公元8世纪发展起来的阿拉伯地理学，在13—14世纪的伊斯兰世界继续发扬光大。蒙古征服和统治时代，东西方之间信息和知识交流空前频繁，这为穆斯林学者著述地理书提供了更加广泛而丰

1　乌苏吉：《哈姆杜拉·穆斯图菲〈胜利之书〉所记蒙古人对中国的占领——与〈史集〉的对比研究》，王诚译，《西域文史》第8辑，科学出版社，2013。

2　Ḥamd Allāh Mustawfī Qazvīnī, *Ẓafar-nāma*, ed. by Naṣr Allāh Pūrjavādī & Nuṣrat Allāh Rastigār, Tehran: Markaz-i Nashr-i Dānishgāhī; Wien: Verlag der Österreichischen Akademie der Wissenschaften, 1999.

3　Ḥamd Allāh Mustawfī Qazvīnī, *Ẓafar-nāma*, ed. by Mahdī Madāyinī, Tehran: Pazhūhishgāh-i ʿUlūm-i Insānī va Mutāliʿāt-i Farhangī, 2001.

富的素材。这一时期的波斯、阿拉伯地理书中，对东方国度的描述变得具体而富有差异性，体现出这一时期伊斯兰世界与中国交往途径的多样化。

一 《寰宇志》(*Jahān-nāma*)

作者别克兰（Muḥammad ibn Najīb Bakrān）是呼罗珊人，曾效力于花剌子模沙阿老丁·摩诃末，他在蒙古入侵前夕撰成了这部地理著作。《寰宇志》是继 10 世纪《世界境域志》之后的又一部描述世界地理面貌的波斯文地理书。全书共 20 章，按照海洋、河流、山川、沙漠、地名、民族、自然、奇迹、矿藏等分类介绍当时世界的地理情形。书中关于蒙古崛起以前亚洲大陆民族迁徙的记载，是研究这一时期民族史的重要资料。

《寰宇志》由伊朗文献学家穆罕默德·里亚希（Muḥammad Amīn Riyāḥī）完成校勘，1963 年在德黑兰出版。[1]

二 《生物的奇迹与世间的异事》(*'Ajā'ib al-Makhlūqāt wa Gharā'ib al-Mawjūdāt*)

作者是 13 世纪的波斯学者札克里牙·可疾维尼（Zakariyā ibn Muḥammad ibn Maḥmūd Abū Yaḥyā Qazvīnī）。他生于伊朗北部城市可疾云（Qazvīn），后移居报达，常常四处游历。在蒙古征服报达期间，可疾维尼很可能受到了时任报达长官的志费尼的保护。在报

1　Muḥammad ibn Najīb Bakrān, *Jahān-nāma: Matn-i Jughrāfiyā-'ī Tārīf shūda dar 605 Hijrī*, ed. by Muḥammad Amīn Riyāḥī, Tehran: Intishārāt-i Kitābkhāna-yi Ibn Sīnā, 1963.

达被征服之后，他辞去了法官之职，开始从事学术研究。这部宇宙地理学著作，便是他献给志费尼的作品。全书分为两部分，第一部分介绍宇宙之情形，第二部分介绍地理之状况。在第二部分，作者按照七个气候带的顺序记述了他所了解的山川、河流、国家、矿产、动植物以及人类居民等。书中引用了伊斯塔赫里（Abū Isḥāq Ibrāhīm ibn Muḥammad al-Fārisī al-Karkhī al-Iṣṭakhrī）、马斯乌迪（Abū al-Ḥasan ʿAlī ibn al-Ḥusayn al-Masʿūdī）、比鲁尼（Abū Rayḥān Muḥammad ibn Aḥmad Bīrūnī）等二十多位前代作家的著述，加以个人的知识，形成了这部极负盛名的著作。此书最初用阿拉伯语写成，但很快就被译成了波斯语和突厥语，在伊斯兰世界广为流传，发展出了众多的版本，至今还存留下来许多带有精美插图的抄本。

这部宇宙志的阿拉伯文本最早由德国学者乌斯坦菲尔德（Heinrich Ferdinand Wüstenfeld）刊布，[1]后来在开罗又出版了另一个刊本。[2]1973年，贝鲁特出版了阿拉伯学者法鲁克·萨德（Fārūq Saʿd）的刊本。[3]伊朗则整理出版了国会图书馆藏的波斯文抄本。[4]此外，一些学者节译了这部书的部分章节，如1809年德国学者路德

1 Zakariyā ibn Muḥammad Qazwīnī, *Zakarija ben Muhammed ben Mahmud el-Cazwini's Kosmographie*, Theil 1, hrsg. von Ferdinand Wüstenfeld, Göttingen: Verlag der Dieterichschen Buchhandlung, 1849.

2 Zakariyā ibn Muḥammad Qazwīnī, *Kitāb ʿAjāʾib al-Makhlūqāt wa al-Ḥayawānāt wa Gharāʾib al-Mawjūdāt*. 合刊于 Muḥammad ibn Mūsá Damīrī, *Ḥayāt al-Ḥayawān al-Kubrā*, al-Qāhira: al-Maṭbaʿah al-Maymanīyah, 1887。

3 Zakariyā ibn Muḥammad Qazwīnī, *ʿAjāʾib al-Makhlūqāt wa Gharāʾib al-Mawjūdāt*, ed. by Fārūq Saʿd, Beirut: Dār al-Āfāq al-Jadīda, 1973.

4 Zakariyā ibn Muḥammad Qazvīnī, *ʿAjāʾib al-Makhlūqāt va Gharāʾib al-Mawjūdāt*, tr. by anonymous translator, ed. by Yūsuf Bayg Bābāpūr and Masʿūd Ghulāmīya, Qom: Majmaʿ-i Ẕakhāʾir-i Islāmī, 2012.

维希·伊德勒(Ludwig Ideler)节译了此书的“星象部分”,[1]1868年莱比锡出版了乌斯坦菲尔德刊本的第一部分的德译本。[2]

三 《陆地引人入胜的特色与人类的历史关系》(*Āthār al-Bilād wa Akhbār al-'Ibād*)

这是札克里牙·可疾维尼的另一部地理学作品,相对于《生物的奇迹与世间的异事》的宇宙学特色,这部书则显现出更典型的地理学词典特点。现在的这个书名是回历 674 年(1275—1276)修订该书时形成的,而此前回历 661 年(1262—1263)编成的初版名为《诸国志异》(*'Ajā'ib al-Buldān*)。全书依照古希腊地理学家托勒密的地理学传统将世界划分为七个气候带,在每个气候带下按字母顺序罗列阐述国家、城市、河流、山川的地理及历史情况。一些学者认为这部地理书很大程度上袭用了亚库特(Ibn 'Abd Allāh al-Rūmī al-Hamawī al-Yaqūt)《地理辞典》(*Kitāb Mu'jam al-Buldān*)的内容,但不能忽略书中还记录了当时蒙古人的活动情况,反映出蒙古征服时代穆斯林地理学家知识范围的扩大。

此书原文亦为阿拉伯语,后出现波斯语和突厥语译本,现存许多抄本。19 世纪中期,乌斯坦菲尔德将阿拉伯文原文校勘出版,20 世纪 60 年代其刊本经修订后在贝鲁特再版。[3]伊朗学者根据贝鲁特刊

---

1 Ludwig Ideler, *Untersuchungen über den Ursprung und die Bedeutung der Sternnamen*, Berlin: J. F. Weiss, 1809.

2 Carl Hermann Ethé, *Kazwînis Kosmographie: Die Wunder der Schöpfung*, Leipzig: Fues's Verlag, 1868.

3 Zakariyā ibn Muḥammad Qazwīnī, *Zakarija ben Muhammed ben Mahmud el-Cazwini's Kosmographie*, Theil 2, hrsg. von Ferdinand Wüstenfeld, Göttingen: Druck und Verlag der Dieterichschen Buchhandlung, 1848; *Āthār al-Bilād wa Akhbār al-'Ibād*, Beirut: Dār Ṣādir, 1960.

本将此书译成波斯文，[1] 此外还整理出版了 17 世纪波斯人阿不都・拉合曼（Muḥammad Murād ibn ʿAbd al-Raḥmān）译写的波斯文版本。[2]

四 《陆地与海洋的奇迹》(*Nukhbat al-Dahr fī ʿAjāʾib al-Barr wa al-Baḥr*)

作者迪马士基（Shams al-Dīn Muḥammad ibn Abī Ṭālib Dimashqī）是大马士革附近剌卜哇（Rabwa）地方的谢赫和伊玛目。1327 年他用阿拉伯文撰成了著名地理学著作《陆地与海洋的奇迹》。全书共分为九章，记述了世界范围内的土地、矿产、江河、海洋、岛屿、动植物、国家、城市等内容。此书在形式上与札克里牙・可疾维尼的《生物的奇迹与世间的异事》类似，但它的一些记载具有其他文献未载的内容。

这部地理书现存多种抄本。麦赫兰（A. F. Mehren）将圣彼得堡、巴黎、莱顿和哥本哈根的数种抄本整理校勘后，在 1866 年出版了该书集校本，[3] 这一版本后在多地多次再版。此书另有波斯文译本，1978 年在德黑兰出版，此后亦有再版。[4]

---

1 Zakariyā ibn Muḥammad Qazvīnī, *Āṣār al-Bilād va Akhbār al-ʿIbād*, tr. into Persian by Jahāngīr Mīrzā Qājār, ed. by Mīr Hāshim Muḥaddiṣ, Tehran: Muʾassasa-ʾi Intishārāt-i Amīr Kabīr, 1994-1995.

2 Zakariyā ibn Muḥammad Qazvīnī, *Tarjuma-yi Āṣār al-Bilād va Akhbār al-ʿIbād*, tr. by Muḥammad Murād ibn ʿAbd al-Raḥmān, ed. by Sayyid Muḥammad Shāhmurādī, Tehran: Muʾassasa-ʾi Intishārāt va Chāp-i Dānishgāh-i Tihrān, 1992.

3 Shams al-Dīn Muḥammad ibn Abī Ṭālib Dimashqī, *Cosmographie de Chems-ed-Din Abou Abdallah Mohammed ed-Dimichqui*, édité par A. F. Mehren, Saint Petersburg: Académie impériale des sciences, 1866.

4 Shams al-Dīn Muḥammad ibn Abī Ṭālib Dimashqī, *Nukhbat al-Dahr fī ʿAjāʾib al-Barr wa al-Baḥr*, tr. by Ḥamīd Ṭabībiyān, Tehran: Bunyād-i Shāhanshāhī-yi Farhangistān-hā-yi Īrān, 1978; rep. Tehran: Asāṭīr, 2003.

五 《心之喜悦》(*Nuzhat al-Qulūb*)

此书是穆斯妥菲·可疾维尼撰著的又一部著名作品，成书于1340年。作者利用自己曾任税务官的优势，依靠官方文献和个人的知识撰成这一部内容丰富的地理书。此书详细介绍了蒙古统治时代伊朗的行政区划、地理位置、经济生活、税收情况等各个方面，还述及包括中国在内的周边国家或地区的历史地理状况。

由于《心之喜悦》的部分章节很早就被译成西文刊出，因而较多地得到学者的利用和研究。其第三章“地理部分”由斯特兰奇（Guy Le Strange）校订并译成英文，是目前被利用最多的部分；[1]伊朗学者达比尔－西亚奇（Muḥammad Dabīr-Siyāqī）亦校勘出版了这一部分，但内容有所节略。[2]而此书第一章第三节“动物学部分”由斯蒂芬孙（John Stephenson）译注出版。[3] 2017年《心之喜悦》的全本由伊朗文献学研究者米尔·哈希姆·穆哈迪思整理出版，[4]为更加充分地利用这部文献提供了基础。

六 《哈菲兹·阿卜鲁地理书》(*Jughrāfiyā-yi Ḥāfiẓ-i Abrū*)

作者是帖木儿王朝著名学者哈菲兹·阿卜鲁（Ḥāfiẓ-i Abrū），

1 Ḥamd Allāh Mustawfī Qazvīnī, *The Geographical Part of the Nuzhat-al-Qulūb*, ed. & tr. by G. Le Strange, Leiden: E. J. Brill; London: Luzac & Co., 1915-1919.

2 Ḥamd Allāh Mustawfī Qazvīnī, *Bakhsh-i Nukhust az Maqāla-yi Sivvum-i Nuzhat al-Qulūb*, ed. by Muḥammad Dabīr-Siyāqī, Tehran: Ṭahūrī, 1958.

3 Ḥamd Allāh Mustawfī Qazvīnī, *The Zoological Section of the Nuzhatu-l-Qulūb*, tr. & ed. by J. Stephenson, London: Royal Asiatic Society, 1928.

4 Ḥamd Allāh Mustawfī Qazvīnī, *Nuzhat al-Qulūb (Matn-i Kāmil)*, ed. by Mīr Hāshim Muḥaddis̱, Tehran: Intishārāt-i Safīr-i Ardihāl, 2017.

此书是他奉国王沙哈鲁（Shāhrukh）之命编纂的一部宏大的历史地理著作。此书原本旨在翻译过去的阿拉伯地理作品，但其中涉及大量的有关伊斯兰世界的历史记载。值得注意的是，此书并未引用穆斯妥菲·可疾维尼的名作《心之喜悦》，因此可以把它们当作不同史料使用。这部地理书的叙述范围从中亚至欧洲，前后分两部分成书：第一部分是关于地理学知识的介绍和对东至起儿漫西到法儿思地区地理概况的描述，完成于1417—1419年；第二部分讲述呼罗珊和河中地区的历史，完成于1420年前后。书中关于伊斯兰东部世界的记载，因作者的亲身游历而格外具有史料价值。

该地理书目前有多种刊本。1970年德黑兰出版了此书呼罗珊也里地区章节的校勘本；[1]之后奥地利学者克拉芙斯基（Dorothea Krawulsky）整理、翻译了整个呼罗珊部分，分两卷于1982年、1984年在威斯巴登出版；[2]2020年伊朗学者达乌德（Sayyid ʻAlī āl-i Dāvūd）也将呼罗珊部分整理出版，是为最新的版本。[3]而此书呼罗珊之外的其他章节则由伊朗学者萨加迪（Ṣādiq Sajjādī）校勘完成，于1997—1999年分三卷出版：第1卷介绍宇宙、海洋、湖泊、河流、山川知识，以及阿拉伯、马格里布、安达卢西亚、埃及的历史地理；第2卷讲述地中海、亚美尼亚、法兰克、两河流域、胡泽斯坦和法儿思地区历史地理；第3卷述及起儿漫和忽里模子地区历史地理。[4]

---

1 Ḥāfiẓ-i Abrū, *Jughrāfiyā-yi Ḥāfiẓ-i Abrū: Qismat-i Rub-ʻi Khurāsān, Hirāt*, ed. by R. Māyil Haravī, Tehran: Intishārāt-i Bunyād-i Farhang-i Īrān, 1970.

2 Ḥāfiẓ-i Abrū, *Ḫorāsān zur Timuridenzeit nach dem Tārīḫ-e Ḥāfeẓ-e Abrū (verf. 817-823 h.)*, übers. u. komm. von Dorothea Krawulsky, Wiesbaden: L. Reichert, 1982,1984.

3 Ḥāfiẓ-i Abrū, *Jughrāfiyā-yi Ḥāfiẓ-i Abrū, Bakhsh-i Khurāsān*, ed. by Sayyid ʻAlī Āl Dāvūd, Tehran: Intishārāt-i Duktur Maḥmūd Afshār bā hamkārī-i Intishārāt-i Sukhan, 2020.

4 Ḥāfiẓ-i Abrū, *Jughrāfiyā-yi Ḥāfiẓ-i Abrū: Mushtamil bar Jughrāfiyā-yi Tārīkhī-yi Diyār-i ʻArab, Maghrib, Andalus, Miṣr va Shām*, ed. by Ṣādiq Sajjādī, Tehran: Intishārāt-i Bunyān; Daftar-i Nashr-i Mīrāṯ-i Maktūb, 1997-1999.

第三节　专业知识类书籍

除历史、地理类著作之外，波斯、阿拉伯文献中还有大量对某类物品或某种知识的专门性介绍书籍。其中最具特色的一类是记述宝石学知识的书籍，涉及珍珠、宝石、金属以及如珊瑚、琥珀、麝香等各种泛珍宝类物品。这类著作通称为珍宝书，除了珍宝的属性、品质外，往往还会介绍它们的产地、用途、价值及加工工艺等。另一类重要的专业书籍是医药书，记录各种药物或具有医药功能的物质，阐述医学理念，探讨医疗技术。此外还有农学、动植物学、会计学、纺织品及工艺介绍等各类专业知识书籍。这些书籍的价值不仅在于其专业知识本身，还体现在其所蕴含的反映社会经济、物质交流和民族互动的历史信息，是研究古代物质流通和技术交流的重要史料。

一 《珠宝录》(*Kitāb al-Jamāhir fī Maʿrifat al-Jawāhir*)

作者比鲁尼是中古波斯最著名的大学者，他在数学、天文学、地理学、医药学、矿物学等诸多领域皆有重要贡献。《珠宝录》是他 80 岁之后用阿拉伯文撰成的宝石学著作，记录了包括中国在内的亚洲、欧洲、非洲各国各地的矿石知识，其信息来源既有沿袭前代学者的著述，也有作者自己的经验认知。

此书现存许多抄本。1936 年德国东方学家科伦克（Fritz Krenkow）根据三个抄本整理出的校勘本在印度海德拉巴（Hyderabad）出版；[1]1995 年伊朗科学文化出版社出版了由玉素甫·哈的（Yūsuf Hādī）校注的新版本。[2] 译本方面，最重要的成果来自巴基斯坦学者哈金·萨义德（Hakim Mohammed Said）根据科伦克校勘本翻译的英文译本。[3]

二 《医药书》(*Kitāb al-Ṣaydana fī al-Ṭibb*)

这是比鲁尼生前完成的最后一部作品，是植物学、药物学领域的集大成之作。这部书按字母顺序著录了一千多种药物，内容不限于医学，堪称一部包罗万象的百科全书。书中对来自中国的植物、药物如茶、麝香、高良姜、于阗玉等有着丰富的记载。特别有价值的是，比鲁尼对每一种物质，都尽其所能地记下它在各种语言中的名称，这对研究世界范围内物质的传播过程具有重要的意义。

《医药书》原书用阿拉伯文写成，但近现代学者在很长时间内是依赖于 19 世纪末发现的波斯文本了解这部书的，直到 1926 年托甘教授在土耳其布尔萨（Bursa）发现了它的阿拉伯文抄本。这部书的刊布和英文译本同样得益于哈金·萨义德的努力，1973 年在哈姆达（Hamdard）基金会的资助下，此书的阿拉伯文影印本和

1　Muḥammad ibn Aḥmad Bīrūnī, *Kitāb al-Jamāhir fī Maʿrifat al-Jawāhir*, ed. by Fritz Krenkow, Hyderabad: Maṭbaʿat Jamʿīyat Dāʾirat al-Maʿārif al-ʿUthmānīyah, 1936.

2　Muḥammad ibn Aḥmad Bīrūnī, *Al-Jamāhir fī al-Jawāhir*, ed. by Yūsuf Hādī, Tehran: Shirkat al-Nashr al-ʿIlmī wa-al-Thaqāfī, 1995.

3　Muḥammad ibn Aḥmad Bīrūnī, *The Book Most Comprehensive in Knowledge on Precious Stones: Al-Beruni's Book on Mineralogy*, tr. by Hakim Mohammad Said, Islamabad: Pakistan Hijra Council, 1989.

英译本在卡拉奇（Karachi）出版，其中第2卷是由史密森研究会（Smithsonian Institution）的哈玛尼（Sami K. Hamarneh）撰写的导论和注释。这成为至今唯一的英文译注本。[1] 此外，德黑兰在1991年还出版了一个阿拉伯文校勘本，是目前比较常用的刊本。[2] 译本方面，此书还有俄文译注本和波斯文译注本。[3]

三 《内扎米珍宝书》(*Javāhir-nāma-'i Niẓāmī*)

这是现存最早的一部用波斯文写成的宝石书。作者内沙不里（Muḥammad ibn Abī al-Barakāt Jawharī Nayshābūrī）是12世纪末人，出身于呼罗珊的珠宝商人家庭，他自己也是一名珠宝鉴赏家和制作者，曾为皇室的珠宝事务服务。这部作品是他奉献给花剌子模算端阿老丁·塔乞失（'Alā al-Dīn Tikshī ibn Il-Arslān，1172—1200在位）的宰相内扎米（Niẓām al-Mulk Ṣadr al-Dīn Abū 'l-Fatḥ Mas'ūd）的，因而以之为名。

《内扎米珍宝书》分为四部分，依次记述矿藏、宝石、金属和加工工艺。尽管引用了比鲁尼《珠宝录》等前代学者的不少说法，但书中记载的大量逸闻、工艺、价格方面的信息，更多地来自内沙不里本人的见闻和经验，也为后来的宝石学著作所广泛引用。从某种意义上说，《内扎米珍宝书》是一部从阿拉伯帝国时代迈向蒙古征服时代这一过渡时期的承上启下的宝石学作品。

---

1 Muḥammad ibn Aḥmad Bīrūnī, *Al-Biruni's Book on Pharmacy and Materia Medica*, tr. & ed. by Hakim Mohammed Said and Sami K. Hamarneh, Karachi: Hamdard National Foundation, 1973.

2 Abū Rayḥān Bīrūnī, *Kitāb al-Ṣaydana fī al-Ṭibb*, ed. by 'Abbās Zaryāb, Tehran: Markaz-i Nashr-i Dānishgāhī, 1991.

3 Бируни Абу Рейхан, *Фармакогнозия в медицине*, Иссл., пер. и прим. У. И. Каримова, Ташкент: Фан, 1974; Abū Rayḥān Bīrūnī, *al-Ṣaydana fī al-Ṭibb*, tr. by Bāqir Muẓaffarzāda, Tehran: Farhangistān-i Zabān va Adab-i Fārsī, 2004.

这部书现存最好的抄本为伊朗国家图书馆所藏 14 世纪抄本，此外在库姆、伊斯坦布尔和塔什干亦有其他抄本。2004 年伊朗文献学家阿夫沙尔将这些抄本集校后出版。[1]

四 《伊利汗之珍宝书》（*Tansūkh-nāma-'i Īlkhānī*）

作者为伊利汗国著名学者火者纳昔剌丁·徒昔（Naṣīr al-Dīn Ṭūsī），此书大约创作于阿八哈汗统治时期（1265—1282）。全书分为四部分：第一部分讲述地质知识与矿藏的形成；第二部分介绍宝石的来历、出产及如何分辨其品质、价值、类别和性质；第三部分描述所谓七种金属；第四部分介绍各种香料。书中记载来自中国的物品非常丰富，例如中国镜子、中国铁、中国石、高岭土、玉石、麝香等物产。作者大量引用前代学者比鲁尼、雅库布（Abu al-ʿAbbās Aḥmad ibn Abī Yaʿqūb ibn Jaʿfar ibn Wahb ibn Wāḍiḥ）、拉齐（Abū Bakr Muḥammad ibn Zakariyā al-Rāzī）等人的著作，甚至第一部分内容完全来自《内扎米珍宝书》。但第二部分开始则是徒昔自己的创作，尤其是他记录了蒙元时代独有的知识信息。如第三部分的最后一章集中介绍了蒙古人的医药知识，这无疑是此书吸收当时最新信息的体现。

此书有伊朗学者玛德里斯·拉札维（Madris Rażavī）的校勘本。[2]

---

1 Muḥammad Abī al-Barakāt Jawharī Nayshābūrī, *Javāhir-nāma-'i Niẓāmī*, ed. by Īraj Afshār, Tehran: Mīrāṯ-i Maktūb, 2004.

2 Naṣīr al-Dīn Ṭūsī, *Tansūkh-nāma-'i Īlkhānī*, ed. by Madris Rażavī, Tehran: Intishārāt-i Buniyād-i Farhang-i Īrān, 1989.

五《伊利汗中国科技珍宝书》(*Tanksūqnāma-yi Īlkhān dar Funūn-i ʿUlūm-i Khitāyī*)

这是拉施都丁编纂的一部介绍中国医学、药学及中华礼仪的著作。全书共分为四部：第一部介绍中医脉学，第二部介绍针灸学，第三部介绍中医药学，第四部介绍中国的典章礼仪。然而现存于土耳其阿雅·索菲亚（Aya Sophia）图书馆的唯一抄本仅保留了第一部“脉学”章节，内容是对宋元时期汉地流传的一部医书《脉诀》的翻译和集注。《脉诀》系宋元时期人士伪托晋代名医王叔和所作，其内容多出自王叔和之《脉经》，却较之更简单实用。[1]

土耳其保存的这个孤本，最早由托甘教授发现。1939 年该书“前言”被译为土耳其文在伊斯坦布尔发表。[2]1972 年伊朗德黑兰大学出版了该抄本的影印本。[3]我国学者非常关注这部文献，王一丹在《波斯拉施特〈史集·中国史〉研究与文本翻译》一书中对这部文献做了介绍，[4]后与罗维前（Vivienne Lo）合撰有《拉施都丁〈中医宝录〉与汉文文献的比较研究》，全面地评介该文献所载中医系统，探讨拉施都丁与书籍诞生的背景与关系。[5]波斯语学者时光对该文献做了持续、系统的研究，于 2016 年出版了《〈伊利汗中国科技珍宝书〉校注》。[6]

---

1 王一丹：《波斯拉施特〈史集·中国史〉研究与文本翻译》，第 40 页。

2 *Tanksuknamei Ilhan der Fününu Ulumu Hatai Mukaddimesi*, Baki Gölpınarlı tarafından çevrilmiştir, İstanbul: Millî Mecmua Basımevi, 1939.

3 Rashīd al-Dīn Fażl Allāh Hamadānī, *Tanksūqnāma: yā Ṭibb-i Ahl-i Khitā*, ed. by Mujtabā Mīnuvī, Tehran: Intishārāt-i Dānishkada-ʾi Adabiyāt va ʿUlūm-i Insānī-i Dānishgāh-i Tihrān, 1972.

4 王一丹：《波斯拉施特〈史集·中国史〉研究与文本翻译》，第 35—41 页。

5 Vivienne Lo & Wang Yidan, “A Comparative Study of Rashīd al-Dīn’s *Tanksūqnāma* and Its Chinese Sources”, in: *Rashīd al-Dīn: Agent and Mediator of Cultural Exchanges in Ilkhanid Iran*, ed. by A. Akasoy, C. Burnett & R. Yoeli-Tlalim, pp. 127-172.

6 时光校注《〈伊利汗中国科技珍宝书〉校注》。

六《迹象与生命》(*Āṯār va Aḥyā'*)

这是拉施都丁编撰的一部农业生产指导手册。根据《拉施都丁著作全集》(*al-Majmū'a al-Rashīdiyya*) 所载该书目录显示，原书共24章，内容涉及气象学、土壤学、耕作学、农田水利学、植物育种学、植物栽培学、肥料学、昆虫学及病虫害防治、家禽饲养、经济作物种植及利用、矿物学、建筑学等农业生产的各个方面。但目前发现的三种抄本仅保留了6—13章关于农业和园艺的部分内容。值得庆幸的是，残存的这部分内容载录了丰富的来自中国的植物信息，有些植物未见于此前的任何波斯、阿拉伯文献记载，可以说这部书包含了非常重要且独家的物质交流资料。在讲述植物学知识之外，此书还述及元朝各方面信息，包括赋税制度、货币制度、军事制度、经济贸易、科技制造、民族风俗、饮食文化等诸领域，堪称是一部反映蒙元时代中国与世界物质传播、技术交流、民族交往和文化交融面貌的百科全书。

《迹象与生命》这部农书在很长时间内都被认定已经失传，仅能从拉施都丁全集目录中窥见其书名和章节名称。[1] 最早关注它的是法国东方学家卡特麦尔，他在1836年出版的《波斯蒙古史》的"导言"中介绍了拉施都丁的这部作品。[2]1960年苏联东方学家彼

1 拉施都丁全集目录现可见于拉施都丁所著的三部著作中:《拉施都丁经文集注》(*Tawżīḥāt-i Rashīdī*)、《真理妙语》(*Laṭā'if al-Ḥaqā'iq*) 和《拉施特镇捐赠书》(*Vaqfnāma-'i Rab'-i Rashīdī*)。其中抄写于《拉施都丁经文集注》中的目录将此书名称写作"*Āṯār va Akhbār*"，意为"迹象与消息"。参见王一丹《波斯拉施特〈史集·中国史〉研究与文本翻译》，第14页。

2 M. Quatremère, *Histoire des Mongols de la Perse, écrite en persan par Raschid-Eldin*, tome premier, 1836, pp. CXII-CXIV.

特鲁舍夫斯基（И. П. Петрушевский）的《13—14 世纪伊朗的农业与土地关系》也介绍过拉施都丁的这部著作，称其为中世纪伊朗的“自然百科全书”。[1] 而最早将文献刊布出来的是伊朗学者纳吉姆·杜拉（Najm al-Dawla），他在 1905 年出版的《伊朗农业与园艺著作汇编》（*Majmūʿa-yi ʿUlūm-i Īrānī dar Zīrāʿat va Filāḥat va Bāghbānī va ghayra*）中收录了四部伊朗农业文献，其中一部名为《园艺与耕作》（*ʿIlm-i Filāḥat va Zirāʿat*），即《迹象与生命》。然而在当时刊布者并不知道这就是拉施都丁的著作，只说作者是“合赞时期的一位学者、官员和旅行家”。[2] 直到伊朗文献学家苏图德（M. Sutūda）和阿夫沙尔将该本与另两个传世抄本对勘，[3] 才认定其为《迹象与生命》的简写本。随后二人将这三种文本整理校勘，于 1989 年正式出版了此书的校勘本。[4]

七 《奇珍异宝录》（*ʿArāyis al-Javāhir va Nafāyis al-Aṭāyib*）

这是《完者都史》的作者哈沙尼撰著的一部关于矿物、宝石及香料知识的著作，完成于 1300 年，他把此书献给了当时的伊利汗国宰相泰术丁（Tāj al-Dīn）。哈沙尼通过徒昔的《伊利汗之珍宝书》摘录了大量比鲁尼书的内容，但同时也补充进自己的独特知识，他对陶瓷工艺的概述是该书最具价值的内容。此外，书中也有体现蒙

---

1 I. P. Petrushevsky, *Kishāvarzī va Munāsibāt-i Arżī dar Īrān*, tr. into Persian by K. Kishāvarz, Tehran: Dānishghāh-i Tihrān, 1965, p. 33.

2 《迹象与生命》，“Muqdama”，pp. 15-16.

3 另两个抄本是库姆沙赫布丁·纳杰非·马尔什图书馆藏本和伊朗国家图书馆（Kitābkhāna-yi Millī-yi Īrān）藏抄本，前者是目前所存最古老的抄本，也是苏图德、阿夫沙尔校勘本的底本。

4 Rashīd al-Dīn, *Āṡār va Aḥyāʾ*, ed. by M. Sutūda and Ī. Afshār, McGill University-Tehran University Press, 1989.

元时代信息的新知识，例如记录宝石的价格、识别假冒绿松石和青金石的方法，还提到铸造合赞汗钱币的原料出产地等。书中还介绍了来自中国的碧玉、缟玛瑙、锡产品、麝香等物品，以及贩运至中国的绿松石等。全书分为两编，上编介绍宝石，下编介绍香料和药物。

此书有德黑兰出版的阿夫沙尔所作校勘本，[1]而关于陶瓷部分的内容曾被译成德文和英文单独刊出。[2]

第四节　其他

除以上历史、地理、专业知识类书籍外，还有一些其他类型的文献，也为本书的研究提供了重要资料。

一 《国王词典》(*Rasūlid Hexaglot*)

这是14世纪也门拉苏勒王朝（Rasūlids）第六任国王阿夫扎尔·阿巴斯（al-Malik al-Afḍal al-ʿAbbās，1363—1377年在位）主

1 ʿAbdallāh ibn ʿAlī Kāshānī, *ʿArāyis al-Javāhir va Nafāyis al-Aṭāyib*, ed. by Īraj Afshār, Tehran: Intishārāt-i Almaʾī, 2006.

2 Hellmut Ritter et al., *Orientalische Steinbücher und persische Fayencetechnik*, Istanbuler Mitteilungen des Archäologischen Instituts des deutschen Reiches 3, Istanbul: Universum druckerei, 1935, S. 16-48; James Allan, "Abuʾl-Qāim's Treatise on Ceramics" , *Iran*, Vol. 11, 1973, pp. 111-120.

持编纂的一部六种语言对译辞书。由于稿本不是一部单一著作，而是几组词汇表的集合，因此没有一个总体的书名，一般被称为《拉苏勒词典》（*Rasūlid Hexaglot*）或《国王词典》（*The King's Dictionary*）。词典除了收录阿拉伯语、波斯语词汇外，还用阿拉伯字母转写了突厥语、蒙古语、希腊语及亚美尼亚语的词汇。这部词典同时也收藏在阿夫扎尔·阿巴斯国王的图书馆中。

这部辞书分为两部分：第一部分为阿拉伯语、波斯语、突厥语、希腊语和亚美尼亚语五种语言的对译，第二部分是阿拉伯语、波斯语、突厥语和蒙古语的对译。尽管也门拉苏勒王朝本身未被蒙古人征服统治，但在这里诞生的这部词典却充分地反映了蒙古征服所带来的世界范围内的贸易和文化交流的影响。

此书的抄本现存于也门的私家收藏，1998年得到影印刊出，[1]彼得·戈登（Peter B. Golden）的团队对这部词典的校勘、转写、翻译、注释工作是目前为止对其研究最重要的成果。他们不仅刊出了影印原文和英文译文，而且附有英语、阿拉伯语、亚美尼亚语、希腊语、蒙古语、波斯语和突厥语七种语言的词汇索引，非常便于研究者使用。[2]

二 《拉施特镇捐赠书》（*Vaqfnāma-'i Rab'-i Rashīdī*）

这是拉施都丁亲笔或他人遵其指令代笔撰写的，有关他向拉施

1　D. M. Varisco and G. R. Smith eds., *The Manuscript of al-Malik al-Afḍal al-'Abbās ibn 'Alī ibn Dā'ūd ibn Yusūf ibn 'Umar ibn 'Alī ibn Rasūl (d. 778/1377): A Medieval Arabic Anthology from the Yemen*, Warminster: Aris & Phillips for the Gibb Memorial Trust, 1998.

2　Peter B. Golden et al. trs. & eds., *The King's Dictionary, the Rasūlid Hexaglot: Fourteenth Century Vocabularies in Arabic, Persian, Turkic, Greek, Armenian and Mongol*, Leiden; Boston; Köln: Brill, 2000.

特镇和其他宗教场所捐献田产收益的文书汇编。[1] 捐赠书所记的大部分捐赠系捐予拉施特镇，以保证镇上的学校、医院、清真寺、图书馆等公共事业的日常开支，其余捐给了帖必力思（Tabrīz，今译大不里士）、哈马丹（Ḥamadān）、耶思德（Yazd）等地的清真寺。此捐赠书是研究伊利汗国社会经济历史的第一手史料。

捐赠书现有两种刊本：一种是 1971 年德黑兰出版的影印本，[2] 另一种是由伊朗学者米努维（Muḥammad Minūvī）和阿夫沙尔校勘出版的排印本。[3] 此外，德国学者霍夫曼（Birgitt Hoffmann）不仅对此书做了文献学的整理，还对拉施都丁本人和拉施特镇的地理、生态、建筑、人员配置、经营模式等问题给予了全方位的研究。[4]

---

1 拉施特镇位于帖必力思城东郊，为拉施都丁出资兴建的私有财产。

2 Rashīd al-Dīn Fażl Allāh, *Vaqfnāma-'i Rab'-i Rashīdī*, ed. by M. Minūvī and Ī. Afshār, chap-i 'aksī, Tehran: Anjuman-i Āsār-i Millī, 1971.

3 Rashīd al-Dīn Fażl Allāh, *Vaqfnāma-'i Rab'-i Rashīdī*, ed. by M. Minūvī and Ī. Afshār, chap-i ḥurūfī, Tehran: Anjuman-i Āsār-i Millī, 1977.

4 Birgitt Hoffmann, *Waqf im mongolischen Iran: Rašīduddīns Sorge um Nachruhm und Seelenheil.*

第二章 波斯文、阿拉伯文文献中的“中国”称谓

研究古代中国与伊朗关系史，除了丰富的汉文记载之外，中亚、西亚地区的波斯文、阿拉伯文文献亦是值得利用的重要史料。伊朗的历史书、地理书、诗歌、旅行家游记以及医药书、宝石书等各类文献，留下了关于中国的大量记载。然而这些记载所使用的“中国”称谓不尽相同。这一问题很早就受到欧洲东方学家的关注，他们在研究欧洲语言中 China 一词的起源时，不可避免地涉及古代伊朗语、阿拉伯语对中国的称呼。他们从波斯文、阿拉伯文文献中将“秦”（Chīn）、“马秦”（Māchīn）、“桃花石”（Ṭamghāj）、“契丹”（Khitāy）、“蛮子”（Manzī）、“南家思”（Nankiyās）等名称一一筛检出来，运用语言学的方法，研究它们的词源、词义和流传路径，从而考订这些名称是中古时期波斯人、

阿拉伯人对中国的称呼。[1]我国前辈学者也热心这一问题的研究，他们更擅长利用汉文文献和少数民族语文史料，对这些“中国”称谓做细致的考辨。“中国”称谓的语源考证具有挑战性且富趣味，吸引众多语言学家投入热情和精力。然而史学研究者往往更加关注这些词语在史料中的实际应用，以及如何利用这些史料来研究历史问题。

关于中亚、西亚多语种文献中的“中国”称谓这一问题最杰出的研究成果，当数法国东方学家费琅（Gabriel Ferrand）在 20 世纪初编成的《阿拉伯波斯突厥人东方文献辑注》。[2]1989 年我国学者耿昇、穆根来将它译成中文出版，在此后相当长的一段时间里，这部书都是中国学者了解和使用这些文献的主要途径。[3]然而时至今日，这部作品已不能满足学者研究的需要。一方面，费琅的辑注详于阿拉伯语、地理类书籍，而略于波斯语、历史类文献；另一方面，费琅在法文翻译时没有注意区分“中国”称谓的用词差异，而汉译本延续了这一不足，使读者无法根据译文推知这些“中国”称谓的原词。除此之外，费琅辑注成书后的百年间，学术界对波斯文、阿拉伯文文献的校勘和研究持续向前，不仅有更优质的抄本、校勘本、译注本面世，而且有新发现的文献，远超出费琅书的辑录范围。最重要的是，百年来中国学界对多语种文献的研究取得了长足的进步，学者已经不再满足于通过西语二手资料来使用波斯、阿拉伯文献记载，而是越来越多地直接利用原始文本进行研究。对

1　这方面的研究以玉尔（Henry Yule）、劳费尔（Berthold Laufer）和伯希和（Paul Pelliot）的贡献为代表，他们吸收了此前学者的各种看法，并通过反复辩论，形成了对后来学者最具影响力的论断。

2　Gabriel Ferrand, *Relations de Voyages et Textes Géographiques Arabes, Persans et Turks Relatifs à L'Extrème Orient du VIIIe au XVIIIe siècles*, Paris: Ernest Leroux, 1913.

3　费琅:《阿拉伯波斯突厥人东方文献辑注》，耿昇、穆根来译，中华书局，1989。

此具有重要贡献的是阿拉伯语学者葛铁鹰，他的博士论文《阿拉伯古籍中的中国研究》是以阿拉伯文献为基础的古代中阿交流史研究。2002—2005年，他在《阿拉伯世界》期刊上分15次连载了《阿拉伯古籍中的中国》，[1]将费琅书中未收录且尚无汉译的29种阿拉伯文献中有关中国的记载摘译出来。他的工作十分重要，尤其是他侧重选录的辞书类和宗教类书籍，正是史学研究者常常忽视和缺失的部分。然需指出，一方面由于作者的辑录主要是根据“隋尼”（al-Ṣīn）[2]一词按图索骥，实际上缺少了含有其他“中国”称谓的记载，因此本章研究会注意弥补其缺少的那部分内容；另一方面，无论是费琅还是葛铁鹰的辑注，都侧重于阿拉伯语非历史类文献，因此他们涉及较少的波斯语历史类文献将是本章的补充重点。

中古波斯、阿拉伯文献卷帙浩繁，“中国”称谓的使用情况亦十分复杂。在利用这些史料之前，名称辨析是每一个研究者都不能回避的问题。一方面，同一个名称的含义和用法在数百年中并非一成不变；另一方面，随着历史的变迁，既有新称谓的出现，也有旧称谓的消失，而新、旧名称同时混杂使用的现象也屡见不鲜。尤其是蒙元时代到来后，波斯文、阿拉伯文文献中“中国”称谓的使用方式出现了明显的变化。因此本章将以蒙古崛起的时代为界，分两部分来梳理中古波斯文、阿拉伯文文献中“中国”称谓的使用情况，并对这些称谓背后所展现的“中国观”给予分析和探讨。

---

1 葛铁鹰：《阿拉伯古籍中的中国》（一—十五），《阿拉伯世界》2002年第3、4期，2003年第1—6期，2004年第1—5期，2005年第1、2期。

2 “隋尼”为阿拉伯语学界对al-Ṣīn的惯用译名，在伊朗学和历史学界更倾向于译作“秦”。

第一节　蒙元时代之前波斯文、阿拉伯文文献中的“中国”称谓

从大量的波斯文、阿拉伯文史地文献记载来看，“秦”（波斯语作 Chīn，阿拉伯语作 al-Ṣīn）是出现最早、使用最广、沿用最久的“中国”名称。关于这个名称，近代东方学家反复考辨，基本认定这个发音来源于中国秦朝的“秦”字。[1] 在早期的波斯文、阿拉伯文作品中，“秦”（或“秦斯坦”[2]）常常是指称中国的唯一称谓。9—10 世纪间成书的多部文献，如《中国印度见闻录》（*Akhbār al-Ṣīn wa al-Hind*）、雅库比（Aḥmad ibn Abī Yaʿqūb ibn Jaʿfar al-Yaʿqūbī）《列国志》（*Kitāb al-Buldān*）、伊本·胡尔达兹比赫（Abū al-Qāsim ʿUbayd Allāh ibn ʿAbd Allāh ibn Khurdādhbih）和伊斯塔赫里（Abū Isḥāq Ibrāhīm ibn Muḥammad Iṣṭakhrī）的两部同名地理书《道里邦国志》（*Kitāb al-Masālik wa al-Mamālik*）、穆卡达西（Muḥammad ibn Aḥmad Muqaddasī）《关于地域知识的最佳分界线》（*Aḥsan al-Taqāsīm fī Maʿrifat al-Aqālīm*）以及佚名波斯地理著作《世界境域志》（*Ḥudūd al-ʿĀlam*）等，都仅以“秦”称呼中国。这一称谓最为穆斯林所熟知，自古沿用至今。

虽然“秦”在广义上作为“中国”的统称一以贯之，但中古时

1　裕尔：《东域纪程录丛——古代中国见闻录》，考迪埃修订，张绪山译，中华书局，2008，第 2—6 页；劳费尔：《中国伊朗编》，第 403 页；Paul Pelliot, “Cin”, *Notes on Marco Polo*, Vol. 1, Paris: Imprimerie Nationale, 1959, p. 268。

2　-stān，伊朗语，意为“……之地”，Chīnistān 即为“秦地”。米诺尔斯基（V. Minorsky）说：Chīnistān 出现在 2 世纪时的粟特文古信札中，也见于中古波斯语和亚美尼亚语。但现代波斯语更多使用 Chīn，而不常用 Chīnistān。*Ḥudūd al-ʿĀlam: A Persian Geography, 372 A.H.-982 A.D.*, 2d ed., tr. by V. Minorsky, ed. by C. E. Bosworth, London: Luzac & Co., 1970, p. 227。

代以来，中国中原王朝在周边游牧民族的冲击下多次分裂和统一，使得中国的疆域和统治政权也不断变化。这些信息通过海、陆两种途径传至西方伊斯兰地区，令穆斯林作家对“秦”的理解和使用产生了分化。“秦之秦”“马秦之秦”“秦和马秦”“上秦、中秦和下秦”“内秦和外秦”等衍生名称屡见于文献中。与此同时，“桃花石”（拓跋）[1]和“契丹”两族的名称也演变为“中国”之称而闻名于世。因此在10—13世纪的中亚、西亚各语种文献中，这些“中国”称谓混杂使用的现象尤为显著。这些称谓在不同文献中的不同含义，体现了不同作者对中国疆域与政权情况认知的差异。为了能尽可能地厘清这些称谓的含义和用法，笔者将10—13世纪波斯、阿拉伯文献中几种具有代表性的“中国”称谓记载摘译如下。

（1）10世纪阿拉伯地理学家马斯乌迪（Abū al-Ḥasan ʿAlī ibn al-Ḥusayn al-Masʿūdī）的著作《黄金草原与珠玑宝藏》（*Murūj al-Dhahab wa Maʿādin al-Jawhar*）记载：

> 秦（al-Ṣīn）的君主从其臣民那获得了“巴格布尔”（Baghbūr）的荣誉称号，也就是“天子”（ibn al-samāʾ）。然而，秦国君主的专有尊称和在与他们讲话时对他们的称呼则是“桃花石汗”（Tamghamā Jabān），而不是“巴格布尔”。[2]

1　关于“桃花石”的词源，百年来中外学界争论颇多。有“大魏”说、“唐家”说、“大贺”说、“拓跋”说、“大汗”说、“大汉”说等。其中影响最大的是“拓跋”说，自伯希和提出并论证后，此观点基本成为学界定论。我国研究西域史的冯家昇、耿世民、张广达、刘迎胜等学者皆赞同其说。虽至今仍有研究者撰文提出异议，但都无法彻底推翻“拓跋”说。参看阿地力、孟楠《百年来关于“桃花石”问题研究综述》，《中国史研究动态》2006年第2期。

2　ʿAlī ibn al-Ḥusayn Masʿūdī, *Les Prairies d'Or*, tome 1, Texte et traduction par C. Barbier de Meynard et Pavet de Courteille, Paris: Imprimerie Impériale, 1861, p. 306. 汉译参看马苏第《黄金草原》，耿昇译，青海人民出版社，1998，第182页。

关于 Baghbūr 这个称号，伯希和做过细致的考证。这个词语非常古老，在梵语、巴列维语、于阗语、粟特语、阿拉伯语、波斯语中以各种形式出现，意思是“神之子”（son of God）。波斯语作 Faghfūr，汉语常译作“法格富尔”；阿拉伯语作 Baghbur，则译为“巴格布尔”。这是域外民族对中国皇帝的专有称谓，可能来自汉语“天子”的意译。而马斯乌迪所记的 Tamghamā Jabān，伯希和认为显然是 Tamghāč khān 的讹误，即“桃花石汗”。[1]

（2）10—11 世纪波斯大学者比鲁尼（Abū Rayḥān Muḥammad ibn Aḥmad Bīrūnī）所著《印度志》（*Taḥqīq mā lil-Hind*）一书中，除了主要使用“秦”（Ṣīn）来指称中国外，还记录了“摩诃秦”（Mahājīn）这一名称，并解释说它的意思是“大秦”（al-Ṣīn al-ʻuẓma）。[2]

（3）波斯作家加尔迪齐（Abū Saʻīd ʻAbd al-Ḥayy ibn Żaḥḥāk ibn Maḥmūd Gardīzī）在 11 世纪 50 年代撰成《记述的装饰》（*Zayn al-Akhbār*）一书，关于中国有如下记载：

> 摩尼（Mānī）逃离了伊朗，去往秦和马秦（Chīn va Māchīn）定居，在那里公开传教，许多人加入了他的宗教。……
>
> 秦国，是一个很大的国家。如果把它的全部地区都一一介绍，这本书就要超出预定的篇幅了。

1　Paul Pelliot, “Facfur” , *Notes on Marco Polo*, Vol. 2, Paris: Imprimerie Nationale, 1963, pp. 652-661.

2　Muḥammad ibn Aḥmad Bīrūnī, *Taḥqīq mā lil-Hind*, Beirut: ʻĀla al-Kutub, 1983, p. 147; 英译参看 Muḥammad ibn Aḥmad Bīrūnī, *Alberuni's India*, Vol. 1, tr. & ed. by Edward C. Sachau, London: Kegan Paul, Trench, Trübner, 1910, p. 207。

从托古兹古思（Tughuzghuz）[1]去往那里的道路，要从秦城（Jīnānjkas）[2]出发，向东朝哈密（Qumūl）行进，一路荒漠。到达巴格疏儿（Baghshūr）[3]时有一条河流，乘船渡河后行8日可到哈密。从哈密出发，顺着一条有着泉水和植被的沙漠之路前行，便可到达一座秦国的名叫“沙州”（Sājū）的城市，由此再行3日到达桑格拉赫（Sanglākh）[4]，再行7日到达肃州（Sunḥjū），再行3日到达Khājū[5]，再行8日到达K.jā[6]，再行15

1　米诺尔斯基研究指出，库达玛（Qudāma）、马斯乌迪、加尔迪齐书中的Tughuzghuz指的是高昌回鹘。华涛梳理了各个时期穆斯林文献的记载后指出，8世纪中期以后文献中的Tughuzghuz指的是漠北回鹘，由于840年回鹘西迁的情况未能迅速传至西方伊斯兰地区，因此9、10世纪之交成书的穆斯林文献中的Tughuzghuz，有的指漠北回鹘，有的指西迁后的回鹘。直至10世纪后期，Tughuzghuz才多指高昌回鹘。*Ḥudūd al-'Ālam*, tr. by V. Minorsky, ed. by C. E. Bosworth, p. 265；华涛：《穆斯林文献中的托古兹古思》，《西域研究》1991年第2期。

2　Jīnānjkas，米诺尔斯基说这是粟特语对高昌的称呼。吐鲁番阿斯塔纳出土的粟特文买卖女奴文书中，就使用了这一地名。吉田丰、森安孝夫将其译作“高昌”，林梅村认为译法不妥，他依据吐鲁番汉文文书中的“秦城”地名，将它译作“秦城”；但王素认为林氏所据汉文文书中的“秦城”并非高昌。粟特语的这一名称，亦向西传入伊斯兰地区。除了在加尔迪齐书中出现外，亦见于《世界境域志》、比鲁尼和马卫集的记载中。刘迎胜说，盖因汉至唐初，寓流汉人聚集于此地。见*Ḥudūd al-'Ālam*, tr. by V. Minorsky, ed. by C. E. Bosworth, p. 271；吉田豊、森安孝夫、新疆ウィグル自治区博物館「麹氏高昌国時代ソグド文女奴隷売買文書」『内陸アジア言語の研究』IV、1988、7–8頁；林梅村《粟特文买婢契与丝绸之路上的女奴贸易》，原载《文物》1992年第9期，此据氏著《西域文明——考古、民族、语言和宗教新论》，东方出版社，1995，第74页；王素《高昌诸壁、诸垒的始终》，《西域文史》第1辑，科学出版社，2006，第129页；刘迎胜《察合台汗国史研究》，第581页。

3　此地名亦见于《世界境域志》中，米诺尔斯基解释说：这很可能是一个伊朗语地名，伊斯塔赫里记载在中亚也里（Hirāt）和木儿加布（Murghāb）之间有一个地方也叫Baghshūr，17世纪的波斯语字典*Burhān-i Qāṭi'*解释其义为“咸水湖”。《世界境域志》记载说这里是一个商业重镇，所以可能为粟特商人所熟知，并赋予它这个名字。*Ḥudūd al-'Ālam*, tr. by V. Minorsky, ed. by C. E. Bosworth, p. 230。

4　Sanglākh，伊朗语，意为多石之地。*Ḥudūd al-'Ālam*, tr. by V. Minorsky, ed. by C. E. Bosworth, p. 233。

5　米诺尔斯基把此处的这个地名译为Kham-chū，即甘州。但他将《世界境域志》中的Khājū勘为“瓜州”（Kua-chou）。*Ḥudūd al-'Ālam*, tr. by V. Minorsky, ed. by C. E. Bosworth, pp. 229, 232-233。

6　米诺尔斯基指出有两处地名皆写作K.jā，一处是塔里木盆地的名城库车，另一处是位于甘肃与长江之间的某地。这里的K.jā是后者。*Ḥudūd al-'Ālam*, tr. by V. Minorsky, ed. by C. E. Bosworth, pp. 229-230。

日到达一条名为“江”（Ghiyān）的河边，由此乘舟渡江。而从巴格疏儿到秦国最大的城市胡姆丹（Khumdān），要一个月行程，途中有繁华的客栈和民宿。

据说秦国是世上最大、最繁华的国家。……

阿卜・宰德・哈乞木（Abū Zayd Ḥakīm）[1]说：加儿察突厥人（Turkān-i Gharchagān[2]）是秦人（Chīnīyān）。秦之疆域：一面是于阗（Khutan），一面是忻都斯坦（Hindūstān），一面是孛律（Bulūr），一面是雅朱者和马朱者（Ya'jūj va Ma'jūj）。

胡尔达兹比赫（'Ubayd Allāh ibn Khurdāẕba）[3]说：任何人到了秦，都会获得博学和伟大的知识。秦有许多王，但最大的王是法格富尔（Faghfūr）。[4]

（4）黑韩王朝诗人玉素甫・哈斯・哈吉甫（Yūsuf Khāṣṣ Ḥājib Balasağuni）于1069—1070年撰成了突厥语长诗《福乐智慧》（*Qūtādğu Bīlīg*）。此书原文用回鹘文写成，现存三个抄本：一个是

1　即阿拉伯地理学家巴里希（Abū Zayd Aḥmad ibn Sahl Balkhī，850—934），他是阿拉伯地理学“巴里黑学派”的奠基人，其著作一般称为《诸域之形象》（*Ṣuwar al-Aqālīm*），但已失传。

2　Gharchagān，意为Gharcha之地的人民。Gharcha，亦作Gharistān，位于呼罗珊地区，地处古儿（Ghūr）和也里之间，八吉思（Bādgīs）一带。

3　他的全名为Abū al-Qāsim 'Ubayd Allāh ibn 'Abd Allāh ibn Khurdādhbih，约820—912年。他著述宏富，但仅有《道里邦国志》（*Kitāb al-Masālik wa al-Mamālik*）一书流传下来，其他作品只能从后世的摘引中管窥一二。《道里邦国志》一书现有宋岘据德・胡耶（Michaël Jan de Goeje）《阿拉伯舆地丛书》（*BGA*）刊本所译的汉文译本（伊本・胡尔达兹比赫：《道里邦国志》，宋岘译，中华书局，1991）。此段摘引未见其中。

4　'Abd al-Ḥayy ibn Żaḥḥāk Gardīzī, *Zayn al-Akhbār*, ed. by Raḥīm Riżāzāda Malik, Tehran: Anjuman-i Ās̱ār va Mafākhir-i Farhangī, 2005, pp. 82, 387-388；汉译参看瓦・弗・巴托尔德《〈加尔迪齐著《记述的装饰》摘要〉——〈中亚学术旅行报告（1893—1894年）〉的附录》，王小甫译，陈继周校，《西北史地》1983年第4期；英译参看A. P. Martinez, “Gardīzī's Two Chapters on the Turks”, *Archivum Eurasiae Medii Aevi*, Vol. 2, ed. by P. B. Golden, T. Halasi-Kun and Th. S. Noonan, 1982, pp. 136-138。

回鹘文，另两个是阿拉伯文，且阿拉伯文抄本最为完整。该书散文体序言和诗歌体序言使用了“秦”“马秦”“契丹”“桃花石”多种“中国”称谓。耿世民先生指出,《福乐智慧》的两篇序言皆为后人所加；[1]但亦有学者认为散文体序言的语气很像作者本人，至少也是同时代人所写，而诗歌体序言则是后人根据散文体序言所做的改写。[2]因此笔者仅摘引与作者同时代的散文体序言中的语句：

> 此书极为尊贵，它以秦地哲士的箴言和马秦学者的诗篇装饰而成；读了此书的人，转述这些诗篇的人，将比此书更为尊贵。
>
> 秦和马秦的哲士、学者一致认为，在东方各地，在突厥斯坦各族中，从来没有人用布格拉汗的语言、突厥人的辞令编撰过一部比它更好的书。由于此书无比优美，无论传到哪位帝王手里，无论传到哪个国家，那儿的哲士和学者们都很赏识它，并为它取了不同的名字和称号：秦人称它为《帝王礼范》，马秦人称它为《治国南针》，东方人称它为《君王美饰》，伊朗人称它为《突厥语诸王书》，还有人称它为《喻帝箴言》，突朗人则称之为《福乐智慧》。
>
> 作者是出生于巴拉萨衮的一位虔诚信士，他在喀什噶尔写成此书，并奉献给东方的君主桃花石·布格拉汗。[3]

1　耿世民：《我国文学宝库中的一颗明珠——介绍 11 世纪维吾尔族长诗〈福乐智慧〉》，原载《边塞》1980 年第 1 期，此据《耿世民新疆文史论集》，中央民族大学出版社，2001，第 101 页。

2　陈恒富：《〈福乐智慧〉与祖国文化传统》,《福乐智慧研究论文选》第 2 辑，新疆人民出版社，1993，第 6 页。

3　优素甫·哈斯·哈吉甫：《福乐智慧》“序言之一”，郝关中、张宏超、刘宾译，民族出版社，1986，第 2 页。

而在玉素甫本人所撰正文中，则使用了“契丹”和“桃花石”两种称谓：

> 褐色大地披上了绿色丝绸，契丹商队又将桃花石锦缎铺陈。[1]

正如汉译本注释所言，这里的“契丹”应是指北方辽朝，“桃花石”则是南方宋朝。

（5）喀什噶里（Maḥmūd ibn al-Ḥusayn ibn Muḥammad al-Kāshgharī）《突厥语大词典》（*Dīwān Lughāt al-Turk*）是用阿拉伯文书写的解释突厥语词汇的重要著作。作者关于中国的政治区划及其名称，有一段著名的论述：

> 桃花石（Tawγāč），马秦（Māṣīn）之名。它距离秦（Ṣīn）有4个月行程之远。秦原本分作三部分：上部，位于东方，即为桃花石；中部，即为契丹（Xiṭāy）；下部，即为八儿罕（Barxān），在可失哈耳（Kāšγar）附近。但在如今，桃花石以“马秦”而闻名，而契丹（Khitāy）被称为“秦”。
>
> 桃花石（Tawγāč），生活在当地的一支突厥部族之名。由此而来的一个短语：塔特桃花石（Tat Tawγāč），意为“回鹘人（Uighur，即塔特）和秦人（Ṣīnī，即桃花石）”。[2]
>
> 凡是古老而伟大的事物，皆可被称为“桃花石阿兹”（Tawγāč äḍi），这就如同阿拉伯语短语 shayʾ ʿādī（阿德部落之物）。此名亦用作国王的名号：桃花石汗（Tawγāč xān）意为拥

1 优素甫·哈斯·哈吉甫：《福乐智慧》，第13页。

2 关于“塔特桃花石”，参看李树辉《“塔特·桃花石”考释》，《青海民族研究》2014年第3期。

有伟大而稳固的统治。

人们把“塔特桃花石”（Tat Tawγāč）作为成对的表达式来使用。“塔特”意为波斯（al-Fārisī），“桃花石”意为突厥（Turk）。我认为我上面提到的那种用法更为准确，后者用于伊斯兰地区，前者则是他们那里的用法。二者皆正确。[1]

（6）再稍晚一些，11—12 世纪中亚人马卫集（Sharaf al-Zamān Ṭāhir Marvazī）撰写的《动物之自然属性》（*Ṭabā'i' al-Ḥayawān*）一书，也有对中国疆域地理情况的描述：

3. 他们（秦）的疆域分为三个区域：秦（Ṣīn）、契丹（Qutāy[2]）——人们通常称之为“Khiṭāy”，和回鹘（Uyghur），其中最大的是秦地或秦国。……

7. 我曾遇见过一个智者，他去过秦，并向他们购买过物品。据他说：他们的都城名叫“扬州”（Yanjūr）。这是一座方圆三日行程的宏大城市。它附近还有一座更大的城市，名叫 KWFWA，不过国王是住在扬州的。……他们的国王叫作“桃花石汗”（Tafghāj Khān），就是被称作“天子”（Faghfūr）的人。……

17. 秦的语言与其他语言皆不同，藏语也是如此。所有的秦

1　Maḥmūd al-Kāšġarī, *Compendium of the Turkic Dialects*, part I, tr. & ed. by Robert Dankoff & James Kelly, Cambridge, Mass.: Harvard University Printing Office, 1982, p. 341. 汉译参看麻赫默德·喀什噶里《突厥语大词典》第 1 卷，民族出版社，2002，第 479 页。另参张广达《关于马合木·喀什噶里的〈突厥语词汇〉与见于此书的圆形地图》，原载《中国大百科全书》第 1 版《中国历史》第 1 卷，中国大百科全书出版社，1992，此据《张广达文集：文书、典籍与西域史地》，广西师范大学出版社，2008，第 63 页。

2　米诺尔斯基英译本将这个词转写为 Qitāy，此处据阿拉伯文原文字母 Q 上标有短音 u，因此转写作 Qutāy。

人都信仰摩尼，相反契丹人和回鹘人则信奉各种宗教，只除了犹太教。

19. 为了经商或其他事情前往这些国家的人，从可失哈耳（Kāshghar）出发，行4日至鸭儿看（Yārkand），再行11日至于阗（Khutan），再行5日至KRWYA，再行5日至沙州（Sājū）。从那里去往秦、契丹和回鹘的道路便分开了。

去往秦国国王桃花石汗之都城——扬州的人，要从东边的道路向南转，右手可行至甘州（Qāmjū），然后行40日至L.ksīn。在这段路途的左手边，可经过火州（Khujū）——此城以"唆里迷"（Sūlmin）和"秦城"（Chīnānjkath）而闻名。从这里便进入了桃花石汗的国度，再前行约40日即达扬州。在秦的彼方有一个名为"沙儿忽勒"（Sh.rghūl）的民族，秦人称之为"宋国"（S.nqū）[1]，距契丹有一月程之远，处于水泊与泥沼间的陆地之边。据说他们就是被称为"马秦"（Mājīn）、印度人称为"大秦"（al-Ṣīn al-ʿuẓma）的人。

要去回鹘汗的都城火州（Qūjū）的人，要从沙州向左行。

要去契丹都城Ūjam的人，向东行2月至可敦墓（Khātūn san），再行1月至Ūtkīn，再1月至Ūjam。[2]……

---

1 康鹏指出，马卫集所记载的关于契丹的信息，应来源于契丹使臣，S.nqū一词来自契丹语化的"宋国"（suŋkur），Sh.rghūl则是契丹语"汉人"的复数形式（ʧiaukūr）。康鹏:《〈马卫集书〉中的契丹语词"Sh.rghūr（汉人）"》,《西域研究》2016年第3期。

2 Ūjam、Khātūn san和Ūtkīn这三个地名，中外学者考证良多。基本可以确定Khātūn san来自突厥语"可敦墓"（Qatun sïnï）。钟焓认为，其地望位于漠南的青冢，亦可指代其附近的丰州（天德军）。白玉冬则认为是镇州可敦城。关于Ūtkīn，多数学者认为是郁督军山（今蒙古国杭爱山），Ūjam是辽上京，但康鹏从契丹语汇的角度提出了Ūtkīn为辽上京，Ūjam为契丹四时捺钵体制下皇帝"御帐"的说法。参见钟焓《辽代东西交通路线的走向——以可敦墓地望研究为中心》,《历史研究》2014年第4期；白玉冬《"可敦墓"考——兼论十一世纪初期契丹与中亚之交通》,《历史研究》2017年第4期；康鹏《马卫集书中的契丹"都城"——兼谈辽代东西交通路线》,《民族研究》2017年第2期。

29. 秦国君主所居住的那个大城市叫“胡姆丹”（Khumdān），据说从秦城（即高昌）到胡姆丹有 4 个月的行程，要穿过牧场。……

胡姆丹是被称为“天子”的君主的京城。[1]

（7）波斯地理学家别克兰（Muḥammad ibn Najīb Bakrān）于 1206 年撰成地理书《寰宇志》（*Jahān-nāma*），其中关于“秦”和“契丹”的描述，反映出另一种对中国疆域地理的理解：

契丹（Khiṭā）：契丹部众原本生活在秦国，Khiṭā 这个发音是他们自己的误称，本应是 Qitā。Qitā 是秦国的一个大城市的名字。

秦国是一个极其巨大的国家，在其境内有众多的宫殿和城市。据说秦国拥有三百座城池，大而繁华。秦分为两部分：建有宫殿的那一部分，叫作 Chīn-i muṭlaq（纯粹的秦），有人称之为“外秦”（Chīn-i bīrūnī）；而位于东面的另一部分，叫作“内秦”（Chīn-i andarūnī），也叫“马秦”。[2]

---

1 Marvazī, *Sharaf al-Zamān Ṭāhir Marvazī on China, the Turks, and India*, tr. & ed. by Vladimir Minorsky, London: Royal Asiatic Society, 1942, English translation: pp. 14-15, 18, 25-26, Arabic text: pp. 2-3, 6-7, 13-14. 汉译参看冯家昇等编《维吾尔族史料简编》（上），民族出版社，1958，第 67—68 页；周一良《新发现十二世纪初阿拉伯人关于中国之记载》，氏著《魏晋南北朝史论集》，中华书局，1963，第 410 页；胡锦州、田卫疆译《马卫集论中国》，《中亚研究资料：中亚民族历史译丛》（一），新疆社会科学院中亚研究所，1985，第 169—172、176 页；乌苏吉《〈动物之自然属性〉对“中国”的记载》，王诚译，邱轶皓审校，《西域研究》2016 年第 1 期。

2 刘英军曾节译过这段文字，他将 Chīn-i muṭlaq 译作“绝对中国”。见刘英军《伊朗史诗〈库什王纪〉所载古代中国地理信息刍议》，《西域文史》第 10 辑，科学出版社，2015，第 240—241 页。

后来，契丹（Qitā）诸异密（umarā）中的一位大异密（amīr-ī buzurg）——据说他曾是秦国君主的最后一位异密——为了开疆扩土，从那里一路征战而来，就这样抵达了八剌沙衮（Balāsāghūn）之境。在那儿他们没有遭遇到阻碍，就定居了下来。后来，他们据有了“契丹”（Qitā）这个词语，他们所在之地被称为 Qūtū。他们的百姓就误称自己为 Khiṭā。[1]

雅朱者和马朱者（Ya'jūj va Ma'jūj）[2] 是两个部落，靠近城墙（sadd）的那个叫作“雅朱者”，而离得较远的是马朱者，类似于秦和马秦那样。[3]

（8）13 世纪上半叶的著名医药学家伊本·拜塔儿（'Abd Allāh ibn al-Bayṭār）留下了两部医药学著作:《药物学集成》（*Kitāb al-Mughnī fī al-Aẓwiya al-Mufrada*）和《医药食品词汇集》（*Kitāb al-Jāmi' li-Mufradāt al-Adwiya wa al-Aghdhiya*）。后一部作品所记“大黄”词条下，有一段关于“中国”名称的记述：

人们所说的“突厥大黄”和“波斯大黄”，是从突厥和波

1 Bakrān, *Jahān-nāma*, ed. by Muḥammad Amīn Riyāḥī, pp. 71-72.

2 雅朱者和马朱者，亦可译作“歌革与玛各”，是犹太教、基督教、伊斯兰教所共有的文化概念，出现在《旧约》、《以西结书》、《启示录》及《古兰经》中。希伯来语称作 Gog u-Magog，英语称作 Gog and Magag，阿拉伯语称作 Ya'jūj wa Ma'jūj。他们时而指人物怪兽，时而指地理区域，有时还指民族群体。其主要故事则与亚历山大的城墙（或铁门）的传说有关。一神教徒认为亚历山大曾在世界的尽头建筑了一堵城墙，将雅朱者和马朱者阻隔于人类世界之外，而当末世到来时，上帝将会开启界墙释放雅朱者和马朱者。受此观念的影响，一神教徒先后将西迁的突厥人和蒙古人当作雅朱者和马朱者的化身，将蒙古的西征看作上帝的惩罚。参看 Emeri van Donzel and Andrea Schmidt, *Gog and Magog in Early Eastern Christian and Islamic Sources: Sallam's Quest for Alexander's Wall*, Leiden; Boston: Brill, 2010。

3 Bakrān, *Jahān-nāma*, ed. by Muḥammad Amīn Riyāḥī, p. 112.

斯运来的一类品种。据可信之人所言，这个品种也生长在秦，只是以“秦”命名的大黄更加闻名于世。它们出产自秦的北境被称作“突厥斯坦”的地方，波斯人称那里为“马秦之秦”（Chīn-i Māchīn），与“秦之秦”（Ṣīn al-Ṣīn）的意思是一样的。由于他们称秦为 Shīn，所以秦地大黄就叫作 rāvand-i Shīnī。[1]

（9）13 世纪阿拉伯地理学家伊本·萨义德·马格里比（Abū al-Ḥasan ʿAlī ibn Saʿīd al-Maghribī）在对托勒密七个气候带地理著作的补充中写道：

在秦（Ṣīn）之东，还有一座〔山〕将秦（Ṣīn）与秦之秦（Ṣīn al-Ṣīn）分隔开来。

秦人的仪貌很像契丹（al-Khiṭā）人，生活在突厥人与印度人之间的地带。他们衣着的质量相当低劣，一般都有袒胸的习惯。秦人的算端叫作“天子”（Baghbūr），他们的京都是塔贾（Tāja）城。……

蛮子（Manzī）城是秦之秦的首府。[2]

（10）13 世纪地理学家札克里牙·可疾维尼（Zakariyā ibn

---

1 Ibn al-Bayṭār, *Grosse Zusammenstellung über die Kräfte der bekannten einfachen Heil- und Nahrungsmittel*, Band 2, übers. von Joseph von Sontheimer, Stuttgart: Hallberger'sche Verlagshandlung, 1840, S. 482; Ibn el-Bëithar, *Traité des simples*, tome 2, traduction de Lucien Leclerc, Paris: Imprimerie Nationale, 1881, p. 159. Gabriel Ferrand, *Relations de Voyages et Textes Géographiques Arabes, Persans et Turks Relatifs à L'Extrème Orient du VIIIe au XVIIIe siècles*, p. 269.

2 Gabriel Ferrand, *Relations de Voyages et Textes Géographiques Arabes, Persans et Turks Relatifs à L'Extrème Orient du VIIIe au XVIIIe siècles*, pp. 350, 352. 参看汉译本费琅《阿拉伯波斯突厥人东方文献辑注》，第 387、390 页。

Muḥammad ibn Maḥmūd Abū Yaḥyā Qazvīnī）在其地理学名著《陆地引人入胜的特色与人类的历史关系》（*Āthār al-Bilād wa Akhbār al-'Ibād*）中记载：

> 秦（Ṣīn）。位于东方，其疆域从第一气候带延伸至第三气候带。其地纬度大于经度。据说秦地有三百座城池，地广达两月行程。那里水源充沛、树木繁盛、土地肥沃、硕果累累，是神赐的最好、最美的城市。
>
> 拔汗那（Farghāna）。这个国家由许多城镇组成，位于河中地之外、靠近突厥斯坦的地方。其居民相貌美丽，信奉哈乃斐教派。此地在花剌子模沙（Khwārazm-shāh）与契丹人（Khiṭāyiyān）的战争中被毁。居民纷纷迁徙至河中地和呼罗珊地区。
>
> 桃花石（Ṭamghāj）。突厥地区一地名。那里有众多房屋和居民。当地无论男女皆无头发。当地有两眼泉水，一眼出甜水，一眼出咸水，汇入同一个池塘，从池塘流出两股溪流，一股水咸，一股水甜，好像未曾混合过一般。
>
> 河中地（Mā Warā' al-Nahr）。一直是繁荣而富庶的，直到花剌子模沙摩诃末占领了那个国家。回历601年，契丹（Khiṭā）居民离开了那里。[1]

以上援引的十种文献记载，基本代表了蒙元时代以前“中国”称谓在中亚、西亚地区的使用情况。[2]现在根据这些材料，分析这些

1　Zakariyā ibn Muḥammad Qazvīnī, *Āṣār al-Bilād va Akhbār al-'Ibād*, tr. into Persian by Jahāngīr Mīrzā Qājār, ed. by Mīr Hāshim Muḥaddiṣ, pp. 97, 291, 479, 638.

2　虽然别克兰《寰宇志》之后的四种作品成书时，蒙元时代已经到来，但由于地理书、医药书编撰历时较长，内容具有一定的滞后性，所以这几种文献对“中国”的记述多为旧时代的信息。因此笔者将它们归在蒙元之前的部分讨论。

称谓的具体含义，探讨称谓背后所反映的“中国观”。

首先，“桃花石”名称的使用。“桃花石”常见于汉族及周边少数民族的语言中，并西传至波斯、阿拉伯以及欧洲地区。中外学者利用突厥文、回鹘文及汉文资料记载对它做过较多的研究。伯希和认为在五六世纪时，中亚地区用“桃花石”代替了“秦”来指称中国，10世纪后它又被“契丹”一词取代。[1]然而从波斯、阿拉伯文献来看，在伊斯兰世界的中、西部地区，“桃花石”从未成为称呼“中国”的主流用词，更无力取代“秦”这一古老名称。在中亚、西亚地区文献中，“桃花石”更多地是以缀有“汗”（Khān）的形式出现，用作统治者的称号。“桃花石汗”所指对象可分为两类：一类是本身冠有此称号的黑韩王朝统治者，除了前引《福乐智慧》序言中的“桃花石・布格拉汗”外，纳儿沙希（Abū Bakr Muḥammad ibn Jaʿfar Narshakhī）《不花剌史》（*Tārīkh-i Bukhārā*）中还屡次提到“桃花石汗纳昔儿・本・亦不剌金”（Naṣir bin Ibrāhīm Ṭamghāj Khān）；[2] 另一类则是对中国君主的泛指，“桃花石汗”是继“法格富尔”（天子）之后，又一个对中国皇帝的专称。前引马斯乌迪、马卫集的记载都属于这种用法，且这一用法一直沿用至蒙元时代以后。

“桃花石”作为地名出现在中亚、西亚各语种文献中，亦可分为两种情况。一种即是对中国的指称，但实际它远不及古老的“秦”和后来的“契丹”常用。且从上引诸多材料中能够发现，“桃

1　Paul Pelliot, “Catai” , *Notes on Marco Polo*, Vol. 1, pp. 216-220.

2　《不花剌史》最初由纳儿沙希于943—944年用阿拉伯文写成，1128—1129年由阿不・纳昔儿・哈巴维（Abū Naṣr Aḥmad ibn Muḥammad Naṣr al-Qabāvī）译成波斯文，1178—1179年由摩诃末・匝法儿・乌马儿（Muḥammad ibn Zafar ibn ʿUmar）做了缩写，最后由一名佚名作家续写至蒙古征服之前，今天流传下来的就是这个版本。Muḥammad ibn Jaʿfar Narshakhī, *Tārīkh-i Bukhārā*, tr. into Persian by Abū Naṣr Aḥmad ibn Muḥammad Naṣr al-Qabāvī, ed. by Mudarris Rażavī, Tehran: Tūs, 1984，pp.69-70。

花石”更倾向于指汉人统治下的那片中国区域，尤其在与“契丹”同时出现时，多是如此，比如喀什噶里、玉素甫的记述。但在众多记载中，只有喀什噶里对“桃花石”所指称的中国区域给予了具体解释。这不能不令人格外注意他本人的特殊文化背景。喀什噶里早年生活在东部伊斯兰世界的黑韩王朝，后来移居西部伊斯兰世界的中心巴格达城。他兼通波斯语、阿拉伯语和突厥语，撰写《突厥语大词典》的目的就是用阿拉伯语解释突厥语词汇。因此，他的“桃花石即马秦，契丹即秦”一语，实乃为突厥语和阿拉伯语两种语言所做的对译，正是用波斯人、阿拉伯人所惯用的“马秦”和“秦”来解释突厥语的“桃花石”和“契丹”。这也从侧面说明了在西部伊斯兰世界，“桃花石”并不是一个描述中国的主流词汇。喀什噶里的词典撰成后，对伊斯兰世界影响至深，此后“桃花石”被用作中国的称谓，亦为波斯人、阿拉伯人所熟悉。

“桃花石”用作地名的第二种情况，指的是突厥斯坦的一个地方。喀什噶里对此也有注解，即他所给出的“桃花石”的另一种含义：“一支突厥部落，及他们生活的地方。”这一用法在札克里牙·可疾维尼的地理书中也有展现，他撰写的“桃花石”词条明确地定义了这是突厥斯坦一地名。

其次，“契丹”名称的使用。伯希和考证它最早是指崛起于中国北方、后来建立了辽朝的契丹民族，很快这个词语就被中亚和西亚的穆斯林用来称呼辽朝统治之下的北中国。[1] 从上引材料可以清楚地看到，10—13 世纪波斯文、阿拉伯文文献中的“契丹”具有两种不同的含义。一种就是最初的含义，即契丹民族及其统治下的辽朝疆域，属于“中国”称谓之一，喀什噶里、马卫集著作中的“契丹”

---

1 Paul Pelliot, “Catai” , *Notes on Marco Polo*, Vol. 1, pp. 216-220.

就是这一用法。另一种含义则是后来衍生出来的。辽朝覆灭，耶律大石西走中亚后，“契丹”又被用来指这支西迁的契丹部族，以及他们在中亚建立的以虎思斡耳朵为中心的西辽政权，也就是后来波斯文、阿拉伯文文献中所说的“哈剌契丹”。别克兰、札克里牙·可疾维尼笔下的“契丹”即为这一种情况。

最后，要着重探讨由“秦”衍生出的复杂的称谓：马秦、上秦、中秦、下秦、内秦、外秦、秦之秦及马秦之秦。这些名称的产生，是中国分裂局面所带来的影响在伊斯兰世界的映射；而不同作者对这些名称使用方法的不同，体现出他们对中国多政权并存局势的认知差异。为了能较清晰地展现不同作者的“中国观”，笔者将他们的观点整理如下：

表 2-1　10—13 世纪穆斯林作家笔下的“中国”称谓

<table>
<tr><th>穆斯林作家</th><th>广义的“中国”称谓</th><th>狭义的“中国”称谓</th></tr>
<tr><td rowspan="3">喀什噶里</td><td rowspan="3">秦</td><td>上秦＝马秦＝桃花石</td></tr>
<tr><td>中秦＝秦＝契丹</td></tr>
<tr><td>下秦＝八儿罕</td></tr>
<tr><td rowspan="3">马卫集</td><td rowspan="3">秦</td><td>秦或马秦</td></tr>
<tr><td>契丹或秦</td></tr>
<tr><td>回鹘或托古兹古思</td></tr>
<tr><td rowspan="2">别克兰</td><td rowspan="2">秦</td><td>内秦＝马秦</td></tr>
<tr><td>外秦＝纯粹的秦＝契丹</td></tr>
<tr><td>伊本·拜塔儿</td><td></td><td>秦的北方＝马秦之秦＝秦之秦</td></tr>
<tr><td rowspan="2">马格里比</td><td rowspan="2"></td><td>秦</td></tr>
<tr><td>秦之秦</td></tr>
</table>

从表 2–1 可以看到,“秦”具有广义和狭义两种用法。广义的“秦”就是中国的总称，狭义的“秦”指的是中国的某一部分。具体是哪一部分，无法一言蔽之，需结合文献背景以及与它同时出现的其他地名来做判断。与狭义的“秦”具有密切联系的另一个重要“中国”称谓是“马秦”。顾失密（Alfred von Gutschmid）认为波斯语 Machīn 与梵语 Mahāčin（摩诃秦）无关，但伯希和对此给予了彻底否定，他以比鲁尼、拉施都丁以及 16 世纪的《阿克巴政纪》(*Āyin-i Akbarī*) 的记载证明 Māchīn 就是来自 Mahāčin。[1] 这一看法得到了多数学者的认同。“马秦”的含义也等同于“摩诃秦”，即为“大中国”。

“马秦”和狭义的“秦”同时出现时，分别指的是中国的哪个区域，论者甚众，而争论焦点集中在喀什噶里的记载上。巴托尔德（V. V. Barthold）说，在喀什噶里时代，人们已区分开“秦”和“马秦”,“秦”指北中国,“马秦”指南中国，也叫“桃花石”，是指汉族统治下的宋朝。[2] 伯希和指出，穆斯林地理学所用的“上”“下”是一种方位的表述，通常是指东方和西方，喀什噶里书中的地图就是一例。[3] 张广达先生根据喀什噶里词典中的圆形地图亦指出，其笔下的狭义之“秦”是契丹,“马秦”是宋,“马秦”与“秦”东西相邻。[4]

然而，喀什噶里之外的其他作者对“秦”和“马秦”的理解又不尽相同，甚至同一名作者在同一部作品中对这两个名称的使用也

1　Paul Pelliot, “Cin”, *Notes on Marco Polo*, Vol. 1, p. 273.

2　维·维·巴尔托里德:《中亚突厥史十二讲》,《中亚简史：外一种》，耿世民译，中华书局，2005，第 119 页；巴托尔德:《中亚突厥史十二讲》，罗致平译，中国社会科学出版社，1984，第 101 页。

3　Paul Pelliot, “Cin”, *Notes on Marco Polo*, Vol. 1, pp. 273-274.

4　张广达:《关于马合木·喀什噶里的〈突厥语词汇〉与见于此书的圆形地图》,《张广达文集：文书、典籍与西域史地》，第 63 页。

不能保持一致。马卫集记载中的第19节就体现了这一现象。19节记述的是从中亚前往中国的道路，先从可失哈耳到沙州，然后在沙州处，通往“秦”、“契丹”和“回鹘”三国的道路分开了，于是下面便分述这三条路线。这些关于道路的记载，与第3节“中国疆域”、第17节“中国人之信仰”的内容相呼应，都遵循了“秦”、“契丹”和“回鹘”的中国三分法，“秦”很明显就是宋朝。然而就在第19节记述“通往‘秦’的道路”的后面，有一段关于“马秦”的内容，称马秦为“秦”之外的一个国家，秦人称之为“宋国”，居民是“沙儿忽勒（汉人）”。根据康鹏的研究，此处“宋国”和“沙儿忽勒”两个词都是契丹语化的读音，因此，说这两个词的“秦人”就理当是契丹人。且“秦”为契丹，“马秦”为宋，也符合表述逻辑。那么这不禁令人疑惑，在短短一段文字中，“秦”的含义为何就迅速地变化了呢？米诺尔斯基对马卫集书史源的分析有助于解答我们的这一疑惑。他指出马卫集在撰写“中国部分”时，使用了多种信息来源的材料，并对每节内容可能依据的信息来源做了分类。[1]很显然，第19节中对道路的记述和对“马秦”的记载来自不同的史源。这两种史源对中国疆域地理运用了两套命名系统，一套系统称宋朝为“秦”，辽朝为“契丹”；另一套则称宋朝为“马秦”，辽朝为“秦”。这两套系统实际在喀什噶里的“桃花石”词条中，有着清晰的介绍，即所谓“秦原本分作三部分”，上部为桃花石，

1 米诺尔斯基将马卫集关于中国的记载分为六种信息来源：（a）8—9世纪的阿拉伯航海文献；（b）陆路到过唐朝都城长安的旅行家记载；（c）10世纪初到过扬州的商人的记载；（d）11世纪萨曼王朝宰相哲汗尼（Abū ʻAbud Allāh Muḥammad bin Jayhānī）的《道里邦国志》（*Al-Masālik wa al-Mamālik*）；（e）契丹使臣的信息；（f）马卫集自己的认识。在这套信息来源分类体系中，米诺尔斯基将记载中国疆域的第3节与记载“马秦”的第19节都划归到（e）类中，他的根据是这两节记载都是关于契丹崛起后的中国情况。Marvazī, *Sharaf al-Zamān Ṭāhir Marvazī on China, the Turks, and India*, tr. & ed. by Vladimir Minorsky, pp. 61-65。

中部为契丹，下部为八儿罕，“但在如今，桃花石以‘马秦’而闻名，而契丹被称为‘秦’”。喀什噶里明确地指出，这两套命名系统是在不同时期流行的。这不禁令我们再次赞叹他的学识，能将这两套名称系统的运用解释清楚。喀什噶里“研究型”的著述，反衬出马卫集“编纂家”的缺憾。很显然马卫集对中国的了解是间接且碎片式的，他将获取到的关于中国的信息不分时代、不分背景地全部杂陈在一起，将两种命名体系下的材料不经转化和统一，直接拼接起来，使得这些碎片化的信息之间充满了矛盾，也造成了对“秦”这一名称运用上的混乱。[1]在此，来对马卫集笔下的“秦”和“马秦”做一个总结。在他关于中国的碎片化信息中，包含了两种中国地理命名体系：在与“契丹”搭配使用时，“秦”指的是宋朝；在与“马秦”组合使用时，“秦”指的是辽朝。

除了喀什噶里和马卫集之外，对中国疆域及名称描述较具代表性的还有别克兰的记载。他笔下的“秦”也有广义和狭义之分。广义的“秦”就是中国整体，而狭义的“秦”是指契丹的统治地区（他称契丹之王为秦国的君主），即辽朝。同时，他对广义的“秦”又有“内秦”和“外秦”的划分。“内—外”与喀什噶里的“上—下”相似，都是穆斯林惯用的描述地理方位的形容词，别克兰用它们来区别“秦”和“马秦”，体现了他对这两个地理概念的理解和转化。他还解释说“外秦”就是“纯粹的秦”。这里我们不应将“纯粹的秦”当成固定专名，而应把“纯粹的”理解为一个形容词，意思是“外秦”就是“秦”，即狭义的“秦”，这是针对后面的“马秦”而言的。而我们知道他笔下狭义的“秦”就是契丹，他使用的

1　马卫集对中国首都的记述，一会儿是胡姆丹，一会儿是扬州；对中国统治者更是使用了“秦王”“桃花石汗”“法格富尔”多种称呼。

是“秦＝契丹、马秦＝宋朝”的命名体系。从表述逻辑上来说，别克兰要优于马卫集。他能将不同系统的称谓贯通起来，使得逻辑自洽，说明他对中国区域划分情况有着更好的理解。

再解释一下伊本·拜塔儿和马格里比笔下的“秦之秦”和“马秦之秦”。伯希和说，伊本·拜塔儿提供了波斯语 Chīn-i Māchīn 与阿拉伯语 Ṣīn al-Ṣīn 之间的相关性。对于 Ṣīn al-Ṣīn，伯希和根据伊德里西（Abū ʿAbd Allāh Muḥammad al-Idrīsī）、拉施都丁以及伊本·白图泰（Ibn Baṭṭūṭa）等人的记载，推断它是广州。[1] 对此，葛铁鹰有另一种解释：

> 关于隋尼隋尼（Ṣīn al-Ṣīn），阿拉伯古代著作家所指地区不尽相同，有的指广州，有的指南京；西方学者考证的地点也不统一，有的说广州，有的说扬州；中国研究者和翻译家的看法更为模糊，有音译为“秦阿秦”的，有意译为“小中国”的。鉴于本书作者此处所列举的地区皆为“国名”而非城市名称，加之隋尼隋尼与中国并列出现，所以我们似应将其看作泛指中国南部的称谓。当然这个“南部”所涵盖的，不仅仅是今天中国的南方地区。[2]

葛铁鹰所译的“隋尼隋尼”就是本书中的“秦之秦”，他摘译了 14 世纪伊本·哈提布（Ibn al-Khaṭīb）的《格拉纳达志》（*al-ʾIḥāṭah fī ʾAkhbār Gharnāṭah*）和 14—15 世纪埃及作家哈勒哈山迪（Aḥmad ibn ʿAlī Qalqashandī）《文牍撰修指南》（*Ṣubḥ al-Aʿshā*）中

1　Paul Pelliot, “Cin”, *Notes on Marco Polo*, Vol. 1, pp. 275-276.

2　葛铁鹰：《阿拉伯古籍中的中国（十一）》，《阿拉伯世界》2004 年第 3 期。

含有 Ṣīn al-Ṣīn 的段落，两段文字都将“秦之秦”与“秦”连用。例如《格拉纳达志》记载道：

> 他（伊本·白图泰）从他的祖国远游至东方诸国，足迹遍及密昔儿（Miṣr）、苫国（al-Shām）、伊剌克（al-ʿIrāq）、波斯的伊剌克（ʿIrāq al-ʿAjam）、忻都（al-Hind）、信德（al-Sind）、秦、秦之秦、也门（al-Yaman）。[1]

虽然伊本·白图泰游记中的 Ṣīn al-Ṣīn 是指广州，但《格拉纳达志》这段话中的“秦之秦”显然不是指某一城市。特别是“秦、秦之秦”与“伊剌克、波斯的伊剌克”“忻都、信德”两组地名并列使用，更像是对中国的合称。这在《文牍撰修指南》中表现得更加明显，书中记载成吉思汗统治了“秦和秦之秦”。[2]这种并列称谓与“秦和马秦”同出一辙。本节前引马格里比的“在秦（Ṣīn）之东，还有一座〔山〕将秦（Ṣīn）与秦之秦（Ṣīn al-Ṣīn）分隔开来”一语就是明证。马格里比所说“秦与秦之秦”东西并立，与喀什噶里、别克兰所述“秦和马秦”东西毗邻的中国格局是一致的。因此可以说，“秦之秦”与“秦”并称时，就相当于“马秦”，可属“中国”称谓的一种。

关于“秦和马秦”，这里需要再重点讨论一下。刘英军在研究波斯史诗《库什王纪》（*Kūsh-nāma*）中的中国地名时提出：“在伊斯兰时代波斯语史地文献中，秦和马秦经常被用作对古代

1　葛铁鹰：《阿拉伯古籍中的中国（十五）》，《阿拉伯世界》2005 年第 2 期。其文所用译名与本书不同，此处按照本书的译名改之。阿拉伯原文参看 Ibn al-Khaṭīb, *al-Iḥāṭah fī Akhbār Gharnāṭah*, Vol. 3, ed. by Yūsuf ʿAlī Ṭawīl, Beirut: Dār al-Kutub al-ʿIlmīyah, 2003, p. 206。

2　葛铁鹰：《阿拉伯古籍中的中国（十一）》，《阿拉伯世界》2004 年第 3 期。

中国疆域的称谓；但在不同时代的著作中，它们所指向的区域范围并不完全一致。”他还特别指出了这两个名称“并列连用为一个词组，泛指与古代中国相关的广大地域”的用法。[1]通过本节一系列的史料分析，则可清楚看到“秦和马秦”的这两种使用方式。一种是实指，即“秦”和“马秦”为中国的两个政权，例如喀什噶里和马卫集笔下的“秦”和“马秦”皆可具体化为辽朝和宋朝，实指时“秦”和“马秦”可以分开使用。[2]而另一种则是虚指，即“秦和马秦”作为一种固定搭配合称中国，这种情况下两个词不能拆开。亨利·玉尔（Henry Yule）从音韵对偶的角度将“秦和马秦”与“雅朱者和马朱者”、“信德和忻都”等一系列叠韵地名相类比。[3]简言之，虚指的“秦和马秦”并不强调中国诸政权并立的局面，而已演变成一种文学性的表述方式，用以指称整个中国。文献中的实例告诉我们，真正了解东方局势的穆斯林学者屈指可数，因此实指的情况并不多；大部分作者仅用其来虚指中国，因此即使在蒙古统一中国后，这个词组还在广泛地使用着。

最后，在进入蒙元时代之前，对以上讨论的10—13世纪“中国”称谓做简单总结。这一时期中亚、西亚地区文献关于中国疆域地理的描述具有两个特征。第一是对旧有知识的持续沿用。这一特征许多学者都已指出，巴托尔德称：“10世纪以后，阿拉伯的地理撰述多系掇拾故实，杂纂成书。”[4]彭晓燕（Michal Biran）在其《欧亚历史中的哈剌契丹帝国》中更直接地指出：10—12世纪的穆斯林著

1　刘英军:《伊朗史诗〈库什王纪〉所载古代中国地理信息刍议》,《西域文史》第10辑，第241页。

2　中国的多政权往往是南北对峙，因此“秦”和“马秦”遂演变成对中国南北方的称呼，即使在中国统一的情况下。

3　裕尔:《东域纪程录丛——古代中国见闻录》，第118—119页。

4　巴托尔德:《蒙古入侵时期的突厥斯坦》，第41页。

作中对中国的认识，所依据的仍然是唐代的旧识，因此造成了许多年代的错误，例如把长安（Khumdan）依旧认为是中国的首都。[1]而 11 世纪末 12 世纪初的文献则反映出对中国政治局面的混杂的认识。那时的著作基本上都参考了喀什噶里的记载，桃花石是对拓跋北魏的称呼，却被一直沿用至 13 世纪。[2]从本节所引文献中亦可看到，除了“胡姆丹”“桃花石”外，诸如中国皇帝号“法格富尔”、中国都城“扬州”以及“秦有三百座城”等有关中国的信息，反复出现在不同时期的不同作品中。甚至一些概念直至蒙元时代以后，还在被穆斯林作者不断地述说着。

第二个特征是有关 10—13 世纪中国动荡、分裂局面的信息，

1　关于“胡姆丹”这个地名，中外学者做过诸多考述。根据敦煌发现的 4 世纪初粟特文古信札、西安北郊史君墓中的汉文—粟特文双语题刻以及唐代《大秦景教流行中国碑》所见汉文—古叙利亚文双语铭文等实物资料可知，自 4 世纪始，“胡姆丹”就成为中国以西外族人民对长安的称呼。9 世纪以来，波斯、阿拉伯文献中也屡见这一名称。阿卜·宰德（Abū Zayd Hassan al-Sīrāfī）《中国印度见闻录》（*Akhbār al-Ṣīn wa al-Hind*）、马斯乌迪《黄金草原》、波斯佚名作者《世界境域志》、加尔迪齐《记述的装饰》、伊德里西《遥远之地的喜悦之旅》（*Nuzhat al-Mushtāq fī Ikhtirāq al-'Afāq*）等著作中亦见有对中国胡姆丹之城的记载。由于穆斯林作家创作时，习惯于一边抄录前代著述，一边添加当代的见闻，因此往往造成旧词新义、新旧混用的情形。如马卫集将扬州当作胡姆丹的例子，在其他穆斯林作品中亦十分常见。有关“胡姆丹”的考释，参看龚方震《唐代大秦景教碑古叙利亚文字考释》，《中华文史论丛》1983 年第 1 期；毕波《粟特文古信札汉译与注释》，《文史》2004 年第 2 辑；葛承雍《Khumdan 为唐长安外来译名的新证》，《中国历史地理论丛》2005 年第 3 期；荣新江《北朝隋唐粟特人之迁徙及其聚落补考》，原载《欧亚学刊》第 6 辑，中华书局，2007，此据氏著《中古中国与粟特文明》，生活·读书·新知三联书店，2014，第 24、34 页。提到 Khumdan 的穆斯林记载有：《中国印度见闻录》，穆根来、汶江、黄倬汉译，中华书局，1983，第 115 页；Mas'ūdī, *Les Prairies d'Or*, tome 1, Texte et traduction par C. Barbier de Meynard et Pavet de Courteille, p. 313; *Ḥudūd al-'Ālam*, tr. by V. Minorsky, ed. by C. E. Bosworth, p. 84; Marvazī, *Sharaf al-Zamān Ṭāhir Marvazī on China, the Turks, and India*, tr. & ed. by Vladimir Minorsky, p. 84; Gardīzī, *Zayn al-Akhbār*, ed. by Raḥīm Riżāzāda Malik, p. 387; Abū 'Abd Allāh Muḥammad al-Idrīsī, *Nuzhat al-Mushtāq fī Ikhtirāq al-'Afāq*, Vol. 1, Beirut: 'Ālam al-Kutub, 1989, pp. 205-213。

2　Michal Biran, *The Empire of the Qara Khitai in Eurasian History: Between China and the Islamic World*, Cambridge; New York: Cambridge University Press, 2005, pp. 97-98.

零散而滞后地传至中亚和西亚地区。穆斯林作者对中国分裂的局面有所知晓，但并不能洞悉具体进程和详细情况。例如别克兰《寰宇志》对耶律大石西走并建立西辽政权一事，在事发半个多世纪后准确记载了下来，而对中国本土的描述仍然继续着“秦和马秦”的旧论。这是由于西辽在中亚的影响力促使他们的故事传播开来，但遥远中国的情况，在道路阻隔的这一时期，并不能迅速有效地西传，因此作者只能因袭前代著作。10—13 世纪中国内部政权更迭频繁，而信息传递和观念更新的速度却要慢得多。中亚、西亚地区文献的记载不仅滞后，且不同作品的滞后程度也不一致。于是，穆斯林作者笔下的“秦”有的指南方政权，有的指北方政权，有的指整个中国，更有作者将几种不同含义的“秦”混用。正是中国的分裂，使得“秦”的含义发生变化，“秦”的衍生词频出。这说明中国分裂的消息在伊斯兰世界已经成为常识，不同的称谓本质上都是对中国分裂局面的描述。由于在穆斯林的舆图传统中，“上—下”代表“东—西”，与汉地的舆地习惯存在 90 度偏差，[1]所以一些作者会误以为中国的分裂政权是东西划分的。正如伯希和所说：“秦和马秦这两个词的不固定的运用，反映出分裂成南北的、在诸多部族统治下的中国给中亚、西亚地区人民造成了认识上的迷惑。”[2]

1　张广达：《关于马合木·喀什噶里的〈突厥语词汇〉与见于此书的圆形地图》，《张广达文集：文书，典籍与西域史地》，第 63—64 页；大叶升一：《关于见于元朝、伊利汗国文献中方向的顺时针 90° 移位》，宝力格译，《蒙古学信息》2001 年第 2 期；阿尔丁夫：《“方向的顺时针 90° 移位”差错与平面四方观念中的 B 种类型——同日本学者大叶升一先生商榷，兼谈北半球人类方向的演变》，《内蒙古师范大学学报》2012 年第 2 期。

2　Paul Pelliot, “Cin” , *Notes on Marco Polo*, Vol. 1, p. 273.

第二节　蒙元时代波斯文、阿拉伯文文献中的“中国”称谓

在中国陷入三百年分裂局面的同时，中亚、西亚也处于诸政权林立的状态下。到蒙古征服战争开始之际，从亚洲的东部到西部存有金朝、西夏、畏兀儿、西辽、花剌子模、木剌夷和哈里发等几大政权，以及在花剌子模沙松散的统治下河中、呼罗珊、起儿漫地方的半独立小政权。这三百年亚洲中心地区的混战，导致陆路交通在一定程度上受到阻隔，这一时期穆斯林著作对东方的混乱记载就是一种体现。这种局面最终被蒙古人结束了，当蒙古大军一路向西攻灭一个个政权时，由分裂带来的通讯壁垒也随之瓦解。伴随着军事征伐，商人、旅行家、僧侣、学者活跃在古老的丝绸之路上，他们往来间带动了信息的交流和知识的更新。整个亚洲大陆呈现出一种快速流动的状态。这一时期的文献记载反映出的特点是，中亚、西亚地区文献中对东方的描述忽然变得清晰而准确。

为全面考察这一时期“中国”称谓的沿革与变化，仍然先择取一些重要的波斯文、阿拉伯文著作，对其中关于“中国”名称的记述做梳理和分析。

（1）伊本·阿昔儿（ʿIzz al-Dīn Abū al-Ḥasan ʿAlī ibn al-Athīr）于13世纪30年代用阿拉伯文写成的宏著《全史》（*al-Kāmil fī al-Tārīkh*）中对中国的称呼是“秦”，同时书中还记录了大量“契丹”史事。此书中的“契丹”指的是西迁中亚的契丹人及其建立的西辽政权。例如书中记述回历604年（1107—1108）发生的事情：

在花剌子模沙如我们所述这般对待契丹（Khiṭā）后，他们之中的幸存者返回至其君主处——他没参加这场战争。他们聚集在他的身边。一大部鞑靼人（Tatar）在他们的地盘兴起——那里过去是秦（Ṣīn）的边境，并定居于突厥斯坦之外。他们与契丹有着仇恨和敌意，因此当他们听说花剌子模沙对契丹的行动时，便在屈出律（Kushlī）[1] 的率领下，进攻契丹。[2]

（2）比《全史》稍晚几年成书的《札兰丁传》（*Sīrat al-Sulṭān Jalāl al-Dīn Mankubirtī*），也是蒙元时代早期的史学代表作。作者奈撒维（Shihāb al-Dīn Muḥammad ibn Aḥmad Nasavī）以亲身经历，记述了蒙古征服花剌子模的历史。书中“中国”称谓的用法与《全史》较为接近。“契丹”一词指西辽，与“哈剌契丹”同时使用。此书记载西辽君主菊儿汗是“契丹国的汗中之汗菊儿汗”（Khān-i Khānān Gūr Khān-i Malik-i Khitāy），[3] 称西辽人为“契丹人”（Khitāyīyān）。而对中国的称呼，书中仍然用“秦”。例如记载成吉思汗欲与花剌子模建立通商的友好关系时，他让使者给花剌子模沙传达口信：

1　D. S. Richards 将 Kushlī 校勘为 Kuchlug。此人即是《辽史》《元史》中的乃蛮部首领屈出律，1208 年成吉思汗将他打败。

2　Ibn al-Athīr, *Al-Kāmil fī al-Tārīkh*, Vol. 12, ed. by C. J. Tornberg, 1965, pp. 269-270. 英译参看 ʻIzz al-Dīn ibn al-Athīr, *The Chronicle of Ibn al-Athīr for the Crusading Period from al-Kāmil fī ʼl-Taʼrīkh*, part 3, tr. by D. S. Richards, p. 134。需要注意的是，英译本将原文中的 Khiṭā 译成 Khitay 和 Qarakhitay 两种，实际上阿拉伯文原文皆是同一个词。

3　Nasavī, *Sīrat-i Jalāl al-Dīn Mīnkubirnī*, tr. from Arabic to Persian in the 13th c., ed. by M. Mīnūvī, chāp-i 2, 1986, p. 11.

使者道："大汗向您致意：'我素知你的伟大，洞晓你国土之广阔，闻得执行你政令所达地区之广。我欲与你媾和，以和平的方式相处，像对待自己的孩子一般对待你。实话相告，我已夺取了秦（Chīn），征服了与之相接的突厥之地。你们所有人都知道，我的土地是军队和金、银之源，任何从他国来到我国的人都会变得富有。如果你接受好意，让双方的商人往来无阻，我们会高兴地看到，所有人都将借此获得巨大财富。'"

算端听到使者的话后，在夜里单独召见了马合谋·花剌子迷（Maḥmūd Khwārazmī），对他说："你是花剌子模人，应该与我们同心。"……算端问道："成吉思汗说：'我夺取了秦，征服了桃花石（Ṭūghāj）'，果真如此吗？"马合谋答曰："镜子只能道出真言。如此大的事情隐藏着，算端不知真相。"[1]

（3）再晚十年由朮札尼（Minhāj Sirāj Jawzjānī）撰写的波斯文史书《纳昔里史话》（*Ṭabaqāt-i Nāṣirī*），是记录从中亚古儿王朝到蒙古征服时期历史的重要史料。作者对西辽的史事记述得非常详细，他对中国的称呼用词也十分丰富。书中记载契丹西迁事件时提到：

一群哈剌契丹（Qarākhiṭā）人从桃花石（Ṭamghāj）和秦国（Mamālik-i Chīn）来到了突厥斯坦的哈剌和林（Qarāqurum），他们向算端桑札儿（Sanjar）请求给予牧场。[2]

1　Nasavī, *Sīrat-i Jalāl al-Dīn Mīnkubirnī*, tr. from Arabic to Persian in the 13th c., ed. by M. Mīnūvī, pp. 49-50.

2　Minhāj Sirāj Jawzjānī, *Ṭabaqāt-i Nāṣirī: yā Tārīkh-i Īrān va Islām*, Vol. 1, ed. by ʿAbd al-Ḥayy Ḥabībī, Tehran: Dunyā-yi Kitāb, 1984, p. 261. 英译参看 *Tabaḳāt-i-Nāṣiri*, Vol. 1, tr. & ed. by Major H. G. Raverty, p. 154。

据可信的人讲述：突厥人的（第一次）迁徙来自秦国、东方之地的哈剌契丹部，他们行至海押立（Qayāliq）和八剌沙衮（Balāsāghūn）一带，放弃了对桃花石的统治，而在伊斯兰之境定居、游牧。[1]

在叙述花剌子模沙摩诃末（Muḥammad）与西辽之战时说：

算端摩诃末取得了巨大的胜利，次年，他又集结了四十万重甲骑兵军队，进入契丹之地，战胜了汗中之汗菊儿汗（Gūr Khān）。契丹全部的畜群、辎重和侍从都被夺取，汗中之汗在他的面前被击败。[2]

除了西辽，朮札尼在记述蒙古崛起及征战史时，也提到了当时中国的情形：

蒙古人成吉思汗有一个儿子——他是其诸子中最长者，名叫朮赤（Tūshī）。[3] 此时，这个朮赤受成吉思汗之命，离开秦国（Mamālik-i Chīn）来追击鞑靼（Tatār）的军队，算端摩诃末从河中地和呼罗珊同时向那里行进，两支军队相遇了。……

成吉思汗在秦、桃花石（Ṭamghāj）和上突厥斯坦（a-ʿālī

1 Jawzjānī, *Ṭabaqāt-i Nāṣirī: yā Tārīkh-i Īrān va Islām*, Vol. 2, p. 94. 英译参看 *Tabaḳāt-i-Nāṣiri*, tr. & ed. by Major H. G. Raverty, Vol. 2, p. 900。

2 Jawzjānī, *Ṭabaqāt-i Nāṣirī: yā Tārīkh-i Īrān va Islām*, Vol. 1, pp. 308-309. 英译参看 *Tabaḳāt-i-Nāṣiri*, tr. & ed. by Major H. G. Raverty, Vol. 1, pp. 262-264。

3 Tūshī 是成吉思汗长子朮赤名字的突厥语形式。参看 Peter B. Golden, “Tušī: The Turkic Name of Joči”, *Acta Orientalia Academiae Scientiarum Hungaricae*, Vol. 55 (1-3), 2002, pp. 143-151。

Turkistān）[1]之地起兵，征服了桃花石的阿勒坛汗（Altūn Khān）——他是上突厥斯坦（Turkistān-i bālā）的君主——和哈剌契丹（Qarākhiṭā）之王。桃花石、唐兀（Tangut）、畏兀儿（Ūyghūr）和鞑靼之地都被他平定了。[2]

在叙述蒙古与花剌子模沙战争导火索的讹答剌遣使事件时，术札尼有如下记载：

在使者和商人中间，有一个赶骆驼的人，〔由于〕他去了浴室〔洗澡〕，就从锅炉通道逃跑了。他行至荒野上，返回了秦。他将讹答剌（Utrār）的哈底儿汗（Qadir Khān）背信弃义和谋杀之事说了出来。成吉思汗准备复仇，集结了秦和突厥斯坦的军队。[3]

此外，《纳昔里史话》中还出现了两次"秦和马秦"。一次在记述古儿王朝君主乞牙思丁·摩诃末（Ghiyās al-Dīn Muḥammad）统治疆域时使用：

他的统治疆域变得广阔，东起忻都斯坦，从秦和马秦之边境至伊剌克，从质浑河（Āb-i Jīḥūn）和呼罗珊到忽里模子

1　英译本将 a-'ālī Turkistān 译作"大（greater）突厥斯坦"，并注释说这个词语亦可理解为"上（upper）突厥斯坦"。笔者认为由于下文紧接着出现了明确的"上突厥斯坦"，且两处都与桃花石并称，因此 a-'ālī Turkistān 译作"上突厥斯坦"更为合适。

2　Jawzjānī, *Ṭabaqāt-i Nāṣirī: yā Tārīkh-i Īrān va Islām*, Vol. 1, p. 310. 英译见 *Tabaḳāt-i-Nāṣiri*, tr. & ed. by Major H. G. Raverty, Vol. 1, pp. 268-270。

3　Jawzjānī, *Ṭabaqāt-i Nāṣirī: yā Tārīkh-i Īrān va Islām*, Vol. 1, p. 311. 英译见 *Tabaḳāt-i-Nāṣiri*, tr. & ed. by Major H. G. Raverty, Vol. 1, p. 272。

（Hurmuz）的海边。[1]

另一次在记载蒙古贵由汗迫害穆斯林事件时：

> 当这样残暴和野蛮的念头在贵由脑海中生根后，他决定向蒙古帝国全境发布命令——从秦和马秦的最远方直至波斯、伊刺克、鲁木（Rūm）、苫国的尽头。驻扎在帝国各处的蒙古诸将皆要遵从并执行此令。[2]

以上所引《全史》、《札兰丁传》和《纳昔里史话》的记载，代表了蒙元时代早期波斯文、阿拉伯文史书的用词风格。第一，“秦”依然是指称北中国的最常用称谓，在这三种史料所叙之事中，具体指的是辽、金的统治疆域。除了“秦”之外，“桃花石”也用来指称北中国。值得注意的是，在此前喀什噶里、马卫集等人的作品中，“桃花石”往往指的是汉人统治下的南中国，而在这三部书中，这个词语的用法发生了变化，它或与“秦”并称，或单独出现，皆指称北中国。除了“秦”“桃花石”这两个常见的“中国”称谓外，《纳昔里史话》中还出现了另外一种称呼——“上突厥斯坦”。朮札尼称“桃花石的阿勒坛汗”为“上突厥斯坦的君主”，“阿勒坛”（Altūn）是突厥语“黄金”之意，“阿勒坛汗”指的是金朝皇帝。[3]因此“上突厥斯坦”即为北中国。把北中国称作突厥斯坦的用法虽不

1　Jawzjānī, *Ṭabaqāt-i Nāṣirī: yā Tārīkh-i Īrān va Islām*, Vol. 1, p. 361. 英译见 *Tabaḳāt-i-Nāṣiri*, tr. & ed. by Major H. G. Raverty, Vol. 1, p. 383。

2　Jawzjānī, *Ṭabaqāt-i Nāṣirī: yā Tārīkh-i Īrān va Islām*, Vol. 2, p. 172. 英译本将“秦和马秦”译作了 Chīn and Turkistān，见 *Tabaḳāt-i-Nāṣiri*, tr. & ed. by Major H. G. Raverty, Vol. 2, p. 1158。

3　事实上，成吉思汗并未杀死金朝皇帝，但这一说法流行于一些波斯文、阿拉伯文文献中。在《世界征服者史》中有着相同的记载，称“他杀了契丹皇帝阿勒坛汗，征服契丹”。详见下文。

太常见，但也并非孤例，我们可以看到本章第一节所引伊本·拜塔儿的记载也有相似的用法，称“秦的北境”为“突厥斯坦”。虽然两种文献中的“秦”和“突厥斯坦”范围并不一样，但可以看到两者之间具有重合的部分。伊本·拜塔儿与朮札尼为同时代作家，可知在 13 世纪一些穆斯林的认知中，“秦”和“突厥斯坦”所指范围具有一定的重合性。第二，从成吉思汗征战的记载可以看出，除了金朝统治的“秦”（或“桃花石”“上突厥斯坦”）外，还有“畏兀儿”“唐兀”等不属于金朝统治范围的中国北方政权及其辖区。可以说这里的“秦”的范围相当小，接近于后来的“汉地”。第三，“契丹”此时不指北中国。随着耶律大石率部西迁，“契丹人”和“契丹之地”的概念也随之向西转移，指生活在中亚的西辽人及其居地，义同“哈剌契丹”。第四，“马秦”不再单独出现，“秦和马秦”一语已彻底成为固定搭配来泛指中国。

（4）志费尼（ʿAlāʾ al-Dīn ʿAṭā Malik Juvaynī）的《世界征服者史》（*Tārīkh-i Jahāngushā*）是蒙元时代重要且具代表性的史著。书中对“中国”的称谓，已开始展露该时代的用词特点。“秦”作为过去应用最普遍的“中国”称谓，在此书中却使用极少，仅作为文学性表达在诗句中或在与“马秦”固定搭配时出现。例如两处歌颂合罕的地方：

> 因为他（窝阔台合罕）的公道的晨曦不含夜晚的暗尘，所以他帝国的疆域从遥远的秦和马秦（Chīn va Māchīn）抵达苫国的边疆。[1]

1　志费尼:《世界征服者史》，第 224 页。汉译本将波斯语的“Chīn va Māchīn”译作“金和摩秦”。“秦和马秦”是穆斯林描述中国的固定用法，译作“金”就太过局限，笔者根据波斯原文改之。参看可疾维尼校勘本 ʿAlāʾ al-Dīn ʿAṭā Malik Juvaynī, *Tārīkh-i Jahāngushā*, Vol. 1, ed. by Mīrzā Muḥammad ibn ʿAbdu ʾl-Wahhāb-i-Qazvini, p. 159。

地面上的君王蒙哥可汗，温良谦和兼有上苍警卫，雄才大略兼有日盛的洪福。与他的美饰环宇的才智相较，太阳失色，在他的恩施面前，云雨无源。秦和马秦的诸汗在何处可学习帝王的典仪？往昔的算端们在何种情况下可瞻仰神圣的权力？[1]

在此书的历史叙事中，频繁使用的是另一个“中国”称谓——“契丹”。志费尼笔下的“契丹”体现了这个词语正处在由部族名向地名转化的过渡阶段。在此书中它具有两种不同含义。一种是指西辽，包括西辽政权、西辽臣民以及西辽统治下的土地，与“哈剌契丹”混用。如在叙述“花剌子模算端朝的起源”和“阿老丁花剌子模沙的登基”两节中，所出现的“契丹”皆是指哈剌契丹。[2]“契丹”的另一种含义则是替代了“秦”，指称北中国，即金朝统治区域。如：

鞑靼人的家乡，他们的起源和发祥地，是一个广大的盆地，其疆域在广袤方面要走七八个月的路程。东与契丹（Khitāy）地接壤，西与畏兀儿国相连，北与吉利吉思和薛灵哥河分界，南与唐兀和吐番为首邻。[3]

简短说，当这些地方的骚乱平息，各部都成为他的军队，这时，他（成吉思汗）遣使契丹，随后又亲征，杀了契丹皇帝阿勒坛汗，征服契丹。[4]

1 志费尼:《世界征服者史》，第 678 页。原文见 *Tārīkh-i Jahāngushā*, Vol. 3, ed. by Mīrzā Muḥammad ibn ʿAbdu ʾl-Wahh ā b-i-Qazwīnī, Leiden: E. J. Brill; London: Luzac & Co., 1937, pp. 89-90。

2 志费尼:《世界征服者史》，第 309、318—320、355 页。

3 志费尼:《世界征服者史》，第 21 页。原文见 *Tārīkh-i Jahāngushā*, Vol. 1, ed. by Mīrzā Muḥammad ibn ʿAbdu ʾl-Wahh ā b-i-Qazwīnī, pp. 14-15。

4 志费尼:《世界征服者史》，第 37—38 页。原文见 *Tārīkh-i Jahāngushā*, Vol. 1, ed. by Mīrzā Muḥammad ibn ʿAbdu ʾl-Wahh ā b-i-Qazwīnī, p. 29。波伊勒（J. A. Boyle）注释说此阿勒坛汗即金朝皇帝，突厥语 altan 意为“金”。事实上没有一个金朝皇帝是被成吉思汗杀死的，这里多半指窝阔台统治下金朝最后一个皇帝在 1234 年的自尽。志费尼:《世界征服者史》，第 40 页注释 18。

另有“世界的皇帝合罕出征契丹以及契丹的征服”一整节都在叙述蒙古攻打金朝之战。金朝被攻灭后，“窝阔台把阿吉思·牙老瓦赤（‘Azīz Yalavāch）留在契丹”，[1]即金朝所统治的中原地区。金朝灭亡后，“契丹”直接指中国北方汉地，而对南方宋朝统治地区则用“蛮子”称呼。例如在叙述蒙哥合罕事迹一节中：

他遣师出征东方和西方，出征阿拉伯人和波斯人的国土。东方诸邦和契丹、蛮子（Manzī）、肃良合（Sulingāy）和唐兀各省，他委付给予聪慧机智而著称的忽必烈斡兀立。[2]

“契丹”表示原金朝统治下的中原地区，而南宋故地在志费尼书中则被称为“蛮子”，[3]替代了过去频繁用来称呼中国的“秦”、“马秦”和“桃花石”。“马秦”与“秦”一样，只用作固定搭配，而作为地名的“桃花石”在此书中未再出现。

（5）拉施都丁著作宏富，其中《史集》无疑是最耀眼的一部作品。这部书不仅是拉施都丁本人最重要的成就，同时也是伊利汗国官方史学的巅峰之作。它成书于伊利汗国鼎盛时期，用词全面体现了蒙元时代波斯语的表述特点。书中对中国事件的记述也是同时期域外史料中最为详尽的。在《史集》中，拉施都丁使用了“契丹”“秦”“蛮子”“马秦”“南家思”等多种名称来称呼中国。

首先是“契丹”。拉施都丁笔下的“契丹”只代表中原汉地，是一个地理名词，而不再指契丹民族和西辽政权。为了区别，他将

1　志费尼：《世界征服者史》，第213—216页。志费尼记载有误，事实上，蒙古灭金后，最早出任中州断事官的是失吉忽秃忽，牙老瓦赤是在1241年才被派来管辖汉地的。

2　志费尼：《世界征服者史》，第655页。原文见 *Tārīkh-i Jahāngushā*, Vol. 3, ed. by Mīrzā Muḥammad ibn ʿAbdu ʾl-Wahh ā b-i-Qazwīnī, pp. 71-72。

3　志费尼：《世界征服者史》，第281、655页。

契丹部族一律称为“哈剌契丹”，不仅包括耶律大石在中亚建立的西辽契丹，还包括中国境内的契丹族。巴托尔德曾说，在一些后来的穆斯林史料中，“哈剌契丹”既指西迁的契丹人，也指归顺于女真政权下的契丹人。[1]拉施都丁就是这样的用法。例如记述成吉思汗从蒙古高原向南进攻：

> 当他（成吉思汗）采取了这些预防措施，把军队组织起来后，便于同年秋天顺利地出征契丹（Khitāy）、哈剌契丹（Qarākhitāy）和女真（Jūrja）诸地，那里被蒙古人称作札兀忽惕（Jāuqūt），用契丹人（ahl-i Khiāy）的话说，他们把契丹（Khitāy）称作“汉儿”（Khān zhī）。[2]

这段描述可见“契丹”与“哈剌契丹”的差别运用。“契丹”就是中原汉地，“契丹人”也不是民族概念，而是居民概念，指生活在汉地的人民。而契丹民族及其居地则用“哈剌契丹”来表示。又如书中记载留哥叛金降蒙一事：

> 有一个哈剌契丹人留哥（Līuka）见契丹地区大乱，便将和哈剌契丹部牧地（yūrt-hā）邻接的女真地区和大城夺取在手里。这些地区名叫东京（Tūnk kīnk）和咸平（Qam pink）。他自称

1　巴托尔德：《中亚突厥史十二讲》，第125—126页。

2　“汉儿”一词，《史集》汉译本译作“汉人”。查波斯文原文，伊斯坦布尔本作 khān a zhī；塔什干本作 khān ā zhī；伊朗议会图书馆本作 khān zhī，且句子与另两个抄本略有不同，写作 ba-iṣṭilāḥ-i ahl-i Khitāy, Khitāy rā khān zhī mī gūyand。此据伊朗议会图书馆本译写。苏航曾指出，“儿”字的元代音是 ʐʅ，与波斯文的 zhī 完全对应。因此，khān zhī 应译作“汉儿”。参见《史集》伊朗议会图书馆本，ff. 94b-95a，塔什干本，ff. 94b-95a，汉译本，第1卷第2分册，第227页；苏航《论札忽惕与契丹小字[illegible]》，《民族语文》2017年第2期。

"辽王"(Law Vānk),意即"一国的算端"。[1]

这位"留哥"在《元史》中有传,称其为"契丹人,仕金为北边千户"。[2] 他是辽朝的遗民,拉施都丁称其为哈剌契丹人,他率领的军队是哈剌契丹军,可见,拉施都丁已经完全将地理名称和部族名称分开使用。"契丹"一名在拉施都丁笔下,已不具契丹民族的含义,而完全演变成对中国北方地区的称谓了。

其次,对中国南方,拉施都丁则使用了多种称谓:"马秦"、"蛮子"及"南家思"。关于这三个名称,他多次说明它们指同一地区:

马秦,契丹人称作"蛮子"(Manzī)、蒙古人称作"南家思"(Nankiyās)。[3]

这句话解释了这三个名称的来源:"蛮子"是北方汉地人对南宋人的称呼,"南家思"是蒙古人的叫法,而"马秦"则是长期以来伊斯兰地区人民对南中国的称谓。为他们所熟知的另一个古老称谓"秦",拉施都丁也仍然使用。但他笔下的"秦"具有两种含义。一种是沿用 13 世纪以前穆斯林地理学家(如喀什噶里)的用法,认为秦即契丹,指北中国。拉施都丁还解释了"秦"和"马秦"的语源,认为其源自印度:

---

1 《史集》伊斯坦布尔本,ff. 96b-97a;汉译本,第 1 卷第 2 分册,第 237 页。

2 《元史》卷一四九,第 3511 页。

3 《史集》伊斯坦布尔本,f. 67b. 汉译本译作"乞台""摩至那""汉地君主传""南宋君主传"(第 1 卷第 2 分册,第 97—99、124—125、186—187、214、254、324—325 页,第 2 卷,第 43、75、225、273、358 页)。

> 忻都语与怯失迷儿语称这一地区（哈剌章）为“犍陀罗”（Kundar），称契丹之地为“秦”，称马秦为“摩诃秦”（Mahāchīn），意思是大秦（Chīn-i buzurg）。由于我们这里靠近忻都，有许多商人往来于那里，故我国也按照忻都居民所用的名称，称那个地区为“秦和马秦”，但其原名本是“摩诃秦”。[1]

此说法同样见于《史集·中国史》中：

> 讲述被称作“秦”的契丹各民族以及马秦地区的历史、该国史书所记当地发生的要闻大事、该国各大地区种种惯用名称的由来。
>
> ……在那个国家里，有一片辽阔富庶的地区，是该国历史上大多数时期君王都城的所在地，当地人自己称之为“汉儿中土”（Khān zhū Jūn tū），[2] 蒙古人称之为“札忽惕”，忻都人称之为“秦”，在我们这里则以“契丹”闻名。[3]

拉施都丁笔下“秦”的另一种含义是“秦”等同于“马秦”，指南中国。他曾言：“蛮子，又称秦、马秦或南家思。”[4] 而这种用法

1　《史集》伊斯坦布尔本，f. 95a；参看汉译本，第 1 卷第 2 分册，第 228 页。

2　“汉儿中土”，王一丹译注本中原译作“汉族中土”，刘迎胜认为“汉族”是现代词汇，辽金时代华北汉人多称为“汉人”或“汉儿”，波斯字母 zh 应为 r 的讹误。笔者认为，前引苏航文章已述“儿”字元代发音即以 ʐ（zh）为声母，因此无需勘误，zh 即可对应“儿”字。参见苏航《论札忽惕与契丹小字[illegible]》，《民族语文》2017 年第 2 期；刘迎胜《“汉人八种”新解——读陈寅恪〈元代汉人译名考〉》，《西北民族研究》2020 年第 1 期。

3　王一丹：《波斯拉施特〈史集·中国史〉研究与文本翻译》，第 114—115 页。波斯原文参看 Rashīd al-Dīn, *Jāmiʿ al-Tavārīkh: Tārīkh-i Aqvām-i Pādshāhān-i Khitāy*, ed. by Muḥammad Rawshan, Tehran: Mīrāṣ-i Maktūb, 2006, p. 1。

4　《史集》汉译本，第 1 卷第 2 分册，第 98 页。

比第一种更为常见，应该说大多数情况下，拉施都丁所说的“秦”都是指中国南方。不仅在《史集》中，而且在他的农学著作《迹象与生命》（*Ās̱ār va Aḥyā'*）中亦秉承“秦”指中国南方、“契丹”指中国北方的用法。华涛曾对《史集》中“中国”的名称做过考辨，他也注意到《史集·中国史》中“秦”的用法与拉施都丁在其他地方的用法不同。他解释这种现象的原因是：“北契丹、南摩秦”的模式是按照伊斯兰地理学传统框架叙述的，而“秦”指中国北方，是拉施都丁利用来自中国的汉文史书，按照中国正统观念叙述整个中国发展史时使用的模式。[1]

总而言之，在拉施都丁的著作中，“契丹”一名完成了从部族名称向地理名称的彻底转化，完全成为中国北方汉地的名称；“马秦”“蛮子”“南家思”指中国南方，“秦”大部分情况下指中国南方，只在个别特定情况下指中国北方。此外，拉施都丁摒弃了过去常用的中国称谓“桃花石”。可以说，拉施都丁是十分与时俱进的史学家，这是因为他具有了解当时世界情况的最有利条件，能够最及时地接收到各国最新的信息，所以他的著述中拾前人牙慧的情况较少，而更多是对当时世界面貌的全新而真实的记录。

（6）哈沙尼（Abū al-Qāsim ʿAbd Allāh ibn ʿAlī Qāshānī）《完者都史》（*Tārīkh-i Ūljāytū*）是伊利汗国时期编成的一部断代编年史，正文按照年代顺序记述完者都统治时期（1304—1316）的伊朗历史，可视为《史集》的续篇。书中关于“中国”称谓的用法，与《史集》接近，但更简略。“契丹”是书中最常使用的“中国”称谓，指北中国，例如称金朝皇帝为“契丹的阿勒坛汗”（Altān

---

1　华涛：《〈史集〉中“中国”的名称及其含义》，《西域历史语言研究集刊》第7辑，2014。

Khān-i Khitāy）。[1] 又如书中记载回历 713 年（1313—1314）元朝派往伊利汗国的使团被察合台汗也先不花扣押的事件，称：

> 另一批来自契丹之地的使者到了，他们带着送给算端完者都·摩诃末的老虎、猎鹰（chargh）、海青（sunqūr）、游隼（shāhīn）以及珍贵宝货。按照〔也先不花的〕命令，使臣都被抓了起来，宝物被夺走，并受到各种拷打折磨。[2]

《完者都史》所使用的对南中国的称呼则是“秦”，尤其是与“契丹”并用时，例如：

> （回历 710 年）1 月 19 日星期二，报达城中的充盈着来自密昔儿、秦和契丹货品的商铺发生了火灾，价值百万的家具、布匹及货物被烧毁了。[3]

但在一些文学性的描写中，“秦”不强调南北，用来泛指中国，如“秦国锦缎”（dībā-yi Chīn）、[4]“秦国画集”（Arzhang-i Chīn）。[5]

（7）失哈不丁（Shihāb al-Dīn ʿAbd Allāh ibn Faḍl-Allāh Sharaf Shīrāzī）的《瓦撒夫史》（*Tārīkh-i Vaṣṣāf al-Ḥażrat*）旨在接续志费尼

1 《完者都史》，p. 18.

2 《完者都史》，p. 205.

3 《完者都史》，p. 109.

4 《完者都史》，p. 46.

5 Arzhang 是摩尼绘制的一部阐述教义的画集之名。而在伊斯兰时代的波斯语文献中，相比宗教领袖的身份，摩尼更以高超画师而著称。在菲尔多西（Firdawsī）《列王纪》（*Shāhnāma*）等许多文学作品中，摩尼被描绘成一位来自中国的画家，而他的 Arzhang 亦常常被视为中国杰出绘画的代名词。《完者都史》，p. 48。

书，记载蒙古统治时代的历史。其书不仅着重记载伊利汗国史事，而且对元朝及其他汗国的情况也述之甚详。在他的书里，“契丹”指北中国，“蛮子”指南中国。如第1卷记载蒙古攻打南宋之事：

回历655年（1257），蒙哥合罕调派军队攻打遥远的东方之国蛮子国（Mulk-i Manzī），同时命他的兄弟忽必烈率左翼精锐大军从契丹边境朝那里进发。[1]

第4卷记述蒙哥合罕颁布“忽卜出儿”税制：

河中和呼罗珊的忽卜出儿（qūbjūr）数目是，富人缴10底纳儿（dīnār），穷人缴1底纳儿；在契丹和蛮子，富人缴11底纳儿，穷人缴1底纳儿。[2]

同《史集》一样，《瓦撒夫史》中的“契丹”仅指北方汉地，西辽被称作“哈剌契丹”。如在成吉思汗灭亡屈出律一节中多次提到哈剌契丹的菊儿汗：

屈出律（Kūchluk），乃蛮（Nāymān）之子，与王汗（Ūnk Khān）的军队一起在班朱尼（Bāljūna）之战中被击败，而后他投奔了哈剌契丹（Qarākhitāy）的菊儿汗（Kūr Khān），获得了“屈出律汗”（Kūchluk Khān）的称号。当菊儿汗与算端摩诃末·铁失（Muḥamad Tiksh）发生冲突时，（屈出律）从菊

---

1 《瓦撒夫史》哈默尔刊本，Band 1, Deutsche Übersetzung, S. 22, Persischer Text, S. 20.

2 《瓦撒夫史》孟买石印本，p. 578.

儿汗那里得到了一支军队，去了海押立（Qayālīq）和叶密立（Īmīl）。[1]

此外，瓦撒夫在指称南中国时，除“蛮子”外，还常使用“秦”这一古老名称。在关于“秦国”的记述部分中，作者写道：

行在（Khanzāy）是秦国的都城（savād-i a'ẓam），方圆 24 法尔生格（farsang）[2]。[3]

关于“秦”和“蛮子”这两个词，瓦撒夫亦做了解释：“秦，也就是蛮子。”[4]可知这两个词语都是南中国的代称。而当瓦撒夫指称整个元朝时，他往往把南、北中国的几种称谓堆砌使用。如第 5 卷中记述蒙古大汗世系情况时，他这样记述道：

在如今——727 年，是忽必烈合罕之子真金（Jimkīn）之子甘麻剌（Kamīla）之子也孙铁木儿（Īsan Timūr）在位，秦和契丹直至蛮子遥远之地，皆在其治下。[5]

还需要一提的是，在《瓦撒夫史》中，“马秦”单独出现的情况很少，仅与“秦”搭配使用，泛指中国。如在第 1 卷“忽必烈即位”一段中，作者歌颂忽必烈道：

1　《瓦撒夫史》孟买石印本，p. 561.

2　长度单位，1 法尔生格等于 6.24 公里。

3　《瓦撒夫史》哈默尔刊本，Band 1, Deutsche Übersetzung, S. 42, Persischer Text, S. 42.

4　《瓦撒夫史》孟买石印本，p. 576.

5　《瓦撒夫史》孟买石印本，p. 607.

从秦和马秦到密昔儿、苫国乃至极西之地，他的威严和仁慈无时无刻不在世上传颂。[1]

（8）沙班卡剌伊（Muḥammad ibn ʿAlī Shabānkāraʾī）的《世系汇编》（*Majmaʿ al-Ansāb*）是一部成书于伊利汗国后期的通史著作，书中对“中国”称谓的使用，比前代著作更加规范而统一。

作者区别使用“契丹”“哈剌契丹”“秦”等称谓。“契丹”就是一个地理名词，指北中国，如称金朝为“契丹国”（Mamālik-i Khitāy），称“阿勒坛汗”为“契丹之汗”（Khān-i Khitāy）。“哈剌契丹”则指中亚西辽政权，书中称菊儿汗的统治区域为“哈剌契丹国”（Mamālik-i Qarākhitāy）。[2]而“契丹人”（Khitāyī）既可指北中国的居民，也可指中亚及伊朗的哈剌契丹人，如书中记载在起儿漫建立政权的八剌（Barāq）是来自哈剌契丹的契丹人（Khiṭāyiyān）。[3]“秦”在此书中使用很少，仅有“秦国人民之品质”一节做了集中介绍，从其内容可知“秦”是指南中国，“秦人”（Chīnī）是指当地的居民。[4]

除了“契丹”和“秦”之外，穆斯林传统中长期使用的“桃花石”“马秦”等中国称谓，在此书中则皆不见。

以上引述的几部蒙元时代的作品皆为历史类著作。由于费琅对地理文献做了相当多地摘译，因此本章不再重复工作，这里只举一部地理书为例，讨论这一时期波斯文、阿拉伯文地理类文献中“中国”称谓的运用特点。

---

1 《瓦撒夫史》哈默尔刊本，Band 1, Deutsche Übersetzung, S. 36, Persischer Text, S. 36.

2 Shabānkāraʾī, *Majmaʿ al-Ansāb*, Vol. 2, ed. by Mīr Hāshim Muḥaddis̱, 2002, pp. 230-231.

3 Shabānkāraʾī, *Majmaʿ al-Ansāb*, Vol. 2, ed. by Mīr Hāshim Muḥaddis̱, 2002, p. 195.

4 Shabānkāraʾī, *Majmaʿ al-Ansāb*, Vol. 1, ed. by Mīr Hāshim Muḥaddis̱, 2002, pp. 50-51.

（9）穆斯妥菲·可疾维尼（Ḥamd Allāh Mustawfī Qazvīnī）《心之喜悦》（*Nuzhat al-Qulūb*）是伊利汗时代最著名的著作之一，记述蒙古统治时期伊朗的行政区划、地理位置、经济生活、税收情况等诸多方面，以及包括中国在内的周边国家或地区的历史地理状况。此书地理部分按照气候带的顺序分别介绍了“秦”“马秦”“契丹”“吐蕃”“畏兀儿”“于阗”等中国区域。关于“秦”“契丹”“马秦”这三个地名，作者介绍说：

秦（Chīn），蒙古人称之为“蛮子”（Manzī），阿剌伯人称其“秦”（Ṣīn），它是一个辽阔的国家，跨第二、三、四气候带。其都城叫作“马秦”（Majīn），位于第二气候带，经度125°，纬度22°。大部分居民崇拜偶像，是摩尼教徒。他们之中也生活着穆斯林和基督徒，但没有犹太教徒。由于穆斯林没有偶像教徒人多，因此偶像教徒较有权势。其国各种工艺皆达到登峰造极的水准。国内还有其他许多大城市。[1]

契丹（Khitāy），是位于第四、五气候带的大国，都城是处于第五气候带的汗八里（Khān bālīgh），经度124°，纬度37°。这是一座宏伟的城市，原本叫作“中都”（Chungdū），忽必烈合罕在它的郊区建造了另一座城。其他著名的大城市还有南京（Nanking）——城中有一条大河流过——还有NYKSYK、Shīkāt城堡、ṬLMSKW等许多城市。[2]

马秦，蒙古人称其为“南家思”（Nankiyās），是一个幅员辽阔的国家，位于第一、二气候带。其都城是行在（Khansāy）

1　《心之喜悦》校勘本，p. 257；英译本，p. 250.

2　《心之喜悦》校勘本，pp. 257-258；英译本，pp. 250-251.

城，有人也称其为 Siyāhan[1]。没有比它更大的城市了，它是东方最大的城市。城市中间有一个大湖，周长 6 法尔生格，房屋鳞次栉比。那里气候温暖，田里多种植甘蔗和水稻，但不产椰枣，因此椰枣非常珍稀，以至 1 曼（man）椰枣可换 10 曼甘蔗。居民主要的肉食是鱼肉和牛肉，羊肉稀少，因此极其昂贵。那里人口众多，有上万士兵巡逻。他们大多是不信教者，尽管穆斯林数量较少，但很有权势。[2]

这三段对中国区域的介绍，反映出了新知与旧识的杂糅。穆斯妥菲·可疾维尼是一位文学家、史学家和地理学家，他在编写这部地理书之前，还编撰了史书《选史》（*Tārīkh-i Guzīda*）和史诗《武功纪》（*Ẓafar-nāma*），记载了中国的诸多史事，他对中国的情况有着相当的了解。《心之喜悦》这部地理书也体现了这一点，如“蛮子”“南家思”“中都”“汗八里”“南京”这些时代名词便是“新知”的展现；但同时，旧时代伊斯兰世界长期流传的对中国的“印象”也仍有出现，比如将“秦”和“马秦”分作两个地区，介绍秦国的摩尼教信仰等。穆斯妥菲力图将“新知”与“旧识”贯通，把“蛮子”和“南家思”这两个本指一地的名称用作两个不同地区之名，以求与旧识中的“秦”与“马秦”对应。于是这些记载呈现出一种新旧知识的交错。这种现象普遍存在于波斯、阿拉伯地理书中，例如同时代作家阿布勒菲达（Abū al-Fidāʾ Ismāʿīl ibn ʿAlī）用阿拉伯文撰写的《诸国志略》（*Taqwīm al-Buldān*），一面吸收奈撒维《札兰丁传》中有关花剌子模和鞑靼史事等“新知”，一面却仍不放

1　斯特兰奇认为这个名字可能是“西湖”（Si-hu）的不准确拼写。见《心之喜悦》英译本，p. 254, n. 3。

2　《心之喜悦》校勘本，p. 261；英译本，p. 254.

弃“扬州是秦国都城”“秦国君主是‘桃花石汗’”的陈词滥调。[1]相较于历史著作而言，地理书对知识的时效性要求不高，但追求广博和全面，因此常常表现出明显的杂糅性。波斯、阿拉伯宝石书、医药书、词典、百科全书等类型文献亦是如此。在使用这些材料时，要格外注意甄别哪些是“新知”，哪些是“旧识”，如果混作一谈，以故事证新史，就会谬之千里。

以上一一分析了蒙元时代波斯、阿拉伯史地文献中的“中国”称谓，可以发现，较之过去的纷乱杂陈，这一时期的“中国”称谓变得相对简明而统一。“契丹”和“秦”成为指称中国的最主流称谓。“契丹”最初是部族名，常与“哈剌契丹”混用，而后演变为指称北中国的地理名词，与“哈剌契丹”彻底分野。“秦”的用法不如“契丹”那样稳定，但在多数情况下是南中国的代名词。同时，“蛮子”和“南家思”这两个极具时代特色的名称频频出现在波斯文、阿拉伯文文献中，坚定地指称南中国。而过去被广泛使用的“马秦”和“桃花石”，则出现得越来越少，特别是那些时代性较强、具有官方色彩的政治、历史类著作，几乎摒弃了这两个名称，仅在沿袭性较强的地理书、宝石书、医药书及文学作品中还会使用，且多以“秦和马秦”“契丹和桃花石”这样的固定搭配形式出现。至于过去流行的纷杂多样的“秦”的衍生词，则基本被时代淘汰。总结而言，蒙元时代中亚、西亚地区文献中的“中国”称谓得到了简化，逐渐变得明确而统一。

蒙古对世界的征服，客观上极大地促进了东西方信息的流通，伊斯兰世界对中国的认识和了解，在这一时期得到了充分的更新。

---

1 Abū al-Fidā᾽ Ismā῾īl ibn ῾Alī, *Kitāb Taqwīm al-Buldān*, Paris: Dār al-Ṭibā῾a al-Sulṭānīya, 1840, pp. 363-367; *Géographie d'Aboulféda*, tome II, partie 1, traduit de l'arabe en français par M. Reinaud, Paris: Imprimérie Royale, 1883, pp. 123-125.

一方面，朦胧的东方世界变得豁然开朗，过去杂乱而矛盾的信息得以厘清。正如拉施都丁在《史集·中国史》中所言："过去我们对这个国度（中国）缺乏了解和研究，以为秦与契丹是两个不同的地区，现在才明白它们其实同指一地，只不过名称不同而已。"[1]与此论断异曲同工的是《世系汇编》中对中国君主新旧称谓的阐述："他们（秦）的君主，古代被称作'法格富尔'，后来被叫作'桃花石'，现在则被称作'汗'。"[2]另一方面，由于大量"新知"传入伊斯兰地区，长久以来因因相循的"旧识"渐被摒弃，波斯文、阿拉伯文史地作品中更多地出现了对当时地理的纪实性描述，也因此使得这一时期的文献尤具史料价值。

小　结

本章以蒙古崛起为分水岭，尽可能详尽地梳理了中亚、西亚地区多语种文献中纷杂多样的"中国"称谓，并对这些称谓的含义、用法及演变历程给予归纳和总结。"中国"是一个不断变化的国家和地理概念，"中国"称谓亦是如此。"秦""马秦""桃花石""契丹""蛮子"等名称此消彼长，在漫长的中古时代承载着西方人对"中国"的认知与想象。然而我们必须注意到，蒙元时代以前的中

1　王一丹：《波斯拉施特〈史集·中国史〉研究与文本翻译》，第 115 页。

2　Shabānkāra'ī, *Majma' al-Ansāb*, Vol. 1, ed. by Mīr Hāshim Muḥaddiṣ, 2002, p. 50.

国，长期处于分裂状态下，因而南、北中国的观念长期流行于西方伊斯兰地区，形成了二分中国的描述模式。这种用语习惯根深蒂固，即使在蒙古统一中国后，也没有改变。

蒙元时期的波斯文、阿拉伯文文献将中国描述为“契丹”、“秦”（或“蛮子”）、“蒙古斯坦”、“唐兀”、“哈剌章”、“吐蕃”、“畏兀儿”等区域地理名词的组合，似乎并未出现一个总称。这种现象不仅出现在波斯语和阿拉伯语中，甚至在蒙古语乃至欧洲语言中，也是如此。正如姚大力所指出的：“元代蒙古语里可能不存在一个体现‘中国’概念的词汇，但这并不妨碍我们认定元朝即中国。”[1] 诚然，地理上的“中国”总称没有出现，但政治上的“中国”在文献中却是十分明确的。蒙元时代中亚、西亚地区人民用一种特别的表述方式——“合罕那里”，来指称蒙古合罕统治下的中国。在元朝建立前，此语可以指代窝阔台、蒙哥时代的统治区域，而在忽必烈建立元朝后，这个称呼则可完全等同于“元朝”。这是一个口语化的表达，并不是一个专有名词，[2] 却最为贴切地描述了那个时期政治上的中国。

尽管蒙元时代波斯文、阿拉伯文文献中对中国的称呼仍未统一，但多数作家较为习惯地主要使用两个称呼来指代中国：Khitāy 和 Chīn。Khitāy 一词，最初是部族的名称，后来演变为地理名词。需指出，在元代的汉文文献中，“契丹”一词仅指民族、部族，而与作为地名的 Khitāy 大体对应的是“汉地”“汉儿田地”“汉儿地面”。同样，汉文“契丹人”仅指建立了辽朝的少数民族及其后裔，而波

1　姚大力：《略芜取精，可为我用——兼答汪荣祖》，原载《东方早报·上海书评》2015 年 5 月 31 日，B04 版，此据姚大力《追寻“我们”的根源——中国历史上的民族与国家意识》，生活·读书·新知三联书店，2018，第 253 页。

2　这种说法并不固定，一般写作 vilāyat-i Qāān（合罕之地）、mamālik-i Qāān（合罕之国）、ān vilāyat（那个地方）、ān mamālik（那个国家）。

斯文 Khitāyī 大致等同于“汉人”“汉儿”等。一些学者在翻译波斯文、阿拉伯文的 Khitāy 时，为了能既不与部族名“契丹”混淆，同时又保持译音的准确，常使用“乞台”这一译名。本书在接下来的章节中，也采取这样的处理方式，把作为地理名称指代中国北方的 Khitāy 译为“乞台”，把生活在乞台地区的居民 Khitāyī 译为“乞台人”，而“契丹”仍指建立了辽朝的部族及其后裔。

古代长距离、跨地域传递的信息，往往能显现出其传播的途径。而通过陆路和海路向西方传播的“中国”的名称，最初都源自“秦”。随着中国北方非汉民族崛起所带来的政权的更迭，一个个新的“中国”称谓应运而生，并沿着陆路交通向西传至伊斯兰地区。与跌宕的亚洲大陆局势相比，海上交通更具稳定性和持久性，因而海路上流传的、使用的“中国”称谓也格外稳定。“秦”这一最早使用的名称，自始至终都是海洋人民称呼“中国”的名字。波斯文、阿拉伯文文献中凡提到中国海，皆称“秦之海”（daryā-yi Chīn、baḥr-i Chīn），而未随着陆路流行的“桃花石”“契丹”“蛮子”等“中国”称谓的变化而改换。[1]

总而言之，“秦”这个名称，无论在蒙古崛起之前还是之后的中亚、西亚各语种文献中，始终保持着活力，它被灵活地用来指称南中国、北中国或是整个中国。尤其在记述具有海路性、民间性、贸易性、传说性、文化性等的长时段历史时，“秦”的重要地位无可替代。时至今日，波斯语、阿拉伯语对“中国”的标准译名仍然是“秦”（波斯语 Chīn，阿拉伯语 al-Ṣīn）。“秦”这个沿用了两千多年的名称，始终承载着从古至今未曾间断的向西传播的中国文明。

1　穆斯林对中国的称谓习惯也影响到欧洲人。马可·波罗在他的行纪中指称中国，皆用“契丹”和“蛮子”两词，但在提及“中国海”时使用了 sea of Cin。

第三章　伊利汗国的中国移民

在人类历史上，战争是带动人口流动的一个重要动因。蒙元时代亚洲范围内的人口迁徙，大多是伴随着蒙古军队的征战发生的。从成吉思汗西征到旭烈兀西征，数次大规模军事行动造成了中国与伊朗之间的人口流动。在波斯回回人入华的同时，中国也有大量人口徙至伊朗，他们成为蒙古征服时代的跨国移民。特别是旭烈兀率军征服伊朗后，没有再返回中国，而是在当地定居下来，那些跟随旭烈兀西行的人众，绝大多数也随之镇守在伊朗。这些人员的主体是蒙古军队，此外还有汉、契丹、畏兀儿、女真、吐蕃等各族军民。他们之中既有效力于蒙古统治集团的军匠、医师、工匠，也有生活在民间的手工艺人，还有失去人身自由的私属人口和奴隶。

学界对西迁群体的研究，主要集中在蒙古军将上，包括成吉思汗家族成员及蒙古各部族异密。[1]除蒙古人外的其他各族人口，虽数量亦多，但因史料记载匮乏且零散，而研究颇为有限。[2]能同时见诸汉文和波斯文多语种史料者更是寥寥无几。为弥补这方面的不足，本章专门考察蒙古军将之外的西迁群体，他们中大部分是汉人，以及受汉文化影响较深的其他民族。通过考察他们迁徙伊朗的历史过程及其在当地的生活、活动状况，探讨蒙元时期中华文化西传的人员基础。

第一节　军匠

无论是短途的中原作战，还是长途跋涉的域外征服战争，蒙古军队出征都带有军匠。军匠承担着修路、造船、搭桥、架炮等工程任务，他们亦兵亦匠，具有工程兵的特点。元朝“取匠为军，曰匠军”，[3]把军匠列归军籍，隶属中央侍卫亲军各卫及诸路翼分万户府管辖。这些军匠平时在军中制造兵器，战时抽调出来作为工兵，协同

1　关于伊朗的蒙古人，最重要的研究参见志茂碩敏『モンゴル帝国史研究序説：イル汗国の中核部族』東京大学出版会、1995。另有邱轶皓《伊利汗国的成立：异密·部族·集团——以〈五族谱〉(旭烈兀—阿合马）为中心》,《元史及民族与边疆研究集刊》第27辑。

2　相关研究参见宮紀子「東から西への旅人：常徳—劉郁『西使記』より」窪田順平編『ユーラシア中央域の歴史構図：13—15世紀の東西』京都：総合地球環境学研究所、2010、167-190頁；陈新元《速混察·阿合伊朗史事新证——兼论伊利汗国的畏兀儿人》,《西域研究》2019年第1期。

3　《元史》卷九八，第2508页。

作战部队出征。军匠的主要来源是蒙古征服过程中俘虏的工匠，或从民匠中招收的具有军工技能的工匠。在军匠的构成中，汉人军匠数量大，具有优势。汉人军匠也大多由汉人将领统率。《元史·世祖本纪》载："〔至元五年（1268）六月〕甲申，中山大雨雹。阿朮言：'所领者蒙古军，若遇山水寨栅，非汉军不可。宜令史枢率汉军协力征进。'从之。"[1] 史枢出自真定史家，其所率军队乃汉族世侯军，其中必然有一定数量的军匠。当蒙古军队行军遇到自然条件的阻碍时，就需要由汉军来协助。又如《大丞相刘氏先茔神道碑》中记录汉人刘敏，"山东十路，山西五路，工技所出军，立二总管，公皆将之"。[2]

蒙古大军远途征伐时，更是不能缺少军匠。《元史·张荣传》记载，成吉思汗西征时，山东汉族世侯张荣率领军匠随行：

> 戊寅（1218），〔张荣〕领军匠，从太祖征西域诸国。庚辰（1220）八月，至西域莫兰河，不能涉。太祖召问济河之策，荣请造舟。太祖复问："舟卒难成，济师当在何时？"荣请以一月为期，乃督工匠，造船百艘，遂济河。[3]

同一时期，在成吉思汗西征途中，丘处机奉诏令西行。途经金山一带时，看到"其山高大，深谷长阪，车不可行。三太子出军，始辟其路"。[4] 后至赛里木湖穿行果子沟时，又见"众流入峡，奔腾

1 《元史》卷六，第 118 页。
2 元好问：《大丞相刘氏先茔神道碑》，《遗山集》卷二八，四部丛刊本，第 1 叶。
3 《元史》卷一五一，第 3581 页。
4 李志常：《长春真人西游记》，顾宏义、李文整理《金元日记丛编》，上海书店出版社，2013，第 53 页。

汹涌，曲折湾环，可六七十里。二太子扈从西征，始凿石理道，刊木为四十八桥，桥可并车”。[1] 后又至撒麻耳干城北，“以路梗留”。一个多月后，“二太子发军复整舟梁”，丘处机才得以继续行进。[2] 这里的三太子、二太子即成吉思汗第三子窝阔台和次子察合台，他们派出的修路架桥之军，就是随行的军匠部队。又丘处机在回程时行至阿力麻里城，遇到“二太子大匠张公”。王国维注曰“疑即张荣也”，他引了《元史・张荣传》的这段记载，认为“莫兰河”即阿梅沐涟之略，也就是阿母河，丘处机在撒麻耳干城北遇阻，二太子发兵修筑舟梁一事，必有张荣参与。[3] 刘迎胜意见不同，他说：“惟细读史文，知‘大匠张公’在张荣修整阿母河桥时一直待在阿力麻里。”[4] 但具体原因没有详述。笔者认为，从时间上推断，察合台发兵修阿母河桥是在 1221 年 12 月，而丘处机见到大匠张公是在 1224 年 4 月，中间时隔两年有余，并不能由此判断二人非同一人。然根据《元史・张荣传》记载，张荣是扈从成吉思汗出征的将领，西征之后，他于“甲申（1224）七月，从征河西，乙酉（1225），从征关西五路。十月，攻凤翔，炮伤右髀，帝命赐银三十锭，养病于云内州。庚寅（1230）七月卒”。[5] 对比《长春真人西游记》中所载二太子大匠张公，邀请丘处机前往其众之处讲道，曰“弟子所居营三坛四百余人，晨参暮礼，未尝懈怠”，但丘处机因突发情况未能成

1　李志常：《长春真人西游记》，第 55—56 页。

2　李志常：《长春真人西游记》，第 58、60 页。

3　李志常撰，王国维校注《〈长春真人西游记〉校注》卷下，《海宁王静安先生遗书》第 13 册，商务印书馆，1940，第 8 叶。

4　刘迎胜：《至元初年以前的垂河流域及其周围地区》，氏著《海路与陆路——中古时代东西交流研究》，第 266 页。

5　《元史》卷一五一，第 3581 页。

行，“张公等悲泣曰：‘我辈无缘，天不许其行矣。’”[1] 俨然长期留驻于阿力麻里之态。阿力麻里是察合台封地的政治中心，此大匠张公当为察合台属下，与扈从成吉思汗的张荣确非一人。

再看张荣此人，其神道碑记录他的官职为“镇国上将军、总管炮水手军匠元帅”，可知他的队伍除了修路架桥的工兵外，还有炮手军匠。蒙古征战中，炮手是一种重要的军匠种类。炮军在攻城之战中具有极大威力，成吉思汗攻打不花剌、忽必烈攻打襄阳、旭烈兀攻打木剌夷城堡，都很大程度上借助了炮军的力量。

蒙元时代的炮按炮弹的性质可分为两种：一种是抛掷石块的投石机，另一种是使用火药的火炮。在蒙古人之前，辽、金、西夏、宋朝的军队中就普遍使用这两种炮了。蒙古人的传统作战武器是弓箭，但在征伐过程中，很快就见识到了炮这种武器的巨大杀伤力，开始热衷于组建炮军。蒙元时期炮军的发展，在于引进了西域的投石机——回回炮。冯家昇先生指出，回回投石机相较本土投石机的优越之处在于其动力大、射程远，而本土投石机所能投掷的石块小、射程近。宋人编撰的《武经总要》记载了十六种炮，所发石弹最重不超过一百斤，最远不超过八十步；而回回炮“重一百五十斤，机发，声震天地，所击无不摧陷，入地七尺”。[2] 冯家昇还解释了这两种投石机的力量差距在于两种机械发力原理不同。[3] 总之，元朝对回回炮格外重视，为此组建回回炮手的专门机构。自至元八年（1271），西亚穆斯林阿老瓦丁、亦思马因二人应忽必烈征召，前来汉地制造回回炮起，元朝便开始设立回回炮手的机构。至

1　李志常：《长春真人西游记》，第 69 页。

2　《元史》卷二〇三，第 4544 页。

3　冯家昇：《火药的发明和西传》，上海人民出版社，1954，第 50—55 页。

元十一年，设立“回回炮手总管府”，[1]后又设立“回回炮手都元帅府”“回回炮手军匠上万户府”“回回炮手万户府”等。[2]回回炮手的军匠编制能达到军队的万户级别，可见从人数上和等级上都十分受重视。[3]

除投石机外，炮军中的另一种炮——火炮在战争中常常与之配合使用。回回炮是投石机，打出的炮弹是石头，而火炮的关键在于火药的使用。火药是中国本土的发明，是由硝石、硫磺和含碳物质按一定比例混合而成的。火药由炼丹家在漫长的历史过程中逐步实践创制出来，最迟到唐初，就已有确切文字记载的含硝、硫、炭三组分的火药。[4]火药最初在炼丹家手中被当作药物，初期的火药大多为天然物，未经提纯，因此燃烧和爆炸威力并不大，而后当人们逐渐掌握了人工提纯硝石、硫磺等原料的方法，并确定了配制比例后，火药才具有了稳定的杀伤力。[5]冯家昇认为可能从晚唐开始，炼丹家将火药献给军中作武器使用，火药是先用于制造火器，而后当某些火器落伍了，才作民间娱乐之用。[6]文献表明，北宋时，利用火药制造的火器已在战争中大量应用，火炮是其中的一种。北宋编成的兵书《武经总要》中就记载了火炮所用火药的配方和制作方法。[7]使用时用投石机发射出去，以达到杀伤效力。据学者研究，火药最初运用于火炮中，主要起到的是延烧剂的作用，即用投石机将包裹

1　《元史》卷二〇三，第4544页。

2　《元史》卷一三，第267页。

3　参看马建春《蒙·元时期“回回炮”的东传及作用》，《西北民族研究》1996年第2期。

4　刘旭：《中国古代火药火器史》，大象出版社，2004，第12页。

5　刘旭：《中国古代火药火器史》，第13页。

6　冯家昇：《火药的发明和西传》，第12页。

7　曾公亮、丁度：《武经总要》卷一二，《中国兵书集成》，解放军出版社、辽沈书社，1988年影印本，第622页。

了火药的石弹抛掷出去，火药能使燃烧效果更加猛烈、持久。至两宋之际，人们逐步掌握火药的爆炸性能，开始利用其爆炸力来杀伤敌人。[1] 蒙古人是从金人那里学会使用火炮的。《黑鞑事略》载：

> 鞑人始初草昧，百工之事，无一而有。……后来灭回回，始有物产，始有工匠，始有器械。盖回回百工技艺极精，攻城之具尤精。后灭虏金虏，百工之事于是大备。[2]

可见，蒙古人将回回人的投石机和汉人的火炮配合使用，极大地增强了自己的军事力量。

军匠部队在蒙古人的征战中，发挥了强大的作用。因此当蒙哥合罕委派旭烈兀率军出征西域诸国时，除了从成吉思汗分给诸子、诸弟、诸侄的全体军队中抽调十分之二的人马和各支宗王派出的将领扈从外，他还专门向乞台派出使者，征调一个千户的乞台部队随行。[3] 这支乞台部队有何特殊作用？波斯史籍《世界征服者史》《史集》《世系汇编》等史料记载显示，这是一支炮兵部队。《史集》列举了他们的工种——投石机手（manjanīqī）、火器手（nafṭ-andāz）、弓箭手（charkh-andāz），[4]《世系汇编》还增加了一种被称为 ʿarrāda 炮的炮手。[5] 这四个波斯语词指的是四种不同军械。弓箭不必解释。nafṭ-andāz 是一个复合词，andāz 意为投掷者，nafṭ 现在多指石油，但在古代其最初含义为火油（naphtha）或希腊火（Greek fire），这

1　李弘祺：《中国的第二次铜器时代：为什么中国早期的炮是用铜铸的？》，《台大历史学报》第 36 期，2005，第 4—10 页。

2　彭大雅撰，徐霆疏证《黑鞑事略》，中华书局，1985，第 13 页。

3　志费尼：《世界征服者史》，第 678—679 页；《史集》汉译本，第 3 卷，第 29—30 页。

4　《史集》苏联集校本，Vol. 3，p. 22；参看汉译本，第 3 卷，第 30 页。

5　Shabānkāraʾī, *Majmaʿ al-Ansāb*, Vol. 2, ed. by Mīr Hāshim Muḥaddiṣ, 2002, p. 261.

是古代西方发明的“火药”。冯家昇先生指出它与中国火药的区别在于配方中不含硝石，[1]因此效力不高。13 世纪以后，中国的火药西传至波斯、阿拉伯地区，但还没有专门的词语指称硝、硫、炭配比的“火药”，因此 nafṭ 这一旧词便被引入了新的含义。再后来，在波斯语、阿拉伯语中有了指称“火药”的两个词语 davad 和 bārūt（阿拉伯语 bārūd）。[2]所以 nafṭ-andāz 的意思是火药投掷者。剩下的两种炮 manjanīq 和 ʻarrāda 比较相似，都是投掷石块的炮，它们的区别在于：manjanīq 是回回炮；而 ʻarrāda 则是一种比回回炮要小的投石机，[3]这应当就是上面提到的汉人惯用的投石炮。从这些波斯史料记载可以了解到这支汉人炮兵部队的武器装备和参与战争的方式。

抽调乞台千户随旭烈兀西征一事，在汉文史料中亦有记载。《元史·郭侃传》载：“壬子（1252），送兵仗至和林，改抄马那颜。从宗王旭烈兀西征。”[4]“抄马那颜”为何？陈得芝先生解释，“抄马”为突厥语 chaqmaq 的音译（q 音转为 w），意为弹火、投射。“抄马那颜”即炮手军统领。[5]语言学家德福（Gerhard Doerfer）分析这个词的词源为突厥语，由词根 chaq- 衍生而来，chaq 意思是突然、快

1　冯家昇：《火药的发明和西传》，第 1 页。

2　参看 V. Christides, “nafṭ: 2. in the Mediaeval Byzantine and Arab-Islamic Worlds”, *EI*, Vol. 7, pp. 884-886; G. S. Colin, “Bārūd: i. General”, *EI*, Vol. 1, Leiden; New York: Brill, 1986, pp. 1055-1057; David Ayalon, *Gunpowder and Firearms in the Mamluk Kingdom: A Challenge to a Mediaeval Society*, London: Vallentine, Mitchell, 1956, pp. 9-30；张广达《海舶来天方，丝路通大食——中国与阿拉伯世界的历史联系的回顾》，原载周一良编《中外文化交流史》，河南人民出版社，1987，此据《张广达文集：文本、图像与文化流传》，广西师范大学出版社，2008，第 159—162 页。

3　《德胡达大词典》注释：这是一种攻城军械，是比 manjanīq 要小的武器，用来投掷石块。见 *Dihkhudā*, Vol. 9, p. 13921。

4　《元史》卷一四九，第 3523 页。

5　陈得芝：《刘郁〈〔常德〕西使记〉校注》，《中华文史论丛》2015 年第 1 期。

速的动作，尤指敲击火石、打火，加以后缀 -ma 变成 chaqma 的形式，但在许多方言中会在这个短小后缀 -ma 后面加上 q。chaqmaq 的意思就是打火石、点火装置。[1] 这个词语也进入了波斯语中，作 chaqmāq，意为火石、扳机、火花。“抄马那颜”这一称号表明郭侃担任的是旭烈兀西征军中火炮部队统帅之职。《元史》记载郭氏家族三代人皆担任过相关职务，祖父郭宝玉曾授“抄马都镇抚”，扈从成吉思汗西征，父郭德海曾任“抄马弹压”，[2] 而郭侃是“抄马那颜”，可知统率火炮军是郭氏家族世袭的官职。

波斯文和汉文史料记载共同证实了旭烈兀西征时有一千户的乞台军匠西行至伊朗，郭侃担任了火炮部队的统帅。此外，名义上所有抽调的军队都是扈从旭烈兀西征的，但实际并非所有部队都同时出发。根据史料的记载，在旭烈兀的大军行进之前，先派出了先遣部队做道路清障、物资准备工作：

> 〔蒙哥合罕〕还派出急使走在前面，让他们在预定的从哈剌和林开始直到质浑河（Jīḥūn，即阿母河）滨的旭烈兀汗军队行军途中，宣布所有的草地和牧场为禁猎区，并在深流巨川上搭起牢固的桥梁。[3]

先遣派出的不仅有清障人员，还有宝儿赤怯的不花那颜所率领的一万两千人的先头作战部队。在 1253 年初，当旭烈兀汗尚在蒙古地区与自己的兄弟及亲人宴饮告别之时，怯的不花的先遣部队已经

1　Gerhard Doerfer, *Türkische und mongolische Elemente im Neupersischen*, Band 3, Wiesbaden: Franz Steiner, 1967, S. 80-81.

2　《元史》卷一四九，第 3521、3522 页。

3　《史集》汉译本，第 3 卷，第 30 页。

来到了伊朗北部开始攻打亦思马因派诸堡垒。其中一座名吉儿都怯（Gird kūh）[1] 的堡垒筑于高山之巅，易守难攻。《史集》载：

> 〔怯的不花〕下令在该堡周围挖掘壕沟，沿着壕沟筑起壁垒。军队在壁垒之后将〔该堡〕团团包围起来。在军队后面还筑起了很高的壁垒，挖出很深的壕沟，以使军队安全地处于其间。[2]

怯的不花布置完这一城堡处的工事后，奔赴米邻（Mihrīn）堡，在那里布置了投石机，然后又袭击沙迪思（Shāhdiz）一带，辗转攻打亦思马因派盘踞的各处堡垒。当旭烈兀汗率领人马一路打猎宴饮，于1256年初刚刚进入伊朗边境呼罗珊地区沙不耳干（Shafūrqān）草原时，先遣部队已经攻克了屯（Tūn）、秃儿失思（Turshīz）、米邻、怯马里（Kimālī）、沙里（Shāl）等堡垒。直到1256年中，旭烈兀汗才真正参与到战事中来。《史集》记载，在旭烈兀到来之前，怯的不花就在米邻堡、屯城搭建使用了投石机。[3] 由此推测，从汉地调拨的炮手千户应当在旭烈兀之前就已随先遣部队到达伊朗参与作战。《元史・郭侃传》也记载郭侃“癸丑（1253），至木乃兮（Mulāḥid）[4]”，表明其所率的汉人炮兵部队是跟怯的不花

1　Gird kūh，波斯语，意为“圆山”，陈得芝考其为《元史・宪宗本纪》之“吉儿都怯”，位于祃拶答而（Māzandarān）地区担寒（Dāmghān）附近。参看陈得芝《刘郁〈〔常德〕西使记〉校注》，《中华文史论丛》2015年第1期，第93页。

2　《史集》汉译本，第3卷，第34—35页。

3　《史集》汉译本，第3卷，第35、37页。

4　Mulāḥid，阿拉伯语，意为“伪善者、阴谋家”，亦常译作“木剌夷”。这是伊斯兰教正统教派对驻于伊朗北部的亦思马因派的蔑称。参看陈得芝《刘郁〈〔常德〕西使记〉校注》，《中华文史论丛》2015年第1期，第91—92页。

那颜的军队一道出征的。又说："丙辰（1256），至乞都卜（Gird kūh，即吉儿都怯）。其城在（檐）〔担〕寒山（Dāmghān，今译达姆甘）上，悬梯上下，守以精兵悍卒，乃筑夹城围之，莫能克。侃架炮攻之，守将（卜）〔火〕者纳失儿开门降。"[1]这里记载的攻克年代和堡垒名称不准确，[2]但其描述的"筑夹城围之"和"架炮攻之"，与波斯史籍所述一致，可知郭侃所率炮军参与了这些战争。

在攻城之战中，投石机是常用的战争武器；但作为敌方的回回人同样也会使用投石机，毕竟回回之地是巨石投石机——回回炮的发源地。根据《世界征服者史》和《史集》的记载，在征服伊朗的战争中，抵抗方确实也使用了投石机。那么，蒙古军队又如何制胜呢？志费尼记述了中国火器的使用。在攻打麦门底司堡（Maymūndiz）[3]时，该堡的守军竖起了投石机，朝蒙古军队发射，战况僵持数日：

> 双方都陷入战争之途，弓弩从堡垒中射出飞矢。在无计可施时，乞台匠人制造的、射程为二千五百步的一种牛弩（kamān-i gāv）被用来投射那些蠢货。木剌夷的魔鬼被流星般的箭头射中，许多士兵被烧伤。[4]

---

1 《元史》卷一四九，第3523—3524页。

2 据《史集》记载，吉儿都怯堡直到阿八哈汗在位的1272年才投降。火者纳失儿即火者纳昔剌丁·徒昔（Khwāja Naṣīr al-Dīn Ṭūsī），他所在的城堡是木剌夷国的首府阿剌木忒（Alamūt），此堡在他的劝说下于1256年投降。参看《史集》汉译本，第3卷，第34—45页；陈得芝《刘郁〈〔常德〕西使记〉校注》,《中华文史论丛》2015年第1期，第93页。

3 Maymūndiz，亦思马因派堡垒之一，位于今天伊朗北部Shams Kilāya村庄以北，阿剌木忒城堡以西。此堡与阿剌木忒堡同时归降。参看 Farhad Daftary, *Historical Dictionary of the Ismailis*, Lanham, Md.: Scarecrow Press, 2012, pp. 115-116。

4 Juvaynī, *Tārīkh-i Jahāngushā*, Vol. 3, ed. by Ḥabīb Allāh ʿAbbāsī & Īraj Mihrakī, p. 69. 参看志费尼《世界征服者史》，第701页。

波伊勒注释说，此牛弩为一种弩炮，不像投石机那样发射石头，而是发射标枪。[1] 约翰·梅森·史密斯（John Masson Smith）说这就是罗马人称作 arcuballista 的十字弓（crossbow）。[2] 这种装置应当就是中国的弩机。而从“流星般”“烧伤”这些描述来看，显然是在箭头上装载了可燃物。《武经总要》中记载了一种“放火药箭”，是在箭镞下装配五两火药，点燃后发射。[3] 这与志费尼描述的这种武器的使用效果非常相似，证明在攻打木剌夷的战役中，确实应用了中国的火器。

除了对木剌夷的作战外，在征服报达（Baghdād）的战争中，蒙古大军同样使用了火器。《史集》和《元史·郭侃传》都记载了蒙古军队在底格里斯河上架桥、发射火箭的情节。《史集》对此有详细的记述：

> 在架桥时，君王命令人们在报达的上游和下游架桥。准备了船，〔在船上〕安放了投石机（majānīq），并布置了遮蔽物，不花帖木儿带着一万军队埋伏在从马答因（Madāyin）通往弼斯罗（Baṣra，即巴士拉）的路上，一旦有人坐船急于逃跑时，便加以拦截。当争夺报达的斗争激烈地进行，居民们面临困难时，书记官想坐船逃亡失卜（Shīb），但当他经过兀合卜镇（qarya-yi al-ʻUqāb）时，不花帖木儿的军队用投石机抛射石头，

1　志费尼：《世界征服者史》，第 711 页注释 51。

2　John Masson Smith, Jr., “Hülegü Moves West: High Living and Heartbreak in the Road to Baghdad” , in: *Beyond the Legacy of Genghis Khan*, ed. by Linda Komaroff, pp. 126-127.

3　曾公亮、丁度：《武经总要》卷一二，《中国兵书集成》，第 627 页。

射箭，抛射火药瓶（qavārīr-i nafṭ）[1]，夺得了三只船，杀光了上面的人。书记官战败逃回。当哈里发获悉这个情况后，他对报达王国完全绝望，由于找不到任何避难蔽身之所，便说道："我屈服归顺。"[2]

同样，《元史·郭侃传》也记载了这个情节：

两城间有大河，侃预造浮梁以防其遁。城破，合里法算滩登舟，睹河有浮梁扼之，乃自缚诣军门降。[3]

尽管波斯文史料描述细致，汉文记载言简，但反映出的关键情节是完全一致的。可知，郭侃所率火炮军确实参加了这次战役，其间承担了搭建浮桥和炮火支应的任务。

清末学者丁谦言："《元史·郭侃传》，系窃此记（刘郁《西使记》）为蓝本，凭空捏造战功，以欺世人。"[4]《郭侃传》中诚然有很多地理、历史记载本于《西使记》，且在宣扬其个人功绩上过分夸大，

1 《德胡达大词典》注释"qavārīr-i nafṭ"：这是一种战争中使用的武器，是装满 nafṭ 的瓶子，把它扔向堡垒或城墙，可引燃大火。张广达指出，这是穆斯林使用的传统武器，瓶内装有希腊火油。汉文史籍中记载 958 年占婆国向后周进贡的"猛火油"，应为此物。笔者认为，旭烈兀西征军中的炮兵部队是从汉地抽调的汉人军匠，他们擅长使用的是中国的火炮技术。《武经总要》记载一种"火罐"武器，在一个瓶子里填塞金属、泥巴、石块等碎片，引燃爆炸达到杀伤敌人的目的，与穆斯林的火油瓶较为相似。《史集》此处记载报达战争中蒙军使用的 qavārīr-i nafṭ，应当是利用中国技术制作的火药瓶。*Dihkhudā*, Vol. 11, p. 15681；张广达：《海舶来天方，丝路通大食——中国与阿拉伯世界的历史联系的回顾》，《张广达文集：文本、图像与文化流传》，第 161 页；曾公亮、丁度：《武经总要》卷一二，《中国兵书集成》，第 624、638 页。

2 《史集》苏联集校本，Vol. 3，p. 57；参看汉译本，第 3 卷，第 63—64 页。

3 《元史》卷一四九，第 3524 页。

4 丁谦：《西使记地理考证》，《浙江图书馆丛书》第 2 集，浙江图书馆校刊，1915，第 7 叶。

但是将《郭侃传》与《西使记》对比亦能发现,《郭侃传》中关于郭侃具体执行军事任务的描述，是《西使记》所没有的内容。可以推断,《郭侃传》中描述他破兵下城、斩杀算端是虚，而筑城架桥、安置火炮是实。撇开虚浮之辞后，真实的情况应该是，郭侃参与了在伊朗的诸多战役，以抄马那颜的身份获得了一定的功绩。

据《郭侃传》记载:“西域平。侃以捷告至钓鱼山，会宪宗崩，乃还邓，开屯田，立保障。”[1] 这条记载显示，郭侃后来返回中国向蒙哥报告战争胜利的消息，他抵达中国的时间在蒙哥去世之际。《史集》和《五世系》记载旭烈兀曾遣使向蒙哥告捷一事，称旭烈兀征服了报达的哈里发政权后，派遣异密忽剌出（Hūlājū）带着奏疏出使蒙哥合罕处，向他奏告征服伊朗的喜讯。《史集》还说合罕对此非常高兴。[2] 忽剌出使团出发的时间是在 1258 年，到达中国的时间应在蒙哥合罕去世的 1259 年 8 月之前。忽剌出的出使时间与郭侃的返回时间契合，则郭侃很可能就是随此使团返回中国的。[3]

郭侃作为告捷使团的成员返回了东方，而当初和他一起来到伊朗的乞台军匠千户，并没有随之返回。蒙古人在西亚的征战还在继续，这些乞台军匠还要继续发挥他们的作用。穆斯妥菲 · 可疾维尼（Ḥamd Allāh Mustawfī Qazvīnī）《武功纪》（*Ẓafar-nāma*）的记载反

1　《元史》卷一四九，第 3525 页。

2　《史集》汉译本，第 3 卷，第 72 页;《五世系》, f. 139a。

3　《史集》记载旭烈兀在派遣忽剌出出使时，还派出一支队伍给蒙哥合罕运送伊朗战争中获得的战利品。但《世系汇编》记载说这批战利品并未送抵，因为在这支队伍行至阿母河时，旭烈兀已经得闻蒙哥合罕去世的消息，于是命令运输队伍返回。由此可知，担负告捷任务的忽剌出使团与运送战利品的队伍，并不是结伴而行的。显然送信的使者速度很快，一年之内即抵达了中国；而运输队伍要迟缓得多，1260 年旭烈兀得知蒙哥去世的时候，他们还未行至阿母河。见《史集》汉译本，第 3 卷，第 72 页；Shabānkāra'ī, *Majma' al-Ansāb*, Vol. 2, ed. by Mīr Hāshim Muḥaddis̱, 2002, p. 263。

映出郭侃离开后，蒙古军队作战时仍大量使用炮兵部队。例如攻打阿勒颇（Ḥalab）的战争，他描述说：

战场上有许多投石机（manjanīq），架在堡垒前的各个方向。

有许多投掷炸瓶（qārūra afkan）的人员，他们也踏上了战场。

用弓箭纷纷射出箭矢，月亮的脸庞也要躲藏。……

沉重的石块落在他们头上，防御工事毫无力量。[1]

在1261年进攻毛夕里（Mawṣil）的城堡时，《武功纪》又记载道：

一个又一个的士兵来到堡垒前，想要从两面将它包围。

大炮（ʿarrāda）和投石机（manjanīq）抛出石块，朝城墙上的人投去。

燃烧的箭矢（tīr-i ātashī）如大雨般掉落，火光将敌人焚烧。[2]

《史集》的记载也证明了这一点。1259年旭烈兀对苫国的战争、宗王要束木（Yūsumūt）对鲁木的战争等后来的战役中都有炮军的参与。由此可知，从中原来到伊朗的这一千户乞台军匠，随着蒙古

---

1 Mustawfī Qazvīnī, *Ẓafar-nāma*, Vol. 2, ed. by Naṣr Allāh Pūrjavādī & Nuṣrat Allāh Rastigār, p. 1235.

2 Mustawfī Qazvīnī, *Ẓafar-nāma*, Vol. 2, ed. by Naṣr Allāh Pūrjavādī & Nuṣrat Allāh Rastigār, p. 1244.

大军辗转于西亚战场上，后来在伊朗长期留居。这批人成为伊利汗国肇基之际最大规模的汉人移民。

第二节　医者

有关元代医疗史的研究，学界已有许多著述。[1]陈高华先生所撰《元代的医疗习俗》指出，早期蒙古人没有专门的医生，而是求助于巫觋；后来在长期的游牧和战斗生活中积累了原始的治疗方法；随着不断扩张，又开始接触到其他民族的医学，请其他民族的医生看病。[2]医者作为一种专门的技术人才，尤其受到蒙古统治者的重视。元代医官的品级在历代中是较高的，且拥有相当规模的医疗体系，对医疗组织和医学人才的培养都设有专门的机构。中央设有太医院、医学；地方一级，在路、州设有官医提举司、提领所。民间将所有医人列为医户，为元代诸色户计之一。

蒙古人在长期的征服战争中，俘虏、招募了一大批医者，其中汉人医者占据主要地位，正如陈高华先生所说："元代为人治病的主

1　参看高伟《元朝君主对医家的网罗及其影响》,《兰州大学学报》1999 年第 4 期；武香兰《元代医政研究》，暨南大学博士学位论文，2008；李轩《元代的医官》，北京大学硕士学位论文，2010；任冰心《元代医学教育及医药管理研究》，南京大学博士学位论文，2011；周剑《元代医人社会地位研究》，暨南大学硕士学位论文，2015；刘岳超《元代医者研究》，郑州大学硕士学位论文，2015；辛元昌《元代医疗行为研究》，郑州大学硕士学位论文，2016；等等。

2　陈高华:《元代的医疗习俗》,《浙江学刊》2001 年第 4 期。

要是中医，其次是回回医。”[1] 许多蒙元时期的著名政治人物，起初皆是以巫、医之术而获得帝王的重用。如成吉思汗身边的耶律楚材、刘仲禄、丘处机，窝阔台时的郑景贤、高善长，忽必烈时的许国祯、窦默、宋超等人，皆以医术见长而受到重用。可以说，凭靠医术得以入仕，是蒙元时期汉人步入政坛的重要途径之一。

一 蒙元时期的随军医者

蒙古人常年征战，伤亡数量很大，医者也因此格外受到倚赖和重视。尤其在蒙古诸王、贵族身边，多有医官为他们服务。当他们出镇或出征时，医官也需要随行。例如成吉思汗西征时，侍奉在侧的医官为汉人刘仲禄，大军行至“乃满国兀里朵”[2] 时，他向成吉思汗进言举荐全真教道长丘处机，称其有长生之术，成吉思汗遂遣刘仲禄前往汉地召请丘处机西行觐见。此事在《长春真人西游记》、耶律楚材《西游录》及《至元辨伪录》中皆有记载。《至元辨伪录》载言：

> 有刘温字仲禄者，以作鸣镝幸于太祖，首信僻说，阿意甘言，以医药进于上。言丘公行年三百余岁，有保养长生之术。乃奏举之。戊寅（1218）中，应召北行。丘公倦于跋涉，闻上西征，表求待回，使中书湛然温诏召之，丘公遂行。[3]

---

1 陈高华：《元代的医疗习俗》，《浙江学刊》2001 年第 4 期。

2 王国维注曰：“乃满国兀里朵，谓乃蛮太阳可汗之故宫，当在金山左右，是岁，帝亲征西域至也儿的石河驻夏，故五月初在乃满国兀里朵也。”李志常撰，王国维校注《〈长春真人西游记〉校注》卷上，《海宁王静安先生遗书》第 13 册，第 3—4 叶。

3 释祥迈：《大元至元辨伪录》卷三，《北京图书馆古籍珍本丛刊》77 辑，书目文献出版社，1998，第 508 页。

又如耶律楚材的挚友郑景贤，王国维考证他就是《长春真人西游记》中所记“三太子之医官郑公”。其载：

> 中秋，抵河上。其势若黄河，流西北，乘舟以济，宿其南岸。西有山寨，名团八剌，山势险固。三太子之医官郑公途中相见，以诗赠云：……[1]

王国维注，此河为阿母河，团八剌即耶律楚材《西游录》之抟城。黄时鉴先生曾考抟城地望，言该城确切位置不明，但知在巴里黑以东或东南。[2] 丘处机见到郑景贤时，窝阔台刚刚协同朮赤、察合台的军队攻打下了花剌子模，继而赴阿母河上游哥疾宁地区与在那里作战的成吉思汗会合，抟城即在此路途中。由此可知，身为医官的郑景贤，一直随着窝阔台辗转于军事前线。

又如真定医官窦行冲是伴随梁王甘麻剌开国云南的医官，其墓志铭载曰：

> 真定窦氏以医术名著百余年矣，至君而名益显。君讳行冲，和卿其字也。……当是时，光禄大夫许公国祯领尚医事，以君名闻，即日被征。……会皇孙梁王开国云南，诏选尚医从行，近臣以君应诏。……云南去京师西南万里，风土气候与中国殊，王既居之而无所苦，盖君调护之力居多。[3]

1 李志常撰，王国维校注《〈长春真人西游记〉校注》卷下，《海宁王静安先生遗书》第 13 册，第 3 叶。

2 黄时鉴：《释〈北使记〉所载的“回纥国”及其种类》，《黄时鉴文集》（II），中西书局，2011，第 141 页。

3 苏天爵：《元故尚医窦君墓碣铭》，《滋溪文稿》卷一九，陈高华、孟繁清点校，中华书局，1997，第 310 页。

医官随行军中，除了给蒙古贵族治疗伤病外，更重要的是能够为全军人员实施伤亡救护和疫病防治。疫病对于作战部队来说是极大的威胁，而防疫也是随军医官最重要的职责。《中书令耶律公神道碑》记载了耶律楚材对军队防疫所做的贡献：

丙戌（1226）冬十一月，灵武下，诸将争掠子女财币，公取书数部、大黄两驼而已。既而军士病疫，唯得大黄可愈，所活几万人。[1]

忽必烈出兵南宋时，太医盖良臣随侍，为兵士治疗伤病。李庭《林泉归隐图序》云：

汴梁盖良臣，以疡医鸣于秦者三十年矣。自乃祖暨父，三世以太医奉上，盖素业也。逮良臣而术益精。……往年从车驾南征，吾军乘胜鏖鄂渚，病者颇众，良臣随大小救药，无有不愈。[2]

军队不出征，处于非作战状态时，亦有医工在军中服务。《元典章》记载了军中医工为伤病员治疗的条例：

军前若有病患军人，随令高手医工对证用药看治，各奕选差好人服侍，仍仰本奕额设首领官不妨本职，专一司病看治。病军将养复元，方许轮番当差使，逐旋具数开呈本奕。若考较

1　宋子贞：《中书令耶律公神道碑》，苏天爵编《元文类》卷五七，四部丛刊本，第12叶。

2　李庭：《林泉归隐图序》，《寓庵集》卷四，《元人文集珍本丛刊》第1辑，台北：新文丰出版公司，1985，第25页。

时，验病死军人多寡，定夺司病官责罚施行。[1]

此条不仅反映了给普通士兵看病的医者——医工的职责，而且明确了医工的问责考核制度。此外，元朝还设有为军人提供医疗、抚恤帮助的安乐堂。《元史》记载至元十六年：

诏湖南行省于戍军还途，每四五十里立安乐堂，疾者医之，饥者廪之，死者藁葬之，官给其需。[2]

《元典章》中可以看到安乐堂制度在各翼军中普遍施行：

各翼置安乐堂

至元二十一年二月，御史台咨：监察御史呈：

会验钦奉圣旨条画内一款节该："军前病患军人，令高手医工用药看治，选差好人服侍。仍仰首领官不妨本职，专一司病。考较时，验病死军人多寡，责罚施行。"钦此。又照得扬州省札付："各翼并都镇抚司起盖安乐堂，将护病军人，每五名将军一名，煎煮扶持。仍委年高谨厚头目一员充司病官，将引医工胗候，官给药饵调治，须要痊可"等事。近巡视扬州四城蒙古、汉军、新附军三十余翼，虽汉军一十二翼起盖安乐堂，兼蒙古、新附军二十余处，自来俱不曾置立安乐堂，就取讫各翼并都镇抚司首领官、司病官各各违错招伏。今来卑职参详：省都镇抚司并各翼管军官、司病官，不以病军为念，不行置立

1　《元典章》卷三四《兵部·军役·正军·省谕军人条画》，陈高华等点校，中华书局、天津古籍出版社，2011，第1169页。

2　《元史》卷一〇，第209—210页。

安乐堂，及虽有房舍，又多踈漏，什物不完，药饵阙少，提调怠慢，以致军人死损，有失朝廷优恤军人之意。呈乞依理惩戒，仍遍下各道按察司，一体施行。[1]

安乐堂制度，目的在于改善军人的医治条件，使伤病军人能够得到及时的救治，从而稳固国家的军事力量。为安乐堂供职的医工医术上未必有多高明，大概仅能进行基础性救治，但在数量上则保证了有足够多的医疗人力投入。安乐堂在地方上的普遍设立，是元朝重视军事和医疗的体现。

以上研究可见，蒙古统治者对医者于军事征伐的重要作用有着深刻的认知。由此也可以推知，当旭烈兀率领蒙古大军出征西域时，必然携带了相当数量的医者随行，其中有不少汉人医者，他们的西行推动了中医学在伊朗地区的传播。

二 伊利汗国的中国医者

汉文、波斯文史料记载显示，在伊利汗国的蒙古宫廷和上层社会中有一定数量的中国医者，他们最有可能是跟随西征军来到伊朗的。目前有名可循者仅有一位，元人高鸣为张子和《儒门事亲》中统三年（1262）刻本所作序言中记载了他的名字：

贤王以贵介弟，疆理西域十余年。间虽戎事甚殷，苟有可以利天下，知无不为。而山林奇逸韫怀道艺者，钦其风谊，亦乐自售，故其所得弘多。岁己未（1259），相郡漕司常德入

1 《元典章》卷三四《兵部·军役·病故·各翼置安乐堂》，第1199—1200页。

觐。燕间之次，从臣万家奴、尚医傅野辈言其雅善医术。王曰：何韬晦之深？从谁汝所学？德以宛丘张子和对。且云：其遗书散落，仅有存者。王喜，命锓木以传。德谨奉教，阅再祀，始帙。诿鸣题辞。鸣再拜稽首，叹曰：大哉，王心！医方技尔，以其有活人之功，犹推崇若是，况逾于此者哉。能扩而充，则周公之制礼作乐，光赞太平之具，当次弟观之。中统壬戌（1262）秋九月三日高鸣敬书。[1]

《儒门事亲》是金代名医张子和撰著的一部医书，高鸣的序文讲述了元中统三年重刻此书的来龙去脉。1259年，常德作为旭烈兀汉地封地彰德路的投下官，西行伊朗觐见领主。宴席中，旭烈兀在近臣的推荐下，赏识到常德的医学才能，得知了张子和医书的价值，并获悉其书散落的情况，于是下令让常德担负起重刻此书的任务。常德返回汉地后开始了这项工作，两年后完成，并请时任彰德路总管的高鸣作了这篇序言。

序言中特别提到了当时在伊朗旭烈兀身边的两位近臣的名字，一位是从臣万家奴，另一位是尚医傅野。这位“傅野”，日本学者宫纪子考证其为屡屡见诸波斯文献的汉人学者 Fūminjī。她推断此人原名为傅野，字孟质，波斯文 Fūminjī 记载的是他的姓和字的合称。[2]

关于 Fūminjī 的波斯文记载，见于《史集·中国史》、《五世系·中国帝王世系》、《班那卡提史》（*Tārīkh-i Banākatī*）、《伊利汗中

1 高鸣：《太医张子和先生儒门事亲》“序”，元中统三年（1262）刻本，北京大学图书馆藏，典藏号：NC/7910/1321。

2 宫纪子的理由是，中国人取“字”常常与“名”相关。明代有一位名“邝埜”的文官，他的字即为“孟质”。宮紀子「東から西への旅人：常徳—劉郁『西使記』より」窪田順平編『ユーラシア中央域の歴史構図：13—15世紀の東西』175-180頁。

国科技珍宝书》(*Tanksūqnāma-yi Īlkhān dar Funūn-i ʿUlūm-i Khitāyī*)等多种文献。[1] 这里引用王一丹所译《史集·中国史》中关于他的记述：

> 他（旭烈兀）诏令各种学问的集大成者、吉祥的大毛拉、人类之师、当代最有才华的火者纳西鲁丁·图西（Khwāja Naṣīr al-Dīn Ṭūsī，即纳昔剌丁·徒昔）——愿安拉保佑他！——兴建天文台，编写以他的吉祥名字命名的天文历表。由于旭烈兀汗见过乞台的天文学家，了解并熟知他们的天文律令，因此他命令火者纳西鲁丁也要了解他们的天文学历史和规则，并在他所编写的天文历表中记载下来，也就是说，编制历书时在我们的历表后面附上他们计算历史年代的方法和术语。他还命令一位名叫 Fūminjī、被人们尊称为"先生"（Sīnksīnk）、意即"贤哲"的乞台学者查阅他们的史书和历法，把他所知道的都告诉火者纳西鲁丁，同时他也向火者纳西鲁丁学习我们的天文历法。火者纳西鲁丁用两天时间学会了他所教的东西，并全部记入所编的《伊利汗天文历表》（Zīj-i Īlkhānī）中，但这位乞台学者却未能从火者的学问中多受裨益。这位学者懂得乞台的一些历史纪年的常规方式，但对于如何运算天文历表、天上群星如何运行则不甚了了。毕竟，能够通晓所有这些学问的完美的学者在任何一个国度和时代都不多。[2]

乞台人 Fūminjī 的出现曾引起许多研究者对其身份的猜测，

1　Rashīd al-Dīn, *Jāmiʿ al-Tavārīkh: Tārīkh-i Aqvām-i Pādshāhān-i Khitāy*, ed. by Muḥammad Rawshan, pp. 5-6. 德译本参见 Karl Jahn, *Die Chinageschichte des Rašīd ad-Dīn*, S. 21-22, tafel 2；汉译本参见王一丹《波斯拉施特〈史集·中国史〉研究与文本翻译》，第 119—121 页。

2　王一丹：《波斯拉施特〈史集·中国史〉研究与文本翻译》，第 119—121 页。

由于他的名字在不同抄本中各有差异，所以多桑、伯劳舍、卡尔·雅恩、李约瑟对其姓名提出了不同的译音推测，我国的冯承钧、李俨、韩儒林等学者又将这些译音还原成“傅孟吉”“傅穆斋”“包蛮子”“屠密迟”等汉字。王一丹曾对这些考证过程做了详细的梳理，她总结说，不论是哪种名字，都是根据波斯语发音记录而推测出来的，在有关汉文史料找到之前，都无法确定其真实姓名。[1]终于，宫纪子的发现，解决了这一难题。尽管汉人的“名”和“字”的搭配并不全然固定，但能同时满足身处伊朗、在旭烈兀身边效力和乞台人这几个要素，“傅孟质”与 Fūminjī 勘同的可能性就很大了。

随着汉文、波斯文两方记载得以对勘，我们可以更清晰地认识此人的身份。过去，由于波斯文献记载的都是他协助波斯学者纳昔剌丁·徒昔编写中国历法的事迹，所以研究者长期以来一直称他为天文学家（西方学者使用 astronomer 称呼他）。其实仔细考虑，这是很不准确的，因为他的天文学素养远远达不到专业的水准。拉施都丁明确说他“懂得乞台的一些历史纪年的常规方式，但对于如何运算天文历表、天上群星如何运行则不甚了了”。对于古代中国读书人来说，了解纪年规则并非难事，能查阅、使用历书，知道基本的历法规则，是儒生的基本技能。又如卜筮、阴阳之人，也都能十分熟练地掌握历法规则，有的还能做基础的运算。而一位真正的天文学者则应有系统的天文学知识，懂得天文历算和星象观测的方法。纳昔剌丁·徒昔只花了两天时间就学会了傅孟质所知晓的所有历法知识，可见这些知识没有多深奥；相反徒昔给他讲解伊斯兰天文学知识，他却无法领会。这些细节其实都反映出，徒昔和傅孟质

1　王一丹:《波斯拉施特〈史集·中国史〉研究与文本翻译》，第 120 页。

在天文学方面的水平完全不在同一级别上，傅孟质恐怕不能算得上是天文学家。

也有一些研究者认为傅孟质的身份应是一名道士，原因是他被称为“先生”，这个称谓在元代通常指道士。[1]宫纪子、谏早庸一认为蒙古人与道教接触较早，旭烈兀曾在其汉地的封地颁布有关道士的法令，因而也可以说明旭烈兀西征时，存在道士跟从的可能性。[2]自从成吉思汗优待丘处机，赐他全权管理汉地所有宗教，并赦免所有道士的赋税差役后，全真教在中国北方得到迅猛发展。当时战乱不止，许多普通百姓为求生存投身道门，亦有读书人为避祸乱而加入道教，因此道教队伍成员庞杂。从史料所述傅孟质的事迹来看，他是一个对医学、历算都通晓的读书人，与统治上层和波斯精英皆有来往，不过倒没有一条记载显示出他的宗教倾向。至于“先生”这个称谓，拉施都丁的解释“贤哲”，显然并没有把它作为宗教人士的专称来理解。[3]那么很有可能是，傅孟质未表现出明显的道教信仰，抑或波斯人未认识到这种中国本土信仰。关于道教人士在伊朗的情况，下文另有详述。

简单总结，不同史料记载中的傅孟质表现出了多重身份的特征。在为旭烈兀服务时，他是医官；在与波斯精英交往中，他是懂得一些天文、历算的乞台学者；而从宗教信仰上看，他还有可能是

1　黄时鉴:《元代的对外政策与中外文化交流》，原载《中外关系史论丛》第 3 辑，世界知识出版社，1991，第 27—49 页，收入《黄时鉴文集》(Ⅱ)，第 127 页注 5。

2　宮紀子「東から西への旅人：常徳──劉郁『西使記』より」窪田順平編『ユーラシア中央域の歴史構図：13—15 世紀の東西』180 頁；Isahaya Yoichi, “History and Provenance of the ‘Chinese’ Calendar in the *Zīj-i Īlkhānī*”, *Tarikh-e Elm: Iranian Journal for the History of Science*, No. 8, 2009, pp. 19-44。

3　元代“先生”一词的用法，除了指道士之外，还泛指有文化的人，例如秀才、教书的、为财主收账的、打卦算命的都会被称为“先生”。见陈高华《论元代的称谓习俗》,《浙江学刊》2000 年第 5 期。

道教徒。不过他的官方身份——我们已从高鸣的序中了解到——是伊利汗身边的尚医。

随着此人的真实姓名和身份得到确认，更多的相关记载可以丰富他的生平事迹。《史集》记载了旭烈兀临终前由乞台医官为他医治的事情：

> 〔某天，旭烈兀〕洗完澡后，他突然发病，并感觉自己病重，便躺倒在床上。〔663 年〕4 月 7 日（1265 年 1 月 27 日）星期六夜间，他服用了乞台医生（iṭibbā-yi Khitāy）开给的泻药（mus-hil）。服用后昏迷不醒，中风了。尽管有若干高明的医生竭力设法让他呕吐，但他的生命途程已到达死亡的终点。[1]

这段文字所描述的事件发生在公元 1265 年，与高鸣序所记傅野担任旭烈兀尚医的 1259 年相去不远，这位为旭烈兀临终医治的“乞台医生”很大可能就是傅野。另外，从救治的手法判断，这位乞台医师给旭烈兀施以泻药，为之催吐，采用的正是金元四大医学流派中张子和所创的“攻下派”医法，即认为治病要以“攻邪”为主，通过汗、吐、下（泄）的手段促使邪气外出。[2] 这不能不使我们想到高鸣序中提到的场景：张子和的医学弟子常德来到伊朗，其医术受到了傅野等人的称赞和认可，进而推动了其派医书《儒门事亲》重获刊印。《史集》所记这位乞台医师的医学理念，也大大增加了此人就是傅野的可能性。尽管旭烈兀汗最终未能被他挽

1　《史集》苏联集校本，Vol. 3，p. 93；参看汉译本，第 3 卷，第 97 页。

2　李经纬、林昭庚：《中国医学通史（古代卷）》，人民卫生出版社，2000，第 471 页。

救生命，但两份记载都反映出旭烈兀对乞台医师及中医学的信任。

波斯史料显示，旭烈兀之后的伊利汗廷一直有乞台医师供职。《史集》记载了合赞汗身边乞台医师的活动情况。回历 703 年 1 月 25 日（1303 年 9 月 8 日），合赞汗一行回到都城帖必力思，书载：

> 几天后，〔合赞汗〕忽然患了眼疾（ramad），医师和有学识者忙于为他治疗。病情拖延许久，应前往驻冬地的时间临近了。……
>
> 在帖必力思驻留期间的末尾，3 月 7 日星期天（10 月 19 日），〔合赞汗〕按照乞台医师的疗法，在他的贵体上施以两处烧炙。……〔3 月 20 日（11 月 1 日）〕沿着通往兀章的道路进发。因为他贵体上腹部的灼伤，而很痛苦，身体虚弱，不能骑马，大部分时间坐在乘舆上，每日只能行进很短一段路程。[1]

合赞汗这次患上眼疾可谓十分凶险，从开始发病接受治疗，到最后乞台医师为他施以烙灸疗法，历时长达一个半月。一般认为，回回医术十分擅长治疗眼疾，其主要手段是使用眼药或进行外科手术。但这段材料显示，为合赞汗治病的是乞台医师，使用的是烙烧的方法。中医认为眼睛为经脉会聚之处，气血不畅会造成眼疾。中医烙烧的方法，通常是比较轻微的灼烧，即灸法：用针刺穴位，拿艾草点燃之后去熏、烫穴道，穴道受热固然有刺激，以达到治疗目的。在张子和《儒门事亲》的医案中，就有不少使用刺烙泄血治疗

1　《史集》苏联集校本，Vol. 3，pp. 359-360；参看汉译本，第 3 卷，第 335—336 页。

目疾的例子，最严重的手法也不过“以草茎鼻中”，使出血而愈。[1]与中医灸法相较，回回医学中也有烙烧疗法，但手段较为“残忍”：医生用烙铁直接对伤部进行灼烧，给病人带来极大的痛苦。[2]传入中国的《回回药方·针灸门》中记载了一种在患者头上灸烧从而治疗眼疾的阿拉伯医术，“必剃头发，然后灸”，“必要烧焦头皮，后刮脑骨”，如果眼疾严重的话，则要“灸两处或三处”。[3]有意思的是，在拉施都丁撰著的《伊利汗中国科技珍宝书》的序言中，记录了相似的治疗方法：

> 我们说过集中于太阳穴眼部、对应的面部血管发炎会导致眼睛昏暗并会导致失明。对其讲解如下：首先乞台人寻找并指出太阳穴经络的位置，之后位于动脉上方皮肤中的〔……〕会丧失，这一皮肤会完全地从动脉中出现，直至动脉血显现并变得鲜亮，之后〔……〕在动脉下方流动，使动脉血提升，其两侧变为脂肪油，直至动脉渗出皮肤涌出，之后另一侧使用放置于火中烧红的剪刀加热，直到这一侧凹陷于皮肤之中，之后用细绳捆住另一头实施放血，放掉一定量的血液，之后再次用烧红的剪刀将用细绳捆住的另一侧下方割开并加热，直到另一头也陷入皮肤中，新鲜的动脉血再次出现。通过此举可完全消除太阳穴的疼痛，眼睛可以保持视力避免失明，而且不会使任何脑部中的器官受损。显而易见，乞台人加热血管是通过其智慧

1　张从正撰，张海岑等校注《〈儒门事亲〉校注》卷四，河南科学技术出版社，1984，第256页。

2　张大庆：《医学史》，北京大学医学出版社，2003，第43页；乔建荣等：《〈回回药方〉烙灸疗法探析》，《宁夏医科大学学报》2011年第2期；石雨时、王巍、高焕民：《〈回回药方〉中络灸疗法的发展和运用》，《中国中医基础医学杂志》2013年第8期。

3　宋岘考释《回回药方考释》下册，中华书局，2000，第472页。

而想到并获取经验的。[1]

拉施都丁称此眼疾疗法是乞台医学的方法，其治疗手段倒是与乞台医师给合赞汗治疗眼疾的手法十分近似，采取的烙灸程度则似乎超出了传统中医的灸法，颇有回回烙烧疗法的效果。这或许反映出，从旭烈兀西征到合赞汗统治时期的四十余年间，伊朗的乞台医者也在不断学习和吸纳回回医术。为合赞汗医治的方法，很可能是将中医和回医结合后的诊疗方法。

目前来看，大多数有关乞台医者的记载都出自拉施都丁的著述。这是由于在伊朗的中国医者主要聚集在蒙古统治者身边，供职于宫廷及官方机构中，为伊利汗家族效力。合赞汗是一位兴趣广泛、求知欲旺盛的君主，他的宫廷中招徕了来自各个国家、各种文明地区的贤人智士，其中也包括各个国家的医者。据拉施都丁记载，合赞汗了解大食人、乞台人、蒙古人、忻都人、怯失迷儿人医疗方法的基本原理，见过各民族的各种药材。[2]可见合赞汗的宫廷是一个开放的、容纳多元文化的舞台。拉施都丁就出生于一个负有盛名的犹太医生家庭，[3]在阿八哈汗统治时期（1265—1282）以宫廷医师的身份进入汗廷，合赞汗时他获得了君主的赏识和信任，开始担任宰相一职，直到末代伊利汗不赛因时期，获罪被处死。尽管拉施都丁夙以政治家、史学家的身份闻名，但他终其一生都没有放弃自己身为医生的主业，惯以“拉施都丁医生”（Rashīd al-Dīn

1　时光校注《〈伊利汗中国科技珍宝书〉校注》，第 108 页。

2　《史集》汉译本，第 3 卷，第 355 页。

3　尽管拉施都丁的家族姓（nisba）是 Ḥamadānī（来自哈马丹的），但克拉芙斯基（Dorothea Krawulsky）考证，拉施都丁并非出生和生活在哈马丹，他的出生地可能在可疾云（Qazvin）或麦门底司堡附近，他和他的家庭在那里躲避蒙古人，后被蒙古人俘虏。Dorothea Krawulsky, *The Mongol Īlkhāns and Their Vizier Rashīd al-Dīn*, pp. 119-120。

Ṭabib）自称。他热爱医学研究，与宫廷中各种医学背景的医师都交往密切。而最终他被不赛因算端处死的原因，也与其医生身份有关：他的政敌指控他与他曾任完者都汗给食官的儿子亦不剌金（Ibrāhīm）一起，在完者都汗病重时毒杀了君主，不赛因听信此言，下令将拉施都丁处以极刑。[1]

拉施都丁的政治人生虽然跌宕起伏，但他的学术生命一直闪耀着熠熠光辉。作为一名终身未曾放弃医学实践的高级官员，拉施都丁将个人、家族和国家的许多资源投入医疗事业中，贡献卓著。在他所处的蒙元时代，伊朗与中国在各个方面都有着频繁而深入的交流。中医学进入伊朗后，也对拉施都丁产生了深刻的影响。他不仅对中医理论有着浓厚的兴趣，还以极大的热情付诸研究和实践。他曾主持编写了三部中医学著作《乞台医学》、《乞台药学》和《蒙古药学》，[2]遗憾的是，这三部医学作品仅有第一部以《伊利汗中国科技珍宝书》之名保存了下来，这部有关中医学的著作实际上是对金元时期流行于汉地的一部名为《脉诀》的医书的波斯文译注。《脉诀》系宋元时期人士伪托晋代名医王叔和所作，其内容多出自王叔和之《脉经》，而较之更为简单实用。波斯文译注的体例是，先将《脉诀》歌诀的汉字读音用波斯字母转写出来，再用波斯语对这句歌诀的含义做出解释，并附上多位中国古代名医的点评语录及中医经典名著的相关阐述，最后对歌诀的实用性、理论性做出医学评价。应该说《伊利汗中国科技珍宝书》不只是对《脉诀》这一部中医著作的翻译，而是综合了大量中医经典及多部《脉诀》点评著作的合

---

1 多桑：《多桑蒙古史》下册第 7 卷，冯承钧译，商务印书馆，2013，第 481 页。

2 Karl Jahn, “The Still Missing Works of Rashīd al-Dīn”, *Central Asiatic Journal*, Vol. 9 (2), 1964, p. 121; Karl Jahn, “Rashīd al-Dīn and Chinese Culture”, *Central Asiatic Journal*, Vol. 14 (1/3), 1970, p. 135.

集。[1]这项工作显然非拉施都丁和波斯学者一方之力，此书的导言也交代说：

> 努力在大师中找到一位使语习医学与逻辑学、勤奋努力、品行端正、认真严谨、睿智聪颖，在各类技艺与学艺上均好学上进且出类拔萃的年轻人，他是这一时代独一无二的大学者，国家与宗教的精英（Ṣafī al-Dawla va al-Dīn）[2]，被尊为智者之王的大毛拉。我们安排他师从乞台贤哲 Sīu sa，还安排一位通晓语言、善于文书的“舌人”（Kalimachī）[3]跟随他，在这样的条件下学习乞台的文字与语言，努力学会他们的术语。在一年之后他学会了这门语言。[4]

这段记载告诉我们，这部中医译注是由乞台学者与波斯学者合作完成的。其中一位重要的乞台学者名为 Sīu sa，[5]这很可能是“秀才”二字的音译，而“秀才”是蒙古人对汉人儒生的常用称谓。由此可知，这位“秀才”应是在蒙古人跟前效力的汉族读书人，当地

1　时光校注《〈伊利汗中国科技珍宝书〉校注》，第 41、77 页。

2　王一丹译文将此人译作“萨福丁”，见王一丹《波斯拉施特〈史集·中国史〉研究与文本翻译》，第 34 页。

3　Kalimachī，元代音译作“怯里马赤”，蒙古语“通事”。

4　时光校注《〈伊利汗中国科技珍宝书〉校注》，第 94 页。原文参见 Rashīd al-Dīn Fażl Allāh Hamadānī, *Tanksūqnāma: yā Ṭibb-i Ahl-i Khitā,* ed. by Mujtabā Mīnuvī, p. 24。

5　此汉人名字，波斯语作سیوسه，王一丹教授起初在其《波斯拉施特〈史集·中国史〉研究与文本翻译》中转写作 Siusa，后来在与罗维前（Vivienne Lo）合撰文章中转为 Siyūsa，但皆未给出所对汉字。这个词很可能是汉语“秀才”的译音，元代发音为 siəu tsʻai，因此应转写成两个音节，即 Sīu sa。参看王一丹《波斯拉施特〈史集·中国史〉研究与文本翻译》，第 34 页；Vivienne Lo & Wang Yidan, “A Comparative Study of Rashīd al-Dīn’s *Tanksūqnāma* and Its Chinese Sources”, in: *Rashīd al-Dīn: Agent and Mediator of Cultural Exchanges in Ilkhanid Iran*, ed. by A. Akasoy, C. Burnett & R. Yoeli-Tlalim, pp. 137；张玉来、耿军《中原音韵校本》，中华书局，2013，第 202、227 页。

波斯人也跟着蒙古人用这个称谓称呼他。这位“秀才”教授一位名叫赛甫丁（Ṣafī al-Dawla va al-Dīn）的波斯年轻人学习汉语、汉字和中医术语，说明这位“秀才”是一位通晓中医的儒士。除他二人外，后来又有一位译员参与到翻译工作中来。他的本名不为人知，只知道他的父亲是一名波斯医生，早年曾前往中国，而他就在中国出生，跟父亲学习波斯语，又向汉人学习汉语。他十分聪慧，兼通波斯语、汉语诗歌。[1]这位译员所冠“怯里马赤”头衔，表明他同样也为蒙古人效力，可能由于他不仅具有翻译才能，还熟悉医学术语，所以被派来从事翻译中医书籍这样的专业学术工作。在波斯学者和乞台学者的共同努力下，这部波斯文中医学译介著作就这样在14世纪初的拉施特镇诞生了。

医疗实践方面，拉施都丁在自己的拉施特镇上出资兴建医院和医学院，聘请了包括中国医师在内的来自各个国家和地区的医生。拉施都丁说，“有大量的来自乞台的医生、天文学家、有才艺的学者也来到此地，目前也有五个〔……〕乞台国家不断有乞台书籍、使者、学者与智者已来到或正在抵达。”[2]拉施都丁编撰的有关中国医学的书籍，一定与这些乞台医者及其医学实践有关。由此可知，伊朗的中国医者不仅仅效力于蒙古汗廷，还在波斯精英拉施都丁的麾下行医。在拉施都丁的主张下，通过翻译书籍、教授学生等途径，将中医学传至伊朗之地。

1　Rashīd al-Dīn, *Tanksūqnāma: yā Ṭibb-i Ahl-i Khitā*, ed. by Mujtabā Mīnuvī, pp. 23-24, 31. 汉译参看王一丹《波斯拉施特〈史集·中国史〉研究与文本翻译》，第34—35页；时光校注《〈伊利汗中国科技珍宝书〉校注》，第98页。

2　时光校注《〈伊利汗中国科技珍宝书〉校注》，第97页。

第三节　僧、儒、道

蒙古统治者向来重视实用型的技术人才。除前述工匠、医者外，他们也对释老、阴阳、卜筮、方技之士颇为礼遇。从成吉思汗开始，蒙古的统治者对待宗教皆采取了比较宽容的态度，尤其对各种宗教中能够祈雨、治病、占卜等具有神秘力量的技艺特别看重。各派宗教为了获得统治者对其教派的支持，也愿意把其宗教中的实用之术献予帝王。《元史》中的《释老传》《方技传》集中记载了元代有名的佛教帝师、道家方士以及通晓星历、医卜、方术、异能之士。此外，一些儒生也通过方技之能获得统治者重用。

在众多方技中，占卜最为核心，目的是预知未来、判断吉凶。蒙古人对占卜之事极为信奉和重视，从成吉思汗时起，通晓占卜的术士就受到蒙古统治者的特殊优待。名臣耶律楚材“博极群书，旁通天文、地理、律历、术数及释老、医卜之说”，他能够受到重用，以占卜之术服务于蒙古统治者是最重要的原因之一。[1]成吉思汗西征，命他随侍左右，他的职责之一就是观天象预测吉凶。其神道碑载曰：

> 己卯（1219）夏六月，大军征西，祃旗之际，雨雪三尺，上恶之。公曰：“此克敌之象也。”庚辰（1220）冬大雷，上以问公，公曰：“梭里檀当死中野。”已而果然。[2]

1　参看韩儒林《耶律楚材在大蒙古国的地位和所起的作用》，原载《江海学刊》1963年第6期，此据氏著《穹庐集》。

2　宋子贞：《中书令耶律公神道碑》，苏天爵编《元文类》卷五七，第11叶。

不仅是西征中亚，在攻打金朝时，耶律楚材也通过观测天象向成吉思汗做出了金朝国主即将覆灭的预言。“于是，每将出征，必令公预卜吉凶，上亦烧羊髀骨以符之。”[1]

在蒙元时期的史料中，凡遇军国大事，处处可见占卜的记载。入元以后每逢政治更迭，也屡见占卜的痕迹。[2]当时汉地流行的占卜方式主要有三种。一为占星，即通过观测天象来预测人事，观测的对象分为天文和气象两类，前者主要是观察星星的位置变化，后者则包括云雨雷电等气象。[3]由于星占术与历算密切相关，元朝主要由司天监、司天台人员从事此项工作。二为卜筮，这是利用龟甲（也有使用动物胛骨）和蓍草进行占卜，以决疑惑、审吉凶。三为算卦、择日、相地、相面，应用颇为广泛，上至庙堂，下至街巷，都有人行之。占卜之术多起自《周易》，乃儒家的一门技能。古时儒门学者甚重占卜，而理学兴盛以后，占卜之术受到儒士的排斥，多被视为正统道学之外的旁修之术，少有人以它为专职。至金元时代，因统治者的需要，儒士又重操旧术，货与帝王。需要指出的是，蒙元时期操持占卜之事者，民间有“阴阳户”或“巫”，他们为专职占卜的从业人员；而在上层社会，为蒙古统治者所青睐者多为兼通阴阳小筮之术的儒士。儒士之被任用，一为占卜，二为管理文书。占卜之术精湛的儒士，往往更能获得重用。如耶律楚材，虽然他族属契丹，但出身于浸润汉文化的世家，自幼所受教育为母亲杨氏亲授的汉人儒家经典，长大后“通六经、百家之书，尤邃于

1　宋子贞：《中书令耶律公神道碑》，苏天爵编《元文类》卷五七，第11叶。

2　关于元朝占卜的研究，参看陈高华《元代的巫觋与巫术》，《浙江社会科学》2000年第2期；叶新民《元代阴阳学初探》，《蒙古史研究》第6辑，内蒙古大学出版社，2000；贾陈亮《占卜与元代政治》，《黑龙江史志》2011年第13期。

3　参看詹鄞鑫《中国的星占术》，《文史知识》1987年第1期。

《易》、《太玄》，至于阴阳方技之说，历象推步之术，无不洞究”。[1] 陈得芝先生曾指出，成吉思汗是因为需要了解天象而命燕京行台石抹明安搜求儒者，耶律楚材从而被征召。[2] 与耶律楚材际遇相似的，还有忽必烈所重用的汉臣刘秉忠，忽必烈评价他：“其天文、卜筮之精，朕未尝求于他人也。”[3] 元初名臣姚枢、张文谦、许衡、窦默等人皆为通晓占卜、术数的儒士。由于儒家所学庞杂，除了经学义理、诗词歌赋这些正统学问之外，医、卜、历算等旁门之技也多有通晓。能得到蒙古统治者重任的汉臣，大多都是复合型人才，他们凭靠旁门方技立足于庙堂，然后再尽其学识以实现治国平天下之抱负。

那么，旭烈兀西征时以及后来建立的伊利汗国中是否有中国的僧、儒、道之活动？据波斯史料所载，旭烈兀率军西征时，蒙哥合罕曾下旨命占星家随行效力。《史集》记载，在攻打报达哈里发之前，旭烈兀曾向占星家征求意见，一位名叫忽撒马丁（Ḥusām al-Dīn）的回回占星家向旭烈兀做出了出征哈里发不详的预言，甚至称如果出征报达，大王将会死去。旭烈兀不愿相信。他身边的八哈失则说，出征报达将会是吉祥的。旭烈兀无法判断谁的预言是正确的，他最后询问了波斯大学者纳昔剌丁·徒昔，徒昔预言旭烈兀将会代替哈里发的统治。最终，在大军胜利征服报达后，忽撒马丁因做出错误预言被判罪处死。[4] 这些记载反映出，西征的蒙古人同样重视预言对战争的作用，而且旭烈兀身边有来自不同文化背景的预言家为他预言，其中被称为“八哈失”的佛僧应来自中国。

1　元好问：《故金尚书右丞耶律公神道碑》，苏天爵编《元文类》卷五七，第 2 叶。

2　陈得芝：《耶律楚材、刘秉忠、李孟合论》，原载《元史论丛》第 9 辑，中国广播电视出版社，2004，此据氏著《蒙元史研究丛稿》，第 635 页。

3　张文谦：《故光禄大夫太保刘公行状》，刘秉忠：《藏春集》卷六“附录”，《景印文渊阁四库全书》1191 册，台北：台湾商务印书馆，2008，第 693 页。

4　《史集》苏联集校本，Vol. 3, pp. 50-51, 88；汉译本，第 3 卷，第 57—58、92 页。

另据瓦撒夫的记载，深受旭烈兀汗信重的纳昔剌丁·徒昔曾进言说，希望能够为复兴天文学、观测研究星象建设观星台，编撰天文表。为此徒昔说出了能够打动旭烈兀汗的理由——此举有助于为君主预知未来之事，可通过观测帝王之星，找到延长国家寿命和气数，指示君王出生、繁衍及征途的正确方向。显然徒昔在与蒙古人的相处中已发现统治者的喜好，投其所好地提出建议。果然，旭烈兀与其他蒙古贵族一样，对预卜之术极为迷信，因此对实现预卜的天文学活动给予了大力支持。旭烈兀对徒昔的建言很是欣赏，下旨建立天文台，购买天文仪器。[1] 在伊利汗的支持下，选址于蔑剌合的天文台建立了起来。

根据 1972 年伊朗考古学家对蔑剌合天文台的发掘情况来看，这座天文台并不仅仅是一个观星台，它还包含 5 个架设天文仪器的圆形遗址、一处仪器铸造工厂遗址、一处研究所遗址，以及一处图书馆遗址。[2] 这表明蔑剌合天文台是一个集观测星象、研究天文、培养学者为一体的综合性学术基地。从几种文献记载来看，蔑剌合天文台是前来伊朗的中国学者的主要活动场所之一。叙利亚史家把·赫卜烈思（Bar Hebraeus）记载说，在蔑剌合的徒昔身边，聚集着来自各个国家的智者。[3] 帮助徒昔编撰中国天文表的傅孟质，就是其中的一位。

文献显示，蔑剌合天文台中不仅只有天文、历法方面的研究，还能看到其他领域的实验和研究。《史集·阿鲁浑汗传》载：

1　《瓦撒夫史》哈默尔刊本，Band 1, Deutsche Übersetzung, S. 95-96, Persischer Text, S. 99-100.

2　Parvīz Varjāvand, "Kashf-i Majimūʿa-yi ʿIlmī-yi Raṣadkhāna-yi Marāgha", *Hunar va Mardum*, Vol. 181, 1977, pp. 2-15.

3　Bar Hebraeus, *The Chronography of Gregory Abū'l Faraj, the Son of Aaron, the Hebrew Physician Commonly Known as Bar Hebraeus: Being the First Part of His Political History of the World*, tr. by Ernest A. Wallis Budge, Vol. 1, London: Oxford University Press, H. Milford, 1932, p. 451.

688 年 9 月 4 日（1289 年 9 月 21 日），阿鲁浑汗驻扎在蔑剌合，前去参观天文台。他在那里开始服用黑药（dārū-yi siyāh），这将在后面另述。[1]……

阿鲁浑汗非常相信八哈失们和他们的教义，时常资助和支持他们。从忻都地区来了一位八哈失，声称能长生不老。〔阿鲁浑汗〕问他："那边（指忻都）的八哈失们是如何长生不老的？"他答道："用一种特殊的药。"阿鲁浑汗问道："那种药这里能找到吗？"八哈失说："能。"〔阿鲁浑汗〕命令他配制那种药。八哈失配制了含有硫磺和水银的药剂（maʿjūn）。〔阿鲁浑汗〕服用了近八个月，之后，他在帖必力思城内斋戒了四十天。当时除斡耳朵海牙（Ūrdūqiyā）、忽昌（Qūchān）和撒都－倒剌（Saʿd al-Dawla）外，任何人也不得接近他。八哈失们则日夜为他服务，谈论宗教信仰。当阿鲁浑汗从幽居中出来后，前往阿兰（Arrān）的冬营地，在那里他出现了病症。[2]

这段文字似乎说明，在蔑剌合天文台活动着一些八哈失，他们为阿鲁浑汗制作长生药。八哈失，波斯语写作 bakhshī，是一个外来语借词，元代汉文文献亦作"巴合失""八哈石""八合赤"等。劳费尔（Berthold Laufer）、玉尔（Henry Yule）、伯希和（Paul Pelliot）、克劳森（Gerard Clauson）、德福等东方学家对这个词语做过语言学上的考证，基本认为其词源是汉语的"博士"，后借入回

1　《史集》苏联集校本，Vol. 3，p. 220；参看汉译本，第 3 卷，第 207—208 页。
2　《史集》苏联集校本，Vol. 3，pp. 223-224；参看汉译本，第 3 卷，第 210—211 页。

鹘语、蒙古语、藏语，传入波斯语和阿拉伯语。八哈失的含义，方龄贵先生总结为四种：师傅、佛教高僧、个别道士的尊称和各类有一技之长的人。[1]蒙元时期的波斯语文献中，bakhshī 多数情况下指佛教僧侣。例如《史集·中国史》提到三位乞台和尚的名字，解释说“和尚”（Khūshānk）为称号，意思是八哈失（bakhshī）。[2]《五世系》中也有“按照八哈失的习惯，他剃掉头发”的表述。[3]除佛僧之外，bakhshī 有时也指老师、师傅。例如《史集》中提到也速不花太师的称号时，解释说“太师在汉语中意为八哈失（bakhshī）和大师（Ustād-i buzurg）”。[4]不过《阿鲁浑汗传》中的 bakhshī，显然指的是佛僧，因为明确提及八哈失们与阿鲁浑汗谈论宗教信仰。

关于这位忻都八哈失给阿鲁浑汗配置的长生药，拉施都丁描述得很具体，将此药的配制原料——硫磺和水银也记录了下来。美国科技史学者卡韦赫·尼亚齐（Kaveh Niazi）认为这实际应是中国的道士为阿鲁浑汗炼制“金丹液”，拉施都丁将中国人和印度人弄混淆了。[5]笔者认为其说法不妥。首先，拉施都丁丰富的著述足以证明

1 关于 bakhshī，参看 Berthold Laufer, “Loan-Words in Tibetan”, *T'oung Pao*, Vol. 17 (4/5), 1916, pp. 485-487；Henry Yule, *The Book of Ser Marco Polo, the Venetian: Concerning the Kingdoms and Marvels of the East*, Vol. 1, London: John Murray, 1871, pp. 277-278；Paul Pelliot, “bacsi”, *Notes on Marco Polo*, Vol. 1, p. 63；Gerard Clauson, *An Etymological Dictionary of Pre-thirteenth-century Turkish*, Oxford: Clarendon Press, 1972, p. 321；Gerhard Doerfer, *Türkische und Mongolische Elemente im Neupersischen*, Band 2, S. 271-277；方龄贵《古典戏曲外来语考释词典》，汉语大词典出版社、云南大学出版社，2001，第 349—361 页。

2 王一丹:《波斯拉施特〈史集·中国史〉研究与文本翻译》，第 124 页。译文原作“‘和尚’为称号，意即‘大师’（Bakhshī）”，拉施都丁这里实际上是想用波斯语来解释汉语“和尚”的意思，故将 bakhshī 译为佛僧更合适。

3 《五世系》，f. 118b.

4 《史集》苏联集校本，Vol.1 part 1, p. 378；参看汉译本，第 1 卷第 1 分册，第 258 页。

5 Kaveh Niazi, *Quṭb al-Dīn Shīrāzī and the Configuration of the Heavens: A Comparison of Texts and Models*, Dordrecht: Springer, 2014, pp. 150-151.

他对印度和中国文化，无论是语言、文字，还是医学、宗教、风俗习惯等各方面，都有相当程度的了解；他身为宰相、大商人，日常与印度人和中国人都有接触和交往，不太可能分不清中国人和印度人。其次，刚才提到拉施都丁对“八哈失”一词的理解和应用，基本上是指佛教僧侣，从未用以指道教徒。最后，炼制“金丹液”，[1]是早期道家崇尚的“外丹派”的一种修炼途径，而道教在长期的实践后，也逐渐发现丹药具有毒性的事实，因此至宋元时期，通过修炼自身内在精气而在人体内结成金丹的“内丹派”已经大为流行。蒙元时道教的主要宗派无不摒弃外丹修炼法，最有名的例子，就是成吉思汗欲向丘处机求长生不老药，丘处机回答他说：“有卫生之道，而无长生之药。”[2]反映的就是此一时期道教的主要修道取向。因此，上述三条理由皆可否定八哈失为阿鲁浑配药与道教丹药有关。

其实，硫磺和水银这两种物质，不仅曾被道家用来炼丹，在中医药、佛教医药和藏医药中都有广泛应用。元代的医书《御药院方》中就记载了配方中同时含有硫磺和水银的橐龠丸、沉香和中丸、止逆丸、十珍饼子等多种药剂。[3]而藏医中更有著名的“水银洗炼法”，其医药理论中有对水银洗炼、加工入药的历史传统，而硫磺就是炼制水银的一种辅助原料。[4]今天藏药中的“佐塔”（水银煅炭）仍是一种珍宝药品。

蒙古人崇信佛教密宗，吐蕃、怯失迷儿以及忻都的密教僧人在

1　即用铅、汞、丹砂等金石原料炼制的丹药。

2　李志常：《长春真人西游记》，第 62 页。

3　许国桢（据《元史》应作“许国祯”）：《御药院方》，王淑民、关雪点校，人民卫生出版社，1992，第 54、56、77、222 页。

4　措如·次郎口述《西藏古代药物化学之“水银洗炼”工艺史考》，登巴达吉、索朗齐美整理，刘英华编译，黄福开主编《藏医药研究文集——纪念北京藏医院建院二十周年》，中国藏学出版社，2013，第 3—9 页。

蒙古帝国各地都十分活跃，伊利汗国中也有许多。伊利汗朝前几任汗王多信仰佛教，据藏文史料记载，蒙哥即合罕位后，将西藏各教派分封给宗王们，当时尚未出征西域的旭烈兀受命领有帕木竹巴、雅桑和汤波且三派，[1]而在旭烈兀来到伊朗并与其后裔定居于此后，依然与帕木竹巴教派保持密切联系，旭烈兀曾三次赠送礼物给帕木竹巴的主持杰瓦仁波且（rGyal-ba Rin-po-c'e）。之后的伊利汗们也同旭烈兀一样，行使对帕木竹巴万户的宗主权，派遣代理人，直到合赞汗改宗伊斯兰教后，才放弃了对那里的管辖。[2]波斯文史料记载，旭烈兀汗、阿八哈汗、阿鲁浑汗身边都有八哈失们伴随，并且在伊朗到处建造寺庙。即使是合赞汗，在幼年时期也笃信佛教，他的蒙师就是一名八哈失。《史集》中记载了这些八哈失来自忻都、怯失迷儿、乞台和畏兀儿之地。种种证据表明《史集》所记阿鲁浑汗服用长生药达八个月之久，且在闭关斋戒的时候，仅允许八哈失们日夜相伴，描述的应该是佛教僧侣与阿鲁浑汗的交往史事。

关于合赞汗幼年时的那位八哈失老师，《史集》记载了他的名字——牙鲁（Yāruq），说他是乞台人。Yāruq 是突厥语，意思是光明。合赞 5 岁时，阿八哈汗委托他教授合赞学习蒙古文、畏兀儿文、科学知识和他们的礼仪（ādāb）。[3]这似乎显示出此人的族属可能是畏兀儿人。合赞 8 岁时，随塞尔柱（Sāljūq）哈敦一同前往答马万德（Damāvand），牙鲁八哈失陪同他一起在夏营地度夏。[4]这位牙鲁八哈失是合赞的启蒙老师，他教授合赞的功课，不仅包括语言文字，还有佛教的知识。合赞汗幼年时也受到父祖的影响，接受了佛教

1　张云：《元朝中央政府治藏制度研究》，黑龙江教育出版社，2013，第 9—10 页。
2　伯戴克：《中部西藏与蒙古人》，张云译，兰州大学出版社，2010，第 11、85 页。
3　《史集》苏联集校本，Vol. 3，pp. 251-252；参看汉译本，第 3 卷，第 237 页。
4　《史集》苏联集校本，Vol. 3，p. 253；参看汉译本，第 3 卷，第 238 页。

信仰的传授。《史集》记载合赞经常与他们在寺庙中学习佛教教义，他作为宗王在呼罗珊驻守时，还在哈不伤城（Khabūshān）[1]建造了宏伟的寺庙，常常与八哈失们一起交谈、进食。[2]合赞汗懂得多种语言，包括蒙古语、阿拉伯语、波斯语、印度语、怯失迷儿语、藏语、汉语和拂郎语，这种说法恐怕有夸大的成分，不过由此可知，合赞汗生活在一个多元文化的环境中。蒙古语为其母语，阿拉伯语、波斯语是为适应伊朗本土文化而学习的，而合赞对印度语、怯失迷儿语和藏语的知晓（哪怕是肤浅的了解），反映出了佛教番僧对伊朗蒙古贵族的重要影响。合赞汗学习这三种语言，很显然是在与忻都、怯失迷儿和吐蕃的僧人学习佛教教义的过程中习得的。而学习汉语和拂郎语这两种语言，则是出于伊利汗国频繁与元朝和教皇交往所需。

蒙元时期伊朗的佛教僧侣数量很多，其中相当一部分是来自吐蕃的僧人。拉施都丁撰著的农书《迹象与生命》里记载了这样一条信息：

> 一些地方生长的大麦没有稃壳，它们被称为“jaw-yi birihna”（裸麦）。这种大麦在伊剌克（‘Irāq）地区、库姆（Qum）城都有栽培。速忽儿鲁黑（Suqūllūn > Sughūrlūq）的吐蕃八哈失们种植这种麦子，其种子也传播开来。这些吐蕃八哈失大量炒这种裸麦食用，他们说在他们的故乡有许多这样的种子。[3]

1　Khabūshān，即今天伊朗礼萨呼罗珊省的古昌（Qūchān）。

2　《史集》汉译本，第 3 卷，第 276、348—349 页。

3　《迹象与生命》，p. 137.

速忽儿鲁黑，位于伊朗西北部，历史上多数时期属于阿塞拜疆省。“速忽儿鲁黑”是蒙古人的称呼，意为土拨鼠多的地方，也被称作撒秃里黑（Satūrīq）。今天此地以“苏莱曼王座”（Takht-i Sulayman）而闻名。这里曾是伊利汗的夏营地之一，阿八哈汗在位时，开始在此营建夏宫。《迹象与生命》中关于吐蕃僧侣在此种植裸麦的珍贵记载，生动体现了这些西迁伊朗的吐蕃僧人在蒙古统治者身边活动和生活场景。他们不仅将佛教带到伊朗，也将藏族的饮食习俗和作物物种带到当地。

除佛僧外，跟随蒙古人西迁的还有中国的儒、道人士。合赞汗时期帮助拉施都丁编写《史集·中国史》的两位乞台学者的名字被记录了下来。

> 伊斯兰的君王——愿其王位永固！——下令，对该国的史书删繁就简，编成一部简史，根据他无远弗届的威严命令，从两位名叫 Lbbhāhī 和 M.ksūn 的乞台学者那里获得了帮助。他们都通晓乞台的天文、医术和历史，从乞台带来了一些有关的书籍。他们知道此事后，拿出他们带来的史书，讲述道……[1]

这两个乞台人的名字在各个抄本中写形不一，因而后来的校勘者、汉译者所转写和译写的名称也各不相同，王一丹的研究已一一做了说明。遗憾的是，这两位乞台人的资料更为稀少，他们的汉语姓名尚未知晓。不过我们仍可以对他二人何时、何故、以何种身份来到伊朗做出猜测。拉施都丁说他们通晓天文、医术和历史，这表明他们似乎也与前述傅野（傅孟质）一样，是具有一定文化、技能

1　王一丹：《波斯拉施特〈史集·中国史〉研究与文本翻译》，第 123 页。

的汉人知识分子。他们也许是在旭烈兀西征时，以卜者、医者的身份随扈而来；也可能是在伊利汗国成立之后的日子里，从中国来到伊朗。拉施都丁在《伊利汗中国科技珍宝书》序言中曾说："乞台国家不断有乞台书籍、使者、学者与智者已来到或正在抵达。"[1] 这两位乞台学者也可能属于这一情况。

这两位乞台学者来到伊朗时，带来了一些中国书籍。合理推测，这些书一定是对他们在伊朗的生活、工作最重要的书。首先，历书是最必不可少的。根据科学史研究者对《伊利汗天文表》中的中国历表（Zīj-i Khitāyī）所做的研究，傅孟质向徒昔介绍的中国历法可能是中国多种历法的混合物，其所依据的主要历法为唐代小历《符天历》和金代《重修大明历》。[2] 在元朝至元十七年《授时历》编成颁行前，中国使用的主要是金朝的《重修大明历》，民间还流行一些小历、古历。[3]《伊利汗天文表》中国历表的多种历法来源，反映了中国学者带去伊朗的历书并非单一一种。

其次，医学书籍也是重要的一类。中国学者带到伊朗的医书种类，可以从《伊利汗中国科技珍宝书》中窥得一角，这部由拉施都丁主持编撰的中医著作译注所引用的部分中医典籍包括：

《难经》：秦越人（扁鹊）作

《素问》：相传黄帝作

1　时光校注《〈伊利汗中国科技珍宝书〉校注》，第 97 页。

2　Benno van Dalen, E. S. Kennedy and Mustafa K. Saiyid, "The Chinese-Uighur Calendar in Ṭūsī's *Zīj-i Īlkhānī*", *Zeitschrift für Geschichte der Arabisch-Islamischen Wissenschaften*, Band 11, 1997, S. 111-152.

3　参看陈久金《符天历研究》,《自然科学史研究》1986 年第 1 期；史金波《黑水城出土活字版汉文历书考》,《文物》2001 年第 10 期；韦兵《夷夏之辨与雅俗之分：唐宋变革视野下的宋代儒家历、历家历之争》,《学术月刊》2009 年第 6 期。

《病原》：隋代名医巢元方著

《千金方》：唐代名医孙思邈（道号孙真人）著

《甲乙经》（又称《黄帝三部针灸甲乙经》）：三国两晋名医皇甫谧著。书中称此书作者为轩辕皇帝的宰相歧伯

《伊利汗中国科技珍宝书》所引用的中国名医语录涉及：

通真子：名刘元宾，号通真子，北宋名医，著有《通真子补注王叔和脉诀》

池大明：名池荣，字大明，南宋名医，著有《脉诀注解》

李子野：名李駉，字子野，号晞范子，南宋名医，著有《难经句解》《脉诀集解》等

黎民寿：字景仁，号水月，南宋名医，著有《脉诀精要》

无求子：名朱肱，号无求子，北宋名医，著有《南阳活人书》

张仲景：东汉末著名医学家，著有《伤寒杂病论》

杨玄操：唐代医学家，著有《黄帝八十一难经注》

杜光庭：字圣宾，一说宾至，号东瀛子，唐末五代道士，被认为是《广成先生玉函经》的作者

陈藏器：唐代著名药学家，著有《本草拾遗》[1]

以上这些医家和医书有许多是道教医学名家和名著。有意思的是，波斯文记载一些医师时，只称其道号，不提其本名。书中第二卷第一章“烟萝子语录”（dar sukhanān-i Yan Lū tsiz）说“其中绝大

1　时光校注《〈伊利汗中国科技珍宝书〉校注》，第41—42页。

多数语录出自大师烟萝子之口”，烟萝子，相传是五代道士，本姓燕，名不详，又叫燕真人。上节论述“医者”傅孟质时，曾提到他的“先生”名号，似可说明他的道家身份。而《伊利汗中国科技珍宝书》中大量的黄老、阴阳、五行内容更多地显示出来到伊朗的中国人中可能有道教徒的存在。

第四节　手工匠人

在蒙古人征服西亚之前，当地就已经生活着一定数量的中国工匠了。[1] 蒙古人十分重视工匠群体，丰富的考古资料和艺术史研究都证明，伊利汗国曾生活着数量可观的中国工匠。他们将中国的艺术风格和装饰技术带到伊朗，促成了这个时期伊朗艺术“中国风”的流行。[2]

伊朗西北地区是蒙古统治集团的主要活动区域，他们在这里大兴工程，建造宫殿、庙宇，因此随蒙古西征军迁徙至伊朗的中国工匠，也成规模地在这个地区活动。这里的伊利汗时代建筑遗址中，充满了中国的艺术风格。

现今被称为苏莱曼王座的速忽儿鲁黑曾是伊利汗的夏营地之

1　伯希和:《黑衣大食都城之汉匠》，冯承钧译《西域南海史地考证译丛六编》，中华书局，1956，第7—9页。

2　关于蒙古时代中国艺术对伊朗的影响，参见Kadoi Yuka, *Islamic Chinoiserie: The Art of Mongol Iran*。

一，阿八哈汗在此营建夏宫。夏宫利用了萨珊时期遗留下来的宫殿基址，但废弃了原来东南面的城门，而在南面的城墙上新开了一扇城门，以形成南北中轴线的格局。[1]这种格局是中国古代都城布局的特点，蒙古人也吸纳了这一建都风格，成吉思汗、窝阔台、蒙哥的宫殿都呈现出南—北 / 东南—西北配置建筑的特征。夏宫内部装饰则表现出更多的中国风格。考古学家根据遗留下来的痕迹判断，宫殿正厅采用的是中国的多立柱构造，门前的阶梯亦是汉式直梯，而非伊朗式的折梯。[2]遗址还出土了带有中国风格的龙、凤、狮子、鹿、牡丹母题的装饰陶砖，一些龙的图像酷似汉地建筑构件滴水、勾头上的龙图像，狮子尾巴结髻于后、口里衔着一串球的造型也源出于汉地。[3]由于遗址内还发掘出了生产釉面陶砖的工坊和窑址，可知这些陶砖很可能是现场制造的。日本艺术史学者桝屋友子指出，汉地艺术母题在此应用，是波斯工匠与中国工匠直接交流的结果。[4]无疑，夏宫的建立定有相当数量的中国工匠参与其中。

此外在孙丹尼牙（Sulṭānīya，今译苏丹尼耶）近郊 Viyār（亦作 Vihār、Viar）地方有一处佛寺遗址，它在合赞汗皈依伊斯兰教并开展灭佛运动以后转变为清真寺，因而得以幸存。此遗址最引人瞩目的是其山崖岩石上雕刻的一条精美的龙形浮雕。这条龙的身躯在祥云中呈现出协调的卷绕动态，与伊斯兰风格的龙截然不同，俨然

1　桝屋友子：《伊儿汗国早期美术所见的东西交流》，《美术史研究集刊》第 28 期，第 4—6 页；Dietrich Huff, “The Ilkhanid Palace at Takht-i Sulayman: Excavation Results”, in: *Beyond the Legacy of Genghis Khan*, ed. by Linda Komaroff, pp. 94-110。

2　Dietrich Huff, “The Ilkhanid Palace at Takht-i Sulayman: Excavation Results”, in: *Beyond the Legacy of Genghis Khan*, ed. by Linda Komaroff, pp. 102-103.

3　桝屋友子：《伊儿汗国早期美术所见的东西交流》，《美术史研究集刊》第28期，第11—12页。

4　Masuya Tomoko, *The Ilkhanid Phase of Takht-i Sulaiman*, Ph.D. diss., New York University, 1997, pp. 1-40.

是一条“中国龙”。[1]这表明雕刻者对中国风格的龙的图形具有娴熟的认知和雕刻技艺。民间甚至流传有此龙为四名中国工匠制造的说法。可以推测此佛教寺院的建造也有中国工匠参与。

尤其值得注意的是，在伊朗西北还有一个著名的乞台人社区，这便是位于乌鲁米耶湖北面的豁夷（Khūy）城。此城是伊朗西北部的农业重镇，14 世纪穆斯妥菲·可疾维尼的《心之喜悦》描述当地气候温暖，河水充沛，种植园密布，尤其盛产葡萄和梨子，香甜非他处可比。更重要的是，书中记载当地的居民是皮肤白皙、相貌美丽的乞台人种（Khitāy nizhād）。由此，豁夷也被冠以“伊朗的突厥斯坦”（Turkistān-i Īrān）之称。[2]关于此地乞台人的来源，有学者认为他们是自发性或有组织的佛教徒移民，《史集》记载，旭烈兀晚年曾捐资在豁夷建造庙宇，[3]他们可能就是当时修建寺院的工匠集团的后裔。[4]

在伊朗的中国工匠群体中，画匠尤负盛名，他们在建筑绘画、书籍插画方面，对伊朗的美术风格产生了强烈的影响。事实上，对中国绘画的赞美一直是波斯人对东方美好想象的一大体现。10 世纪波斯大诗人菲尔多西的《列王纪》就屡用“中国画廊”来比喻美丽

1　Gianroberto Scarcia, “The ‘Vihār’ of Qonqor-olong Preliminary Report”, *East and West*, Vol. 25 (1/2), 1975, pp. 99-104; Kadoi Yuka, “Buddhism in Iran under the Mongols: An Art-historical Analysis”, in: *Proceedings of the Ninth Conference of the European Society for Central Asian Studies*, ed. by Tomasz Gacek and Jadwiga Pstrusińska, Newcastle upon Tyne: Cambridge Scholars Publishing, 2009, pp. 204-205.

2　《心之喜悦》校勘本，pp. 84-85. 蒙元时期波斯文献中的“突厥斯坦”广义可指伊朗以东的整个地区，“突厥人”也可泛指波斯人、阿拉伯人以外的东方各民族。这一广义“突厥”的概念，包括了中国和中国人。《心之喜悦》此处所谓“伊朗的突厥斯坦”，盖因此处中国人聚居，而被称为伊朗的东方之城。

3　《史集》汉译本，第 3 卷，第 94 页。

4　Roxann Prazniak, “Ilkhanid Buddhism: Traces of a Passage in Eurasian History”, *Comparative Studies in Society and History*, Vol. 56 (3), 2014, p. 664.

辉煌的景象。

只见全城五彩缤纷结彩悬灯，像中国画廊一片耀眼光明。[1]
整片土地都将装饰得富丽堂皇，美得如同中国的画廊。[2]
看这田野布置得富丽堂皇，五光十色像是中国的画廊。[3]

《心之喜悦》一书描写哈马丹的马沙鲁地（Māshānrūd）地区风景优美，称其：

如若天堂，美似中国画廊（nigārkhāna-yi Chīn）。[4]

这些文献中所说的“中国画廊”是指什么呢？笔者认为指的是中国的雕梁画栋，其美轮美奂在伊朗极负盛名，而蒙古人对中国绘画的喜爱，促使伊利汗国时期有不少中国画师来到伊朗。14世纪中叶的会计指南《幸福之书》（*Risāla-yi Falakiyya*）就有关于乞台画师在伊朗民间活动的记载。[5]书中的一份建筑账目显示，在设刺子装饰一幢两层的房屋和一个凉亭，需要：

1　菲尔多西：《列王纪全集》第2卷，张鸿年、宋丕方译，湖南文艺出版社，2001，第112页。
2　菲尔多西：《列王纪全集》第3卷，第14页。
3　菲尔多西：《列王纪全集》第3卷，第18页。
4　《心之喜悦》校勘本，p. 72.
5　这部书是托甘（Zeki Velidi Togan）1930年在土耳其发现的。书中记载的内容最晚到1363年，编者是当时祃拶答而的宰相和财政大臣，书中使用了大量伊利汗时代的财政档案。此书由德国学者Walther Hinz在1952年刊布出版。Walther Hinz, “Einführung”, *Die Resālä-ye Falakiyyä des ʿAbdollāh ibn Moḥammad ibn Kiyā al-Māzandarānī: Ein persischer Leitfaden des staatlichen Rechnungswesens (um 1363)*, S. 1-5。

画师 20 名，薪金每人 30 底纳儿，共计 600 底纳儿；

画师学徒 20 名，薪金每人 20 底纳儿，共计 400 底纳儿；

乞台画师 2 名，每人 40 底纳儿，共计 80 底纳儿。[1]

这份账目将为建筑绘画的画师分成三个等级，其中最高级别是乞台画师。数量上，乞台画师最为稀少；薪金上，乞台画师的最高，比本土画师高 1/3，是画师学徒的两倍。可以想见，两名乞台画师是被聘请来绘制中国风格的图画的，而波斯画师绘画普通图案，学徒则协助画师或绘制最简单的重复性图案。这段珍贵材料蕴含了多重信息：第一，文献确凿地证明了伊朗有中国画师生活和工作；第二，中国画师在伊朗享有很高的声誉；第三，伊朗民间兴起对中国绘画风格的追捧。

波斯人对中国绘画技艺的追捧，一直持续到近代。帖木儿时期国王沙哈鲁遣使中国，当使团中的画师盖耶速丁亲眼见识到中国的工艺美术时，他感叹道："论石工、木工、装饰、绘画和瓦工的手艺，所有这些地方（即波斯）没有人能与他们（即中国人）相比。如这些地方的名匠一见这些东西，那么他们会同样信服和表示他们的赞赏。"[2]

综合考古资料和文献记载，可以看到蒙元时代中国工匠群体移民至伊朗的事实。他们将建筑理念和风格、手工技艺、绘画艺术等带到了那里，也将中国的艺术风格传播至伊朗。

1　Walther Hinz, *Die Resālä-ye Falakiyyä des ʿAbdollāh Ibn Moḥammad ibn Kiyā al-Māzandarānī*, S. 215.

2　火者・盖耶速丁：《沙哈鲁遣使中国记》，何高济译，中华书局，2002，第 133 页。

第五节　其他

移居至伊朗的中国人，除了上文介绍的大规模的职业性群体外，还有一些散见于文献，他们多为伊利汗国的统治者效力，并有幸留下了姓名，在此也一一予以著录。

一　万家奴

万家奴是从中国西行伊朗的中国少数民族中的一位颇具代表性的人物，其事迹难能可贵地见于汉文和波斯文两种文字史料记载。通过考辨其姓名、出身和活动事迹，可以还原这位活跃于多元文化舞台上的人物的生平，并借此探讨蒙元时代中华文化西传的历史现象。

《史集·旭烈兀汗传》记载了旭烈兀统治末年对诸王、异密和地方贵族施行的一次分封。在这次分封中，伊朗东南部法儿思省被交给了一位名叫 Vankiānū 的异密执掌。[1]《史集》汉译本将他的名字译作"汪吉阳"，[2]这显然是译者据读音构拟出来的名字。而他的本名可以根据元人高鸣为《儒门事亲》元中统三年刻本所作的序言得知：

> 岁己未（1259），相郡漕司常德入觐。燕间之次，从臣万家奴、尚医傅野辈言其雅善医术。[3]

1　《史集》苏联集校本的校勘记中列出了此人名在《史集》不同抄本中的多种写形：وانکیاتوا、انکیانوین、انکانو、ابلکانو、وانکیانوا、اوبکیانوا、اونکیانوا。《史集》苏联集校本，Vol. 3, p. 91, n. 33。

2　《史集》汉译本，第 3 卷，第 95 页。

3　高鸣:《太医张子和先生儒门事亲》"序"，元中统三年（1262）刻本。

这段序言在前文讨论傅野（傅孟质）时已做了引用，可以看到与傅野同时被记录的还有一位“从臣万家奴”。《儒门事亲》中的“万家奴”与波斯文献中的 Vankiānū 勘同，可以从语音和史事两方面得到证实。语音方面，此人姓名在波斯文献中有多种异写形式，大体可以归纳为以下三类。

第一类，وانكيانو和 ونكيانو（Vānkiānū 和 Vankiānū）。《史集》的两种较好抄本即伊斯坦布尔本和塔什干本都写作 Vankiānū，且塔什干本写形的第一个音节辅音 v 上标有开音节符，提示元音为短音 a，即此人名应拼作 Vankiānū。[1]《五世系》的写形第一个音节的元音直接以长音 ā 显示，人名转写作 Vānkiānū。[2] 这两种译音与“万家奴”的汉字读音皆能够准确地对音。[3]

第二类，انكيانو（Unkiānū）。14 世纪波斯文献《瓦撒夫史》《班那卡提史》《设剌子志》、15 世纪《哈菲兹·阿卜鲁地理书》等文献的记载都采用这一写形。[4] 根据波斯语的发音规则，词首第一音节 ان，可有 an、in 或 un 三种读法，过去一些研究文章采用 an 或 in 这两种读音。[5] 现在通过此名在其他文献中出现的写形，可知词首ان应转写为 Un，整个名字读作 Unkiānū。这里词首缺失辅音，将汉语

1　《史集》伊斯坦布尔本，f. 239b;《史集》塔什干本，f. 209a.

2　《五世系》，f. 139a.

3　“万”“家”“奴”三个汉字在元代的读音可拟作 van kia nu。参见张玉来、耿军《中原音韵校本》，第 154、157、221 页。

4　Dāvūd ibn Muḥammad Banākatī, *Tārīkh-i Banākatī*, ed. by Jaʿfar Shiʿār, Tehran: Intishārāt-i Anjuman-i Ās̱ār-i Millī, 1969, p. 425.

5　如哈默尔《瓦撒夫史》德译本转写作 Inkianu，兰普顿转写作 Angyanu，丹尼斯·艾格勒（Denise Aigle）转写作 Inkiānū，乔治·莱恩（George E. Lane）转写作 Angyānū。《瓦撒夫史》哈默尔刊本，Band 2, S. 106, 108-109; A. K. S. Lambton, “Mongol Fiscal Administration in Persia (Part II)”, *Studia Islamica*, Vol. 65, 1987, p. 105; Denise Aigle, *Le Fārs sous la domination mongole: politique et fiscalité（XIIIe-XIVe s.）*, pp. 120-121; George Lane, *Early Mongol Rule in Thirteenth-Century Iran: A Persian Renaissance*, pp. 133-135。

va/wa 音变成 u/o 的现象，是回鹘语、蒙古语及波斯语转写汉语的常见特点。[1] 因此 Unkiānū 是“万家奴”符合波斯语译音习惯的写法。

اونكيانو（Ūnkiānū）。16 世纪的《千年史》（*Tārīkh-i Alfī*）写作此形。[2] 词首 ū 的长音表现得更为明确。这也印证了上述写形词首اون应为 un。

第三类，اوكانو（Ūkānū）。14 世纪初穆斯妥菲·可疾维尼的长篇史诗《武功纪》中作此形。[3] 由于《武功纪》是诗歌体，格律上有很多局限，因此其中对人名的拼写常常省略音节。Ūkānū 这一写形就表现出了鼻音和介音省略的特点。

波斯文献所载三类“万家奴”的译名形式，为我们展示了用波斯语音译汉语字音的典型处理方式。此外，一些文献抄本将词尾音节 nū 写作 tū，[4] 这是由于波斯字母 t 和 n 在写形上非常近似，手抄时经常会出现混淆。因此，可直接将 tū 校勘成正确形式 nū。综上可知，波斯文献记载的这个人名，在语音上是完全能够与“万家奴”对应的。

在身份信息上，汉文和波斯文的记载也能够勘同。高鸣的序文中指出万家奴的身份是旭烈兀身边的从臣，波斯文《五世系》“旭烈兀异密名录”也有相应的记载：“异密万家奴，是一位近侍异密（umarā-yi mulāzim）。”[5] 所谓近侍异密就是指在君王身边服侍的高级官员，即是从臣。总之，无论是人名对音上，还是身份信息上，

---

1 Paul Pelliot, “Coigangiu”, *Notes on Marco Polo*, Vol. 1, p. 398.

2 Qāżī Aḥmad Tattavī and Āṣaf Khān Qazvīnī, *Tārīkh-i Alfī*, Vol. 6, ed. by Ghulām Riżā Ṭabāṭabāyī Majd, Tehran: Intishārāt-i ʿIlmī va Farhangī, 2003, p. 4014.

3 Mustawfī Qazvīnī, *Ẓafar-nāma*, Vol. 2, p. 1265.

4 除之前已列出的《史集》诸抄本所出现的情况外，《哈非兹·阿卜鲁地理书》的多个抄本中，有些写作 Unkiātū，有些写作 Unkiānū。Ḥāfiẓ-i Abrū, *Jughrāfiyā-yi Ḥāfiẓ-i Abrū*, Vol. 2, ed. by Ṣādiq Sajjādī, pp. 177-178。

5 《五世系》，f. 139a.

波、汉两方记载皆能契合，可知波斯文文献中的 Vankiānū 与高鸣序文中的万家奴确为同一人。

波斯文献对万家奴的记载集中于他成为法儿思总督后的史事上，而高鸣的序言则为了解他早期近侍旭烈兀的事迹提供了宝贵的细节。万家奴作为旭烈兀的从臣，当是随扈西征来到了伊朗。常德使团西行觐见，其间万家奴与常德有了接触和交往，从而了解到常德的医学才能。在旭烈兀的宴会上，万家奴侍奉君王身侧，他知道君王对有一技之长之人的看重，因而与尚医傅野一起推荐懂医术的常德。此举果然得到了旭烈兀的认可，进而推动了张子和医书《儒门事亲》的重刻及其医术在伊朗的流传。高鸣序言的记述描绘出万家奴侍奉旭烈兀的职事状态，也反映出他受到君王的信赖。正因如此，在旭烈兀晚年的大分封中，万家奴被授予了执掌法儿思大省的重任。

尽管汉文文献关于万家奴的记载目前仅见于高鸣的序文，但波斯文文献对其事迹记载丰富，核心内容便是他执掌法儿思之事。其中,《瓦撒夫史》的记述为各种史料中最详尽者：

> 回历 665 年（1266）初，沙的必阇赤（Shādī bītikchī）和帖木儿（Dimur）为了收取库税和年赋，带着具有权效的令旨来到了设剌子，与当地政府交涉。然而由于那里没有独立的行政机构，致使商业和财政一片混乱。667 年，阿八哈汗任命万家奴（Unkiānū）为〔法儿思省〕异密（imārat）和总督（ḥukūmat-i kullī），令其整顿（yāsāmīshī）法儿思各州事务。万家奴是一位极其威严的突厥人（Turk），凭借着智慧、洞察力、坚定和谨慎的品质，发展商业、维持公正、治理辖区、维护领土，每个人都获得了超过他们预期的财富。很快他就了解了该省形势之利弊，洞悉大小官员、贵族的情况。他通过自己的观

> 察，根据其展现的品质和才能，任命大臣（arbāb-i ashghāl）和税务官。他按照级别高低，给予所有八思哈（bāsiqāq）、税吏（'amāl）和书记官（kataba）以荣誉和慰抚，按照惯例发放丰厚的俸禄。事实证明，如果不给他们足够的给养，他们不但无法信赖，而且还敢背叛和作乱。由于他委任了这些官员，他就有理由获得他们的效忠，维护公平和正义，人民摆脱了额外的负担和骚扰，就会变得富足祥和。反之他就会向所有的负责人仔细问话。在断案时，他用雄辩的口舌之刃盘丝剥茧。由于这些原因，财富大量地聚集起来，地方变得繁荣而稳固。他打击压迫者和欺压穷苦人的恶霸。他根据异密、长官们的差别，安排他们的级别和地位。所有人都畏惧他的强权，害怕被送进狭窄的牢狱中。……万家奴就是这样统治设剌子之地的。[1]

蒙古统治下的伊朗，实行的是蒙古—波斯双轨制的政体模式。过去法儿思地区的统治者撒里古儿（Salghūriyān）阿塔毕家族，在蒙古人到来后尊其为宗主，继续半独立地治理地方，而蒙古人则通过派驻代理人，委任收税官共同管理当地事务。[2]《瓦撒夫史》的这段记载，描述的就是阿八哈汗时期万家奴作为蒙古派驻在法儿思省的全权长官对当地的治理行为。他被称为异密和总督。“异密”，广义上是蒙古统治集团各级首领的称谓，但在讲某一地之异密时，意指统辖该地的全权长官。比如在伊利汗国成立之前，蒙古合罕派驻管理中亚和伊朗的代理人成帖木儿，《史集》称之为呼罗珊及祃拶答而的异密（imārat），其继任者讷撒勒被记载为呼罗珊和伊拉克的

1　《瓦撒夫史》孟买石印本，pp. 193-194;《瓦撒夫史》哈默尔刊本，Band 2, S. 106-108.

2　参见邱轶皓《蒙古帝国视野下的元史与东西文化交流》，第 131—176 页。

异密（amīr）。[1]伊利汗国成立后，伊利汗派往各省区的全权长官亦被称为地方异密（amīr-i īlkā），又可称作 ḥukūmat-i kullī，即为总督。14 世纪成书的波斯文公文汇编《书记规范》收录了三篇地区异密（imārat-i ūlkā）的任命书，内容显示其主要职责是通过镇压叛乱、惩治暴徒、收敛流民、惩恶扬善等一系列举措，维护该地区的安定，从而足额征收并上缴税款。[2]《瓦撒夫史》记载的万家奴在法儿思的所作所为正是属于地区异密的职责范畴。

万家奴上任时，法儿思百业凋敝，造成这种状况的原因是法儿思多年来持续动荡的政局。回历 658 年（1260）法儿思的老阿塔毕不别克（Abū Bakr）去世，此后五年内更替了四位阿塔毕，直至回历 663 年（1264）阿必失（Abish）公主即位后，政权才稳定下来。然而，阿必失公主当时年纪尚幼，权力掌握在地方官员和贵族手中，他们肆意掠夺，贪污财政收入，导致法儿思省的税赋不能按时上缴伊利汗廷。在此背景下，万家奴被任命为法儿思全权长官，到地方上整顿政治，逐步成为法儿思实际的控制者。瓦撒夫运用大段描述来表现万家奴能力之强大和手段之高明，并说在他的治理下，法儿思的经济情况和社会秩序很快得以恢复。

万家奴在法儿思的整顿和改革，触动了地方权贵的利益，这

1　《史集》汉译本，第 2 卷，第 54、80 页。波斯文原文参见《史集》苏联集校本，Vol. 2 part 1, pp. 105, 168。关于讷撒勒继任呼罗珊异密一事，汉译本载："当成 – 帖木儿去世时，派遣了急使去奏告合罕。随即颁降了诏敕，任命异密讷撒勒为他在呼罗珊和伊拉克的继任者。"汉译略有不准确，根据波斯文原文，后一句应译为："任命讷撒勒为继任者，成为呼罗珊和伊剌克的异密（farmān shud kī Nūbsāl qāyim maqām-i ū, amīr bāshad dar Khurāsān va ʿIrāq）。"

2　Муҳаммад ибн Хиндӯшāх Нахҷивāнӣ, *Дастӯр ал-кāтиб фӣ та'йӣн ал-марāтиб* (Muḥammad ibn Hindūshāh Nakhjavānī, *Dastūr al-Kātib fī Ta'yīn al-Marātib*), Т. 2, критический текст, предисловие и указатели А. А. Али-заде, Москва: Издательства "Наука" Глав. ред. восточной лит-ры, 1976, Стр. 20-25；日本学者本田实信曾将这部分内容译为日文，参见本田実信『モンゴル時代史研究』東京大学出版会、1991、90-92 頁。

些权贵主要是蒙古派驻在各州的监临官和代理人。伊朗学家兰普顿说，"万家奴强效的治理和成功的征税引起了强烈的反对，与该省的蒙古异密们产生分歧（据推测，这些人过去一直将公款收入自己的口袋里）"，[1]而万家奴的强力政策减少了他们获得非法收入的机会。[2]邱轶皓将这种矛盾解释为"代表定居社会行政传统的官员（万家奴），和继承征服者性格的蒙古异密（法儿思地方权贵）之间的对立"。[3]可以看到，万家奴的反对者正是法儿思地区的蒙古监临官和代理人，他们在地方上大肆敛财，严重损害了地方行政和财政运转。而当他们的"财路"被万家奴阻断时，必然心生不满，一场动乱就这样发生了。据《瓦撒夫史》记载，动乱的导火索是万家奴处死了阿塔毕政府的代理人（nāʾib-i dīvān-i atābakī）阔里察（Kulja），《设剌子志》记载阔里察是设剌子的监临官（shaḥna）。[4]万家奴将这位地方官员处死，成为反对派公开对抗万家奴的爆发点。关于这次动乱的详情，《瓦撒夫史》记载道：

> 过了一段时间，阔里察惨遭逮捕。阿塔毕的奴隶军（mamālīk-i atābak）和阔里察的帮手们爆发了，他们带着一大批军队包围了万家奴的宅邸。他（万家奴）知道，没有头颅，身体就无法残喘；没有统帅，军队就不能胜利。他命令道：挥

1　A. K. S. Lambton, *Continuity and Change in Medieval Persia: Aspects of Administrative, Economic and Social History, 11th-14th Century*, p. 87.

2　A. K. S. Lambton, "Mongol Fiscal Administration in Persia (Part II)", *Studia Islamica*, Vol. 65, 1987, p. 105.

3　邱轶皓：《蒙古帝国视野下的元史与东西文化交流》，第133—134页。

4　《瓦撒夫史》记载阔里察是阿塔毕政府代理人，与《设剌子志》记载有别，他的名字在《设剌子志》的一些抄本中又作Kukja、Kukcha。参见《瓦撒夫史》孟买石印本，p. 192; Aḥmad ibn Abī al-Khayr ibn Zarkūb Shīrāzī, *Shīrāz-nāma*, ed. by Ismāʿīl Vāʿiẓ Javādī, Tehran: Intishārāt-i Bunyād-i Farhang-i Īrān, 1971, pp. 80, 90; Aḥmad ibn Abī al-Khayr ibn Zarkūb Shīrāzī, *Shīrāz-nāma*, ed. by Bahman Karīmī, Tehran: Maṭbaʿa-yi Rawshanāʾī, 1931, pp. 56, 64, 65。

起宝剑向前！他下令用宝剑砍下阔里察的脑袋，让它从宫殿拱顶掉入深沟泥潭。军队的心脏在颤抖，他们的舌头在打结。当他们看到这惨状和耻辱，所有人在失败的厄运下撤退了。[1]

流血事件发生后，阿塔毕阿必失公主质问万家奴为何要这样做，万家奴称自己是奉命行事，并拿出了伊利汗下令处死阔里察的令旨。这使公主无法问罪于他。阔里察之死触痛了他的同党，他们愤怒而惊恐地逃离法儿思，前往阿八哈汗处告状。他们指控万家奴侵吞财产、为害地方，且觊觎王权，抨击他打造的钱币在君主的名号下打有汉字标记，目的是要与过去发行的钱币区别开。控告者有备而来，他们拿出万家奴占有财产的清单呈给君主。于是阿八哈汗下令召回万家奴，将他传唤至法庭审讯。万家奴凭借雄辩的口才使自己免于一死，但他的官职被罢免，并被遣往中国忽必烈合罕处。如果他能够洗清罪过平安归来，便对他高位以待。按照瓦撒夫的说法，这是一种惯例，异密或君主的近臣犯罪，如要免于死刑，就要被遣往遥远东方的蒙古合罕处，或被派去平叛。[2]至此，有关万家奴事迹的所有记载就结束了，他被遣往中国之后的命运不得而知。

虽然关于万家奴的文献记载主要反映的是其政治活动，但一些细节仍可透露出万家奴的个人性格和文化气质。他应当是一位信仰佛教、有着较好文化素养且热衷汉文化的畏兀儿人。

首先，关于他的族属和宗教信仰。从名字上看，“某家奴”是辽金元时期流行于契丹、女真、畏兀儿、蒙古等族的人名。除“万

1　《瓦撒夫史》孟买石印本，p. 194；哈默尔刊本，Band 2，S. 108.

2　《瓦撒夫史》孟买石印本，pp. 194-195; Zarkūb Shīrāzī, *Shīrāz-nāma*,ed. by Ismāʿīl Vāʿiẓ Javādī, p. 90; Ḥāfiẓ-i Abrū, *Jughrāfiyā-yi Ḥāfiẓ-i Abrū*, Vol. 2, ed. by Ṣādiq Sajjādī, pp. 177-178.

家奴”外，史籍中还常见百家奴、千家奴、众家奴、僧家奴、佛家奴、道家奴等相似结构的名字。这些名字的发音为汉语，并常带有浓烈的佛教色彩或受到佛教的影响，本为汉人的小名。但一些信仰佛教的非汉民族，在与汉人交往交流中，逐渐开始采用这种命名方式。[1]波斯史料记载万家奴是一个“突厥人”（Turk），其所谓“突厥人”指的是说突厥语的人。在蒙元时期操突厥语的各部族中，取“万家奴”这一名字的，最有可能是信仰佛教、文化程度比较高的畏兀儿人。早在 1209 年，高昌亦都护就率众归附了蒙古汗国。此后，大量畏兀儿人入仕蒙古汗廷，他们在蒙古政权中的任职人数超过其他各突厥语部族。[2]旭烈兀西征时，不少畏兀儿官员也随行来到伊朗，史籍中记载了其中一些人的名字和事迹。[3]当时的畏兀儿人基本上都是佛教徒，这也与波斯史料所记万家奴的信仰情况相符合。《瓦撒夫史》记载了万家奴与伊斯兰学者的一次宗教交流活动，文中透露出他的信仰状况。记载说，有一日万家奴参加了一场由洒黑纳只不丁·阿里·本·不兹古失（Najīb al-Dīn ʿAlī ibn Buzgush）主持的宗教集会，两人就宗教问题进行问答。洒黑用灯

1　以“某某奴”起名，前人已多有论述，或认为是南朝的习俗，或认为是游牧民族的惯习，亦有认为是受西域粟特文化影响。畏兀儿人取此类名的例子，可见《正德松江府志》卷二三《宦绩》所记一位名叫“伯家奴”的畏吾氏人。相关研究参见冯继钦、孟古托力、黄凤岐《契丹族文化史》，黑龙江人民出版社，1994，第 287—288 页；司律思《元朝及明初蒙古人的名字》，唐莉译，《中国边疆民族研究》第 4 辑，中央民族大学出版社，2011，第 285—288 页；张同胜《以“奴”起小字与西域粟特文化》，《济宁学院学报》2019 年第 4 期；尚衍斌《元史及西域史丛考》，第 79 页。

2　参见 Igor de Rachewiltz, “Turks in China under the Mongols: A Preliminary Investigation of Turco-Mongol Relation in the 13th and 14th Centuries”, in: *China among Equals, the Middle Kingdom and Its Neighbors, 10th-14th Centuries*, ed. by Morris Rossabi, Berkeley: University of California Press, 1983, pp. 281-310。

3　参看陈新元《速混察·阿合伊朗史事新证——兼论伊利汗国的畏兀儿人》，《西域研究》2019 年第 1 期。

烛之光与太阳之光做比喻，指出万家奴的信仰远不及伊斯兰教信仰。未待讲演结束，万家奴突然起身离去。随后他派人向这位洒黑道歉并解释自己的举动，他说，虽然自己的离去很不礼貌，但他不得不这样做，因为如果继续听下去的话，他一定会被迫放弃自己父祖的信仰。[1]这则故事明确反映出万家奴及其家族的信仰不是伊斯兰教，也从侧面印证了他并非来自中亚、西亚的已经伊斯兰化的突厥语部族。他的名字和族属信息，都指向了他是一名佛教徒。佛教在蒙古征服、统治伊朗前期是上层统治集团信奉的主要宗教，在合赞汗改宗伊斯兰教之前，历任伊利汗多笃信之。而跟随旭烈兀从东方而来的蒙古、畏兀儿、契丹、女真、汉各族，信仰佛教者甚多。《瓦撒夫史》的记述尽管带有作者的宗教倾向，但反映的事实是清楚的，即万家奴虽受到了伊斯兰教的吸引，但最终仍未改其佛教信仰。

其次，万家奴受到汉文化较多的濡染与影响。畏兀儿人普遍文化水平较高，善于学习和接受先进文化，万家奴也表现出了这样的特质。《儒门事亲》高鸣序言所记万家奴向旭烈兀推荐常德医术的情节，就反映出他与汉人知识分子的交游经历和他对汉文化的崇尚。此外，他在法儿思发行带有“宝”字的钱币，也表明他是传播汉文化的力行者。退一万步讲，即使这些汉字钱币不是万家奴所造，但其政敌却能以此嫁祸于他，也说明了万家奴的汉化倾向是十分明显的，他具有做这件事的可能性和倾向性，以此攻讦他能够使阿八哈汗相信。而关于这些钱币的用途，柯尔巴斯（Judith Kolbas）指出，从样式和材质来看，它们应该是用于上缴人头税和地方财政

1　《瓦撒夫史》孟买石印本，pp. 193-194.

收支所用的，但“宝”字似乎又表明它们用于远东的贸易。[1]“宝”字出现在法儿思地方的货币上具有特殊的意义，这为印证法儿思当地生活着一定数量的汉人群体又提供了一份证据。

上文曾提到在法儿思地区活动着一定数量的汉人画师，他们的画技受到当地人的喜爱，借此获得较好的收入。结合这份材料来看，法儿思具备打造汉字钱币的文化环境和技术条件。程彤曾将法儿思“宝”字钱币与察合台汗国发现的“宝”字钱币做对比，发现法儿思钱币上汉字的书写水平明显高于察合台钱币，其撰写者具有相当好的书法功底，且不同钱币上的“宝”字并非同一模型，这说明每次铸钱都要请人书写一次。[2]法儿思地区活跃的汉人工匠，无疑能够为法儿思“宝”字钱币的设计、书写提供技术支持。假如这些“宝”字钱币的发行确实与万家奴有关，这也可以说明他与法儿思的汉人群体有着较为密切的关系，能够促使他形成打造汉字钱币的想法，并在他们的协助下将这一想法付诸实践。

最后，关于万家奴的文化素养。较之大多数具有征服者气质的蒙古将领来说，万家奴表现出了更为突出的治理才能，这也符合蒙古政权中畏兀儿官员的文化属性特征。[3]万家奴的治理手段使法儿思的经济和社会状况迅速地好转。从他与伊斯兰教洒黑纳只不丁交往的故事中也能看出，尽管他不是穆斯林，但对伊斯兰教怀有宽容

1　Judith Kolbas, *The Mongols in Iran: Chingiz Khan to Uljaytu, 1220-1309*, pp. 169-170.

2　程彤：《伊利汗国法尔斯地区“宝”字钱币考释》，《西域研究》2008 年第 4 期。

3　前人研究指出，畏兀儿人以其语言天赋和文化与治理才能，在蒙古政权中扮演着教师、官僚、将领、僧侣等角色，为蒙古统治者提供教育、行政、军事和宗教方面的服务。在元朝和伊利汗国皆是如此。参看 Igor de Rachewiltz, “Turks in China under the Mongols: A Preliminary Investigation of Turco-Mongol Relation in the 13th and 14th Centuries” , in: *China among Equals, the Middle Kingdom and Its Neighbors, 10th-14th Centuries*, ed. by Morris Rossabi, pp. 281-310；萧启庆《蒙元时代高昌偰氏的仕宦与汉化》，《内北国而外中国：蒙元史研究》（下），中华书局，2007，第 706—709 页；陈新元《速混察 · 阿合伊朗史事新证——兼论伊利汗国的畏兀儿人》，《西域研究》2019 年第 1 期。

和开放的态度，与穆斯林文化精英也建立了良好的关系。《瓦撒夫史》记载说："他专注于思考复杂而有意义的问题，例如一元性、自存性、先知降下的真理、科学的知识、伊玛目和洒黑。如果他听到有人说了不合理的回答，就会用激烈的言辞驳斥他。"[1]这体现出万家奴追求真理和知识的精神，及其所具有的较高的人文素养。他的人文气质受到了同时代设剌子大诗人、伊斯兰学者萨迪的称赞。萨迪常常痛斥蒙古人的残暴统治，但他为万家奴写了至少三首颂诗（qasāyid）和一篇韵文（risāla-yi nasr）。[2]颂诗称赞他是"正义的忽思老、著名的异密、全体人民的领袖"，"公正的世界领袖""伊剌克、突厥和低廉军队的长官"。[3]散文则是写给万家奴的劝谏箴言，教导他如何成为一位伟大的统治者。[4]诗云：

> 正义的忽思老、著名的异密、
> 全体人民的领袖万家奴，
> 人们给他带去蜜糖，
> 我为他献上珍宝。

1　《瓦撒夫史》孟买石印本，p. 193；哈默尔刊本，Band 2，S. 106-107.

2　萨迪所写颂诗中，有三首明确记有万家奴的名字，此外还有一首不具名的颂诗也被一些学者认为是写给万家奴的。参见 Naẓīr Aḥmad, "Saʿdī Shīrāzī va Sardār-i Mughūl Amīr-i Unkiānū"（《萨迪与蒙古异密万家奴》）, *Tābistān*, No. 6, 1381 (2002), pp. 26-31; George Lane, *Early Mongol Rule in Thirteenth-Century Iran: A Persian Renaissance*, pp. 124, 134；Paul Losensky, "Saʿdi" , *EIr*, online edition, 2012, available at http://www.iranicaonline.org/articles/sadi-sirazi (accessed on February 1, 2016)；邱轶皓《萨迪诗歌中的蒙古帝国》,《文汇报》2016 年 1 月 29 日，第 6 版，文章发表时作者把他的名字推拟为"汪家奴"（Ungyānū）或"燕家奴"（Ingyānū），后在 2019 年出版的专著《蒙古帝国视野下的元史与东西文化交流》中更正为"万家奴"。

3　Muṣliḥ al-Dīn Saʿdī, *Kullīyāt-i Saʿdī*, ed. by Muḥammad ʿAlī Furūghī, Tehran: Hirmis, 2006, p. 972.

4　Muṣliḥ al-Dīn Saʿdī, *Kullīyāt-i Saʿdī*, ed. by Muḥammad ʿAlī Furūghī, pp. 1181-1183.

人们称颂他似君主，

我赞美他如托钵僧（darvīsh）。[1]

……

公正的世界领袖万家奴，

伊剌克（ʿIrāq）、突厥（Turk）和低廉（Dīlam）军队的长官。

宴饮之日端坐宝位犹若法里东（Farīdūn）[2]，

战斗之时胜似鲁斯塔姆（Rustam）[3]。

不闻父长的规劝之语，

但听众人的智慧之言。[4]

……

那就是万家奴，

仁慈、正义，具有一切美德，

聪明、智慧、深谋远虑的大那颜（nūyīn-i ʿaẓam）[5]，

当今无人能与之比肩。[6]

……

二　后妃

《史集·旭烈兀汗传》和《五世系·旭烈兀汗世系》都记载了旭烈

1　Muṣliḥ al-Dīn Saʿdī, *Kullīyāt-i Saʿdī*, ed. by Muḥammad ʿAlī Furūghī, p. 965.

2　法里东是波斯神话中的上古伊朗国王，在文学作品中常被用以指公正、伟大的英雄君主。

3　鲁斯塔姆是波斯伟大史诗《列王纪》的主人公，后成为英雄和勇士的代名词。

4　Muṣliḥ al-Dīn Saʿdī, *Kullīyāt-i Saʿdī*, ed. by Muḥammad ʿAlī Furūghī, p. 972.

5　大那颜是对伊利汗国地位最高的异密的尊称，事实上万家奴远没有达到这个级别，此处是萨迪对他的溢美之词。

6　Muṣliḥ al-Dīn Saʿdī, *Kullīyāt-i Saʿdī*, ed. by Muḥammad ʿAlī Furūghī, p. 994.

兀的两名乞台妃子。一位名叫“那合真也怯赤”。《史集》记载：

〔旭烈兀〕第三子要束木（Yūshumūt）。他的母亲是出自忽推（Qūtūy）哈敦斡耳朵的一名妃子，名叫“那合真也怯赤”（Nūqājīn īkājī），是乞台人（Khitāyī）。[1]

《五世系》载：

那合真也怯赤（Nūqājīn ikājī），是乞台人，她是要束木之母。[2]

另一位名叫“额出扯也怯赤”。《史集》载：

〔旭烈兀〕第九子弘吉剌台（Qūnqūrtāy）。他的母亲是一位妃子，名叫“额出扯也怯赤”（Ajūja īkājī），出自脱忽思（Dūqūz）哈敦斡耳朵。后来，她被戴上了罟罟冠（būqtāq）。[3]

《五世系》载：

额出扯也怯赤（Ajūja ikājī），为乞台人。她是弘吉剌台之母。[4]

---

1 《史集》苏联集校本，Vol. 3，p. 10；参看汉译本，第3卷，第22页。

2 《五世系》，f. 139a.

3 《史集》苏联集校本，Vol. 3，p. 12；参看汉译本，第3卷，第24页。

4 《五世系》，f. 139a.

也怯赤，来自蒙古语 egeči，意为姐姐。拉施都丁称呼伊利汗的妃子，多以“也怯赤”为称号，而不称其“哈敦”。这两位妃子都是 Khitāyī，即乞台人。乞台人当是原金朝统治下的北方汉地居民，旭烈兀的这两位乞台妃子，很可能是对金朝作战时获得的金朝女子。不过“那合真”的名字是蒙古语 noqa 加上名词性后缀 -jīn 组合而成。她出自忽推哈敦的斡耳朵。旭烈兀西征时，忽推哈敦并未跟随前来，而是留守在蒙古本部，但她的斡耳朵的一些妃子先行跟随旭烈兀来到了伊朗。其中最重要的一位妃子名叫阿里罕也怯赤（Arīqān Ikājī），她是斡亦剌部出征伊朗的腾吉思驸马的女儿，作为忽推哈敦斡耳朵的代理人先行来到伊朗，她也是旭烈兀第八子阿泽（Ajāy）的生母。[1] 忽推哈敦及其他留守人员则于阿八哈汗在位时期的 1268 年抵达伊朗。[2] 这位“那合真也怯赤”很可能也是伴随旭烈兀先行来到伊朗的妃子之一，她的儿子——旭烈兀第三子要束木和第六子秃不申（Tūbshīn），都随旭烈兀一同前来伊朗。[3]

“额出扯”一名，词源词义不明。她育有旭烈兀第九子弘吉剌台。弘吉剌台在阿合马与阿鲁浑争位时被阿合马处死。后阿鲁浑取得胜利并逮捕了阿合马后，曾对处死阿合马犹豫不决，这时弘吉剌台的母亲——这位乞台妃子带着弘吉剌台的儿子们一起在阿鲁浑跟前哭诉，加上其他异密的劝说，阿鲁浑最终处死了阿合马。据拉施

1　《史集》苏联集校本，Vol. 3，pp. 11, 106；参看汉译本，第 3 卷，第 23、108 页。

2　《史集》苏联集校本，Vol. 3，pp. 105-107；参看汉译本，第 3 卷，第 108—109 页。有关阿里罕也怯赤和忽推哈敦斡耳朵的研究，参看陈春晓《忽推哈敦与伊利汗国前期政治——蒙古制度在西亚的实践》，《西域研究》2016 年第 2 期。

3　《史集》第 3 卷未记载秃不申参与旭烈兀时代的征战，但在阿八哈即位之初的分封中，他被任命掌管呼罗珊、祃拶答而以迄阿母河畔的地区。这发生在忽推哈敦一行到来之前，因此可以推断秃不申应是随旭烈兀前来伊朗的。

都丁记载，额出扯也怯赤非常长寿，一直活到拉施都丁编纂《史集》的年代才去世。

三 从嫁人

《史集》记载，合赞汗幼年时的乳母莫哈里真（Mughāljīn）是一位名叫伊升（Īshink）的乞台人的妻子，他们都是跟随合赞汗的母亲忽里塔（Qūltāq）来到阿鲁浑汗处的。[1] 他们应当是忽里塔的陪嫁私属人口。刘迎胜先生研究蒙古贵族妇女的私属人口时指出，蒙古妇女出嫁时，会从娘家携带一批私属人口来到夫家，这些人就是这位女性的从嫁人。蒙古语称作媵哲（inje，复数媵哲思，injes），突厥语、波斯语中作额兀—斡兀阑（ev-oghlan）。这些从嫁人一般地位较低，世代为使主及其后嗣服务。[2] 合赞汗的乳母莫哈里真及其丈夫伊升显然就是忽里塔的从嫁人。

忽里塔，出自朵鲁班部，是怯塔儿必阇赤（Kihtar Bītikjī）之女。《史集》记载，阿鲁浑 12 岁时从兀鲁秃（Uruqtū）和木来（Mūlāy）的兄弟古儿客帖木儿（Kurk Tīmūr）处迎娶了她。[3] 按照《史集》和《五世系》的记载，忽里塔名后冠有“也怯赤”称号，《五世系》把她列入阿鲁浑汗诸妃的名录中，说明她在阿鲁浑汗后宫中的地位并不高。她的家族中还有其姐妹阿速伦（Asulūn）嫁给了旭烈兀第六子秃不申。她们的父亲怯塔儿必阇赤，未被记录任何事迹。根据忽里塔出嫁的时间推算，她应该出生于旭烈兀出征伊朗之后。那么，她比较可能是在伊朗出生和长大的蒙古女子。

1 《史集》苏联集校本，Vol. 3，p. 248.

2 刘迎胜:《从阿合马的身份谈起》,《元史论丛》第 9 辑。

3 《史集》苏联集校本，Vol. 3，p. 247；参看汉译本，第 3 卷，第 234 页。

另外，阿鲁浑迎娶忽里塔，不是从其父那里，而是从古儿客帖木儿的手中迎娶。这可能是由于忽里塔出嫁时，她的父亲已经去世，她的监护权转入其他亲属手中。而这位同为朵鲁班部人的古儿客帖木儿，当是忽里塔的同族亲属。拉施都丁记载说古儿客帖木儿是兀鲁秃和木来的兄弟。《史集》中记有两位兀鲁秃：一位出自札剌亦儿部，是大异密亦里该那颜之子，活跃于旭烈兀和阿八哈时代，1277年死于对鲁木的战争中；另一位出自朵鲁班部，是成吉思汗右翼军队中一千户长脱卜撒合[1]的后嗣，[2]是旭烈兀之女忽都鲁罕（Qūtlūqān）的丈夫也速不花驸马的父亲。古儿客帖木儿的兄弟兀鲁秃，当是第二位朵鲁班部的兀鲁秃。木来，《史集》记载他活跃于合赞汗时期，是合赞汗的心腹异密。这说明木来很可能由于是合赞生母族亲的关系，而得到合赞汗的任用。

从关于合赞汗生母忽里塔亲族关系的记载中大致可以看出，她的家族并不算显赫，她的父亲和监护人在伊利汗朝蒙古人中地位不算高，她嫁给阿鲁浑的身份，不是王后，而是妃子。这一点，还可以从其他一些细节体现出来。《史集》记载忽里塔嫁给阿鲁浑汗的情形：

> 忽里塔非常美貌，阿鲁浑极其喜爱她。当她作为新娘被领到斡耳朵时，阿鲁浑想要出去迎接，但异密撒里塔（Sartāq）和拙赤罕（Jūjighān）阻止了他。阿鲁浑太高兴了，于是爬上了

---

1 《史集》汉译本作“都亦速合”，各抄本写形不一，伊斯坦布尔本作Dūpsūqa，此人应是《元朝秘史》成吉思汗功臣名单中的“脱卜撒合”。见乌兰校勘《元朝秘史（校勘本）》卷八，中华书局，2012，第257页；本田実信「チンギス・ハンの千戸——『元朝秘史』とラシード『集史』との比較を通じて」『史学雑誌』62卷8号、1953，此据氏著『モンゴル時代史研究』34頁；姚大力《论蒙古游牧国家的政治制度》，南京大学博士学位论文，1986，第30页。

2 《史集》伊斯坦布尔本，f. 129a.

斡耳朵的支柱，坐在支柱顶部的环上，从远处遥望她。[1]

这段描写反映出了两点信息：一是阿鲁浑在娶忽里塔之前就见过她，为她的美貌所吸引；二是两位异密制止阿鲁浑出门迎接的举动，大概也反映出忽里塔的出身不高。[2]

蒙古汗室的习俗中，宗王时常由比生母地位低下的乳母喂养。身份尊贵的皇后所生的宗王，有的会让汗王的妃妾当乳母。例如忽必烈的乳母伯撒鲁（Baksāruq）就是拖雷的妃子，她自己亦有一子末哥，仅比忽必烈小两个月，但这位妃子担任了忽必烈的乳母，而把自己的亲子交给唐兀部的另一名乳母喂养。[3] 又如乞合都的生母为阿八哈的皇后奴丹（Nūqdān）哈敦，他的乳母则是阿八哈的妃子孛剌合真也怯赤（Būrāqjīn Ikājī）。[4] 对比来看，合赞汗的乳母只是生母带来的一名私属人口，可见其生母忽里塔的身份不会很高。合赞汗的地位，显然不是来自自己的生母，而是由于他是阿鲁浑汗的长子，且从小寄养在阿八哈汗与大不鲁罕哈

1 《史集》苏联集校本，Vol. 3，p. 247；参看汉译本，第 3 卷，第 234 页。

2 《史集》还记载说，合赞 3 岁的时候，阿鲁浑带他去见阿八哈汗，阿八哈汗想把合赞留在身边抚养，因此把他交给了大不鲁罕皇后养育，大不鲁罕哈敦因为没有儿子，所以很喜欢合赞，把他当作自己的儿子抚养。同时，另有阿八哈汗的秃塔尼哈敦也想领养合赞，但阿八哈汗宠爱大不鲁罕哈敦，因而没有同意秃塔尼哈敦的请求。于是合赞汗就在大不鲁罕哈敦身边长大，直到 10 岁时，阿八哈汗去世，大不鲁罕哈敦被阿鲁浑汗收继后，合赞依然留在大不鲁罕哈敦身边。大不鲁罕哈敦死后，小不鲁罕哈敦接替大不鲁罕的位置，合赞汗还时常与她来往。阿鲁浑死后，乞合都娶了小不鲁罕哈敦，不许合赞去见她。合赞为此十分苦恼，直至他打败拜都，当上君主，才娶了小不鲁罕哈敦（《史集》汉译本，第 3 卷，第 235—241 页）。合赞虽为忽里塔所生，但 3 岁即被夺离生母身边，交由地位尊贵的皇后抚养。而且在两位皇后争夺抚养权的时候，地位更高的大不鲁罕皇后获得了抚养权。

3 忽必烈乳母之名，在《部族志》中写作 Baksāruq，在《忽必烈合罕纪》中作 Sārūq。《史集》苏联集校本，Vol. 1 part 1，p. 300；伊斯坦布尔本，f. 196b；参看汉译本，第 1 卷第 1 分册，第 227 页；第 2 卷，第 281 页。

4 《史集》苏联集校本，Vol. 3，pp. 236-237；参看汉译本，第 3 卷，第 224 页。

敦处。

合赞汗的乳母莫哈里真的族属，蔡美彪先生认为是汉人，其汉名和籍贯不得而知，以此说明蒙古公主出嫁，常有汉人侍女随行。[1]不过莫哈里真的丈夫伊升是汉人则有明确的记载。一方面，拉施都丁说他是乞台人；另一方面，他的名字的发音也接近汉语。那么他是如何来到忽里塔家的？这可能与他的使主家族有关。他的使主出自朵鲁班部，成吉思汗统一草原之前，朵鲁班部迁徙至嫩江以东地区，臣服于金朝统治下，为金朝承担守边的任务。[2]因此这个部落较早就与金朝汉人接触，其属民中融入有汉人十分正常。旭烈兀西征时，兀鲁秃所率的这支朵鲁班部随行，其家族中的汉人也就跟着到了伊朗。这位伊升就是其中一员，他的妻子莫哈里真生有一个名叫忻都（Hindū）的儿子，拉施都丁写作《史集》的时候还在世。[3]

四　奴隶

在《拉施特镇捐赠书》（*Vaqfnāma-ʾi Rabʿ-i Rashīdī*）中，有一份在拉施特镇工作的20名突厥奴隶的名单。[4]这些人中有四人的名字带有Khitāyī（乞台人）的附加成分，表明他们来自汉地。这四个人分别是：Ayāz Jāmdār Khitāyī，Mādar Khitāyī，Altūn Būqā Khitāyī

1　蔡美彪:《马可波罗归途记事析疑》，原载《元史论丛》第6辑，中国社会科学出版社，1997，此据氏著《辽金元史考索》，中华书局，2012，第360页注释1。

2　参看波·少布《朵儿边部史略》，《黑龙江民族丛刊》2001年第4期。

3　《史集》苏联集校本，Vol. 3，p. 249；参看汉译本，第3卷，第235页。

4　蒙元时代的波斯文献中的“突厥之地”范围非常广泛，包括了伊朗以东的全部地区，“突厥人”也不仅仅指操突厥语的民族，还涵盖汉、蒙古、女真等东亚各个民族，大致指非伊朗人的东方各民族。

和 –lī Khitāyī Bāvurchī。[1]

第一个人名中的 Jāmdār，是波斯语“斟酒人”的意思，名字中冠以此称号，表明了此人的职事类似于蒙古怯薛中的“答剌赤”（掌酒者）。第二个人名 Mādar，波斯语“母亲”的意思，此人可能是一名妇女。第三个人名 Altūn Būqā 是蒙古语，意为金牛，但他是一名乞台人，所以可能是此人取了个蒙古人名字。第四个人名不太确定，王一丹转写为 Ūlī，托甘转写作 Sūlī，不过从发音来看，两种都较像是汉人的名字。[2] 他名字中的 Bāvurchī，就是蒙古语“宝儿赤”（Ba'urci），意为厨子。这位中国厨子的出现，令人想到拉施都丁对中国饮食的一些知识或许就来自他。拉施都丁在《迹象与生命》中对中国食材的状貌、性质、口味的细致描述，仿佛他亲眼所见、亲口所尝。而这位中国厨子有可能就是为他提供中餐饮食的人。尽管这只是非常孤立的一例，但仍然提供了中国饮食文化西传的史料。在本书第七章关于中国植物的专题中将会深入展开。

以上这些人的地位低下，《捐赠书》把他们归在奴隶（ghulām）之列。与其他在拉施特镇工作的人不同，这些奴隶没有薪水，每人每日能领到 3 曼的馕作为口粮。不过其他从事园丁和清扫水渠工作的波斯奴隶，只能领到 2 曼的馕。这倒与前文提到的乞台画师比波斯本地画师薪金高的情况相一致，说明从中国来的劳动者，要比同等地位的本地人待遇高。此外，拉施特镇上的这些乞台奴隶，如果

1　Rashīd al-Dīn, *Vaqfnāma-'i Rab'-i Rashīdī*, ed. by M. Minūvī and Ī. Afshār, chap-i 'aksī, p. 192; *Vaqfnāma-'i Rab'-i Rashīdī*, ed. by M. Minūvī and Ī. Afshār, chap-i ḥurūfī, pp. 151-152.

2　王一丹：《波斯拉施特〈史集·中国史〉研究与文本翻译》，第 96 页；A. Zeki Velidi Togan, “The Composition of the History of The Mongols by Rashīd al-Dīn”, *Central Asiatic Journal*, Vol. 7 (1), 1962, p. 71。

本人去世了，其子可以接替工作，继续领取口粮。[1]这些人是在伊利汗国生活的中国人中底层劳动者的缩影。

小 结

本章对汉文、波斯文史料中关于伊利汗国的中国人的记载做了尽可能详尽的搜罗，进而对蒙元时期中国人移民伊朗的过程及其在伊朗的生存状态做了相关考述。这些移居伊朗的中国人，既有为蒙古统治者服务的军匠、医者、学者、宗教人士，也有在民间自由活动的手工匠人，还有失去人身自由的私属人口和奴隶。他们移民伊朗的起因和过程，大多与蒙古西征密切相关。他们凭借一技之长，在异国他乡谋求生存，不经意间，他们将中国文化带到了伊朗，成为中国文明在伊朗最主要的传播者。本章的研究，为后文进一步探讨中国文明在伊朗的传播奠定了基础。

最后，要对生活在伊利汗国的中国人做一个简要总结。第一，伊利汗国的中国人里，大多是处于社会中下层的服务型技术人群，身份地位比较高的官员较少。也正因为这个原因，他们的名字多数不见于汉文记载，他们的事迹只能通过蛛丝马迹的零碎片段拼凑而成。第二，蔑剌合天文台不仅是伊利汗国各学科学术人才、技术人才的聚集之地，也是从其他国家和地区前来的学人智士工作活动的

---

1 Rashīd al-Dīn, *Vaqfnāma-ʾi Rabʿ-i Rashīdī*, ed. by M. Minūvī and Ī. Afshār, chap-i ʿaksī, p. 192, chap-i ḥurūfī, p. 152.

地方，其中包括中国的医者、僧、儒、道等。蔑剌合天文台，类似于元朝的司天台、秘书监、集贤院、崇福司等机构的合体，是一处集宗教、科学、文学等多学科研究与实践为一体的国家级学术场所。蔑剌合天文台里的中国学者，就如同元朝秘书监的札马鲁丁、广惠司的爱薛以及回回国子监中的回回人一般，担当着中国文明与波斯文明相互交流的重要媒介。第三，拉施都丁是组织、沟通、传播中国文化的最重要的人物，他的卓越贡献使得中国文化在伊朗的存在、传播和影响得以记录留存，也成为今天了解伊利汗国的中国移民的最重要证据。

第四章　元朝与伊利汗国遣使活动

如果说寓居伊利汗国的中国移民，是将以汉文明为主体的中国文明传至伊朗的主要传播者，那么元朝与伊利汗国间往来的使者，则是官方层面上沟通两国的最直接联系人。这些使者往往是受元朝皇帝或伊利汗之命往来于中国与伊朗之间，传递着两国最新、最重要的消息，为两国运送财富、物产。由于他们的活动属于官方行为，因此波斯文和汉文史料对其行迹有较多的记载，借此可以对这一时期的东西方交通路线做一考察。其中一些重要的遣使事件已经有前人研究的，[1]本章则简略述之；对以往关注较少的遣使活动，将

1　刘迎胜：《旭烈兀时代汉地与波斯使臣往来考略》，《蒙元帝国与13—15世纪的世界》，第15—28页；苗冬：《元代使臣研究》，南开大学博士学位论文，2010，第216—220页；王一丹：《孛罗丞相伊利汗国事迹探赜——基于波斯语文献的再考察》，《民族研究》2015年第4期；邱轶皓：《大德二年（1298）伊利汗国遣使元朝考：法合鲁丁·阿合马·惕必的出使及其背景》，《中央研究院历史语言研究所集刊》第87本第1分。

做详细的考述。

由于本书旨在考察中国文明对伊朗的影响，因此本章主要讨论元朝对伊利汗国的遣使活动，同时兼论由伊利汗国发起，但得到元朝回应的使者往来事件。在本章最末，亦对遣使活动的特征及交通问题予以总结和分析。

第一节　旭烈兀时期

一　告捷遣使

1258 年 2 月，旭烈兀的军队攻下了报达城，推翻了黑衣大食哈里发政权。至此，旭烈兀西征的主要任务已经完成，[1] 于是他派出了使臣前往中国向蒙哥合罕告捷。这件事情在汉文和波斯文史料中皆有记载。《元史》记载，宪宗八年（1258）二月，“诸王旭烈兀讨回回哈里发，平之，禽其王，遣使来献捷”。[2] 汉文史料记载仅此一句，十分简略，相比之下，波斯文献关于此事的记载则要详细得多。《史集·旭烈兀汗传》载：

〔旭烈兀〕把一些〔战争中获得的〕礼物和财富以及征服、

1　《元史》卷三记载，宪宗三年（1253）“夏六月，命诸王旭烈兀及兀良合台等帅师征西域哈里发八哈塔等国。”（第 47 页）

2　《元史》卷三，第 51 页。

> 胜利的喜讯送去蒙哥合罕御前，向他报告了征服伊朗王国的情况和将要出征密昔儿（Miṣr）、苫国（Shām）的事情。异密忽剌出（Hūlājū）带着这封信前去，合罕得闻这一喜讯大喜。[1]

《五世系·旭烈兀汗异密名录》中记载忽剌出的事迹时，亦称其"为了奏告征服伊朗之地的喜讯，被派去了合罕处"。[2]除《史集》《五世系》这两种波斯官方文献之外，穆斯妥菲·可疾维尼（Ḥamd Allāh Mustawfī Qazvīnī）的《武功纪》（*Ẓafar-nāma*）也记载了这件事，且对其中的细节做了详细的记述：

> 他（旭烈兀）将三分之一的战利品献给世界的君王蒙哥合罕，并决定从伊朗派出一名信使前往蒙哥合罕处，去向他报告世界的情形和状况。从众人中选出了一名信使，他知道如何与君王交流。他（旭烈兀）命人撰写一封书信，从伊朗送至那座高贵宫廷中的伟大君王，伊朗、突朗及秦的英明统治者蒙哥。[3]

《武功纪》不仅记述了旭烈兀遣使告捷的起始，可贵的是，它还详录了旭烈兀呈给蒙哥的这封信的内容。书信以"借助神（Khudāvand）的力量……在祖父成吉思汗的光辉和蒙哥合罕的赐福和命令下"开头，可以推断出原文应是"长生天气力里，蒙哥皇帝福荫里"的发端语，信中汇报了自己的军队先平定了木剌夷诸

---

1 《史集》苏联集校本，Vol. 3，p. 65；参看汉译本，第 3 卷，第 72 页。

2 《五世系》，f. 139a.

3 Mustawfī Qazvīnī, *Ẓafar-nāma*, Vol. 2, ed. by Naṣr Allāh Pūrjavādī & Nuṣrat Allāh Rastigār, p. 1232.

堡，又推翻了报达的哈里发政权，然后征服了毛夕里（Mawṣil）、鲁木（Rūm）等地区。在汇报完自己已经取得的军事成就后，旭烈兀报告说，现在正要率军攻打苫国，之后还要进军密昔儿、非洲（Ifrīqīya）和安达卢西（Andarus），一直到世界的极西之境，毁灭世上所有的君主。到那时，世界所有土地都将属于成吉思汗的后裔。[1]

《武功纪》记载，信使非常迅速地到达了蒙哥合罕处，蒙哥接到信后非常高兴，称赞旭烈兀干得好，随即命一位蒙古书记官（dabīr）撰写回信。回信同样以上天之名和成吉思汗的护助开头，表达了自己收到捷报的喜悦，称赞旭烈兀大军的骁勇善战。信末还感叹了末代哈里发木思塔昔木（Mustaʿṣim）不肯投降而自取灭亡之事。蒙哥对旭烈兀继续西进的计划表示赞同，鼓励他要让所有的君王成为他们的奴仆。他说："我现在要向东进军，击垮敌人的名号；你则从彼方率军西进，毫不留情地消灭一切敌人。你从西边，我从东边，让我们的大军如闪电般向前！"《武功纪》最后写道，敕书盖上了红色的印玺，信使快马加鞭乘驿西行，返回旭烈兀跟前复命。[2]

在《元史》和《史集》的官方简短记载之外，《武功纪》为这次告捷遣使事件补充了大量细节描述，这为了解旭烈兀西征时期，他与汉地蒙古汗廷间的关系提供了有用的信息。

首先，《武功纪》对此事件完完本本的叙述，明确了旭烈兀与蒙哥的这次通使顺利完成的事实。旭烈兀的信使忽剌出，带着蒙哥的玺书返回了伊朗。

其次，通信的内容圈定了这次遣使事件发生的时间。旭烈兀派

1　Mustawfī Qazvīnī, *Ẓafar-nāma*, Vol. 2, ed. by Naṣr Allāh Pūrjavādī & Nuṣrat Allāh Rastigār, pp. 1232-1233.

2　Mustawfī Qazvīnī, *Ẓafar-nāma*, Vol. 2, ed. by Naṣr Allāh Pūrjavādī & Nuṣrat Allāh Rastigār, p. 1233.

出忽剌出的时间，是在征服报达、毛夕里和鲁木之后，攻打苫国之前，即是 1258 年的春夏之际。使者返回的时间可根据蒙哥回信中提到的他即将东进的细节确定，当时他应该正在进攻川蜀。我们知道蒙哥率领征宋西路军于 1258 年冬季进入四川，于 1259 年 8 月殁于四川合州。由此可知，忽剌出可能是在 1258 年年末见到的蒙哥，最晚在蒙哥去世前启程返回伊朗。所以这次告捷遣使往返的时间是在 1258—1259 年间。

最后，《武功纪》记载了旭烈兀给蒙哥合罕奉献战利品的情况。关于蒙古军队的战利品分配，周思成在《13 世纪蒙元帝国军队的战利品获取和分配方式详说》一文中，提出了蒙古军在征服战争中逐渐形成了以“等级”、“份额”、“先占”和“均分”四种原则为框架的战利品分配制度，而“等级”原则和“份额”原则保证了大汗对战争所得战利品具有的最高优先权。[1] 彼时旭烈兀是作为出征宗王统治伊朗的，因此他需要不远万里地将战利品运回蒙古上缴给蒙哥。而“固定份额”是如何规定的，史料记载不一。阿拉伯史家木法匝儿（Mufaḍḍal ibn Abī al-Faza'il）的《马木鲁克算端史》中记载：“他们（旭烈兀军队）将战利品分为五份，两份送给合罕，两份分给军队，一份归于拔都家族。拔都死后，别儿哥继立，旭烈兀便不把他的那一份给他了。”[2] 而《武功纪》则给出了另一种分配方法：“当所有的财宝都聚集起来后，它们被分成三份。一

1　周思成：《13 世纪蒙元帝国军队的战利品获取和分配方式详说》，《隋唐辽宋金元史论丛》第 7 辑，上海古籍出版社，2017，第 347—358 页。

2　Mufaḍḍal ibn Abī al-Faza'il, *Moufazzal ibn Abil-Fazail: Histoire des Sultans Mamlouks*, Texte Arabe Publié et Traduit en français par E. Blochet, Turnhout: Éditions Brepols, 1982, p. 445；参看 Bertold Spuler, *Die Mongolen in Iran: Politik, Verwaltung und Kultur der Ilchanzeit 1220-1350*, p. 220；刘迎胜：《旭烈兀时代汉地与波斯使臣往来考略》，《蒙元帝国与 13—15 世纪的世界》，第 17 页。

份归属君王自己……第二份由胜利之王全部分给了军队，第三份被献给了世界之主蒙哥合罕。"[1]尽管两种史料对旭烈兀家族和拔都家族的份额记载有所出入，但分给蒙哥和军队的份额大体一致，可以得知旭烈兀献给蒙哥的战利品至少为三分之一。那么这部分战利品是否运抵中国呢？《史集》、《五世系》和《武功纪》皆未交代结果。但在波斯史料《世系汇编》中，明确了这批财富的下落。据其记载，这批战利品并未送抵，因为当这支队伍行至阿母河时，旭烈兀已得到了蒙哥去世的消息，于是下令让他们返回。[2]由此可知，肩负送信任务的忽刺出与运送战利品的队伍并不是同行的。显然送信告捷的使者速度很快，一年便往返中国与伊朗；而运输队伍则迟缓得多，直到1260年旭烈兀得知蒙哥去世时，还未行至阿母河。蒙哥死后，忽必烈与阿里不哥因争夺蒙古合罕之位爆发了战争，通往东方的道路阻断，同时谁能成为蒙古帝国新的统治者一时间难见分晓，蒙古内部的权力格局面临着重新洗牌的局面。此时的旭烈兀作为被蒙哥合罕派出的西征领袖，无法预测今后何去何从，于是在政治上保持静默的同时，下令召回了原本要献给合罕的战利品。

二　常德西使

常德，字仁卿，真定人。曾任旭烈兀在中原的分地彰德路的宣课使，1259年受命西行伊朗觐见领主。归来后，他讲述自己的西行经历，由刘郁撰成《西使记》，得以闻名。陈得芝先生考证常德

1　Mustawfī Qazvīnī, *Ẓafar-nāma*, Vol. 2, ed. by Naṣr Allāh Pūrjavādī & Nuṣrat Allāh Rastigār, p. 1232.

2　Shabānkāra'ī, *Majma' al-Ansāb*, Vol. 2, ed. by Mīr Hāshim Muḥaddiṣ, 2002, p. 263.

的生平及其在彰德路任官的时间，推算其出生年份不早于 1226 年，1251 年他已任彰德府宣课使，后改称转运使，至元元年十二月行迁转法后，可能调任他职，至元二十三年，升任路判官。[1]

常德西行的目的，松田孝一提出是为了向领主旭烈兀缴纳分地彰德的课银，报告财政情况。[2] 彰德，是旭烈兀在汉地的分地之一。蒙哥合罕赐予他这块分地的时间，史料记载不一，最早是壬子年（1252），最晚是丁巳年（1257）。[3] 松田孝一和陈得芝先后对赐封时间做了考辨。松田认为蒙哥合罕将彰德赐给旭烈兀作为分地，是为了供给西征军需，因此不可能在西征军出发数年后才分赐，应当是旭烈兀在西征前便已得封彰德，他还为彰德选任了达鲁花赤、总管、课税所经历等官员。1256 年，蒙哥又追加了相州五县给他，这一批官员于 1257 年到任。[4] 陈得芝先生以忽必烈于 1252 年受命征云南时被赐予京兆为其分地一事相类比，推断同年受命征西域的旭烈兀，也应当是在当年定下了彰德为其分地，而 1257 年则是实授分地、任命官员、实施管辖的年份。[5]

据曾任彰德属官的韩澍的墓志铭所载，分地官员觐见领主是一种惯例。但在旭烈兀西征并定居伊朗后，这种惯例由于路途的遥远

1　陈得芝：《刘郁〈〔常德〕西使记〉校注》，《中华文史论丛》2015 年第 1 期。

2　松田孝一：《旭烈兀家族的东方领地》，马翼译，内蒙古社会科学院情报研究所编《蒙古学译文选》，内蒙古社会科学院情报研究所，1984，第 34—35 页。

3　《元史·食货三·岁赐》载："五户丝，丁巳年（1257），分拨彰德路二万五千五十六户。"王恽《大元故蒙轩先生田公（文鼎）墓志铭》载："岁壬子（1252），辅国贤王定封彰德为分地，擢用贤隽，特授公为本道课税所经历。"王恽《故将仕郎汲县尹韩府君（澍）墓表》载："丙辰岁（1256），朝廷以相（相州，即彰德）之五县封太弟为采邑，继郡帅例肆觐，君毅然以民计从行。及敷对称户曹孔目官。明年春，降玺书起聘君，太原高公鸣为彰德路总管。"（《元史》卷九五，第 2417 页；《秋涧集》，四部丛刊本，卷四九，第 23 叶，卷六〇，第 13 叶）

4　松田孝一：《旭烈兀家族的东方领地》，内蒙古社会科学院情报研究所编《蒙古学译文选》，第 28—30 页。

5　陈得芝：《刘郁〈〔常德〕西使记〉校注》，《中华文史论丛》2015 年第 1 期。

而难以实行。自旭烈兀家族移居伊朗之后，史料明确记载的汉地分地向伊朗输送岁入仅有两例，一次就是常德西使，另一次是合赞汗时派出的札马鲁丁使团出使元朝，返程时带回自蒙哥合罕时期积累的分地收入。

常德一行，于己未正月甲子（二十日，1259 年 2 月 13 日）自和林出发，三月底进入伊朗境内，四月初到达伊朗北部祃拶答而（Māzandarān）地区，之后常德的行程均失载。但根据《史集》的记载，当时旭烈兀应当在蔑剌合，常德理应至蔑剌合觐见，由此推算大抵见到旭烈兀的时间不会晚于五月。常德去程一共用了四个月左右的时间，根据《西使记》所载，其往返共十四个月，可知常德当于庚申年二月（1260 年 3 月—4 月）返抵中国。常德去时的行程记录十分详细，正如《西使记》所记，是沿着驿站行进的，但返回的时间和路程皆未记载。常德返回之时，正是蒙哥去世，阿里不哥与忽必烈皆欲称汗，战事一触即发之际。此后，中国通往伊朗的道路一度因战乱中断，直至忽必烈控制大局后才再度畅通。

常德一行，除他一人外，同行人员皆不可考。对其西行的目的，大多数学者同意松田孝一的看法，即他是去向旭烈兀报告分地的税收情况并解纳课银的。陈得芝先生还提出过一个推测，他根据《史集》和《元史·宪宗本纪》所记 1258 年旭烈兀曾遣使来向蒙哥告捷的记载，推测常德出使可能还承担有“传旨嘉奖、奖赏立功将官”的任务。[1] 由于没有材料可以佐证，也只能算是一种可能性。

1　陈得芝：《常德西使与〈西使记〉中的几个问题》，《蒙元史研究丛稿》，第 616—617 页。

三　阿里不哥之乱时期的遣使

宪宗九年七月（1259年8月），蒙哥合罕殁于四川合州。1260年，一支以失秃儿（Shīktūr）为首的使团来到了当时正在叙利亚前线作战的旭烈兀处，向他禀报了蒙哥去世的消息。[1]直至此时，旭烈兀才知道蒙古帝国的大本营已经改换天地，他的两位兄弟忽必烈与阿里不哥正在为合罕之位斗争得如火如荼。有关阿里不哥与忽必烈的斗争及正统问题，学界已论述颇丰，本节仅讨论远在伊朗的旭烈兀在这场兄弟阋墙中的态度和举动。

从1259年8月蒙哥去世到1264年阿里不哥最终投降忽必烈，这五年中，旭烈兀与阿里不哥、忽必烈的遣使情况，关系到旭烈兀对待阿里不哥与忽必烈争位的态度。刘迎胜先生曾对他们的往来关系做过考辨，认为蒙哥合罕去世近一年后，旭烈兀才接到使者的报丧，是因为当时阿里不哥和忽必烈忙于争位，或也是为了减少竞争对手，所以都不约而同地对旭烈兀封锁了蒙哥去世的消息。失秃儿使团应是在1260年春阿里不哥宣布即位后，被派往旭烈兀处的。因为在阿里不哥在与忽必烈争斗之初，他控制着汉地通往西域的道路。[2]笔者认同失秃儿使团来自阿里不哥的这一推断，除了阿里不哥控制通道的原因外，还因1260年夏，阿里不哥不断声称他得到了旭烈兀、别儿哥等宗王的支持。[3]不论这种舆论造势之词是否为真，至少可以说明阿里不哥确实曾与旭烈兀联系。失秃儿一行很可能就是

1　《史集》苏联集校本，Vol. 3，p. 70；参看汉译本，第3卷，第76页。

2　失秃儿，刘迎胜译作“失乞秃儿”。刘迎胜：《旭烈兀时代汉地与波斯使臣往来考略》，《蒙元帝国与13—15世纪的世界》，第19页。

3　《史集》汉译本，第2卷，第294、296页。

为此派出的使团。使团所肩负的任务，不只是报告蒙哥合罕去世的消息，更重要的是向旭烈兀说明当时二王相争的状况，拉拢旭烈兀支持自己。正是由于阿里不哥向旭烈兀遣使，他才会大肆宣扬自己获得了旭烈兀的支持。

那么旭烈兀对待阿里不哥和忽必烈二人的态度又如何呢?《史集》记载，失秃儿使者面见了旭烈兀之后，旭烈兀为蒙哥的噩耗和阿里不哥的动乱感到忧心。[1]《史集》作为官修史书，其立场是与官方保持一致的。而《武功纪》对忽必烈与阿里不哥战争的描述，用词则显得中立得多：

> 两个显赫的兄弟为了皇位斗争。他们的追随者被杀戮，军士成批地死去。为使他们的领袖得到宝冠，人们在刀剑下丧生。在这两位突朗之地（Tūrān-zamīn）的忽思老（Khusrū）之间，每天都充满战争、仇恨和冲突。为了王权而内战，这令世界的中心感到困惑。双方的士兵在这混乱中被大量杀死，国家事务陷入混乱。在那些日子里，军队给这片土地带来了伤害。[2]

“忽思老”是波斯传统中对君主的称呼，而“两位忽思老”的表述则很值得注意。刘迎胜在《元初朝廷与西北诸王关系考略》一文中曾提到马木鲁克史家乌马里（Ibn Faḍl Allāh al-ʿUmārī）将阿里不哥称作蒙哥和忽必烈之间的皇帝，从而推断忽必烈与阿里不哥之间并非孰为正统的问题，而是一位合罕取代另一位合罕的汗位交替。[3]《武功纪》中“两位忽思老”的表述也显示出类似的倾向。即

1　《史集》苏联集校本，Vol. 3，pp. 70-71，汉译本，第3卷，第76—77页。

2　Mustawfī Qazvīnī, *Ẓafar-nāma*, Vol. 2, ed. by Naṣr Allāh Pūrjavādī & Nuṣrat Allāh Rastigār, p. 1237.

3　刘迎胜：《元初朝廷与西北诸王关系考略》，原载《中国民族史研究》，中国社会科学出版社，1987，此据氏著《蒙元帝国与13—15世纪的世界》，第39—40页。

使这一称呼不足以说明作者承认二人都是蒙古的大汗，但至少能反映出作者对他们的平等态度。而诗中对二王之争的文学描写，则体现出他始终保持着的中立立场。《武功纪》接着记述道：

> 当旭烈兀听到了这个消息，全世界都变得黑暗。他为自己的兄长悲伤，总是把头埋在双手之间。他寝食难安，精神抑郁。他头晕目眩，心中哀痛。[1]

蒙哥、忽必烈、旭烈兀和阿里不哥本为一母同胞，一时间，长兄的猝然离世和同胞兄弟的自相残杀，使旭烈兀陷入悲伤的情绪中。在感情因素之外，当时旭烈兀只接到了阿里不哥一方的消息，而未与忽必烈方面取得联系，这使他无法全面了解当时汉地和蒙古的局势，更无法做出支持哪方的决断。而且，旭烈兀西征前还在蒙古地区驻留了大批家眷、辎重，他不得不考虑其留守人员的立场。因为消息的闭塞，旭烈兀在这时不可能立即给出明确的表态，更大的可能性是持观望态度。但由于阿里不哥先与旭烈兀取得联系，旭烈兀在事态不明的情况下，也可能会倾向与他联系的阿里不哥，至少不会立即反对他。所以阿里不哥才会在战争早期称已获得旭烈兀的支持。旭烈兀与忽必烈通信的阻塞可能一直持续到 1260 年底忽必烈第一次打败阿里不哥、阿里不哥向忽必烈请和为止。

《史集》记载，阿里不哥第一次战败后向忽必烈投降，他遣使去见忽必烈时说：

1　Mustawfī Qazvīnī, *Ẓafar-nāma*, Vol. 2, ed. by Naṣr Allāh Pūrjavādī & Nuṣrat Allāh Rastigār, p. 1237.

我们这些人因为无知犯下了罪过，做了错事。我的兄长，您可以发号施令，无论您让我到任何地方，我都将前往，不再违背兄长的命令，待我的牲畜肥壮后，就前来效力。别儿哥、旭烈兀和阿鲁忽也将前来，我正等待他们的到来。[1]

忽必烈回复阿里不哥的使者道：

旭烈兀、别儿哥和阿鲁忽到那里（阿里不哥处）时，要他们务必派遣使者来，他们的使者一到，我们就可以定下应在何处集会，你们务必要谨守自己的诺言。如果你能在他们到达之前就来，就更好了。[2]

从这段对话可以看出，截至此时，忽必烈还没有与旭烈兀等远方的宗王取得直接联系，只能通过阿里不哥向他们传递消息。大概是在这次阿里不哥投降之后，旭烈兀才与忽必烈取得了联系。《世系汇编》的一段内容反映了旭烈兀与忽必烈最初通使的情况：

当哈里发被消灭后，其周边地区伊剌克、毛夕里、迪牙别克儿（Diyār Bakr）都归降了，西方诸国也顺服了他。于是他下令：从阿哲儿拜占（Āẕarbādgān，今译阿塞拜疆）向钦察行进，一直连通到其兄弟蒙哥合罕御前。因为他有两三年没有见到合罕了，他要见他。突然传来了蒙哥合罕去世的消息。

据说使者携带了全部的财富和大量的珍奇异宝行至阿母河

1 《史集》伊斯坦布尔本，f. 200b；汉译本，第 2 卷，第 298 页。
2 《史集》伊斯坦布尔本，f. 201a；汉译本，第 2 卷，第 298 页。

> 边（Āmūya）[1]，当过质浑河时，使者从驿站接到消息，旭烈兀下令命他返回。使者听从命令回去了，并带回了财富。旭烈兀汗另外遣使前往继承了蒙哥之位的他的兄弟忽必烈合罕跟前，并带去吊唁蒙哥和庆祝忽必烈即位的信。忽必烈回信中对他给予了大量的慰问、称赞和荣誉。[2]

结合《史集》和本节第一部分"告捷遣使"中所做的分析，可以大致勾勒出这段时期发生的主要史事的时间线。旭烈兀完成对报达、毛夕里、迪牙别克儿的征服是在 1258 年，此后下令向钦察进军，指的是与别儿哥作战。根据《史集》我们知道时为 1260 年春夏之际，失秃儿使团见到了旭烈兀，他接到了蒙哥去世的消息。继而，旭烈兀下令召回给蒙哥运送战利品的队伍，并向忽必烈派出使者祝贺他即位。按照《世系汇编》的说法，旭烈兀遣使忽必烈必然是在得知忽必烈登基之后。根据《史集》的记载，旭烈兀的政治天平开始倾向忽必烈，是在 1261 年上半年阿里不哥第一次战败向忽必烈请和后，此时他恢复了与忽必烈的通信，并明确了支持其即位的态度。《史集》载：

> 此时，旭烈兀和阿鲁忽都倾向合罕一边，不断地相互派遣大量使者。旭烈兀汗派去使者，责备、劝阻阿里不哥，他还遣使合罕处。同样，阿鲁忽也派遣了使者。[3]

由此看来，从 1260 年接到蒙哥去世的消息，到 1261 年遣使忽

1　Āmūya，既是阿母河的名字，也是阿母河边一城镇名，此处为后者。

2　Shabānkāraʾī, *Majmaʿ al-Ansāb*, Vol. 2, ed. by Mīr Hāshim Muḥaddiṣ, 2002, p. 263.

3　《史集》伊斯坦布尔本，f. 201a；汉译本，第 2 卷，第 299 页。

必烈支持其即位，旭烈兀大约有一年时间态度暧昧不明。对他而言，阿里不哥和忽必烈的战争是蒙古内部的一场灾难。尽早平息战争，结束蒙古内部的厮杀，恢复与东方道路的畅通，才是旭烈兀所希冀的。阿里不哥第一次战败后，其势力已经处于劣势，因此促使阿里不哥尽早认输，是最快结束这场内斗的方式。此时旭烈兀与忽必烈恢复了通使，并明确了立场。对忽必烈而言，为巩固优势，进一步争取旭烈兀等诸王的支持，他派出使臣对诸王给予了领土承诺。《史集》记载他派使者前往阿鲁忽和旭烈兀处，向他们宣布：

> 从质浑河畔到密昔儿门户，蒙古军队和大食之地，由你旭烈兀掌管，你要好好守护，以维护我们祖先的英名。从金山那一侧至质浑河的人民与兀鲁思，交予阿鲁忽看管。[1]

刘迎胜指出，这段记载表明忽必烈放弃了自成吉思汗以来大汗对阿母河以南土地的直接领有权，把它交给旭烈兀，以换取旭烈兀在政治上站在自己一边。[2] 即在此之前，旭烈兀是作为合罕的代理人代为管理伊朗等被征服地区，而二王争夺合罕位的历史际遇，使得旭烈兀获得了建立独立汗国的机会。

旭烈兀明确支持忽必烈后，希望能早日平息这场内讧。他采取了召回次子出木哈儿（Čumqar）[3] 的措施。出木哈儿是旭烈兀留在

1　《史集》伊斯坦布尔本，f. 201a；汉译本，第 2 卷，第 299 页。

2　刘迎胜：《旭烈兀时代汉地与波斯使臣往来考略》，《蒙元帝国与 13—15 世纪的世界》，第 20 页。文中，作者将这段记载的时间断于 1262 年春阿鲁忽叛阿里不哥之后，但仔细阅读《史集・忽必烈合罕纪》可以知道，这发生在阿里不哥第一次请和之后、第二次起兵之前，即 1260 年冬至 1261 年秋之间。

3　此人在《史集》中写作 Jūmqūr，汉译本译为“术木忽儿”；《五世系》波斯文写作 Chūmghār，蒙古文作 Čumqar，此据蒙古文发音译出。《史集》苏联集校本，Vol.3，p. 9，汉译本，第 3 卷，第 21 页；《五世系》，f. 139b。

蒙古看守斡耳朵的负责人，蒙哥合罕时，他在蒙哥跟前效力。蒙哥死后，由于阿里不哥接管了蒙哥的部众，因而出木哈儿归属阿里不哥麾下，他曾受阿里不哥之命与忽必烈作战。早期由于旭烈兀对二王之争持观望态度，因此没有阻止出木哈儿为阿里不哥效力。但在最后他将出木哈儿召回，命他脱离阿里不哥。《史集》记载 1264 年 1 月，出木哈儿随阿里不哥讨伐阿鲁忽时，以到撒麻耳干治病为借口，脱离了阿里不哥。[1]刘迎胜曾提出旭烈兀在与忽必烈建立联系后，并未立即召回出木哈儿的原因不明。[2]笔者推测，这是由于旭烈兀与忽必烈取得联系时，阿里不哥已向忽必烈请和，立下了不再反对忽必烈的承诺，因此在当时看来，战争已经结束，那么出木哈儿留在阿里不哥跟前，也没有多大问题。直到 1261 年秋天，阿里不哥不听劝阻，再次发动叛乱后，旭烈兀对阿里不哥与忽必烈能和平解决争端失去信心，才派人送信给出木哈儿，命他脱离阿里不哥。

尽管旭烈兀表示支持忽必烈，但他并未与阿里不哥交恶。阿里不哥彻底失败后，去向忽必烈认罪。他以罪人的身份，肩披大帐的门帘行觐见仪式（tikshimīshī kardand）。当时在场的有一位旭烈兀派去的使者成忽儿（Jinkqūr），他回去后将此事记录下来，旭烈兀知道后，派人向忽必烈传话说："如此这般地让我们的族人（ūrūgh）行使觐见之礼，使我们的诸兄弟（aqā va inī）[3]都蒙受了耻辱，这怎么能符合札撒呢？"忽必烈接受了旭烈兀的指责，此后一年未再让

1　《史集》伊斯坦布尔本，f. 202a；汉译本，第 2 卷，第 304 页。

2　刘迎胜：《旭烈兀时代汉地与波斯使臣往来考略》，《蒙元帝国与 13—15 世纪的世界》，第 21—22 页。

3　金浩东指出："蒙古人指属于同一氏族成员时经常使用 aqa de' ü（诸兄弟），这表现在《史集》中，用突厥语直译为 aqa va ini 的形式频繁出现。例如，'如果有我的亲族中的某一人违犯法令，没有全体兄弟的合议不能处罚他'。这里所引用的成吉思汗命令给我们提示'兄弟'实际上使用为'一族'的同义词。"金浩东：《蒙古帝国与"大元"》，崔允精译，《清华元史》第 2 辑，商务印书馆，2013，第 25 页。

阿里不哥前来。[1] 由此可见，旭烈兀后来虽支持忽必烈即位，但他对阿里不哥还保持着兄弟之情。事实上，旭烈兀与阿里不哥的私人关系十分亲密。旭烈兀出征西域之前，阿里不哥与宗王们在和林大摆筵席为他送行。[2] 旭烈兀最终选择支持忽必烈，更多是出于政治上的考虑和对时局的判断。而在处置阿里不哥的问题上，旭烈兀的态度对忽必烈具有一定的影响。《史集》载，在忽必烈处决了阿里不哥的心腹后，一直在等待旭烈兀、别儿哥和阿鲁忽前来共同审判阿里不哥，但几位宗王皆迟迟不到，忽必烈最终与其他宗王异密们审判，决定释放阿里不哥。忽必烈遣使征求三位宗王对审判结果的意见，更重要的是请他们来参加忽里台大会。旭烈兀得到释放阿里不哥的判决后，决定一年后动身前往蒙古。但未及出发，阿里不哥、别儿哥和旭烈兀皆相继去世。

以上梳理了阿里不哥与忽必烈争位时期，旭烈兀与阿里不哥和忽必烈的遣使往来及其对二王的态度。总结而言，旭烈兀在蒙哥去世近一年后才从阿里不哥派出的失秃儿使团处得知消息，此后一年他对拥戴哪位兄弟继承合罕之位态度不明。在阿里不哥第一次战败投降后，旭烈兀开始明确支持忽必烈。尽管在即位问题上站到了忽必烈的阵营中，但他本人与阿里不哥并未反目，更多地是以劝阻、调停的立场对待阿里不哥，并在阿里不哥彻底失败后，为他争取获得宽恕的可能。

旭烈兀在整个二王争位时期态度的变化，很大程度上受使者情报的影响。他早期政治态度暧昧，与东西方道路受阻不无关系。《马可·波罗行纪》所记述的马可·波罗的父亲尼古拉和叔叔马飞第一次前往中国途中在不花剌（Bukhārā，今译布哈拉）城滞留三年的事实，侧面印证了这一时期东西方交通的状况：

---

1 《史集》伊斯坦布尔本，f. 202b；汉译本，第 2 卷，第 307 页。

2 志费尼:《世界征服者史》，第 680 页。

> 当这两兄弟来到这座城市（不花剌）后，他们既不能前进丝毫，因为道路已被阻断，亦不能返回，因为鞑靼人之间正在大战，于是他们在这座城市驻留了三年。[1]

尽管行纪原文说当时不花剌是在八剌的统治下，但根据穆勒、伯希和的推算，老波罗们最迟在 1262 年到达不花剌，1265 年春离开那里，而八剌控制不花剌要在 1266 年之后，当是他们返程途径不花剌时留下的记忆的混淆。[2] 这段记载中所描述的前方道路阻断，显然是忽必烈与阿里不哥战乱造成的，而后方鞑靼人之战指的是发生在 1262—1264 年的旭烈兀与别儿哥之战。马可・波罗的记述展现的正是当时东西方陆路道路的阻塞情况。

第二节　阿八哈时期

一　册封遣使

旭烈兀统治末期，恰逢阿里不哥和忽必烈争位的契机，旭烈兀家族由此获得了对伊朗之地的领主权，标志着伊利汗国的正式建

1　A. C. Moule & Paul Pelliot, *Marco Polo, the Description of the World*, Vol. 1, New York: AMS Press INC., 1976, p. 76.

2　A. C. Moule & Paul Pelliot, "The Introduction" , *Marco Polo, the Description of the World*, Vol. 1, pp. 22-23.

立。1265 年 2 月 8 日，旭烈兀去世，长子阿八哈继任伊利汗位。关于阿八哈即位的过程,《史集》提供了较为详细的记载：

> 在相当于伊斯兰教历 663 年 5 月 19 日的忽客儿年，阿八哈汗驻营于察合秃（Chaghātū）〔河〕畔。……哀悼仪式举行后，所有的后妃、宗王、驸马们聚在一起，举行了有关他即位的会议。……其中失克秃儿那颜曾由旭烈兀汗授以遗嘱并委以必里克。孙札黑阿合在其他异密们之前证明阿八哈汗有权继承汗位，他（阿八哈汗）表示拒绝，并逊让于其诸弟。诸弟一起跪拜说："我们是臣下，我们认为你是父亲的继承者。"阿八哈说："忽必烈合罕是长房，怎能不经他的诏赐就登临〔汗位〕呢？"宗王和异密们说："你是宗王们的长兄，通晓古老的习俗、法规和吉祥的传说，旭烈兀汗在世时就已让你作汗位继承人，别人怎能坐上汗位呢？"全体都真心实意地同意了。相当于 663 年 9 月 3 日〔1265 年 6 月 19 日〕的牛年顺月 5 日星期五，按照纳昔剌丁·徒昔（愿真主宽恕他！）择定的日子，在室女星座照耀下，阿八哈汗在彼剌罕（Barāhān）地区察罕纳兀儿（Chaghān nāur）湖畔即位，举行了即位的全部仪式。[1]

上述记载显示，在议立新汗的时候，阿八哈曾提出汗位继承要请示忽必烈的必要性，但随后众人的劝进之语和即位仪式的举行，似乎又暗指阿八哈众望所归，当时未得忽必烈许可，就在伊朗宗亲

1　《史集》汉译本，第 3 卷，第 102—103 页，专名转写参看苏联集校本，Vol. 3，pp. 100-101。

贵族的推选下即位了。[1]不过接下来的记载显示，伊利汗国确就阿八哈即位一事遣使忽必烈：

> 他（阿八哈）在遵循宴饮庆祝即位的习俗后，着手安排国家和军队的大事。尽管他是王冠和王位的拥有者，但在忽必烈合罕陛下的急使送来以他名义颁发的玺书前，他端坐在椅子上治理国家。[2]

"端坐在椅子上"一语意为阿八哈未坐在伊利汗的王座上，而是坐在普通的椅子上摄政，直至合罕的册封使团到来。那么这个使团是什么时候来到伊朗的?《史集》记载说五年后的669年3月20日（1270年11月6日），元朝使团到达伊朗，不久后阿八哈第二次登上了王位：

> 合罕的使臣们来到，他们带来了赐给阿八哈汗的诏旨（yarlīgh）、王冠（tāj）、礼物，让他继承自己的光荣的父亲成为伊朗地区的汗，沿着父祖的道路前进。669年4月10日星期三（1270年11月26日），相当于马年……月，他在察合秃地方按照合罕圣旨，第二次登上汗位。[3]

按照《史集》的记载，阿八哈曾举行了两次即位仪式：第一次是在先汗去世后不久，由蒙古宗亲、异密集会推选后举行的；第二次是元朝册封使团到来后举行的。根据这些记载，研究者多认

1　参看 Thomas T. Allsen, *Culture and Conquest in Mongol Eurasia*, p. 25。

2　《史集》汉译本，第3卷，第103—104页。

3　《史集》汉译本，第3卷，第136—137页，专名转写参看苏联集校本，Vol. 3，p. 139。

为阿八哈是由伊朗方面选定后呈报给忽必烈的新汗，他第一次即位时并未得到忽必烈的认可，直到数年后元朝册封使团抵达伊朗后，他才真正具有了继承伊利汗国王位的合法性。[1]然而，《史集》之外的其他波斯史料却多有显示，在旭烈兀去世后，伊利汗国即为新汗人选一事遣使忽必烈，忽必烈当即任命阿八哈为旭烈兀的继承者。也就是说，阿八哈的第一次即位，就已经获得了忽必烈的认可。

《瓦撒夫史》（*Tārīkh-i Vaṣṣāf al-Ḥażrat*）记载：

> 当战争结束、岁月如常后，他（旭烈兀）去世了。他们商讨要从诸子中选出一位继承汗位。旭烈兀有十二个儿子，每一位都闪耀在天宫帝星中，如松柏般屹立于君王的草地上。他们是：阿八哈、要束木（Yushmut）、秃不申（Tubsīn）、忙哥帖木儿（Munku Tīmūr）、耶思答儿（Yizdār）、弘吉剌台（Qunghirātāy）、阿泽（Ājāy）、铁失（Takshī）、帖古迭儿（Tikūdār）、术失怯卜（Jūshkib）、也速迭儿（Yisūdār）、出木哈儿（Jūmqār）。如诗云：
>
> 令你头戴皇冠，脚踏王座。
>
> 然而稳固而永恒的统治、公正的印章、正义之剑、左右人马皆归于阿八哈。阿儿浑阿合、完泽哈敦和其他哈敦、诸王、那颜，遵照成吉思汗的法令聚集在一起，然后派出使者前往合罕御前汇报此事，并询问汗位之所归。他们共同呈上一封书

1　Bertold Spuler, *Die Mongolen in Iran: Politik, Verwaltung und Kultur der Ilchanzeit 1220-1350*, S. 221; Thomas T. Allsen, *Culture and Conquest in Mongol Eurasia*, p. 25; 徐良利：《伊儿汗国史研究》，第 85 页。

信，一致同意听从命运的安排，拥护阿八哈的令旨。[1]

穆斯妥菲·可疾维尼在其《选史》(*Tārīkh-i Guzīda*) 中也记载道：

成吉思汗之子拖雷之子旭烈兀之子（阿八哈）在他的父亲〔去世〕之后，按照忽必烈合罕的旨意，君主之位被授予了他，他的名字被写在圣旨的标题上。他在回历 663 年 9 月登上了王位。[2]

如果说《瓦撒夫史》和《选史》的记载对遣使忽必烈的时间和过程还不太明确的话，那么《武功纪》则以充分的细节叙述了这一事件，进而证明旭烈兀去世后，伊利汗国和元朝之间曾完成了一次迅疾的出使，这次出使确定了阿八哈接替旭烈兀继任伊利汗的合法性。

许多显贵欲让要束木成为世界之王，也有一些人推选阿八哈。他们围绕此事讨论了许久，最后全体做出了一致的决定，派一名聪慧、勇敢的异密到英明的忽必烈那里，向他汇报众人商讨的意见，并请他做出裁决。每一位支持者，都希望自己支持的宗王登上王位。

失烈门（Shīramūn）被委以此任，他是一位能言而聪慧的异密。众人共同约定，一百天供其往返。勇猛的异密迅疾如

1　《瓦撒夫史》哈默尔刊本，Band 1, Deutsche Übersetzung, S. 98, Persischer Text, S. 102；孟买石印本，pp. 52-53.

2　Mustawfī Qazvīnī, *Tārīkh-i Guzīda*, ed. by ʿAbd al-Ḥusayn Navāyī, p. 591.

风，从昌盛、幸福的帖必力思城出发，来到了中都（Jungdū）忽必烈处。他汇报了情况，得到了回复。他从皇帝那儿领到一道圣旨，上面写着荣耀的阿八哈之名。骄傲的异密九十日便回到了帖必力思的宗王面前。他连去带回三个月，完成了三年的路程。

忽必烈的圣旨到了："王位交给幸运的阿八哈，他应成为世界之王。我将那个国家（指伊朗）全权授予他，愿幸运伴随着这位国王。"在忽必烈汗公正的裁决下，阿八哈成为伊朗之王。月亮也俯首于王冠之前。663年，幸运之星的旗帜升起，在吉祥的斋月第3天，国王开始了对这个国家的统治。[1]

《武功纪》的描述为我们充分了解阿八哈的即位过程提供了宝贵的信息。

首先可知，旭烈兀死后，阿八哈可能并不是新汗的唯一人选，尽管他无疑是最有优势的候选人。要束木是旭烈兀第三子，跟随旭烈兀西征来到伊朗，在征服战争中立下不少功劳。他曾为谋求伊利汗之位而有所活动，这在《史集》中也有含蓄的体现。《史集》记载旭烈兀去世后，要束木前来探寻情况，在发现自己没有即位的机会后，返回了驻地。[2]

其次，《武功纪》的记载让我们重新考量阿八哈汗位的获得与忽必烈的关系。伊利汗国为推选新汗之事遣使忽必烈已是不争的事实，使者名字的出现增加了记载的可信度。失烈门是西征大将搠力蛮（Jūrmāghūn）之子，其本身也是地位很高的大异密。由他担任信

1　Mustawfī Qazvīnī, *Ẓafar-nāma*, Vol. 2, ed. by Naṣr Allāh Pūrjavādī & Nuṣrat Allāh Rastigār, pp. 1266-1267.

2　《史集》苏联集校本，Vol. 3，p. 100；汉译本，第3卷，第102页。

使出使元朝，体现出这次遣使任务之紧要。关于伊利汗国汗位继承与元朝大汗的关系，施普勒曾评价说："这些被征服的土地被授予了旭烈兀家族，所以大汗必须尊重其汗位继承权。他唯一可以干涉的机会是在其发生争端时介入。尽管如此，直至 1295 年，更准确地说是在 1294 年忽必烈去世之前，他们的汗王都要得到大汗的承认。"[1] 然而《武功纪》的记载使我们看到，在阿八哈即位之际的这次遣使，并非只是想得到忽必烈对他们已经选定的新汗的"承认"，而是要请忽必烈做主为他们决定谁为新汗。如果这一记载真实，阿八哈的确是在多个候选人中被忽必烈选定，并且是在使者将这一旨意带回伊朗后才宣布即位的，那么《史集》中阿八哈所说的"忽必烈合罕是长房，怎能不经他的诏赐就登临〔汗位〕"之语就并非只是一句谦辞了。彼时旭烈兀家族刚刚获得独立汗国的地位，而这一地位是凭借支持忽必烈战胜阿里不哥的政治投资获得的，因此伊利汗国的合法性就与忽必烈作为蒙古合罕的合法性紧密相连。伊利汗国和元朝的建立，标志着旭烈兀家族与忽必烈政治联盟的形成。面临着汗国独立后的第一次汗位交替，阿八哈及伊朗的蒙古集团对汗位的合法性有着特殊的重视。他们通过对大汗忽必烈意见的尊重，来巩固刚刚从他那里获得的藩国的地位。因而在阿八哈即位这一问题上，忽必烈表现出的影响力恐怕也要超出我们以往的认知。

再次，关于这次遣使，《武功纪》记载了一个匪夷所思却又具有相当可信度的细节，即失烈门仅用了三个月便往返伊朗和中国，这大大超出了我们对两国之间交通速度的认知经验。中国与伊朗的陆上交通，通常单程需耗时一年左右。但信使往往能发挥出较快的速

1　Bertold Spuler, *Die Mongolen in Iran: Politik, Verwaltung und Kultur der Ilchanzeit 1220-1350*, S. 221.

度。例如本节第一部分谈到的告捷遣使，使者忽剌出从去到回大约就只用了一年。除了《武功纪》的记载之外，已知两国之间速度最快的一次通行是常德的出使，从蒙古高原到伊利汗廷单程历时四个月。对比而言，失烈门的九十日往返速度，着实令人难以置信。然而这条记载又具有相当的可信度。因为作者穆斯妥非很显然清楚地知道两国间正常的交通速度应是多少，九十日往返有多么的超乎想象，所以他特意强调说失烈门是用三个月完成了三年的路程。这说明“九十日”并非是作者运用的夸张修辞，而可能是对真实事件的记录。此外作者还提到一百天往返的约定，也就是说，如果失烈门的出使失败了，未能及时带回忽必烈的旨意，那么伊利汗国方面就要另做安排。这次出使速度之惊人，正是由于彼时伊利汗国的汗位虚位以待，伊朗方面急于得到元朝皇帝的意见来确立新汗。所以从逻辑完整性上看，限时出使是合情合理的。那么，从现实角度判断，信使有没有可能完成这一壮举呢？根据党宝海对元代乘驿速度的研究，疾驰一昼夜至少 500 里，最快可达 800 里。[1] 若按 500 里 / 天的速度计算，从帖必力思到汗八里为 8000—9000 公里，单程 35 天左右可达。若要 90 天往返，平均每日则需行 350—400 里。当时阿里不哥之乱已平，东西方道路重新通畅，即使失烈门不可能如驿传那样日夜兼行，这一速度理论上也是可以达到的。也就是说，九十日内往返在理论上是可能的。而且,《史集》记载阿八哈第一次即位的时间与《武功纪》失烈门九十日往返的时间暗合。《史集》记载，从阿八哈在宗亲大会中提出即位要得到忽必烈的同意，到他第一次即位，其间恰好有三个多月的空档。对此拉施都丁未做解释。现在结合《武功纪》的说法，这三个月很可能正是失烈门出使

1　党宝海:《蒙元驿站交通研究》，第 239—240 页。

元朝的时间，待失烈门带着忽必烈的圣旨返抵伊朗后，阿八哈才举行了即位仪式。如果三个月往返中国是真实的，那么此例便可大大刷新我们以往对中伊之间陆路交通速度的认知。而这次紧急遣使，无疑是目前所见中伊交通史上行进速度最快的一次。

最后，关于《史集》所记 1270 年忽必烈册封使团的到来和阿八哈第二次即位。根据《武功纪》的记载可知，失烈门的出使是非常紧急的，所以他带回伊朗的可能只有一道圣旨。而元朝对藩国新汗的封赏（王冠、印玺、礼品等）不可能立即备好带回，所以要另派正式的使团送达。那么，正式的册封使团为何迟至五年后才到达伊朗呢？这与中亚再次爆发战争有关。阿八哈即位后不久，阿里不哥去世，他原本的支持者海都发起反叛，元朝西北重燃战火，忽必烈派皇子那木罕出征讨伐。同年，察合台兀鲁思汗王阿鲁忽去世，汗位先后从木八剌沙转入八剌手中，引起了海都、忙哥帖木儿的反对，三方力量在中亚地区不断冲突，最终在 1269 年春天于塔剌思集会上达成同盟，共同对付元朝和伊利汗国。1270 年 4 月八剌入侵呼罗珊，阿八哈进行反击并在 7 月最终击败了他。同年 11 月，合罕使团到来，对阿八哈进行了册封和赏赐。忽必烈使团这时抵达伊朗，与阿八哈战胜八剌有关。根据《武功纪》的记载，忽必烈赐封阿八哈的圣旨中，明确表彰了阿八哈战胜八剌的功绩，并再次认定阿八哈是旭烈兀的优秀继承人，将伊朗之地授予他。[1] 这说明忽必烈是在 7 月阿八哈战胜八剌之后派出了册封使团，三四个月后抵达了伊朗。[2]《武功纪》还记载阿八哈再一次举行即位仪式后，让使者携

1　Mustawfī Qazvīnī, *Ẓafar-nāma*, Vol. 2, ed. by Naṣr Allāh Pūrjavādī & Nuṣrat Allāh Rastigār, p. 1281.

2　这个行进速度与常德西使的速度一致，常德从和林出发，三个月抵达伊朗北部祃拶答而。表明驿道顺畅情况下，三四个月的单程属于正常速度。

带进献给忽必烈的各种珍稀宝物回到中都（即汗八里）。[1]笔者认为，忽必烈此次遣使，名义上是为阿八哈完成迟来的册封，实际上更是为了加强与伊利汗国的同盟关系，共同对付察合台汗国和窝阔台汗国。

事实上，在合罕使团到来之前，元朝并未完全失去与伊利汗国的联系。《史集》记载1270年4月，阿八哈汗在沙鲁牙子（Sharūyāz，后来的孙丹尼牙）时，从忽必烈合罕处派来的一名叫帖怯彻（Tikājik）的使者前来觐见。这名使者在途中被八剌截获拘留，后伺机逃跑，换了十匹马奔来，到达后他向阿八哈汗报告了他所目睹到的八剌一方的情况。[2]这表明当时中亚段的交通因为八剌控制而并不顺畅，但驿道还可以正常使用。这也表现在《马可·波罗行纪》的记载中：

> 当伟大的君主授命于两兄弟及其所遣往教皇处的他的贵族（baron）及使团后，又命人授予他们镌刻有御宝和按照他们的惯例铭文的金牌，上书：三位使者来自伟大合罕处，所到其治下的任何地方，官员必须供应其所需食宿，安排舟船、马匹和人役护卫他们前行至下一站，〔提供〕其所可能经行之路途中所需一切物资。如同大可汗本人亲行，违者论罪。当这三位使者——尼古拉阁下、马飞阁下和另外一名使者，将一切必备行装准备妥当后，他们告别了他们伟大的君主。他授予他们此物，他们携带着诏书和金牌，乘马踏上旅途。
>
> 他们骑行二十日后，与两兄弟同行的使者——鞑靼贵族

1 Mustawfī Qazvīnī, *Ẓafar-nāma*, Vol. 2, ed. by Naṣr Allāh Pūrjavādī & Nuṣrat Allāh Rastigār, p. 1281.

2 《史集》苏联集校本，Vol. 3，p. 120；参看汉译本，第3卷，第120页。

> 豁哈塔勒（Cogatal）患病而无法前行，留在名为阿剌（Alau）[1]的城中。当尼古拉阁下和马飞阁下看到他们的同伴——那位患病的贵族过了许多天还因病痛无法继续前行时，对他们来说似乎只能与他分别了。于是带着他的祝愿和许多建言，他们离开他又重新踏上旅程。我要告诉你们，仅凭他们持有的一面具有君主权威的金牌，他们行至各处所受到了热情的关怀和尊贵的服务，他们的所有需求都被满足，侍卫护送他们。我还能告诉你们什么呢？他们骑行多日，终于抵达小亚美尼亚的海滨城市剌牙思（Laias）[2]城。我要告诉你们，他们从离开伟大合罕的领地后，艰难抵达剌牙思用了整整三年。这是因为恶劣的天气使他们无法骑马，严寒、暴雪、冰霜，时而降落的大雨使河道涨水。许多地方道路艰难，无法通过，致使他们到达剌牙思如此延迟。[3]

马可·波罗的父亲和叔叔第一次返回欧洲的时间是1266年至1269年，这正是窝阔台汗国、察合台汗国与钦察汗国冲突不断的时期，但马可·波罗的记载反映出即使发生战争，驿道仍然正常运转。在他的记述中，元朝皇帝的牌子在整个蒙古帝国（包括敌对势力）境内是完全具有效力的，而牌子所代表的提供各方面帮助的旨令也都得到切实执行。帖怯彻和波罗兄弟的例子都说明，八剌封锁道路的行动，可能只是针对那些具有传递情报倾向的元朝使臣，而

1　伯希和根据贝内代托（Benedetto）的意见指出，这可能是一处笔误。Paul Pelliot, “Alau”, *Notes on Marco Polo*, Vol. 1, p. 26。

2　位于地中海亚历山大勒塔湾（Gulf of Alexandretta）附近，属叙利亚。参看 Paul Pelliot, “Laias”, *Notes on Marco Polo*, Vol. 2, pp. 760-761。

3　A. C. Moule & Paul Pelliot, *Marco Polo, the Description of the World*, Vol. 1, pp. 79-80.

其他人员仍可使用驿道往来。但同时应该注意到，战乱还是一定程度上阻碍了驿道的畅通性。马可·波罗所说的影响老波罗行进速度的“道路艰难”，除了天气原因，可能还因汗国之间战乱导致驿道未能得到较好维护。

二 阿鲁出使

阿八哈汗时期，有一名叫阿鲁的蒙古人曾出使元朝后返回伊朗，其事迹见于《史集》和《五世系》。《史集·札剌亦儿部》记载：

> 兀牙惕（Ūryāt）部[1]的斡歌来（Ūkalāy）火儿赤，随旭烈兀汗一同前来，成为了哨卫（qūra'īūl）[2]。阿鲁（Ārūq）和不花（Būqā）是他的儿子，为阿八哈汗效力。有一回，阿鲁出使合罕处，从那里带回了青印（kūk tamghā），这边就将所有的首思赤（sūsunjī）[3]交给他掌管。此后，在阿八哈汗的安排下，他成为了异密。不花起初是一名税官（tamghāchī），并掌管着皮毛库；至阿合马和阿鲁浑汗时，他成为了受尊敬的异密。[4]

---

1 兀牙惕部是札剌亦儿部的十个分支部落之一。

2 这个词来自蒙古语 qara'ul，意思是哨望、瞭望。《元朝秘史》作“合喇兀仑”，旁注“哨望的”。《华夷译语》作“哨瞭，哈剌温”。见乌兰校勘《元朝秘史（校勘本）》卷七，第229页；《华夷译语》，《北京图书馆古籍珍本丛刊》6辑，书目文献出版社，1990，第112页。

3 首思赤是掌管发放口粮的官吏。方龄贵考证该词出自蒙古语 ši'üsün，本意为汤、汁、肉，口粮。元明文献中有多种译名，《元朝秘史》写作失兀速讷，旁译“分例的”，总译“廪给”；《元典章》《通制条格》《元史》作“首思”；《高昌馆杂字》作“守尊”等。方龄贵：《古典戏曲外来语考释词典》，第293—298页。

4 《史集》苏联集校本，Vol. 1 part 1，p. 143；参见汉译本，第1卷第1分册，第155—156页。

《五世系》的阿八哈和阿鲁浑的异密名录中，都记载了这位阿鲁。他的名字写作 Arūq、Ūrūq 或 Arīq，[1] 所载事迹与《史集》一致。阿鲁出使合罕的目的在波斯史料中皆未记载，只知道他带回了“青印”而受到伊利汗的重用。关于“青印”，巴托尔德根据阿鲁的这条材料认为，青印是在隆重场合中钤盖的一种汗印。[2] 但伯希和反驳了他，他说已知的蒙古君主的印文只有朱色，而未见有青色。阿鲁带回的这个“青印”，或是蒙古谱系的缮本，或是蒙古最高法官的裁决文书。[3] 后来，他又根据《元史》和《元朝秘史》对“青册”的记载，提出阿鲁带回的“青印”抑或是蒙古人用于登记分配户口的青册。[4] 笔者认为阿鲁带回的“青印”是青册的可能性较大。因为《元史》中有一条阿八哈汗时遣使的记录，记载至元十二年（1275），阿八哈大王遣使将在汉地的七千户打捕鹰房民匠奏归朝廷。[5] 这七千户打捕鹰房民匠是蒙哥合罕时赐封给旭烈兀的，阿八哈汗时主动提出还给元朝。松田孝一推测可能是由于当时旭烈兀家族已经全部移居伊朗，远离汉地，难以管理，因此提出交还朝廷。[6] 李兴认为打捕鹰房民匠为旭烈兀家族私属人口，由于路途遥远不便管理，因而交给元朝朝廷代为管理。后来在合赞汗时，元成宗又重新为这一众打捕鹰房民匠设置“管领本投下大都等路打捕鹰房诸色人匠都总管府，秩正三品，掌哈赞大王位下事”，“官吏由伊利汗选

1 《五世系》，ff. 142b、146b.

2 巴托尔德：《蒙古入侵时期的突厥斯坦》，第 440 页。

3 伯希和：《〈蒙古侵略时代之土耳其斯坦〉评注》，冯承钧译《西域南海史地考证译丛三编》，商务印书馆，1962，第 29—34 页。

4 伯希和：《阔阔迭卜帖儿及户口青册》，冯承钧译《西域南海史地考证译丛三编》，第 50—53 页。

5 《元史》卷八五，第 2141 页。

6 松田孝一：《旭烈兀家族的东方领地》，内蒙古社会科学院情报研究所编《蒙古学译文选》，第 31—32 页。

用”。[1] 从时间上看,《元史》记载的这次阿八哈遣使奏归七千户打捕鹰房民匠，符合阿鲁出使的时间段，说明出使的人有可能就是阿鲁。旭烈兀家族在汉地的封户隶属状况发生变化，就会引起青册的变动。而阿鲁带回的“青印”可能就是七千户打捕鹰房民匠户口变动后的青册。

三　遣使贸易

《元史》载，至元十年（1273），忽必烈“诏遣扎朮呵、押失寒[2]、崔杓持金十万两，命诸王阿不合市药狮子国”。[3]

把·赫卜烈思（Bar Hebraeus）的《叙利亚编年史》记载阿八哈时，有一位亦儿必勒（ʾArbil）的基督徒、大商人押忽不（ʾA ʿLām al-Dīn Yaʿqūb）从忽必烈合罕处前来，行至呼罗珊时去世。同行有一名合罕的使者，畏兀儿人修道士要束木（ʾAshmūt），率领押忽不的儿子们来到阿八哈汗处。阿八哈高兴地接见了他们，封赏押忽不之长子麻速忽（Masʿūd）为毛夕里及亦儿必勒的异密，命要束木为其执政官（administrator）。此事发生在 1276 年。[4]

多桑书中使用了这条史料，洪钧《元史译文证补》认为,《元史》中的“押失寒”就是西方史料中的“阿释谟特”（要束木），两

1　李兴:《旭烈兀和伊利诸汗在中原的封户》,《蒙古史研究》第 13 辑，内蒙古人民出版社，2020，第 23—24 页。

2　《元史》中华书局点校本未将“扎朮呵、押失寒”两人名点断，而是当作一人之名处理。

3　《元史》卷八，第 148 页。

4　Bar Hebraeus, *The Chronography of Gregory Abūʾl Faraj, the Son of Aaron, the Hebrew Physician Commonly Known as Bar Hebraeus: Being the First Part of His Political History of the World*, Vol. 1, tr. by Ernest A. Wallis Budge, p. 456.

种史料记载的可能是同一件事；其间三年的时间差，对旅途来说过于漫长，可能是途中采办药物的缘故。[1] 洪钧的论证存在问题。从人名勘同上，《元史》中的“扎朮呵”当为“扎木呵”之误，更多写作“札木合”，系蒙古语人名；“押失寒”与“要束木”语音上尾字无法勘同；“崔杓”，为汉人之名。而《叙利亚编年史》中提到的三个人物，押忽不、麻速忽和要束木，没有一个能完全勘同。出使目的上，《元史》记载的这次遣使是携巨款通过伊利汗国往狮子国采买药物；《叙利亚编年史》记载的几位到了伊利汗国后，却被阿八哈派去地方长期为官了。两者情况不符。洪钧对两条材料三年的时间差解释为“以采药之故，纡缓程途乎？”这也是不合理的。忽必烈派遣使者到伊利汗国面见阿八哈，是要通过他执行采买任务，不应未觐见诸王便自行采买了。综上所述，中西史料的两条记载，当是两次不同的遣使活动。

《元史》所记三位使者到狮子国市药，应是一种国家出资的官本贸易行为。这三位使者兼有斡脱商人的身份。在蒙元时代，合罕拿出国库之币交给斡脱，让他们到海外采买经营的现象十分常见。狮子国即今天斯里兰卡，又称“锡兰”，是南印度的重要贸易港口。忽必烈遣使赴狮子国采买，为何要从伊利汗国周转？这是由当时的历史局势决定的。宋元时期，狮子国处于南印度马八儿（Maʻbar）的势力范围之下，[2] 而马八儿的统治者先后出自忽里模子（Hurmūz）的哈剌哈底（Qalhāt）家族和怯失岛（Kīsh）惕必（Ṭībī）家族，这

1　洪钧著，田虎注《元史译文证补校注》，河北人民出版社，1990，第185页。

2　刘迎胜：《宋元时代的马八儿、西洋、南毗与印度》，原载《文化杂志》第23期，澳门文化司署，1997，此据氏著《海路与陆路——中古时期中西交流研究》，第46—52页。

两个波斯湾商业家族与伊利汗国的蒙古政权有着密切的联系。[1]另外，忽必烈派出这三位使者的时候，元朝尚未攻灭南宋，蒙古人与南印度的海路贸易关系还未建立起来，因此前往南印度经商，需从陆路迂回而至。在这种局面下，由陆路先赴伊利汗国，再由伊利汗国协助前往南印度采购，是十分合理的。

使者所持十万金是一笔巨资，据学者换算，当时中统钞“十五贯倒赤金一两”，此次采买共动用一百五十万贯钱。[2]这一方面表明忽必烈对此次采买的大力支持；另一方面说明所采之药可能不是某种医药，而是转运至那里的来自东南亚和波斯、阿拉伯地区的珍奇香料。像这样规模的皇室海外采购行为，之后还屡屡出现。蒙古皇室对海外奇珍异宝的热衷，从客观上促进了中国与海外的物质交流和贸易的发展。

第三节　阿鲁浑时期

一　孛罗、爱薛使团和斡耳朵海牙出使

1282 年 4 月，阿八哈汗在哈马丹去世。6 月，他的兄弟、旭烈

1　Ralph Kauz, “The Maritime Trade of Kish during the Mongol Period” , in: *Beyond the Legacy of Genghis Khan*, ed. by Linda Komaroff, pp. 51-67. 汉译参看廉亚明《蒙古时代怯失的海上贸易》，徐忠文、荣新江主编《马可·波罗　扬州　丝绸之路》；邱轶皓《大德二年（1298）伊利汗国遣使元朝考：法合鲁丁·阿合马·惕必的出使及其背景》，《中央研究院历史语言研究所集刊》第 87 本第 1 分。

2　廖大珂：《元代官营航海贸易制度初探》，《厦门大学学报》1996 年第 2 期。

兀汗第七子阿合马即位。但他的统治十分短暂，两年后的1284年8月，阿合马被阿八哈之子阿鲁浑处死。处死阿合马的次日，阿鲁浑在玉咱合赤（Yūz Āghāj）即位。此后，孛罗丞相、爱薛怯里马赤的合罕使团到达伊朗。关于孛罗、爱薛出使伊朗的史事，先后有韩儒林、余大钧、爱尔森、金浩东等学者做过考述。[1]根据汉文史料的记载，孛罗使团出发的时间是在1283年夏四月，[2]又据《史集》记载，他们于1284年冬抵达伊利汗的冬营地阿兰。之后又过了一年，在1286年2月，另一位使者斡耳朵海牙（Ūrdūqiyā）从忽必烈处抵达伊朗，带来了册封阿鲁浑为伊利汗、大异密不花为丞相的诏敕。[3]

关于这两支合罕的使团前后间隔不久抵达伊利汗国这一情况，学者有多种解释。爱尔森认为孛罗赴伊朗，并不仅仅是合罕的使者，还是忽必烈派驻伊利汗国的代理人，代表合罕在伊利汗国行使宗主国权力；而斡耳朵海牙是阿合马未被推翻之前，被阿鲁浑派往元朝向忽必烈寻求政治支持的使者，他成功地获得了忽必烈对阿鲁浑的敕封后返回伊朗。爱尔森的根据是：从阿合马被处决到斡耳朵海牙到达伊朗历时仅17个月，若是等阿合马死后阿鲁浑才遣使去元朝请封，一来一回时间显得太仓促；此外，忽必烈的诏敕中专门对不花的册封，正是表达合罕支持阿鲁浑发动对阿合马的政变。然而，金浩东对此持不同看法，他认为孛罗是在阿八哈去世和阿合马

1 韩儒林：《爱薛之再探讨》，《穹庐集》；余大钧：《蒙古朵儿边氏孛罗事辑》，《元史论丛》第1辑；Thomas T. Allsen, *Culture and Conquest in Mongol Eurasia*, pp. 27-28, 71-73；金浩东：《蒙元帝国时期的一位色目官吏爱薛怯里马赤（Isa Kelemechi，1227—1308年）的生涯与活动》，《欧亚译丛》第1辑。

2 程钜夫：《拂林忠献王神道碑》，《雪楼集》卷五，元代珍本文集汇刊本，台北："中央"图书馆，1970，第244页。

3 《史集》苏联集校本，Vol. 3，pp. 204-205；参看汉译本，第3卷，第193—194页。爱尔森将孛罗一行到达伊朗的时间算晚了一年，误作1285年年末。

即位大约一年后出发的，有可能是为了传达册封阿合马的敕书而去的。但孛罗一行到达伊朗后，阿合马已被推翻，因此他们的任务已经失效。而斡耳朵海牙一行，虽然 17 个月略显仓促，但仍是可能往返一趟的。

笔者认为，孛罗丞相并非忽必烈派驻在伊利汗国的代理大臣，这一点也已被许多研究者论证。最直接的证据是爱薛返回元朝时，孛罗曾与之同行，但因中途遇阻，才又返回了伊朗。爱薛返回中国后，忽必烈对孛罗的不归显示出不满，这都说明孛罗不是受忽必烈之命留驻伊朗的，他与爱薛确实只是出使伊利汗国的使者。[1] 孛罗使团人数较多，已知姓名的随行人员除副使爱薛怯里马赤外，还有爱薛之子阿实克岱和阿速族阿儿思兰之孙忽儿都答。[2] 由该使团所派使者身份之高，人数之多，行走历时之久（超过一年半），可以推测他们应当携带了一定的物资，配备了一定数量的护卫。所以他们不是普通的传递消息的急使，而应是具有一定规模的外交使团。那么，是否像金浩东所说，其出使的目的是吊唁阿八哈汗、赐封阿合马呢？笔者认为不应如此。《秘书监志》记载了至元二十三年（1286）三月，爱薛已经出现在元大都忽必烈面前了。[3] 又根据爱薛的《神道碑》和姚燧为阿实克岱所作《制文》所记，他们返回元朝途中遭遇叛王兵乱，孛罗返回了伊朗，而爱薛等人

1　张帆教授新近提出，孛罗滞留伊朗不返的原因，可能与他在元朝时曾与权臣阿合马合作执掌朝政，阿合马问罪后，他的政治生涯受挫相关。张帆：《断裂人生的散落碎片——元朝“孛罗丞相”史事拾遗》，2020 年 11 月 28 日“复旦文史讲堂”报告。

2　姚燧：《考崇福使阿实克岱追封秦国忠翊公制》，《牧庵集》卷二，四部丛刊初编本，第 11—12 叶；《元史》卷一二三，第 3038 页。伯希和认为《元史》中的忽儿都答就是《史集》的斡耳朵海牙，已被金浩东证否。

3　《秘书监志》卷三，高荣盛点校，浙江古籍出版社，1992，第 54 页。

从“间道”绕路回到元朝，[1]可知爱薛等人应在1285年上半年就早早从伊朗返程了，而那时斡耳朵海牙尚未到达伊朗。如果孛罗一行肩负的是赐封伊利汗的使命的话，那么在未完成任务的情况下，正副使等主要使臣就急着返回元朝是不合情理的，理应派出使者向忽必烈汇报情况，等待合罕的新的指令。然而事实是他们未等使者斡耳朵海牙抵达伊朗宣布合罕的圣旨就离开了伊朗，这证明孛罗一行的目的并非册封阿合马为继承者。正如爱尔森所认为的，阿合马即汗位从未获得过元朝的承认，《元史·宗室世系表》中记录旭烈兀大王位下的诸王名录中没有阿合马的名字。[2]且后来斡耳朵海牙带来的册封敕书的内容是，令阿鲁浑继承其父之位为汗，[3]而非接替阿合马之位。这些都隐约说明了元朝并未对阿合马的汗位予以承认，所以孛罗使团也不应承有册封阿合马的使命。那么如此大的一次遣使行动的目的是什么呢？笔者认为他们可能是忽必烈派来宣告元朝攻灭南宋的喜讯，并对诸王进行封赏的。1279年崖山之战后，蒙古人彻底消灭了南宋政权。平宋后，朝廷将江南之地分封给贵戚功臣作食邑，对旭烈兀家族增授宝庆路为分地。[4]此外，1276年爆发的失里吉叛乱，在1281年被元朝军队彻底平定。在忽必烈解决了南宋和失里吉两方的军事行动后，组织一次使团出访西域的同盟藩国，通过赏赐联络感情，是比较合理的解释。

---

1 爱薛《神道碑》载:“还遇乱，使介相失。公冒矢石出死地，两岁始达京师。”《制文》言:“属叛王阻兵于北荒，致懿亲绝使于西海。责从间道以往，奚翅乎十万里之遥？竟怀重宝而归，已忽焉四三年之久。”见程钜夫《拂林忠献王神道碑》,《雪楼集》卷五，第244页；姚燧《考崇福使阿实克岱追封秦国忠翊公制》,《牧庵集》卷二，第12叶。

2 Thomas T. Allsen, *Culture and Conquest in Mongol Eurasia*, p. 26.

3 《史集》苏联集校本，Vol. 3，p. 205；参看汉译本，第3卷，第194页。

4 许有壬:《西域使者哈只哈心碑》,《至正集》卷五三,《元人文集珍本丛刊》第7辑，第251页。参看松田孝一《旭烈兀家族的东方领地》，内蒙古社会科学院情报研究所编《蒙古学译文选》，第36—37页。

与之相比，一年后到达的斡耳朵海牙使团，则是一支急使。斡耳朵海牙，根据《五世系》《史集》记载，出自畏兀儿部，是阿八哈和阿鲁浑的速古儿赤（sügürči，掌御服者）。阿八哈死后，他在阿鲁浑身边效力。他被阿鲁浑派往中国的具体时间不明，但史料显示1284年春天时他还在阿鲁浑身边。[1]最迟不晚于8月处死阿合马、阿鲁浑即位时，他被派往忽必烈处。[2]也就是说，斡耳朵海牙是在1284年春夏之间出发前往中国的，在1286年2月返回到伊朗。往返一趟所用时间不到两年，时间并不算充裕，可以推断他们是小队人马倏来忽往的。这是因为他承担着比较紧急的任务，即为阿鲁浑推翻阿合马向元朝忽必烈寻求支持，因此他必须尽早带回合罕的敕书来为阿鲁浑即位建立合法性。

在阿合马统治期间阿鲁浑就与忽必烈互通消息的判断，还可以由亚美尼亚史料证实。根据海屯所撰《鞑靼史》记载，阿合马即位后，打压基督教势力，并力图使全体蒙古人皈依伊斯兰教。于是阿合马的弟弟弘吉剌台和侄子阿鲁浑到忽必烈跟前，控诉他抛弃祖先的道路，成了一名撒拉逊人，还妄图使其他蒙古人和他一样。忽必烈听到这个事情非常不安，发出一道诏敕给阿合马，命他迷途知返，否则就要制裁他。但阿合马无视忽必烈的命令，愤怒地杀死了他的弟弟弘吉剌台。他还想杀死阿鲁浑，于是双方展开了战争。[3]作者也许出于个人宗教倾向，夸大了阿合马与阿鲁浑冲突中的宗教因素。且阿鲁浑和弘吉剌台两位宗王亲至忽必烈

1　《五世系》，f. 142b；《史集》苏联集校本，Vol. 3，p. 175，参看汉译本，第3卷，第168—169页。

2　根据亚美尼亚海屯所撰《鞑靼史》记载，1284年阿鲁浑获胜后，遣使大可汗，向他报告所有事情。大可汗派遣使者前来伊朗，确立了阿鲁浑的汗位。那么这位被阿鲁浑派遣出使忽必烈的使者，很可能就是斡耳朵海牙。参见 Het' um the Historian, *History of the Tartars*, chapter 38, tr. by Robert Bedrosian, Sources of the Armenian Tradition, Long Branch, New Jersey, 2004。

3　Het' um the Historian, *History of the Tartars*, chapter 37.

处的可能性很小，派遣使者前往元朝寻求合罕支持的做法，则较有说服力。由此可以看出元朝在伊利汗国这次汗位更迭中所扮演的角色。

最后讨论一下孛罗出使的路线问题。学界对此有两种意见，一种是陆路说，一种是海路说。爱尔森认为孛罗使团是从陆路来到伊朗的，但他将他们到达伊朗的时间算错了。[1]海路说最先由布莱特施耐德（Emil Bretschneider）提出，其根据是《元史·阿儿思兰传》中记载孛罗使团中的忽儿都答："世祖命从不罗那颜使哈儿马某之地，以疾卒。"他认为"哈儿马某"为"哈儿马自"的讹误，后者可能是Hormuz（忽里模子）。[2]苏继庼、余大钧都认同他的观点。苏继庼还在他的基础上，提出"哈儿马某"或是"哈儿马其"之误，也是Hormuz。[3]伯希和反对"哈儿马某"为Hormuz，但除了对音上的证据外，也没有提出什么有力反驳。[4]

笔者认为，孛罗一行经由陆路到达伊朗的可能性较大。原因有三。第一，孛罗的出发和抵达时间，不具备走海路的要求。古代航海主要靠季风，从中国去往南海的船只必须在冬季出发，一般是农历十二月和来年正月，而孛罗出发是在夏四月，这不可能是出海的时间；如果是离开汗八里的时间，又显得过早。假使孛罗使团在当年冬天乘舟出海，而在次年冬天就已经到达伊利汗的冬营地，他们要先航行至忽里模子，再穿越整个伊朗高原抵达西北的阿兰，仅一

1　孛罗使团是1284年冬到达伊朗的，爱尔森错算成1285年冬。参见Thomas T. Allsen, *Culture and Conquest in Mongol Eurasia*, p. 72。

2　E. Bretschneider, *Medieval Researches from Eastern Asiatic Sources*, Vol. 2, London: Trübner & Co., 1910, p. 89, n. 850.

3　汪大渊著，苏继庼校释《岛夷志略校释》，第367页；余大钧:《蒙古朵儿边氏孛罗事辑》，《元史论丛》第1辑，第188—189页。

4　Paul Pelliot, "Curmos", *Notes on Marco Polo*, Vol. 1, p. 581.

年时间是不够的。[1]第二，如果按余大钧先生所说，孛罗一行是因陆上交通被切断而选择海路前往伊朗的话，那么为何他们返程时不再次选择海路，而要试图冒险穿过陆上封锁？且在遇阻之后，他们仍未改行海路，爱薛等人最终九死一生地从“间道”走回元朝，而孛罗则彻底放弃了回国。可见他们返程从未考虑过海路的交通方式，如果他们去程是由海路顺利到达，就显得很不合理。第三，从史料角度来讲，由于使者出使首选陆路，因此记载中往往不会特意强调路线。但与航海有关的活动，则通常会专门说明。像孛罗使团如此重要的遣使活动，若果真泛舟而来，这么多的制文、神道碑以及汉文、波斯文史料不可能全部失载。综合以上三方面原因，孛罗使团由陆路前往伊朗的推测更为可信。

二　使者合丹

阿鲁浑击败阿合马登上伊利汗位后，开始重新安排全国重要的人事任命。当时的宰相、财政大臣火者苫思丁・志费尼（Khwāja Shams al-Dīn Juvaynī）遭到异密不花的排挤和打击，他和他的儿子们全部被处死，异密不花接替了他的位置，担任宰相一职。持有元朝敕封“丞相”名号的不花，权势达到了顶峰。他的兄弟、曾经出使合罕的阿鲁那颜，生活也极其肆意。由此，不花、阿鲁两兄弟引起了阿鲁浑汗的猜忌和许多异密的反对，阿鲁浑汗试图削弱他们的权力和地位。不花为了反抗，纠结了一批异密反叛阿鲁浑汗，并擁

1　古代帆船难以直航，必须在途中等候季风、靠岸补给，参见本章小结部分表4-2马可・波罗、杨枢航海行程，他们从中国出发到伊朗，皆用了两三年时间；明代郑和船队到忽里模子也历经了两年。忽里模子位于伊朗的东南部，而阿兰冬营地在西北阿塞拜疆，全程两千多公里，陆上行进亦要花费一段时间。

掇宗王术失怯卜（旭烈兀次子出木哈儿之子）谋篡。最终不花反叛失败，被阿鲁浑汗下令处死，他的同党多数也被处死。在不花的反叛同谋中，有一位名叫合丹（Qadān īlchī）的异密，由于他是合罕派来的使臣，而未受处决，被放自由。这件事发生在回历687年底（1289年初）。合丹的事情在《五世系》中亦有记载：

> 合丹乙里只，是札鲁忽异密。他是与不花一同谋反阿鲁浑汗的异密之一。由于他是从合罕处遣来的使者，所以未被处死。[1]

《史集》第2卷记载，这位使者合丹是八鲁剌思部人，他的一个姊妹亦剌灰（Īrārghūy）是阿里不哥的妃妾。[2] 合丹是忽必烈派到伊朗来的使者，而非旭烈兀家族所率部下，他被派来伊朗的时间要早于孛罗丞相。史料显示，在阿合马与阿鲁浑开始发生冲突时，他可能已经在伊朗了。他在伊利汗国主要担任札鲁忽赤一职，曾被委派审讯撒希卜·苫思丁。[3] 由于他是合罕的使者，即使后来参与了谋叛之事，伊利汗也没有权力处治他。合罕的使臣出现在不花的阵营中，以及合罕册封不花享有“丞相”名号，反映出不花与元朝的密切关系。忽必烈通过与伊利汗国的重臣建立联系，从而实现宗主国对藩国政治的干涉和影响。

关于不花的“丞相”称号，《瓦撒夫史》记载说是伊利汗授予他的，[4] 与《史集》说法不符。波斯语Jingsang是汉语“丞相”的音译，

1 《五世系》，f. 147a.

2 《史集》伊斯坦布尔本，f. 213a.

3 《史集》汉译本，第3卷，第178、191页；《瓦撒夫史》哈默尔刊本，Band 1, Deutsche Übersetzung, S. 269, Persischer Text, S. 288。

4 《瓦撒夫史》哈默尔刊本，Band 2, S. 187.

伊利汗国诸臣僚中享有此称号者，仅不花、孛罗二人，且孛罗是从元朝出使至伊朗的使臣。因此瓦撒夫的说法是不准确的。不花在受到元朝册封后权势达到了顶峰,《史集》记载说:“带着令旨和牌子的使者到帖必力思去，若未盖有不花的朱印，担任当地都督（vālī）的异密阿里则丝毫不予理会，让他们徒劳而归。”[1]《瓦撒夫史》描述说:“只要他不犯大的罪行，就不能对他判刑；除了君王之外，任何人无权质问他。他被授予‘朱印’，他的命令都要被执行；他的手书即使没有盖伊利汗的印章，也要服从。”[2]这显然与忽必烈对他的敕封有很大关系。不花的权力对阿鲁浑的王权是一种威胁。而在这场权臣与藩王的斗争中，合罕的使臣选择站在权臣的阵营，是十分值得深思的，甚至有学者认为这是忽必烈合罕对伊利汗宫廷发动的政变。[3]尽管稀少的资料不能证明这一点，但合罕使者合丹的被释，说明了忽必烈的权威对伊朗所具有的影响。

三　其他

《元史》记载至元二十三年十一月（1286 年 12 月），元朝曾派遣两名使者塔叉儿和忽难赴阿鲁浑处。[4]关于这次遣使的目的，爱尔森认为忽必烈是为了与伊利汗联系共同对付海都和都哇。[5]但由于没有其他史料可供佐证，关于这次遣使的始末尚无法清晰了解。

1　《史集》苏联集校本，Vol. 3，p. 210；参看汉译本，第 3 卷，第 199 页。

2　《瓦撒夫史》哈默尔刊本，Band 2, S. 187-188.

3　Mustafa Uyar, “Buqa Chīngsāng: Protagonist of Qubilai Khan’s Unsuccessful Coup Attempt against the Hülegüid Dynasty” , *Belleten*, Vol. 81（291）, 2017.

4　《元史》卷一一，第 293 页。

5　Thomas T. Allsen, *Culture and Conquest in Mongol Eurasia*, p. 29.

第四节　乞合都时期

护送阔阔真出嫁本是元朝与伊利汗国之间诸多遣使行动中的一次，却因为马可・波罗的参与和记载而备受关注。经过伯希和、波伊勒、柯立夫、杨志玖、蔡美彪等中外学者的反复论证，最终以杨志玖先生的突破性发现而尘埃落定。[1] 下面先简单梳理一下这次遣使的过程。

回历 685 年 2 月 23 日（1286 年 4 月 20 日），阿八哈和阿鲁浑的皇后大不鲁罕（Būlūghān）哈敦去世。[2] 随后，阿鲁浑汗派遣使者前往元朝，向忽必烈皇帝求娶大不鲁罕哈敦的同族少女，来继承她的位子。[3] 四年之后，至元二十七年八月十七日（1290 年 9 月 21 日），这批使者的名字出现在元朝的公文中，他们是：兀鲁斛、阿必失呵、火者，记载说他们护送着大不鲁罕哈敦的族女阔阔真将要从海路返回伊朗了。[4] 杨志玖先生考证大约在次年（1291）年初，这支使

1　Paul Pelliot, "Cocacin", *Notes on Marco Polo*, Vol. 1, pp. 392-394; John A. Boyle, "Rashīd al-Dīn and the Franks", *Central Asiatic Journal*, Vol. 14 (1/3), 1970; Francis W. Cleaves, "A Chinese Source Bearing on Marco Polo's Departure from China and a Persian Source on His Arrival in Persia", *Harvard Journal of Asiatic Studies*, Vol. 36, 1976; 杨志玖:《关于马可波罗离华的一段汉文记载》，原载《文史杂志》1941 年第 12 期，后收入氏著《马可波罗与中外关系》，中华书局，2015；蔡美彪:《马可波罗归途记事析疑》,《辽金元史考索》；杨志玖:《〈永乐大典〉与〈马可波罗游记〉》，原载《津图学刊》1997 年第 2 期，后收入《马可波罗与中外关系》。

2　《史集》汉译本，第 3 卷，第 194 页。

3　《史集》汉译本，第 3 卷，第 261—262 页。

4　《永乐大典》卷一九四一八《站赤三》，中华书局，1984，第 7211 页。这条材料最早由杨志玖先生发现，1941 年发表在《文史杂志》上，成为马可・波罗到过中国的确证。参看杨志玖《关于马可波罗离华的一段汉文记载》,《马可波罗与中外关系》，第 37—44 页。

团启程出发。[1]然而使团还未抵达伊朗，阿鲁浑汗就去世了，接替汗位的是他的弟弟乞合都。根据《马可·波罗行纪》和《史集》的记载可知，这三位使臣中的兀鲁艄和阿必失呵在途中死亡，只有火者率领着使团最终到达了伊朗。[2]蔡美彪先生考证火者一行于1293年6月到达乞合都驻夏之地昔牙黑苦黑（Siyāh-kūh）。[3]一个多月后，阔阔真公主来到阿八哈耳（Abahar），与合赞完婚。[4]

学者们的研究主要集中在马可·波罗与这次遣使的关系上，还有一些其他的问题值得再做探讨。首先，这次求婚之旅的回程路线十分清楚，是从泉州登船由海路至伊朗的忽里模子港登陆，历时两年有余，但火者一行去中国的时间和路线少有提及。略做分析可知，他们应当是从陆路前往中国的。《马可·波罗行纪》剌木学（G. B. Ramusio）本记载说，护送阔阔真的使团返回伊朗时，曾花了八个月时间试图从来时的道路返回，但遇到诸王之战，道路阻断，不得不返回合罕处，此后改行海路。[5]这说明使团来中国时是经由陆路而来。此外，根据马可·波罗所说，火者等使者邀请波罗一家同行，是看重他们熟悉海路的优势，[6]也说明了火者等人去时未经海路。

其次，按照《史集》和《马可·波罗行纪》的共同说法，阿鲁浑求娶大不鲁罕皇后同族少女，是为了继承她的后位。[7]但阔阔

1 杨志玖：《〈永乐大典〉与〈马可波罗游记〉》，《马可波罗与中外关系》，第47页。

2 A. C. Moule & Paul Pelliot, *Marco Polo, the Description of the World*, Vol. 1, p. 91；《史集》汉译本，第3卷，第261页。

3 蔡美彪：《马可波罗归途记事析疑》，《辽金元史考索》，第360—362页。

4 《史集》汉译本，第3卷，第261—262页。

5 A. C. Moule & Paul Pelliot, *Marco Polo, the Description of the World*, Vol. 1, pp. 88-89.

6 A. C. Moule & Paul Pelliot, *Marco Polo, the Description of the World*, Vol. 1, p. 89.

7 《史集》汉译本，第3卷，第261—262页；A. C. Moule & Paul Pelliot, *Marco Polo, the Description of the World*, Vol. 1, p. 89。

真来到伊朗后，并未继承大不鲁罕之位。大不鲁罕哈敦出自蒙古伯岳吾部，是那海札鲁忽赤的侄女，[1]最初是阿八哈汗的皇后。据《史集》《五世系》记载，阿八哈汗非常喜欢她，尽管娶她的时间较晚，但她的地位在弘吉剌部篾儿台（Mirtay）和拜占庭公主帖思必捏（Tisbina）两位皇后之上。阿八哈死后，其子阿鲁浑于1283年春续娶了她。[2]大不鲁罕哈敦在1286年4月去世，随即阿鲁浑遣使元朝求娶大不鲁罕的族女。然而这一预期并未实现，1290年3月22日，阿鲁浑娶了弘吉剌部的另一位名叫不鲁罕的哈敦（也称小不鲁罕），并让她接替了大不鲁罕哈敦的后位。[3]一年后，阿鲁浑去世，乞合都即位，在1292年夏天续娶了这位小不鲁罕哈敦。一年后，阔阔真抵达伊朗，被赐与时为宗王的合赞完婚。1295年3月24日，乞合都被杀。宗王拜都与合赞争位，在合赞战胜了拜都之后，成为继任伊利汗，并续娶了小不鲁罕哈敦。

在这个过程中，存在几个问题。

第一，为何阿鲁浑没有等元朝送来大不鲁罕的族女，而将大不鲁罕皇后的斡耳朵交给了别族女子呢？

按照蒙古的习俗，继承前一位皇后之位的实质，是继承她的斡耳朵。斡耳朵往往控制着固定的财产、禹儿惕、领地的税收等经济来源，从某种意义上来说，斡耳朵是一个经济实体。大不鲁罕哈敦继承人的重要性在于，她的斡耳朵拥有着非同一般的巨大财富。据《史集》记载，大不鲁罕拥有的财富，“从来没有人有过，因

---

1 《史集》苏联集校本将那海札鲁忽赤校为“那海宝儿赤（厨子）”，但校勘记中有四个抄本都是“札鲁忽赤”，应取“札鲁忽赤”。汉译本依照俄译本，译作“司膳”，不取。参看《史集》苏联集校本，Vol. 1 part 1，pp. 466-467；汉译本，第1卷第1分册，第290页。

2 《史集》汉译本，第3卷，第239页。

3 《史集》汉译本，第3卷，第208页。

为如此多的真珠、宝物、红宝石非笔墨所能形容。……因为〔阿八哈汗〕很爱不鲁罕哈敦，当他进入金库时，经常选择珍奇的宝石，悄悄地赠送给她”。[1] 就这样，大不鲁罕哈敦去世时留下了一笔巨大的财富。大不鲁罕自己没有孩子，在阿八哈在位时，阿八哈将自己的孙子合赞交给她抚养，她对合赞视如己出，阿八哈汗还下令大不鲁罕的斡耳朵将来属于合赞所有。[2] 蒙古的斡耳朵通常是由贵族妇女打理，大不鲁罕哈敦希望能有自己亲族的女子接管自己的斡耳朵，将来一并归于合赞所有。但恐怕她在伊朗的族人中没有适婚女子，[3] 因此她向阿鲁浑提出向元朝求娶一位本族姑娘接替自己的后位。

那么为何阿鲁浑没有实现这一初衷呢？笔者认为最主要的原因是求娶新娘的时间过长。斡耳朵的经营需要有人管理，短时间或许可以因循旧例，但长久无主的话，就很难维持运转了。阿鲁浑的使者从陆路而来，原打算也从陆路回去，如果顺利的话，往返一趟并不用太久的时间。然而事与愿违，使者到达元朝四年之后，才带着阔阔真离开中国。使团返回延迟的原因，与当时元朝叛乱频发有关。在使团离开伊朗的一年后（1287），乃颜之乱爆发；次年，乃颜同党合丹再叛，扰乱漠北及辽东各地；再次年，海都又作乱于漠北。之后数年中，海都、都哇与元朝为争夺漠北之地多次交战，直

1　《史集》汉译本，第 3 卷，第 240 页。

2　《史集》汉译本，第 3 卷，第 236—237、239 页。

3　大不鲁罕家族当时有一女阿失里（Ashīl），是那海札鲁忽赤之子秃帖木儿（Tūq tīmūr）之女，后来嫁给了合赞。大不鲁罕舍近求远，可能因为这位阿失里在她去世时年龄尚幼，无法继承她的位子。《史集》记载合赞两次与阿失里结婚，第一次是 1293 年在玉咱合赤，在迎娶阔阔真前的一个月，合赞与她举办了婚礼（zifāf sākht）；第二次是 1296 年在兀章，说合赞与她结婚（dar taḥt nikāh āvard）。《五世系·合赞汗后妃名录》中，阿失里的名字排在阔阔真之前，说明她在 1293 年嫁给合赞的记载正确。《史集》苏联集校本，Vol. 3，pp. 280, 310；参看汉译本，第 3 卷，第 261、290 页；《五世系》，f. 148b。

到忽必烈去世时还未平息。在这样的局势下，求亲使团速去速回的计划破产了，连年西北战乱使得从陆路返回的希望渺茫，因此即使海路危险且漫长，最终也不得不选择从海路返回伊朗。就这样，当求亲使团带着阔阔真公主到达伊朗时，距离大不鲁罕去世已过去七年，这个时间长度应该远远超出了阿鲁浑的预期了。再从阿鲁浑娶小不鲁罕哈敦的时间来看，距离大不鲁罕去世也已过去四年。这说明阿鲁浑一开始确实在等待元朝赐女，但两国之间的道路频受战争阻隔，迎来新娘不知何期。在这种局面下，阿鲁浑决定娶另外一位皇后代理大不鲁罕的斡耳朵。从《史集》的一些细节描述来看，阿鲁浑在娶了小不鲁罕哈敦之后，命人将大不鲁罕的财宝封存起来。[1]这说明继位的小不鲁罕对先皇后的财富没有所有权，仅仅是代为管理。

第二，阔阔真来到伊朗时，阿鲁浑已经去世，继任的乞合都汗为何不娶阔阔真，而是将她嫁与了合赞呢？

《史集》记载阿鲁浑去世后，乞合都不顾小不鲁罕哈敦的意愿强娶了她。[2]为何如此？这是因为按照阿八哈和大不鲁罕的旨意，这座由小不鲁罕打理的斡耳朵是属于合赞的，而合赞从小就生活在这座斡耳朵中，先后与大、小不鲁罕共同生活。阿鲁浑死后，理应由合赞收娶小不鲁罕及这座斡耳朵。但乞合都即位后娶了小不鲁罕，并且不准她与合赞见面。[3]乞合都为何如此，史料没有解释，但可以看到这样做的结果是，小不鲁罕所代理的大不鲁罕的斡耳朵也归于乞合都。《史集》记载，乞合都很快被拜都杀死，异密们曾要求拜都把阿鲁浑汗、大不鲁罕哈敦、兀鲁

1　《史集》汉译本，第3卷，第240页。
2　《史集》汉译本，第3卷，第240页。
3　《史集》汉译本，第3卷，第240页。

克哈敦以及合儿班答等宗王的斡耳朵交给合赞，[1]这说明由小不鲁罕代理的大不鲁罕的斡耳朵，在她被收继后先后归于乞合都和拜都。

那么，当阔阔真来到伊朗后，原本应由她继承的斡耳朵已在乞合都那里，由小不鲁罕哈敦管理着，阔阔真前来伊朗的使命就不存在了。对乞合都而言，如果要迎娶阔阔真，就需要为她另立斡耳朵，要赏赐财产、分封领地，而这对于处于财政危机中的乞合都来说，[2]是没有好处的。因此乞合都没有迎娶阔阔真，而是让她与合赞结婚，合赞将一年前故去的秃塔尼哈敦的斡耳朵交给她继承。[3]合赞打败拜都就任伊利汗后，娶了小不鲁罕为皇后，而此前大不鲁罕留下的斡耳朵便最终到了合赞的手中。

最后，再来看一看这次元朝赐女活动在促进两国交流方面的意义。尽管阔阔真出嫁的政治目的没有达成，但这次遣使推动了中国人员、物质等在伊朗的传播。据《经世大典·站赤》公文的记载，阔阔真一行有至少160人，其中90人是领取朝廷分例的“编内”人员，还有70人是“诸官所赠遗及买得者”，[4]而《马可·波罗行纪》中声称一行有六百人。[5]马可·波罗即使有夸大，也说明此行人员定然比元朝公文所说的160人多。正如蔡美彪先生所说，其中领分例的90人，应是阔阔真的侍从和波斯使臣的随从，以及相当数量获准随行的商人或斡脱，其余的人当是同行人员的仆从以及搭船的私

1　《史集》汉译本，第3卷，第272页。

2　乞合都统治时期，经济危机严重，为此他还一度仿照元朝发行纸钞，结果使国家市场混乱、经济状况愈下。

3　秃塔尼哈敦于1292年2月20日去世。她曾是旭烈兀、阿八哈的后妃，她的斡耳朵之前属于旭烈兀的长后脱忽思哈敦。《史集》汉译本，第3卷，第20、241页。

4　《永乐大典》卷一九四一八《站赤三》，第7211页。

5　A. C. Moule & Paul Pelliot, *Marco Polo, the Description of the World*, Vol. 1, p. 91.

商等。[1]那么实际跟船出海的私商肯定更多。马可・波罗说合罕为阔阔真配备了14艘大船，每船4桅12帆，[2]这种模式的船只就是当时海洋世界著名的中国“艅船”。[3]可以说，这是一次规模庞大的出使，不仅人员众多，而且所携带的货物也十分丰富。《史集》记载，阔阔真使团带来了配得上国王们的来自乞台（Khitāy）和秦（Chīn）的珍宝，还有一只老虎。[4]马可・波罗说最终使团中只有18人抵达伊朗，其中包括三位使者中的仅存者火者、阔阔真公主和她的侍女，以及波罗家族三人。由此可见，马可・波罗一行从中国经由海路来到伊朗的这次出使可谓九死一生。

第五节　合赞时期

一　法合鲁丁出使

回历697年（1297—1298），合赞汗派遣以那怀（Nuqāy）、法合鲁丁（Malik-i Muʿzam Fakhr al-Dīn Aḥmad）为代表的使团出使元朝。行船至马八儿时，遇到以“官本船”航海至此的元人杨枢，遂搭乘

1　蔡美彪：《马可波罗归途记事析疑》，《辽金元史考索》，第355—356页。

2　A. C. Moule & Paul Pelliot, *Marco Polo, the Description of the World*, Vol. 1, p. 90.

3　邱轶皓：《蒙古帝国视野下的元史与东西文化交流》，第331—341页。

4　《史集》苏联集校本，Vol. 3，p. 280；参看汉译本，第3卷，第262页。这只老虎更像是船队到达印度时添置的，船队是“取道马八儿”航行的，这只老虎应当是在马八儿中转时所得。

其船同行。使团于大德七年（1303）到达中国后，次年在大都觐见了元成宗，并进献方物。大德九年，使团启程返航，带回元成宗赐予合赞汗的大批赏赐，以及旭烈兀家族在汉地的几十年的岁入。返航时，元朝派出了正使和杨枢护送西行，但在途中元朝正使、那怀、法合鲁丁先后去世，最后仅杨枢一人于大德十一年抵达忽里模子。

这次历时九年有余的中伊通使活动，在汉文史料和波斯文史料中都留下了记载，因此也得到学者的广泛关注。伯希和最早将《瓦撒夫史》关于法合鲁丁出使一事的记载与杨枢记载的出海联系起来。[1]日本学者惠谷俊之摘译了《瓦撒夫史》关于法合鲁丁出使的部分内容。[2]陈高华先生主要从黄溍的《海运千户杨枢墓志》出发，探讨大德年间元朝与伊利汗国之间的航海通使，但由于波斯文史料与汉文史料时间记载不同，因此他认为那怀使团是法合鲁丁使团之后的另一次遣使。[3]爱尔森也简短地阐述了这一段遣使，但他认为那怀和杨枢最终到达了忽里模子，法合鲁丁死于途中。[4]邱轶皓的《大德二年（1298）伊利汗国遣使元朝考：法合鲁丁·阿合马·惕必的出使及其背景》一文，是关于法合鲁丁、杨枢出使最新、最深入的研究。他将《瓦撒夫史》中的相关材料全部辑出，考证大德出使的主要人员，提供了出使各个阶段的时间表，同时从法合鲁丁出自怯失岛惕必家族的角度，讨论伊利汗国对波斯湾及印度洋贸易的控制。

1　Paul Pelliot, “Caçan”, *Notes on Marco Polo*, Vol. 1, pp. 120-121.

2　惠谷俊之「ガザン・ハンの対元朝使節派遣について——14 世紀初頭におけるイラン・中国交渉史の一齣」『オリエント』8 巻 3-4 号、1965、49-55 頁。

3　陈高华：《元代的航海世家澉浦杨氏——兼说元代其他航海家族》，《海交史研究》1995 年第 1 期。

4　Thomas T. Allsen, *Culture and Conquest in Mongol Eurasia*, p. 34.

此外，他还对法合鲁丁在元朝的商业活动、元朝的“中卖宝货”活动、元朝的货币汇率等问题都做出了详细的考述。[1]

二　使者纳昔剌丁

1303 年冬，合赞汗在忽兰沐涟（Hūlān Mūrān）河驻冬，以长老押忽不（Yaʻqūb）为首的一群拜火教徒挑拨宗王阿剌弗朗（Alā Farank）[2] 叛乱。合赞下令缉拿了这些人，其中包括一名合罕的使者纳昔剌丁（Nāṣir al-Dīn īlchī-yi Qān）[3]。

这是继阿鲁浑时代的合丹之后，又一名合罕的使者参与到伊利汗国的谋乱事件中。与合丹被释的结局不同，这次参与谋乱的纳昔剌丁最终被君王处死。两位合罕使者的不同结局可能与他们的身份有关。合丹是蒙古人，是由忽必烈从元朝派来的。从他与元朝封赏的不花丞相关系密切来看，他作为使者身份较高，同时还担任断事官。其名列于《五世系·阿鲁浑异密名录》中，“乙里只（īlchī）”（使者）这一称号已经成为他名字的一部分。[4] 而纳昔剌丁是回回人，从他信奉伊朗本土宗教袄教的情况看，他很可能就是波斯人，到元朝去了一趟后，又被元朝皇帝在某次遣使任务中派回，到伊朗后依然作为伊利汗的臣属。纳昔剌丁的身份不会很高，《五世系》诸汗“异密名录”皆未载其名，其他波斯文献也未提及。因此，阿鲁浑对合丹没有处置权，而合赞却可以处死纳昔剌丁。将纳昔剌丁与合

1　邱轶皓:《大德二年（1298）伊利汗国遣使元朝考：法合鲁丁·阿合马·惕必的出使及其背景》,《中央研究院历史语言研究所集刊》第 87 本第 1 分。

2　阿剌弗朗为乞合都第三子。

3　《史集》苏联集校本，Vol. 3，pp. 361-363；参看汉译本，第 3 卷，第 337—339 页。

4　《五世系》，f. 147a.

丹相比较，可以发现同在使者身份之下，由于出身、职位等方面的差异而带来的命运的差别。

第六节　完者都时期

一　诸汗国和平遣使

1304年前后，随着窝阔台汗国的汗王海都去世，元朝与西北诸王的敌对关系得到缓和。察合台汗国的都哇和窝阔台汗国的新汗察八儿共同向元朝罢兵请和，三方达成休战的约定。[1]为了宣告这一伟大事件，三方都向伊利汗国和钦察汗国派出使者。

据《瓦撒夫史》记载，"合罕的使团带着关于成吉思汗家族后代之间和解的圣旨而来"，这个使团有三十爱马（ūymāq），与他们同时，"宗王察八儿·海都、都哇、火你赤（Qūnchī）[2]、答剌速（Tarasū）、察班（Jabān）、合班（Qabān）[3]、忽都鲁火者（Qūtlūq khwāja）[4]的使者们带着四百匹驿马来到世界的中心伟大算端这里"。合罕的圣旨宣布："由于察八儿和都哇的请求，愿意摒弃仇恨追求

1　刘迎胜：《察合台汗国史研究》，第310—326页。

2　此人为窝阔台之子阔出之子失烈门之子孛罗赤之子，之前为海都效力，后来去了合罕那里。《五世系》，f. 125b。

3　此人为窝阔台之子灭里（Malik）之子秃满（Tūmān）之子。

4　此人为窝阔台之子合丹之子耶耶（Yāya）之子月鲁帖木儿（Ūrūk Timūr）之子。《五世系》，f. 127a。

幸福，并建议成吉思汗的兄弟同胞，从此以后使赞同和友谊持续下去。”之后完者都大摆筵席，款待来使。[1]瓦撒夫记录了派遣使者的诸王的名字，展现了这一由几方力量达成的合约。而具体使者的名字，则被哈沙尼的《完者都史》记录了下来：

> 回历704年2月17日（1304年9月19日），铁穆耳合罕和海都之子察八儿的使团到了。
>
> 合罕使者的名字是：逊都思部的探马赤（Tamājī）、札剌亦儿部的脱儿赤颜（Tūrchiyān）、札八儿·火者（Ja'far Khwāja）后嗣木思塔法·火者（Muṣṭafī Khwāja）。
>
> 察八儿使者的名字是：札剌亦儿人也先帖木儿（Yīsin Timūr）——他的本名为札法儿（Ja'far）、出自哈剌哈乃（QAWGHNAY）千户的斡罗思拔都儿（Ūrus Bahādar）。
>
> 都哇使者的名字是：也不干（Abūkān）之子撒儿班（Sārbān）、忙忽里（Mānghulī）[2]、帖木儿（Tīmūr）和阿只吉（AḤNFY>Ajīqī）之子阿难答（Ananda）。
>
> 以和平和友好的方式，告知了真实而精练的消息：海都于702年7月1日（1303年2月19日）——公正的合赞在位期间，从与铁穆耳合罕军队的战场上归来时身患恶疾。异密海答儿医师（Ḥaydar Ṭabīb）给他服用了25剂泻药。在伴随着腹痛的痢疾中，在哈剌和林的某处离世了。[3]

《完者都史》记述，海都死后，都哇扶持海都孱弱的长子察八

---

1 《瓦撒夫史》内贾德刊本，pp. 184-185.

2 《完者都史》校勘本原作 Mān'lī。

3 《完者都史》，pp. 31-32. 参看刘迎胜《察合台汗国史研究》，第325页；邱轶皓《〈完者都史〉“七〇四年纪事”译注》，《暨南史学》第17辑，第95—96页。

儿，取代了海都指定的继承人斡鲁思。随后都哇秘密向元朝示好表示归顺，换取到合罕将海都的部分领地封赐给他的圣旨，造成窝阔台汗国与察合台汗国同盟的分崩和彼此的战争。最后在元朝的干预下，三方达成和平的约定。[1] 刘迎胜先生对这次和解的起因、经过、结果考述甚详，[2] 本节仅就遣使问题给予论述。合罕派出的三位使者，前两人为蒙古人，最后一名是回回人。这再一次反映了元朝遣使的人员配置惯例。而这次遣使相比以往，人数众多，为整个蒙元时期元朝向伊利汗国政治遣使中规模最大的一次。

在此之后的数年中，东西方陆路交通变得通畅，使者往来，络绎不绝。《完者都史》记载：

> 〔回历 705 年〕7 月 15 日（1306 年 1 月 31 日）星期一，牙黑迷失（Yāqmis）和阿剌卜（ʿArab）从东方铁穆耳合罕那里到了，带来了高兴的消息和动听的声音。……
>
> 〔回历 705 年〕8 月 17 日（1306 年 3 月 4 日）星期四，速混察阿合必阇赤（Sūnjāq Āqā bītikchī）的兄弟、出自畏兀儿部的八丹（Bādān）之子拜忒迷失（Bāytmish）到来了。
>
> 〔回历 705 年〕8 月 23 日（1306 年 3 月 10 日）星期三……使者从铁穆耳合罕御前回来了，带来了海青和……珍奇异宝。……
>
> 〔回历 705 年〕10 月 11 日（1306 年 4 月 26 日），在尊贵的不鲁罕哈敦的斡耳朵，宴请合罕的使团，赐予他们恩赏。[3]

1　《完者都史》，pp. 32-41.

2　刘迎胜：《察合台汗国史研究》，第 312—326 页。

3　《完者都史》，p. 49. 参看邱轶皓《〈完者都史〉“七〇五年纪事” 译注》，《暨南史学》第 21 辑，第 96—97 页。

二　脱里不花使团

《元史·武宗本纪》载，至大元年（1308）七月，“遣脱里不花等二十人使诸王合儿班答”。[1]这次遣使所为何事？根据《元史》所述可以知道，这次遣使并非只针对伊利汗国，在同一时间元朝还“遣塔察儿等九人使诸王宽阇，遣月鲁等十二人使诸王脱脱”，“诏谕安南国”，“又以管祝思监为礼部侍郎、朵儿只为兵部侍郎使缅国”。[2]遣使的原因，从《武宗本纪》中收录的赐给安南国的诏书中可得而知：

> 惟我国家，以武功定天下，文德怀远人，乃眷安南，自乃祖乃父，世修方贡，朕甚嘉之。迩者，先皇帝晏驾，朕方抚军朔方，为宗室诸王、贵戚、元勋之所推戴，以谓朕乃世祖嫡孙，裕皇正派，宗藩效顺于外，臣民属望于下，人心所共，神器有归。朕俯徇舆情，大德十一年五月二十一日即皇帝位于上都。今遣少中大夫、礼部尚书阿里灰，朝请大夫、吏部侍郎李京，朝列大夫、兵部侍郎高复礼谕旨。尚体同仁之视，益坚事大之诚，辑宁尔邦，以称朕意。[3]

这封诏书是向安南国昭告新皇武宗海山即位一事。由此类推，遣往其他各个属国的使臣也应是出于此目的。另外，从使团人数来看，亦符合礼仪性遣使的规模。海山继位的时候，仍然处于元朝与西北诸汗国基本维持和平的时期，去往西域的道路较为通畅。

1　《元史》卷二二，第501页。

2　《元史》卷二二，第500—501页。

3　《元史》卷二二，第500—501页。

三　拜住出使

元人袁桷《清容居士集》中记载了一位多次出使伊利汗国的元朝官员——拜住，这段史料成为研究此时期元朝西北局势的最重要材料。

> 元贞二年（1296），奉成宗旨使西域。哈赞王爱其才，以尚衣职行军，有战功，赏金符、金带，因令其入见于成宗，复赐虎符。
>
> 皇庆二年（1313），仁宗以金印赐丞相孛罗，且俾往哈儿班答王所议事。至中途，遇也先不花。王疑有间谍，执以问，答曰："今上所遣，不过通岁时问礼，曷有他意？"王左右曰："使者往来，皆言有启边生事形迹。汝此行宜得要领，可实言，否则搒掠，汝亦必言。"遂命跪大雪以问，且搜其衣中，无所有。公曰："王所问，实不知，且王从何所得是议？"王曰："阿必失哈至，是尝言之。且曰：'哈儿班答王，上近支也。吾等族属存与留，不可知。后使者至，必有处分。'今汝往彼，必生事，速吐情以告我。"曰："王拥兵遮道，使者急求去，多诡辞以脱。阿必失哈曷可信？"左右曰："彼统军九万，宁肯不自爱惜，诈言以求脱？"遂缚公两手，纳诸股，击之，乃曰："有玺书具在。使臣往来有后先，拜住万死，实不知。"取玺书视之，始曰："彼果无罪。"遂夺其虎符及丞相金印，拘囚王所。[1]

拜住第一次出使是在合赞时期，由于波斯文史料中未有相关信

1　袁桷：《清容居士集》卷三四，四部丛刊本，第22—23叶。

息，因此他出使的目的和过程皆不可知。但根据他这次出使的时间和他作为使者的身份特征，可以做一种尝试性的推测。1295 年 10 月，合赞杀死了宗王拜都，11 月正式登基成为新一任伊利汗。按照惯例，伊利汗国更立新君要向元朝报告，并请朝廷颁下认可新汗的册封玺书。从时间上看，拜住于次年出使的原因，可能是去奉送伊利汗册封诏书的。从拜住的使者身份上看，拜住的个人才能适合作为礼仪性出使（至少是表面上）的代表。第二次出使表面上的任务——封赏孛罗丞相，也是同类性质的外交派遣。而拜住显然是一名优秀的使臣，他的才能令合赞汗赞赏，不仅完成了原有任务，还在某次军事行动中为合赞汗出了力，得到了合赞汗的信任。因此，十七年后元朝需要派遣一位名义上为“通岁问礼”、实际上暗含军政任务的使臣出使时，具有经验且获得伊利汗信任的拜住就成为上佳的人选。第二次出使伊利汗国，拜住因中途受阻而未能到达，而同年孛罗丞相也去世了，这次出使活动宣告流产。拜住被扣留，成为这一时期元朝和伊利汗国众多被扣使臣中的一员。

四　被扣留的使团

元朝与西北诸汗国之间的和平协定，随着也先不花成为察合台汗而被破坏。元朝与察合台汗国因边界牧场之争而关系恶化，阿必失哈泄密事件则成为引发新一轮敌对的导火索。对此，刘迎胜先生撰有专文，做了深入的探讨。[1] 本节仅对在此历史背景下的元朝—伊利汗国遣使活动做考察。

1　刘迎胜：《皇庆、至治年间元朝与察合台汗国和战始末》，原载《元史论丛》第 5 辑，中国社会科学出版社，1993，此据氏著《蒙元帝国与 13—15 世纪的世界》。

1. 阿必失哈泄密事件

阿必失哈（Abīshqā）是伊利汗完者都遣去元朝的使臣，返回时经过察合台汗国，由于醉酒失言，透露出元朝欲与伊利汗国东西夹击察合台汗国的意图。[1] 也先不花得闻此事后，切断驿道，严密监控往来人员。袁桷的《拜住元帅出使事实》记载的拜住第二次出使时被扣，正是阿必失哈事件造成的后果，此后还有一系列元朝与伊利汗国之间使臣被扣事件发生。《完者都史》记载说，也先不花下令将其王国内及突厥斯坦的广阔土地上来往的合罕的使臣抓起来，掠夺他们的财富。[2]

2. 送亲使团

回历 713 年（1313），合罕派遣脱帖木儿丞相（Tūq Tīmūr Chīnsānk）护送一位哈敦前往完者都汗处，出使携带有一千五百匹驿马（ūlāgh）。行至拔汗那（Farghāna）境内被也先不花的部属捉住，囚禁在俺的干（Andakān）城中。[3]

3. 赐物使团

同在回历 713 年，合罕派出的一支给完者都汗赐送老虎（babr）、猎鹰（chargh）、海青（sunqūr）、游隼（shahīn）以及珍贵宝货的使团，被也先不花的臣属拦截，扣押了所有的使臣和礼品。[4]

所有这些被抓住的使者，全部被送到了可失哈耳囚禁。

4. 孛阑平章（Būlān hīchānk）

1314 年春，合罕的使臣孛阑平章率八十多位那可儿从完者都汗处返回中国，到达突厥斯坦时，被也先不花武力拦下。准备赠送给合罕的狮子（shīr）、豹子（yūz）、猞猁（siyāh gūsh）及珍宝贡品皆

1 《完者都史》，pp. 203-204.

2 《完者都史》，p. 204.

3 《完者都史》，pp. 204-205.

4 《完者都史》，p. 205.

被抢走。[1] 洪钧曾认为这一使团就是至大元年派出的脱里不花等人，但其说已被刘迎胜先生否定。[2]

从阿必失哈开始，两年之中也先不花扣押使臣事件，仅史料可见就多达五起，刘迎胜认为这一时期元朝与伊利汗国之间已无法通过陆路沟通了。不过笔者在《完者都史》中找到一条孛阑平章被扣押的同一年元朝使臣抵达伊利汗国的记载：

> 回历 714 年 6 月 28 日（1314 年 10 月 9 日）星期二，铁穆耳合罕[3]的使团抵达，带来了愉快的消息，次日他们行了觐见礼仪（ūljāmīshī），[4] 得到了恩赏（siyūrghāmīshī）。[5]

这条材料并未说明使臣的经行路线是陆路还是海路，但通过时间推算，可以倾向于是陆路。根据宋元明时期的航海文献记载，中国去往波斯湾的船，一般在冬季从泉州出海，借助东北季风航行约两百多天到达忽里模子，但这是最快的理想状态，实际航行多数要一年以上。而使臣出海往往更慢，如马可·波罗返程花了两年多，杨枢到达忽里模子也逾两年，且这些都是单单在海上航行所用时间，从元大都至泉州、忽里模子至伊朗北部伊利汗驻跸之地，两头又各需数月。算上陆上行程，单程恐长达三年，所以杨枢所说“往来……历五星霜”确是实情。因此，如果是传递军政要事，走海路

1　《完者都史》，p. 208.

2　洪钧著，田虎注《元史译文证补校注》，第 203 页；刘迎胜:《察合台汗国史研究》，第 380—381 页。

3　哈沙尼记载错误，当时已是元仁宗在位时期。

4　Gerhard Doerfer, *Türkische und Mongolische Elemente im Neupersischen*, Band 1, Wiesbaden, F. Steiner, 1963, S. 169-173.

5　Gerhard Doerfer, *Türkische und Mongolische Elemente im Neupersischen*, Band 1, S. 353-354; 《完者都史》，pp. 166-167.

就太慢了。1314 年 10 月抵达孙丹尼牙的这支元朝使团，倘若是由海路而来，那么最迟要在 1312 年之前出发，而那时也先不花尚未与元朝反目，陆上交通尚十分顺畅，没有理由舍近求远航海出使。从反面来想，也先不花能够拦下这么多的使者，也正可以说明当时陆路上使团往来之频繁，陆路仍是中伊双方通使的主要道路选择。那么，其中有未被也先不花扣留而顺利到达伊朗的“漏网之鱼”，也是很有可能的。

第七节 不赛因时期

回历 716 年（1316）冬天，完者都汗去世，其子不赛因继位。不赛因在位期间，与元朝的遣使活动非常频繁，尤其以朝贡贸易最为突出。《元史》中有大量关于这一时期两国间使者往来的记载，现依照时间顺序辑录如下：

〔泰定元年（1324）正月丁未〕近侍忽都帖木儿假礼部尚书，使西域诸王不赛因部。

〔泰定元年三月癸丑〕诸王不赛因遣使朝贡。

〔泰定元年四月甲子〕诸王不赛因遣使来贡。

〔泰定元年十一月癸巳〕诸王不赛因言其臣出班有功请官之，以出班为开府仪同三司、翊国公，给银印、金符。

〔泰定二年十一月壬申〕赐诸王不赛因钞二万锭、帛百匹。

〔泰定二年十二月癸未〕诸王不赛因遣使贡珠，赐钞二万锭。

〔泰定三年正月壬子〕诸王不赛因遣使献西马。

〔泰定三年七月戊午〕诸王不赛因献驼马。

〔泰定三年八月丁酉〕藩王不赛因遣使献玉及独峰驼。

〔泰定三年九月戊辰〕命欢赤等使于诸王怯别、月思别、不赛因三部。

〔泰定三年十一月庚子〕藩王不赛因遣使来献虎。

〔泰定三年十一月辛亥〕诸王不赛因遣使来献马。

〔泰定四年三月丁卯〕诸王不赛因遣使献文豹、狮子，赐钞八千锭。

〔至顺元年（1330）三月癸亥〕遣诸王桑哥班、撒忒迷失、买哥分使西北诸王燕只吉台、不赛因、月即别等所。

〔至顺元年七月丁巳〕西域诸王不赛因遣使来朝贺。

〔至顺二年八月甲辰朔〕西域诸王卜赛因遣使忽都不丁来朝。

〔至顺二年八月庚申〕中书、枢密臣言："西域诸王不赛因，其臣怯列木丁矫王命来朝，不赛因遣使来言，请执以归。臣等议：宗藩之国，行人往来，执以付之，不可。宜令乘驿归国以自辨。"制可。

〔至顺二年十月己未〕诸王卜赛因使者还西域，诏酬其所贡药物价直。

〔至顺三年三月庚午朔〕遣使往西域，赐诸王不赛因绣彩币帛二百四十匹。

〔至顺三年四月丙辰〕诸王不别居法郎，遣使要忽难等，及西域诸王不赛因使者也先帖木儿等，皆来贡方物。

〔至顺三年七月壬辰〕西域诸王不赛因遣哈只怯马丁以七

宝水晶等物来贡。

〔至顺三年十月甲寅〕诸王不赛因遣使贡塔里牙八十八斤、佩刀八十，赐钞三千三百锭。[1]

按时间排列这些“不赛因遣使来贡”事件后便能发现，如此频繁地入贡显然不可能皆为不赛因所遣。最为明显的是泰定三年十一月，同一个月中不赛因遣两批使者来献虎和马，这大概是从伊朗来的回回人假借使者之名与元朝宫廷进行贸易。其中有一名典型的代表名“怯列木丁”，至顺二年八月被揭发出来“矫王命来朝”。此人来朝的活动也记载在《元史》中，武宗即位后，大德十一年九月，中书省上奏：

“比怯来木丁献宝货，敕以盐万引与之，仍许市引九万。臣等窃谓，所市宝货，既估其直，止宜给钞，若以引给之，徒坏盐法。”帝曰：“此朕自言，非臣下所请，其给之。余勿视为例。”[2]

而在至顺二年二月甲寅：

燕铁木儿言：“赛因怯列木丁，英宗时尝献宝货于昭献元圣太后，议给价钞十二万锭，故相拜住奏酬七万锭，未给，泰定间以盐引万六百六十道折钞给之。今有司以诏书夺之还官。臣等议，以为宝货太后既已用之，以盐引还之为宜。”从之。[3]

1　《元史》卷二九，第643、645、646、651、661、662页，卷三〇，第667、671、672、673、674、675、678页，卷三四，第754、760页，卷三五，第789、789—790、792页，卷三六，第801、803、805页，卷三七，第812页。

2　《元史》卷二二，第487页。

3　《元史》卷三五，第777页。

这两段记述的即是元朝皇室与回回商人中卖宝货的场景。来自西域的回回商人通过向皇室进献珍宝，而换得高额的赏赐。“中卖宝货”的习惯向为元人所诟病，大德二年发生的“宝石欺诈案”就是由此引起的。商人通过贿赂权臣，获得高额的估价以谋取暴利。这位怯列木丁显然就是这样一名向朝廷兜售宝货的斡脱商人，他从武宗时就从事这项生意了，所售宝货之收益，元廷时以盐引抵用，所带来的弊端显而易见。但追求宝石之美的元朝统治者，往往不重视此举对盐法制度的破坏，听之任之。

怯列木丁在元朝经商数十年，直至不赛因以“矫王命来朝”的罪名，请求将其“引渡”回国。这条史料一方面说明了怯列木丁是伊利汗室的斡脱商人，在合赞或完者都时被派来元朝经商。他在中国几十年，路远时长，可能已逐渐脱离了伊利汗的掌控，因此引发不赛因的不满，特从官方层面向元朝请求将其遣返。另一方面，也说明了这位怯列木丁在元廷活动频繁，很得皇室的欢心，以致作为宗主的不赛因要向元朝请旨索回属臣。怯列木丁的例子从一定程度上说明，史料中所出现的众多“不赛因的贡使”可能很多是这样的斡脱。

小　结

一　使者的分类和组成

以色列希伯来大学蒙古史学者彭晓燕（Michal Biran）在研究察

合台汗国外交遣使时，将外交使节分为政治性使节和礼仪性使节。政治性使节以商讨联盟、臣服或请求军事援助为首任；礼仪性使节被派出是为了致以敬意和表达友谊（或表示臣服），并推动国家间的贸易联系。[1]笔者从功能角度将这两种分类做更细的划分，分为五种类型：（1）册封使节；（2）通好使节；（3）送岁入使节；（4）贸易使节；（5）政治使节。其中“册封使节”的活动包括册封伊利汗和册封功臣两种；“通好使节”主要从事包括送亲、封赏、通岁问礼等各类增进两国情谊的外交工作；“送岁入使节”主要出现在将旭烈兀家族在汉地的收益送去伊朗的遣使活动中，有记载的只有常德和法合鲁丁两次；“贸易使节”则是为了采买或互通有无而进行活动，如忽必烈派遣购买香药的三使；“政治使节”有两种，一种是秘密的情报急使，通常是在战争状态下，元朝和伊利汗国为了互通情报而派出的使者，如阿八哈时期的帖怯彻和完者都时的阿必失哈、拜住等，另一种是公开传达政治主张的使节，比如1304年蒙古各汗国订立和平协定后的遣使。

从使者的身份和任务来看，元朝遣往伊利汗国的使臣，一部分是元朝的官员，他们完成出使任务后一般都要返回元朝，但也有一些使臣由于各种原因留在伊利汗国；另一部分使者原本是伊利汗国派到元朝的使者，元朝赋予他们新的任务后将其遣回。

一个使团的正使人员设置，也具有一定的规则。根据对所有可查到身份的使者的统计分析，正规的、较具规模的使团，正使一般是蒙古人，副使往往由回回人或色目人担任，少数情况下也有汉人。如扎朮（木）呵、押失寒、崔杓使团，孛罗丞相与爱薛使团，

1　彭晓燕：《察合台汗国的外交与遣使实践初探》，邱轶皓译，刘迎胜校，《西域研究》2014年第2期。

护送阔阔真的兀鲁斛、阿必失呵、火者使团，那怀和法合鲁丁使团，以及回程时元朝派出的一位不知名正使和杨枢使团，元朝所派的宣布和平协约的探马赤、脱儿赤颜和木思塔法·火者使团。上述无一例外，皆是蒙古人＋色目人/汉人的组合。

唯一特殊的例子，是常德出使。常德西行的同行人员情况不明，但可知他所在彰德路的达鲁花赤纳琳居准、总管高鸣皆未前往伊朗。而在他们二人之下，最重要的分地官员就是宣课使常德了。因此常德可能就是西行团队的正使。[1]不过常德的出使，与后来中伊两国间的遣使不同。常德是旭烈兀在中原分地的投下官员，他的西行是为觐见领主，而非外交出使。且当时伊利汗国还未成立，旭烈兀只是代合罕出征的诸王，中国和伊朗还不是宗主国与藩国的关系。而在元朝和伊利汗国相继成立之后，两国的遣使便都遵循蒙古人为正使、色目人/汉人为副使的惯例了。

由蒙古人担任正使，一方面体现对诸王的亲近和重视，另一方面则出于政治上的信任。而副使配以色目人，则是对其向导和翻译职责的考虑，其中一些色目人可能还是波斯斡脱商人，例如《叙利亚编年史》记载的大商人押忽不，法合鲁丁从某种角度上也是合赞汗的斡脱。如果使团配有汉人使者，那么往往是出于专业技能上的需要。忽必烈的采药使团中的崔杓，很可能是一名熟悉药物的医者；而杨枢则是航海世家出身，同时也是经营官本船的官商，因此他担任副使最为合适。在这一规律下再来看马可·波罗的记载，其自述火者等使臣邀请他们叔父三人同行，是因为他们熟悉航海的缘故，这应是一方面原因，而熟悉海路是因为他们曾经是从事海上贸易的斡脱商人，这是另一方面的缘故。

1　陈得芝:《常德西使与〈西使记〉中的几个问题》,《蒙元史研究丛稿》，第616页。

二　出使的道路选择

通过对元朝—伊利汗国遣使往来情况的梳理，不难发现使者出使在选择陆路与海路交通上的规律。根据可查资料显示：

表 4-1　元朝—伊利汗国使者往来陆路交通一览

使团	起终地点	历时	说明
常德	蒙古—伊利汗廷—蒙古	去程 4 个月，往返共 14 个月	乘驿
失烈门	帖必力思—汗八里—帖必力思	往返 3 个月	急使
册封阿八哈	汗八里—察合秃	去程 3—4 个月	
孛罗丞相	汗八里—冬营地阿兰	去程超过一年半	
爱薛	汗八里—冬营地阿兰—汗八里	去程超过一年半，返程不足一年	返程中遇兵乱
斡耳朵海牙	伊朗—中国—伊朗	往返 17—24 个月	急使

表 4-2　元朝—伊利汗国使者往来海路交通一览

使团	起终地点	历时	说明
马可·波罗	泉州—忽里模子	单程两年有余	遇海难
法合鲁丁	伊朗—中国	单程五六年	中途停留
杨枢	马八儿—汗八里—忽里模子	去程三年，往返逾五年	遇海难

表 4-1、4-2 清晰地反映了中国与伊朗遣使活动对陆路和海路的选择情况，决定道路选择的因素可分为以下五方面。

第一，耗时。伊朗和中国之间往来交通，正常速度下陆路单程耗时一年左右，海路单程超过两年。而遣使的出发地往往是两国之都城，因此海路还需加上都城与港口之间的交通时间，那么海路的行程就更加漫长。

第二，时间灵活性。海路的出发时间非常固定，必须在季风到来的特定时间出发；而陆路随时都可以出发，时间比较灵活。

第三，行进速度控制。海路行进速度人为可控程度较低，舟行航速主要受风力大小影响，因为要等待季风，所以到达时间也相对固定。与之相比，陆路行进速度可疾可缓，视出使任务的紧急程度而定。

第四，安全性。海路风险极大，马可·波罗、法合鲁丁、杨枢的使团皆曾遭遇海难。陆路的话，在中亚非战争状态下，乘驿而行则较为安全。一旦发生战事封锁道路，情报使者的通行率就会大大降低。

第五，成本耗费。海路交通成本较低，且货运量大；陆路则对马匹、道路情况要求较高，损耗极大。

通过以上五个方面的比较，可以看出陆路和海路具有截然不同的优势和劣势。由此可以总结使者出使的道路选择规律：对于时效性、重要性较高的政治性遣使，通常选择走陆路；而对速度要求不高的通商性遣使来说，海路的优势更明显。总体而言，由于使者出访一般对时效性都具有一定程度的要求，因此选择陆路的使团要比走海路的使团多得多。

本章通过对元朝—伊利汗国遣使活动的梳理，考察了官方层面两国的往来和交流情况，并对这一时期东西方交通路线的畅通和阻隔、使者出使对陆路和海路的选择情况予以归纳和分析。研究表明，在元朝和伊利汗国共存的近百年间，两国统治上层一直维系着密切的往来关系。即使在持续战争、陆上道路阻隔的情况下，双方亦未放弃沟通与联络。蒙元时代中国与伊朗之间官方交流的频繁程度，远超之前和之后的任何朝代。

第五章　玉石及中国玉石文化的西传

玉，现代矿物学描述为一种致密的、半透明的矿石，分为硬玉和软玉两种，前者成分为钠铝硅酸盐，后者为钙镁硅酸盐。尽管这两种物质为白色或无色，但由于玉石中常混杂铁、铬、锰，因此也会呈绿色、棕色、黄色等。

中国昆仑山一带自古就是玉石的出产地，其中尤以于阗美玉最负盛名。这里出产的玉石很早就源源不断地输送到世界各方。向东，于阗玉大量流入中原地区，逐渐成为汉文化中不可或缺的审美元素。[1]

1　关于于阗玉东传中原的研究有很多，较具代表性的有：程越《古代和田玉向内地输入综略》，《西域研究》1996 年第 3 期；杨伯达《“玉石之路”的布局及其网络》，《南都学坛》2004 年第 3 期；殷晴《唐宋之际西域南道的复兴——于阗玉石贸易的热潮》，《西域研究》2006 年第 1 期；张文德《明与西域的玉石贸易》，《西域研究》2007 年第 3 期；闫亚林《关于“玉石之路”问题的探讨》，《考古与文物》2010 年第 3 期；荣新江、朱丽双《从进贡到私易：10—11 世纪于阗玉的东渐敦煌与中原》，《敦煌研究》2014 年第 3 期。

向西，在中亚、西亚地区及地中海沿岸公元前后的遗址中，都有玉石制品被发现。[1] 工艺方面，除中国外，古代伊朗尤其是东部伊朗，是加工和使用玉器最具规模的地区。中古时代以来，亚洲大陆上次第西迁的突厥人、契丹人、蒙古人将东方的玉石文化向西传播，波斯语、阿拉伯语文献中记载了有关于阗玉石产地、种类、用途及制造工艺的丰富信息。而在伊朗建立政权的蒙古人更是直接将中原汉地的玉石文化移植伊朗。本章将以多语种文献记载为基础，同时结合考古资料和艺术史领域的研究成果，考察中古时期东方玉石在伊朗伊斯兰地区的传播历史，并对蒙元时期多民族文化影响下的中华文化西渐现象予以评述。

第一节 释名

在跨地区、跨文化、长时段的物质交流历史中，名、物含混不清的现象很是常见。越是古老的事物，在漫长的历史发展

---

1 关于于阗玉的西传，西方考古学和艺术史学者有较多的研究，如：Robert Skelton, “The Relations between the Chinese and Indian Jade Carving Traditions”, in: *The Westward Influence of the Chinese Arts from the 14th to the 18th Century*, ed. by William Watson, London: University of London, 1972 ; Ralph Pinder-Wilson, “Jades from the Islamic World”, *Marg*, Vol. 44 (2), 1992; A. S. Melikian-Chirvani, “Precious and Semi-Precious Stones in Iranian Culture, Chapter I. Early Iranian Jade”, *Bulletin of the Asia Institute*, No. 11, 1997；而最重要的研究当推 Manuel Keene, “Old World Jades outside China, from Ancient Times to the Fifteenth Century: Section One”, *Muqarnas*, Vol. 21 (1), 2004 。

中，越有可能发生名称的改换和含义的转变。因此，在探讨玉石西传问题前，首先需要厘清它在亚洲几种主要民族语言中的称谓。

汉字“玉”，最早出现在甲骨文中。考古资料表明，自新石器时代开始，玉石便从石料中脱颖而出，用作礼器和装饰品。汉代许慎《说文解字》解释说：“玉，石之美。”在近代矿物学诞生之前，“玉”并没有明确的定义，与其相近的玉髓、玛瑙、大理石、碧石等石料也时常混入“玉石”这一名称下。[1]但古代中国人眼中最优质、最纯正的玉，无疑是来自于阗的玉石。明代以后，翡翠被大量发掘出来，并成为于阗玉之外的又一种优质玉石品种。19 世纪时中国玉器大量传入欧洲，法国矿物学家将于阗玉和翡翠统称为玉，并重新命名，称前者为 nephrite（软玉），后者为 jadeite（硬玉）。于是在今天，汉语狭义的“玉”指的是软玉和硬玉的集合。[2]

突厥语将玉称作 ḳaş。语言学家克劳森（Gerard Clauson）解释说：ḳaş 指称玉，用于突厥语东南方言中，亦常被称作 ḳaş taş（玉石）；而在其他不知道玉石的地区，该词更多地指代宝石，尤其是戒指的戒面。[3]明代四夷馆编写的《高昌馆译书》中记作“玉石，哈失塔失”；[4]《委兀儿译语》作“玉，哈失”。[5]

契丹语称玉石为“孤稳”。《辽史·营卫志》载：“孤稳斡鲁朵，

1 参看干福熹《玻璃和玉石之路——兼论先秦前硅酸盐质文物的中、外文化和技术交流》，《广西民族大学学报》（自然科学版）2009 年第 4 期。

2 卢保奇、冯建森：《玉石学基础（第二版）》，上海大学出版社，2012，第 9 页。

3 Gerard Clauson, *An Etymological Dictionary of Pre-thirteenth-century Turkish*, p. 669.

4 《高昌馆译书》，《北京图书馆古籍珍本丛刊》6 辑，第 398 页。

5 《委兀儿译语》，《北京图书馆古籍珍本丛刊》6 辑，第 603 页。

承天太后置。是为崇德宫，玉曰‘孤稳’。”[1]

蒙古语的qas，是从突厥语借入的。《华夷译语》记作“玉，哈石”；[2]《增定华夷译语》中有“白玉，察罕哈石”；[3]此外，《至元译语》还有一种译法：“玉，齿老温。”[4]实际上，“齿老温”（čila'un）是蒙古语对石头的统称。[5]《元朝秘史》有“赤老温”，旁译“石”。[6]

波斯语和阿拉伯语称呼“玉石”有一系列的同源词：yashb、yashm、yaṣb、yaṣf。[7] 10—11世纪波斯大学者比鲁尼（Abū Rayḥān Muḥammad ibn Aḥmad Bīrūnī）的《医药书》（*Kitāb al-Ṣaydana*）中，就记载了这些读法，他还称忒耳迷（Tirmizī）方言读作yasht，[8]不花剌方言读作mashb和yashb。[9] 12世纪内沙不里（Muḥammad ibn Abī al-Barakāt Jawharī Nayshābūrī）的《内扎米珍宝书》（*Javāhir-nāma-'i Niẓāmī*）也记载了穆斯林对玉石的不同称谓：“在呼罗珊，玉石被称作yashm，突厥语称之为qāsh。而yashb则是阿拉伯语。”[10]该词的词源非常古老，存在于整个印欧语

1　《辽史》卷三一，中华书局，1974，第367页。

2　《华夷译语》，《北京图书馆古籍珍本丛刊》6辑，第27页。

3　《增定华夷译语》，《北京图书馆古籍珍本丛刊》6辑，第228页。

4　贾敬颜、朱风：《蒙古译语、女真译语汇编》，天津古籍出版社，1990，第9页。

5　Ferdinand D. Lessing et al, *Mongolian-English Dictionary*, Berkeley: University of California Press, 1960, p. 182.

6　乌兰校勘《元朝秘史（校勘本）》，第42、141页。

7　F. 施泰因加斯《阿拉伯语—英语辞典》载：yashb，白玉（white jasper）；yashm，绿玉（green jasper）、玛瑙（agate）；yaṣb、yaṣf，玉（jasper）。F. Steingass, *Arabic-English Dictionary*, New Delhi; Chennai: Asian Educational Services, 2005, p. 1240。

8　阿拉伯文本为līsht，波斯文本为yashb，英译本作yasht。比鲁尼《医药书》阿拉伯文本，p. 639；波斯文本，p. 1008；英译本，p. 341。

9　阿拉伯文本、波斯文本皆为mashb va yashb，英译本作mashab。

10　Nayshābūrī, *Javāhir-nāma-'i Niẓāmī*, ed. by Īraj Afshār, p. 218.

和闪米特语系统中。古希伯来语称 Ichapa，古希腊语称 iáspis，古亚述语作 yashpū/ashpū，粟特语为 'yšp[h]，[1] 拉丁语作 iaspis，古法语作 jaspe，中古英语为 jaspe、jaspre，是由中古法语演变而来，最后成为现代英语的 jasper。语言学家研究认为，古代近东地区所使用的 yashm 及其同源词汇 yashf、yashb 等，原指玉髓（chalcedony）和碧石（jasper）。[2] 后来伊斯兰地区人民接触到东方的玉石之后，也用这些词来称呼东方玉石。渐渐地，东方玉石反而超出了其他石类，成为 yashm 等系列词语的主要含义。元代入华回回人就保留了这种用法，《回回馆杂字》四夷馆本记有"玉，夜深"，会同馆本作"玉，叶深"。[3]"深"字属寻母韵，收声带有 -m 音，[4] 所以"夜深"或"叶深"正是波斯语 yashm 的准确音译。

值得注意的是，英语 jade 一词出现得很晚，约于 16 世纪由法语、意大利语演变而成。其词源来自古西班牙语 ijada，原义是指一种能治愈腹部绞痛的石头。伯希和考证说，jade 长久以来被误认为与札答石（jada 或 yada）有关，而实际上二者没有任何关系。[5] 英语 jade 一词出现后，专用于表示东方的玉石，逐渐与 jasper（碧石）区别开来。

1　Muḥammad Zāvush, *Kānī-shināsī dar Īrān-i Qadīm*, Tehran: Pazhūhishgāh-i ʿUlūm-i Insānī va Mutāliʿāt-i Farhangī, 1996, p. 221; A. S. Melikian-Chirvani, "Precious and Semi-Precious Stones in Iranian Culture, Chapter I. Early Iranian Jade", *Bulletin of the Asia Institute*, No. 11, 1997, pp. 124-127.

2　Manuel Keene, "Jade: i. Introduction", *EIr*, Vol. XIV, Fasc. 3, New York: Encyclopaedia Iranica Foundation, 2008, pp. 323-325.

3　刘迎胜:《〈回回馆杂字〉与〈回回馆译语〉研究》，第 246、494 页。

4　张玉来、耿军:《中原音韵校本》，第 40、176 页。

5　Paul Pelliot, "Cotan", *Notes on Marco Polo*, Vol. 1, pp. 424-425.

第二节 波斯文、阿拉伯文文献记载中的玉石产地

一 闻名遐迩的于阗玉河

于阗玉主要产自今天和田东西两侧的玉龙喀什（Ürüng qāsh）河和喀拉喀什（Qarā qāsh）河。中古波斯文、阿拉伯文文献对此有很明确的记载。10 世纪波斯地理书《世界境域志》记载中国（Chīnistān）于阗的河中出产玉石。[1]11 世纪比鲁尼的《宝石书》《医药书》引用 9 世纪花剌子迷（Muḥammad ibn Mūsā al-Khwārizmī）关于出产于阗玉的河流名字：

> 玉石出自于阗的两条河中。一条名“哈失”（Qāsh），出产最优质的白色玉石；另一条名“哈剌哈失”（Qarāqāsh），所出玉石色泽暗黑，堪比煤玉。于阗〔乃一绿洲〕[2]都城名 Ajma。[3]人们无法抵达玉河的源头〔，玉石是从河源的山上冲下来的〕。[4]小块玉石可归百姓，大块玉石属于国王。[5]

1 *Ḥudūd al-ʿĀlam*, tr. by V. Minorsky, ed. by C. E. Bosworth, pp. 85-86.

2 英译本多出此句。

3 比鲁尼《医药书》阿拉伯文本为 Ajma，波斯文本作 Akhma，英译本缺此句。

4 波斯文本多出此句。

5 比鲁尼《医药书》阿拉伯文本，pp. 638-639；波斯文本，p. 1008；英译本，p. 341. 此外比鲁尼的《宝石书》与其《医药书》所载内容一致，参见 Bīrūnī, *Al-Jamāhir fī al-Jawāhir*, ed. by Yūsuf Hādī, p. 319。

比鲁尼的著作影响深远，后来的波斯、阿拉伯作家持续沿用他关于于阗玉河的这一记述。如12世纪内沙不里的《内扎米珍宝书》也记载道：

玉石出自于阗地区（nāhiyat-i shahr-i Khutan[1]）的两条河里，所处的镇子名叫Ajma，那里一条河叫“哈失”（Qāsh），另一条叫“哈剌哈失”（Qarāqāsh）。……

玉石有许多种类。有一些玉石极白、光滑、美丽，颜色漂亮，外裹皮呈蜡黄色，有一点红斑。这种玉出自哈失河。

另一种玉石颜色暗沉，带有黑斑。这种玉出自哈剌哈失河。这两条河的源头不明，河水应该是从产玉石的矿山上流下来。国王时常巡幸这两条河。

规定如此：人们在河里寻找玉石，所有大块的归属国王，而小块的属于在河里寻找的人。

另一种玉石颜色非常黑，不甚值钱，也不受欢迎。

另一种玉石色绿似肥皂。这种玉石非常名贵，能够用来制成类似祖母绿的宝石，除玉石工匠外无人能分辨。[2]

除了波斯语、阿拉伯语文献记载外，关于于阗玉河的类似描述亦流行于突厥语和汉语文献中。如喀什噶里的《突厥语大词典》载：

---

1 校勘本作Chīn，但校勘记有抄本为Khutan。在缺少音点时，这两个地名的写形完全一样，混淆的可能性很大。而根据这个地名的限定词nāhiyat（州、区）、shahr（城市）来看，这个地名应是Khutan，即于阗。

2 Nayshābūrī, *Javāhir-nāma-ʾi Niẓāmī*, ed. by Īraj Afshār, p. 218.

> 哈失河（Qāš ögüz）是流经于阗城两侧的两条河。一条叫“玉龙哈失河”（Ürüŋ qāš ögüz），河中皆出产白色玉石，河因此而命名。另一条叫“哈刺哈失河”（Qara qāš ögüz），河中皆出产黑色玉石。这种石头在世上其他地方都没有，仅出自这两条河中。[1]

而汉文记载可见五代时《高居诲使于阗记》:

> 其国采玉之地云玉河，在于阗城外，其源出昆山，西流一千三百里，至于阗界牛头山，乃疏为三河：一曰白玉河，在城东三十里；二曰绿玉河，在城西二十里；三曰乌玉河，在绿玉河西七里。其源虽一，而其玉随地而变，故其色不同。每岁五六月大水暴涨，则玉随流而至。玉之多寡，由水之大小。七八月水退，乃可取。彼人谓之“捞玉”。其国之法，官未采玉，禁人辄至河滨者。[2]

高居诲所记出产玉石的三条河流中，乌玉河实为绿玉河的支流，所以他记载的也是两条主要河流。

上引几则史料显示，波斯语、阿拉伯语、突厥语和汉语文献关于于阗玉河的记载一脉相承，不仅对玉河的名称记载一致，而且对其所出玉石的色泽、种类，乃至“玉河捞玉法则”的记述也同出一源。尤其值得注意的是，波斯、阿拉伯文献记载的玉河名称是突厥语，这说明当地人是通过说突厥语的人获知的玉河信息。由此可窥

---

1 Maḥmūd al-Kāšġarī, *Compendium of the Turkic Dialects*, part II, tr. & ed. by Robert Dankoff & James Kelly, Cambridge, Mass.: Harvard University Printing Office, 1984, p. 226. 汉译本参看麻赫默德·喀什噶里《突厥语大词典》第 3 卷，第 147 页。

2 唐慎微:《重修政和经史证类备用本草》卷三，人民卫生出版社，1957 年影印原刻晦明轩本，第 81 页。

见亚洲大陆知识从东向西的传播脉络，同时也显示出操突厥语的部族在东西方信息传递中所承担的媒介角色。

二　玉石产自中国

昆仑山出产玉石，不止于阗一地。可失哈耳是为波斯人、阿拉伯人所知晓的另一个玉石产地。艺术史家曼努埃尔·基恩（Manuel Keene）认为，最早在 11 世纪，最迟至 13 世纪时，可失哈耳就已成为玉石的主要原料供应地之一。[1] 不过文献记载显示，这个时间上限恐怕更早，在 9 世纪的阿拉伯语宝石书《宝石的属性》（*Kitāb Khawāṣ al-Jawāhir*）中，就已有玉石出自可失哈耳的记载。[2]11 世纪末的波斯赞美诗，描述了一位战士的手臂上佩戴着可失哈耳的玉石。[3] 13 世纪密昔儿宝石学家惕法昔（Abu al-ʿAbbās Aḥmad ibn Yūsuf al-Qaysī al-Tīfāshī）撰著的《皇家宝石书》（*Kitāb al-Aḥjār al-Mulūkīt*），沿袭了《宝石的属性》的内容，也记录了可失哈耳为玉石产地。[4]

元代汉文文献也显示可失哈耳是玉石的出产地。《经世大典·站赤》载：

1　Manuel Keene, "Jade: i. Introduction", *EIr*, Vol. XIV, Fasc. 3, pp. 323-325.

2　这是 9 世纪阿拉伯著名学者雅库布·肯迪（Yaqāb ibn Ishāq al-Kindī）撰著的一部宝石学专著，全书共 25 章，记述了当时所能了解到的各种宝石及其属性的知识。Yaqūb ibn Ishāq al-Kindī, *Kitāb Khawāṣ al-Jawāhir*，埃及国家图书馆藏 9 世纪抄本，p. 87。

3　A. S. Melikian-Chirvani, "Precious and Semi-Precious Stones in Iranian Culture, Chapter I. Early Iranian Jade", *Bulletin of the Asia Institute*, No. 11, 1997, p. 132.

4　Abu al-ʿAbbās Aḥmad ibn Yūsuf al-Qaysī al-Tīfāshī，*Kitāb al-Aḥjār al-Mulūkīt*，埃及国家图书馆藏 1554 年抄本，f. 113。

〔至元十年六月〕十八日，兵刑部侍郎伯术奏："〔可〕失呵儿、斡端之地产玉，今遣玉工李秀才者采之。合用铺马六匹、金牌一面。"[1]

此外，马可·波罗还记载培因（Pem）和阇鄽（Ciarcian，今译车尔臣）两地出产碧石（jasper）和玉髓（chalcedony）。[2] 伯希和曾指出马可·波罗将玉石（jade）描述为"碧石和玉髓"与波斯语词语 yashm 所指一致，马可·波罗一贯清楚波斯语的术语含义。[3] 一方面，马可·波罗在中国是通过波斯语为中介语言进行交流的，因此他听到的于阗玉的称呼只能是波斯语 yashm，或许还有突厥语 ḳaş，但他需要将突厥语转为波斯语后才能理解；另一方面，如前所述，jade 一词出现于 16 世纪，远远晚于马可·波罗时代，因此当马可·波罗将波斯语 yashm 再转变成他的母语时，他只能使用当时已有的两个词语来描述于阗玉。尽管这两个词语在今天的含义与玉石（jade）相差甚远，但我们依然可以断定，马可·波罗所用的这两个词语就是指玉石。

马可·波罗所说的 Pem，斯坦因、伯希和、沙畹等学者考其为玄奘之"媲摩"，即《宋云行纪》中的"捍麼"、唐代文献中的"坎城"、《新唐书》之"汗弥"、《高居诲使于阗记》之"绀州"。[4] 此地

1　《永乐大典》卷一九四一七《站赤二》，第 7199 页。

2　A. C. Moule & Paul Pelliot, *Marco Polo, the Description of the World*, Vol. 1, pp. 143, 146-147.

3　Paul Pelliot, "Cotan", *Notes on Marco Polo*, Vol. 1, p. 424.

4　关于此地名的考证，见 Marc Aurel Stein, *Ancient Khotan: Detailed Report of Archaeological Explorations in Chinese Turkestan*, Vol. 1, pp. 452-457; Paul Pelliot, "Pem", *Notes on Marco Polo*, Vol. 2, p. 801；沙畹《宋云行纪笺注》，冯承钧译《西域南海史地考证译丛六编》，第 13—14 页；李吟屏《古于阗坎城考》，马大正、杨镰主编《西域考察与研究续编》，新疆人民出版社，1998。

位于今天新疆和田地区克里雅河流域，斯坦因等考证其为策勒县以北的乌宗塔提（Uzun-Tati）遗址。此地从行政区划和文化上，原本都属于于阗国的范围，但五代以来其地位越来越重要，在马可·波罗到来时，已成为与于阗并列记录的大城。[1] 马可·波罗提到的另一个玉石产地阇鄘，即今天的新疆且末县。此地在元代是一个较为重要的城镇，据《元史》记载，元朝控制塔里木盆地南沿一带时，曾多次下令在此地建设驿站。[2] 培因和阇鄘两地，距离玉河甚远。但矿物学的研究发现，从和田到且末几百公里的矿床都出产软玉，[3] 培因、阇鄘皆位于此矿脉上。

《元史·食货志》另记载一处玉石产地匪力沙，位于于阗西南，今希迪拉以东：[4]

> 产玉之所，曰于阗，曰匪力沙。……
>
> 玉在匪力沙者，至元十一年，迷儿、麻合马、阿里三人言，淘玉之户旧有三百，经乱散亡，存者止七十户，其力不充，而匪力沙之地旁近有民户六十，每同淘焉。于是免其差徭，与淘户等。所淘之玉，于忽都、胜忽儿、舍里甫丁三人所立水站，递至京师。此玉课之兴革可考者然也。[5]

多方史料记载显示，整个塔里木盆地南缘、昆仑山的北沿都出产玉石，其中于阗是最中心、最有名的产地。于阗在蒙元时代的行

1 荣新江：《真实还是传说：马可·波罗笔下的于阗》，《西域研究》2016 年第 2 期。
2 《元史》卷一二，第 245 页，卷一四，第 285 页。
3 干福熹：《中国古代玉器和玉石科技考古研究的几点看法》，《文物保护与考古科学》2008 年增刊。
4 《中国历史地图集》第 7 册《元明时期》，中国地图出版社，1982，第 39 页。
5 《元史》卷九四，第 2378、2380 页。

政归属情况复杂。大蒙古国到元初阶段，于阗被朝廷委任给牙老瓦赤、麻速忽父子管辖。阿里不哥之乱时，察合台系宗王阿鲁忽占领于阗，此后直到至元二十六年（1289），于阗一直处于元朝政府与西北诸王势力的争夺中。此地先后受诸王阿鲁忽、八剌、海都、禾忽等势力的侵扰，又一次次被忽必烈收回控制权。忽必烈曾在于阗设立斡端（即于阗）宣慰司，但在至元二十六年时罢去，此后这里归察合台汗国控制。[1]在《元史·地理志》中，“忽炭”地名亦列于察合台汗王笃来帖木儿位下。[2]简言之，忽必烈统治时期，于阗大部分时间处于元廷控制下；在忽必烈之后，于阗则脱离了元朝的控制。马可·波罗大约于 1273 年末至 1274 年初途经这里，当时于阗正在元朝控制下，因此他的行纪记载说于阗隶属于大可汗（Great Kaan）统治之下。[3]汉文史料反映了那时元朝在于阗开采、运输玉石的情况。至元十年，忽必烈派玉石工匠前往可失哈耳、于阗采玉，并允许使用驿道运送；[4]至元十一年，“立于阗、鸦儿看两城水驿十三……免于阗采玉工差役”。[5]然而就在马可·波罗经过后不久，窝阔台系宗王禾忽反叛元廷，占领了于阗。当时经于阗西行的列班·扫马亲历此事，其行纪记载说，他们经过于阗时，恰逢忽必烈与禾忽作战，禾忽袭入于阗，杀死当地数千人。而道路被切断，粮食缺乏，多人死于饥饿。[6]禾忽叛乱后，海都把于阗视作自己的控制范围，与元朝反复争夺。元朝灭宋之后，集中力量才又夺回

1　刘迎胜：《察合台汗国疆域与历史沿革研究》，《中国边疆史地研究》1993 年第 3 期。

2　《元史》卷六三，第 1568 页。

3　A. C. Moule & Paul Pelliot, *Marco Polo, the Description of the World*, Vol. 1, p. 146.

4　《永乐大典》卷一九四一七《站赤二》，第 7199 页。

5　《元史》卷八，第 153 页。

6　E. A. Wallis Budge, *The Monks of Kublai Khan, Emperor of China*, London: Religious Tract Society, 1928, p. 138.

于阗。[1]

无论是于阗还是可失哈耳，抑或是其他产玉之地，历史上皆在中国王朝的统治之下，因而波斯、阿拉伯文献关于玉石产地的记载，也常显示出玉石出自中国的普遍认知。如比鲁尼称于阗玉中最优质的白玉为“中国白玉”（al-ḥajar al-abīẓ al-Ṣīnī）。[2] 13世纪初的《寰宇志》记载：“玉石矿藏位于中国（Chīn）。”[3]

至蒙元时代，更多的波斯文献明确提到玉石出自中国。伊利汗国时成书的最重要的两部宝石书——纳昔剌丁·徒昔的《伊利汗之珍宝书》和哈沙尼的《奇珍异宝录》都记载说：“玉石有许多种类，其矿藏位于乞台和桃花石（Khiṭā va Ṭaghmāj）之地。”[4] 在徒昔和哈沙尼的时代，“乞台”已经十分固定、广泛地用于指称中国北方汉地了，而“桃花石”则一直是“中国”的代名词，“乞台和桃花石”的组合使用，是穆斯林泛指“中国”的惯用表达方式。[5] 无论是对于阗玉河的描述，还是对玉石出于中国的记载，都反映出中古时代波斯人、阿拉伯人对玉石这种特殊石料来自东方的基本认识，同时玉石所承载的东方文化特质也逐渐为伊朗地区所了解。

1　刘迎胜：《察合台汗国史研究》，上海古籍出版社，2011，第277—278页。

2　比鲁尼《医药书》阿拉伯文本，p. 639；波斯文本，p. 1008；英译本，p. 341；Bīrūnī, *Al-Jamāhir fī al-Jawāhir*, p. 319.

3　Bakrān, *Jahān-nāma*, ed. by Muḥammad Amīn Riyāḥī, p. 98.

4　Naṣīr al-Dīn Ṭūsī, *Tansūkh-nāma-'i Īlkhānī*, ed. by Madris Ražavī, p. 121; Kāshānī, *'Arāyis al-Javāhir va Nafāyis al-Aṭāyib*, ed. by Īraj Afshār, p. 139.

5　曼努埃尔·基恩认为这里的Khiṭā可能并非是指中国北方，而是指西辽的“哈剌契丹”，“桃花石”则是突厥斯坦的一个地名（Manuel Keene, “Jade: i. Introduction”, *EIr*, Vol. XIV, Fasc. 3）。这一认识恐怕不正确。徒昔和哈沙尼这两部书的其他章节中，多次出现“乞台”与“桃花石”连用的情况，如“乞台和桃花石之地”（zamīn-i Khiṭā va Ṭaghmāj）或“乞台和桃花石之国”（bilād-i Khiṭā va Ṭaghmāj）。这种组合表述类似于喀什噶里的“秦和马秦”或朮札尼的“秦和桃花石”，所指就是中国。详见本书第二章。

第三节　波斯文、阿拉伯文文献记载中的东方玉石文化

尽管从石器时代开始，玉石就已出现在中国以西直至近东的广大地区，但受史料文献所限，前伊斯兰时代西亚地区人们对东方玉石文化的认知情况，现已很难知晓。不过伊斯兰时代以来，波斯语、阿拉伯语文献对东方玉石的记载明显增多，这些记载显示出西亚的穆斯林对东方玉石所具有特质、属性的了解和关注。

一　对玉石功效的了解

玉石在西方伊斯兰世界中所具有的声名，很大程度上来自它的特殊功能。

第一，玉石被誉为“胜利之石”（ḥajar al-ghalaba），这一说法在伊斯兰世界流传久远。9 世纪的《宝石的属性》、10—11 世纪的比鲁尼、12 世纪的内沙不里、13 世纪的札克里牙・可疾维尼无不提及这一称号。比鲁尼说：“突厥人（Turk）把玉石装在刀剑、马鞍等器具上，以求在战争中取得胜利。”[1] 相似的描述也出现在内沙不里的书中，但有趣的是，具有这一习俗的民族变成了契丹人（Khiṭāyān）。[2] 这一细节反映出亚洲大陆上西

1　Bīrūnī, *Al-Jamāhir fī al-Jawāhir*, ed. by Yūsuf Hādī, p. 317.

2　Nayshābūrī, *Javāhir-nāma-'i Niẓāmī*, ed. by Īraj Afshār, p. 219.

迁部族的历史变迁，突厥语部族和契丹部族在从中国北部向西迁徙的过程中，先后与西方伊斯兰世界发生接触。他们在东西方陆路交流中承担着重要角色，西方伊斯兰世界对东方的了解，受到了多民族文化的影响。直至蒙元时代，波斯文献中仍记载："携带玉石之人，能够战胜敌人。因此国王们将它镶嵌在黄金腰带上。"[1]

第二，玉石具有消灾避难的功能。内沙不里说："随身佩戴玉石，能避开雷电，免受火灾。"[2]蒙元时代的徒昔、哈沙尼、迪马士基在他们的著作中也延续着这种说法。[3]这种认知的来源，我们可以从喀什噶里《突厥语大词典》中得到了解："玉石，是一种光滑的石头，有白色和黑色，白色的玉石镶在戒指上，可以避雷、解渴和防火。"[4]这再一次说明了波斯人的玉石知识来源与西迁的突厥语部族息息相关。

第三，玉石具有医疗功效。这是波斯人对东方玉石最感兴趣和最为关注的方面，几乎所有关于玉石的波斯文、阿拉伯文记载都提到了这方面内容。例如比鲁尼在其《医药书》中记载说："有一种深褐色的玉石，能够缓解口渴；而把黄色玉石垂挂在人胃的位置处，可以增强胃功能。"[5]内沙不里说"玉石放入口中，能

1　Zakariyā ibn Muḥammad Qazvīnī, *'Ajā'ib al-Makhlūqāt va Gharā'ib al-Mawjūdāt*, tr. into Persian by anonymous translator, ed. by Yūsuf Bayg Bābāpūr and Mas'ūd Ghulāmīya, p. 342.

2　Nayshābūrī, *Javāhir-nāma-'i Niẓāmī*, ed. by Īraj Afshār, p. 219.

3　Nasīr al-Dīn Ṭūsī, *Tansūkh-nāma-'i Īlkhānī*, ed. by Madris Rażavī, p. 121; Kāshānī, *'Arāyis al-Javāhir va Nafāyis al-Aṭāyib*, ed. by Īraj Afshār, p. 139; Dimashqī, *Nukhbat al-Dahr fī 'Ajā'ib al-Barr wa al-Baḥr*, tr. into Persian by Ḥamīd Ṭabībiyān, Tehran: Asāṭīr, 2003, p. 103.

4　Maḥmūd al-Kāšġarī, *Compendium of the Turkic Dialects*, part II, tr. & ed. by Robert Dankoff & James Kelly, p. 226. 参看麻赫默德·喀什噶里《突厥语大词典》第 3 卷，第 147 页。

5　比鲁尼《医药书》阿拉伯文本，p. 638；波斯文本，p. 1008；英译本，p. 341.

缓解口渴”，“把龙形玉佩用绳子穿起来挂在颈上，使玉佩垂于胃部的位置，就能加强胃部功能，促进消化积食”；此外，他还提到“玉石能祛除眼疾”。[1]这几种玉石功用，一直到蒙元时代徒昔、哈沙尼、可疾维尼的著作中，还被不断提及。此外，哈沙尼书中还记载了妇女带上碧玉，可以促进怀孕生子；[2]迪马士基则说玉石能“治疗乳汁不下和减少，治疗心痛、心闷、少精”。[3]波斯语、阿拉伯语文献记载的这些玉石在医疗方面的功用，几乎全部可见于中国的医书。唐代《千金翼方》就记载了青玉、白玉髓“主妇人无子”、璧玉“主明目益气，使人多精生子”。[4]《证类本草》记载玉屑“主除胃中热、喘息烦满、止渴”，需要注意的是，书中所言的玉石主要是蓝田玉，但也指出“于阗、疏勒诸处皆善”。[5]根据书中对前代医书的援引，晋代的中医就已开始使用玉石治病了。而这些汉地的医疗经验，随着玉石的西传也为波斯人所知晓。

二　对玉石加工技艺的了解

物质流动的同时也带动了手工技艺的传播，东方的玉石加工工艺亦为波斯人所了解。内沙不里为我们提供了关于契丹人玉石加工工艺的最细致的描述：

1　Nayshābūrī, *Javāhir-nāma-ʾi Niẓāmī*, ed. by Īraj Afshār, p. 219.

2　Kāshānī, *ʿArāyis al-Javāhir va Nafāyis al-Aṭāyib*, ed. by Īraj Afshār, p. 139.

3　Dimashqī, *Nukhbat al-Dahr fī ʿAjāʾib al-Barr wa al-Baḥr*, tr. into Persian by Ḥamīd Ṭabībiyān, 2003, p. 103.

4　孙思邈著，李景荣等校释《千金翼方校释》，人民卫生出版社，1998，第74页。

5　唐慎微：《重修政和经史证类备用本草》卷三，第81页。

雕刻工匠用玉石制造器具，被称作 nānī。把玉石打磨成长条状，用铁制或木制的把手固定住，在铁的表面镶进金或银，敲打平整，把金子黏在银的表面，除去污渍。在火中放入煤炭加热，把金子放在〔火上〕，在其表面〔……〕，直到将它和银固定在一起，然后再打磨光滑。

无论是玛瑙、缟玛瑙或是其他石料，也能制作“nānī”，但是都不如玉石的属性。[1]

nānī 一词的词源和含义不明，但根据这段文字的描述，可知它指的应是玉器的金属镶嵌工艺。内沙不里出身呼罗珊宝石商家庭，亦是宫廷宝石鉴定师，常与石料工匠来往，这段描写如此细致，极似其亲眼所见。这或可说明 12 世纪时在伊朗地区有契丹工匠的存在。

此外，内沙不里对契丹人的玉石审美情趣和价值观也有相当的认识：

用这种玉石（青玉）制成各种器皿，在古代用以彰显文雅，这种说法十分著名。

现在有〔用玉石〕制作镂雕腰带（kamarhā-yi munaghash mushabbak），契丹人非常喜欢。这种工艺简直就像〔使用了〕真正的法术。据说一根这样的腰带价值一千〔底纳儿〕(dinār)。

在《宝石的属性》(*Kitab khawas al-Jawāhir*) 一书中，玉石被称为“胜利之石”，因为契丹人把玉石佩戴在腰带、刀剑、工具上面，以求在战争中取得胜利。

也有一些人在他们的宗教仪式上使用玉石做卜筮，然后制

---

1 Nayshābūrī, *Javāhir-nāma-'i Niẓāmī*, ed. by Īraj Afshār, p. 219.

成戒指、手镯和刀柄。[1]

内沙不里所描述的契丹人的玉石文化，在辽代契丹人墓葬中得到了证实。从考古发掘情况来看，辽代契丹人对玉器的使用有相当的偏好，玉石工艺也颇具特色。于宝东、许晓东两位学者对辽代契丹玉器多有论述。[2] 据许晓东统计，辽代玉器共出土三千余件，主要出自墓葬及佛塔。[3] 其中辽陈国公主墓出土玉器最多，有玉銙丝蹀躞带、玉銙银带、玉柄银锥、玉砚、玉水盂以及造型丰富的玉配饰。[4] 考古研究表明，契丹玉器除了本民族的文化特征外，还吸收了汉地、中亚和佛教文化因素，其中玉带、簪、碗、杯以及龙凤、花鸟等纹饰造型，是仿自中原玉器。[5] 内沙不里所描述的"彰显文雅"的玉器和价值千金的玉带，就是汉地艺术风格在契丹玉器工艺中的体现。

蒙元时代到来前，波斯人对东方玉石文化的认知，主要来自西迁突厥语部族和契丹部族的传播。这些部族因受中原汉文化的影响，对玉石的审美、应用及加工，也表现出汉地文化元素。此阶段，汉地玉石文化是以游牧部族为中介，间接地被传介至伊朗。

1　Nayshābūrī, *Javāhir-nāma-'i Niẓāmī*, ed. by Īraj Afshār, pp. 218-219.

2　于宝东:《辽代玉器文化因素分析》,《内蒙古大学学报》2006 年第 3 期;《契丹民族玉器述论》,《内蒙古大学学报》2006 年第 6 期;《辽金元玉器研究》，内蒙古大学出版社，2007。许晓东:《辽代玉器研究》，紫禁城出版社，2003;《契丹人的金玉首饰》,《故宫博物院院刊》2007 年第 6 期。

3　许晓东:《辽代玉器研究》，第 8—9 页。他所定义的玉器为广义玉石制品，其中也包括水晶、玛瑙等类玉石料。

4　内蒙古自治区文物考古研究所、哲里木盟博物馆:《辽陈国公主墓》，文物出版社，1993，第 45—46、59—60、74—86 页；李逸友:《辽代带式考实——从辽陈国公主驸马合葬墓出土的腰带谈起》,《文物》1987 年第 11 期。

5　许晓东:《辽代玉器研究》，第 115 页；于宝东:《辽代玉器文化因素分析》,《内蒙古大学学报》2006 年第 3 期。

第四节 玉石及其制品风格的西传

国内学者研究于阗玉石向西输送时，常常引用15世纪初西班牙旅行家克拉维约（Ruy González de Clavijo）行纪中的一段记载，所据版本大多为杨兆钧先生20世纪40年代据土耳其语译本所译的汉译本。[1]其中对撒麻耳干城中外贸商品有这样一段记载：

> 自中国境运来世界上最华美的丝织品。其中有一种为纯丝所织者，质地最佳；自和阗运来宝玉、玛瑙、珠货，以及各样珍贵首饰。和阗所产之货，其极名贵者，皆可求之于撒马尔罕市上。和阗之琢玉镶嵌之工匠，手艺精巧，为世界任何地所不及。[2]

克拉维约的行纪，原文为西班牙文，近代以来被译为英文、俄文、土耳其文等多种文字。对照西班牙文原文后会发现，汉译本将原文中的Catay错译成了“和阗”。Catay一词在全书中多次出现，其义为契丹（乞台），也就是中国。不仅如此，原文中也未出现“宝玉”“琢玉镶嵌”的表述。这段记述的准确翻译应当如下：

---

1 如李吟屏《和田玉雕漫谈》，《新疆地方志》1991年第3期；殷晴《和阗采玉与古代经济文化交流》，原载《故宫博物院院刊》1995年第1期，此据氏著《探索与求真——西域史地论集》，新疆人民出版社，2011，第181页；张文德《明与西域的玉石贸易》，《西域研究》2007年第3期。

2 《克拉维约东使记》，杨兆钧译，商务印书馆，1957，第157页。

> 这座城市（撒麻耳干）的市场上聚集了大量的来自远方他国的商货。有来自斡罗思（Ruxia）和鞑靼（Tartaria）的皮革、亚麻制品，有来自乞台（Catay）的世界上最优质的丝织品（paños de seda）；尤其是一种不加刺绣的平织织物，最为上品。此外还有只出产自乞台的麝香（almizque）；红宝石（balaxes）、金刚石（diamantes）在这里囤积得最多；还有珍珠（alxofar）、大黄（ruybarbo）及其他各种香料（especias）。从外国进口到撒麻耳干的货物中，乞台的商品最为珍稀、名贵，因为他们具有世上最高超技艺的声誉。有这么一种说法：乞台人每人有两只眼睛，摩尔人（Moros）[1]是瞎子，拂郎人只有一只眼睛，所以乞台人具有比世上其他人更高超的技艺。[2]

《克拉维约东使记》目前的最好译本，是伊朗学家斯特兰奇所做的英译本。[3]与西班牙文本一致，英译本也没有出现“和阗”和“玉石”这两个词语，因此这条材料不能作为于阗玉西传的证据。

虽然克拉维约的记载不能直接证明于阗玉贩运西方，但大量考古资料表明，从中亚至近东地区，在公元前就已使用玉石制品。不仅如此，近来的研究逐渐打破伊斯兰世界直到 15 世纪才从中国人那

1 摩尔人是阿拉伯人与柏柏尔人的混血，是西北非的穆斯林。对西班牙人来说，摩尔人是他们熟悉的穆斯林群体，克拉维约用摩尔人代表所有穆斯林。斯特兰奇的英译本将 Moros 直译为 Moslem。

2 Ruy González de Clavijo, *Historia del gran Tamorlan*, En Madrid en la imprenta de Don Antonio de Sancha se hallará en su librería en la Aduana Vieja, 1782, p. 191.

3 *Clavijo: Embassy to Tamerlane 1403-1406*, tr. by Guy Le Strange, London: George Routledge & Sons, 1928.

里学会玉石雕琢技艺这一旧有看法，[1]越来越倾向认为在公元前的东部伊朗地区，就已发展出区别于中国的玉石加工风格。[2]巴克特里亚地区拥有发达的琢玉技术，那里发现的玉器饰品带有浓郁的希腊化风格。[3]东部伊朗地区长期以来都是玉石加工的中心，而其中最重要的城市就是呼罗珊名城巴里黑（Balkh），此外也里（Herat）、加兹尼（Ghazna）也是玉石加工业的重镇，[4]这种传统一直延续至近代。

从中亚、西亚出土的玉石制品来看，伊斯兰时代之前绝大多数为剑璏、护手、剑璏等刀剑具的配件。这可能是受到西迁月氏人的影响。这种形制的刀剑及配具一直向西传至西亚及欧洲。[5]而 7 世纪之后的出土品中，带饰、戒指、碗杯更占多数。这种变化则是受到突厥、契丹游牧民族的玉石文化影响。在美国大都会博物馆、科威特沙巴（Al-Sabah）收藏以及美籍伊朗人哈里里（Khalili）的收藏中，皆可见伊朗出土的 7 世纪以后的玉带扣、带銙、带饰、玉戒指藏品。

需要格外指出的是，无论从出土实物还是文献材料来看，玉石在伊朗地区最广泛的用途都是制作戒指。这种戒指往往兼具印章的功能，戒面上多刻有文字图案。虽然玛瑙、水晶、贝壳、玻璃等材

1　持这一看法的研究很多，如 Berthold Laufer, *Jade: A Study in Chinese Archæology and Religion*, Chicago: Field Museum of Natural History, 1912, p. 3; Robert Skelton, “Islamic and Mughal Jades” , in: *Jade*, ed. by Roger Keverne, London: Anness Publishing Limited, 1991, p. 274。

2　实际上中国的玉石加工工艺，也存在地域性差异。北方、南方与西域地区各有不同，参看邓淑苹《从“西域国手”与“专诸巷”论南宋在中国玉雕史上的重要意义》,《考古学研究（九）：庆祝严文明先生八十寿辰论文集》，文物出版社，2012，第 408—456 页。

3　Manuel Keene, “Jade: ii. Pre-Islamic Iranian Jades” , *EIr*, Vol. XIV, Fasc. 3, pp. 325-326.

4　Manuel Keene, “Old World Jades outside China, from Ancient Times to the Fifteenth Century: Section One”, *Muqarnas*, Vol. 21 (1), 2004.

5　Manuel Keene, “Jade: ii. Pre-Islamic Iranian Jades” , *EIr*, Vol. XIV, Fasc. 3.

料皆可用来制作这种戒指，但玉石凭借其柔韧的质地脱颖而出。因此，在整个中亚、西亚地区，玉石被大量用于制造戒指。[1]内沙不里的书中写到，玉石工匠把青玉带到了波斯重镇帖必力思，用来制作戒面（nigīn）。[2]12 世纪伊朗地方史《拜哈黑史》（*Tārīkh-i Bayhaqī*）记载了穆斯林贵族佩戴玉石戒指的情形。[3]尤具说服力的是，在 14 世纪后期也门拉苏勒王朝（Rasulid）编写的六种语言分类对译辞书《国王词典》（*Rasūlid Hexaglot*）中，突厥语 qāsh（玉）所对译的波斯语 nigīna 和阿拉伯语 al-faṣṣ，意思皆为戒指上镶嵌的宝石，也就是戒面 。[4]实物证据和文献材料都说明，玉石输入伊斯兰世界后，最广泛的用途是制作戒指。

在伊朗地区，带銙是另一种较常见的玉石制品。传统的波斯带銙多是用金属铸成的，考古发现有金、银、铜、铁各种质地的带銙，尤其以青铜带銙最为常见。而沙巴收藏中有四件乃沙不耳出土的玉带銙，为 7 世纪的玉石制品，玉带銙上有圆孔，用以悬挂佩饰。其中一枚背面成斜对角式地钻有成对的小孔，这是为了能使线绳牢固固定；相同式样的饰品在中国也能找到。[5]大都会博物馆收藏的一枚 9—10 世纪乃沙不耳玉带銙，与沙巴的藏品具有

1　Manuel Keene, “Jade: iii. Jade Carving, 4th Century B.C.E to 15th Century C.E.” , *EIr*, Vol. XIV, Fasc. 3, pp. 326-336.

2　Nayshābūrī, *Javāhir-nāma-ʾi Niẓāmī*, ed. by Īraj Afshār, p. 111.

3　Abū al-Faẓl Muḥammad ibn Ḥusayn Bayhaqī, *Tārīkh-i Bayhaqī*, Vol. 1, ed. by Muḥammad Jaʿfar Yāḥaqqī & Mahdī Sayīdī, Tehran: Intisharāt-i Suḥan, 2009, p. 280.

4　Peter B. Golden et al. trs. & eds., *The King's Dictionary, the Rasūlid Hexaglot: Fourteenth Century Vocabularies in Arabic, Persian, Turkic, Greek, Armenian and Mongol*, p. 304.

5　Manuel Keene, “Old World Jades outside China, from Ancient Times to the Fifteenth Century: Section One”, *Muqarnaṣ*, Vol. 21 (1), 2004, p. 205.

相同的式样，这枚带銙的材质为软玉，[1]而软玉正是于阗的特产。玉石带銙在伊朗的出现表明当地的琢玉水平已经达到一定高度。不过，尽管这些带銙的材质突破了金属范围，采用了东方的玉石来制作，但带銙从形制上来看，基本延续了伊斯兰时代以前的中亚传统风格。[2]

西迁契丹人在中亚建立西辽政权后，开始将中国汉地的艺术风格传至伊朗，这是伊朗玉石工艺汲取汉风的直接源头。西辽受中华文化的影响体现在政治、文化各个方面，[3]其统治区域内曾出土当地制造的带有中国母题的玉器。[4]大英博物馆收藏的一件据称来自阿富汗喀布尔的鹤纹带銙，上面飞鹤的艺术造型，与宋、金玉器相仿；而玉銙背面的牛鼻穿数对，亦是中国玉带銙的传统固定方式。因此许晓东认为，这件中国风格的带銙当出自西辽。[5]

除戒指和带饰这两种主要形式外，波斯人还用玉石装饰马具，制作棋子，雕琢饰品。[6]需要说明的是，古代伊朗一直拥有雕刻水晶、玛瑙、玉石等硬石的工艺传统，玉石只是作为一种较为优质的石料选择，而未像在中国那样被赋予崇高的含义。因此可以说，在蒙元

---

1 Marilyn Jenkins-Madina & Manuel Keene, *Islamic Jewelry in the Metropolitan Museum of Art*, New York: The Metropolitan Museum of Art, 1983, p. 33.

2 Marilyn Jenkins-Madina & Manuel Keene, *Islamic Jewelry in the Metropolitan Museum of Art*, pp. 33-35; Manuel Keene, "Old World Jades outside China, from Ancient Times to the Fifteenth Century: Section One", *Muqarnas*, Vol. 21 (1), 2004, p. 205.

3 魏良弢:《西辽时期汉文化对中亚的影响》,《历史研究》1985 年第 4 期; Michal Biran, *The Empire of the Qara Khitai in Eurasian History: Between China and the Islamic World*, Cambridge; New York: Cambridge University Press, 2005, pp. 93-131。

4 Michal Biran, *The Empire of the Qara Khitai in Eurasian History*, p. 100.

5 许晓东:《13—17 世纪中国玉器与伊斯兰玉雕艺术的相互影响》,《故宫博物院院刊》2015 年第 1 期。

6 Bayhaqī, *Tārīkh-i Bayhaqī*, Vol. 1, ed. by Muḥammad Jaʿfar Yāḥaqqī & Mahdī Sayīdī, p. 568.

时代到来前，中国对伊朗的玉石加工影响仅限于技术、造型等形而下的方面，而形而上的文化影响是在蒙元时期发生的。

第五节　蒙元时代汉地玉石文化对伊朗的影响

成吉思汗统一蒙古高原、收服畏兀儿之地后，欲与西面的大国花剌子模通好，他曾派出三名使者前往花剌子模沙摩诃末处结交，据奈撒维《札兰丁传》记载，这三名使者为花剌子模沙带去了从突厥之地（bilād-i Turk）获得的银矿石块、骨咄刀柄（nuṣub al-khutū）[1]、麝香囊、玉石和一种叫作“土儿呼”（ṭurghū）[2]的用白骆驼毛织成的价值不低于 50 底纳儿的衣袍。[3]这一时期行走于东西丝路上的过境商人，常常受到蒙古统治者的优待，成吉思汗保证他们安全的同时，也常派他们作为使者出使别

1　这是一种用类似牛的动物（大概是犀牛）前额长出的角来制作的刀柄，此类物品在穆斯林著作中是一种有名的东方物产。详见邱轶皓《“骨咄”新考——对内陆亚洲物质交流的一个考察》，原载《社会科学战线》2018 年第 2 期，此据氏著《蒙古帝国视野下的元史与东西文化交流》，第 304—330 页。

2　突厥语 torku，意思是丝绸、一捆丝。《高昌馆译书》：“绢，土儿呼。” Gerard Clauson, *An Etymological Dictionary of Pre-thirteenth-century Turkish*, p. 539; Jens Wilkens, *Handwörterbuch des Altuigurischen: Altuigurisch – Deutsch – Türkisch*, Göttingen: Universitätsverlag Göttingen, 2021, S. 734;《高昌馆译书》,《北京图书馆古籍珍本丛刊》6 辑，第 396 页。

3　Nasavī, *Sīrat-i Jalāl al-Dīn Mīnkubirnī*, tr. from Arabic to Persian in the 13th c., ed. by M. Mīnūvī, p. 49.

国。奈撒维记载的这几位成吉思汗的使者，便是中亚、西亚的穆斯林商人。他们沿途收买商货，给花剌子模沙奉献的这些礼物，都是各地的著名物产，玉石亦列其中，可知玉石在当时是东西贸易中的佳品。

13 世纪蒙古人征服伊朗并在当地建立了伊利汗政权，与中国元朝之间保持着十分密切的往来关系。伊利汗时代的一些玉器也表现出受到中国风格的强烈影响。例如沙巴收藏中的一件编号为 LNS-610J 的玉饰上，尽管中间雕刻有一只呼罗珊式的狮子，但整个饰品的形式，以及狮子周围的灵芝样式花纹，都明显是中国风格。[1] 另一件编号为 LNS-377-HS 的玉带饰上，雕刻了一只回首望月的兔子形象（图 5-1），这被认为是佛教本生故事中兔王舍身供养的故事，[2] 它在汉、藏、回鹘、蒙古、印度诸族群中流传极广。[3] 在汉地，兔形的玉器十分流行，[4] 而兔子和月亮的组合亦为蒙古人所喜爱的汉风艺术造型，因此蒙元时代月兔母题极其常见，不仅呈现于玉器上，在绘画、织物、瓷器、金银器等工艺美术作品中皆有应用。[5] 这一母题亦影响到伊朗的艺术创作，蒙古统治下的伊朗亦儿必勒（Irbil）和毛夕里的铸币厂持续不断地铸造带有兔子和月亮造型的钱币（图 5-2）。[6]

---

1 Manuel Keene, "Medieval Islamic Jades: Pre-Tīmūrid Islamic Jades", *Ḥadīth al-Dār*, Vol. 12, 2001, pp. 4, 6.

2 Manuel Keene, "Jade: iii. Jade Carving, 4th Century B.C.E to 15th Century C.E.", *EIr*, Vol. XIV, Fasc. 3.

3 参看季羡林《印度文学在中国》,《文学遗产》1980 年第 1 期；杨富学《印度宗教文化与回鹘民间文学》，民族出版社，2007，第 137—142 页；那木吉拉《中国阿尔泰语系诸民族神话比较研究》，学习出版社，2010，第 392—398 页。

4 穆朝娜:《兔形玉件的演变》,《文物春秋》2012 年第 4 期；杨小语:《宋元明清“顾兔”造型及寓意流变》,《理论界》2015 年第 2 期。

5 刘珂艳:《元代纺织品纹样研究》，东华大学博士学位论文，2014，第 196—201 页。

6 Judith Kolbas, *The Mongols in Iran: Chingiz Khan to Uljaytu, 1220-1309*, pp. 161, 189, 209, 217, 237, 242-243, 258.

伊利汗合赞以宗王身份统治呼罗珊时，也发行过背面印有奔跑的兔子图案的钱币。[1]

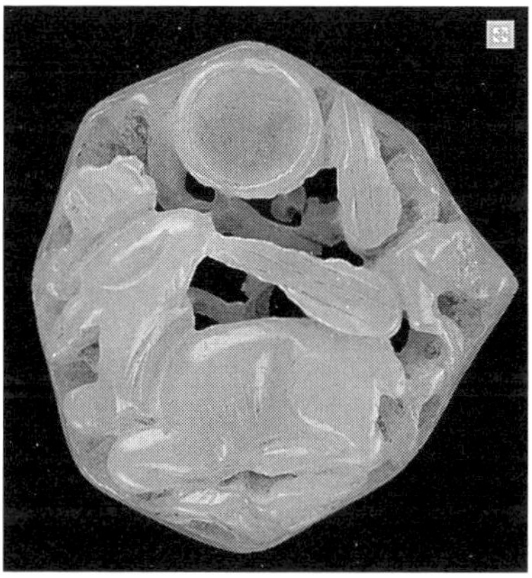

图 5-1　科威特沙巴收藏 13—14 世纪玉带饰
（Manuel Keene, "Jade: iii. Jade Carving, 4th Century B.C.E to 15th Century C.E.", *EIr*, Vol. XIV, Fasc. 3, Plate III）

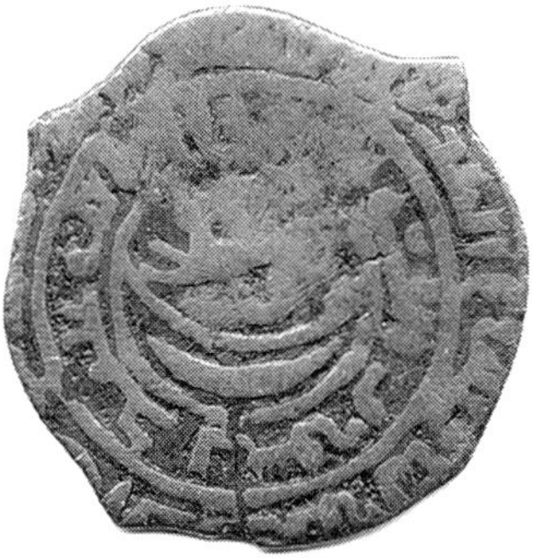

图 5-2　旭烈兀时期钱币
（引自"蒙古帝国钱币"展览，https://mongoliancoins.com/coins_of_mongol_empire_ilkhans.html）

1　Judith Kolbas, *The Mongols in Iran: Chingiz Khan to Uljaytu, 1220-1309*, pp. 267, 272.

这一时期，汉地的玉石文化对伊朗最重大的影响，体现在伊利汗国的印章制度上。古代波斯使用、制作印章的传统源远流长，护身符吊坠印、滚筒印和戒指印皆为其传统样式。据出土实物来看，波斯传统的印章通常个头较小（便于随身携带），材质多样，图案亦为多样。虽然用玉石制作戒指印十分常见，但玉石只是众多石材中的一种，未被赋予高贵、权威的政治含义，与中国的“玉玺”“玉宝”概念相去甚远。而伊利汗时期，蒙古人将中国的玺印制度带入伊朗，受汉地玺印文化的影响，玉石印章开始具有特殊的意义。

研究伊利汗国玺印制度的德福（Gerhard Doerfer）、赫尔曼（Gottfried Herrmann）、四日市康博等认为，伊利汗国的玺印制度与元朝有着密切的关系。[1]元朝的印玺特点主要体现在两方面：一为材质，二为印文。忽必烈至元元年颁布了关于皇帝宝玺的“定用御宝制”：

> 凡宣命，一品、二品用玉，三品至五品用金，其文曰“皇帝行宝”者，即位时所铸，惟用之诏诰；别铸宣命金宝行之。[2]

《元史·铨法》亦记载皇帝宝玺的使用规范：

1　G. Doerfer, “Āl Tamḡā” , *EIr*, Vol. I, Fasc. 7, London; Boston: Routledge & Kegan Paul, 1985, pp. 766-768; “Altūn Tamḡā” , *EIr*, Vol. I, Fasc. 9, pp. 913-914; Gottfried Herrmann, *Persische Urkunden der Mongolenzeit*, Wiesbaden: Harrassowitz Verlag, 2004, pp. 33-41; Yokkaichi Yasuhiro, “Chinese Seals in the Mongol Official Documents in Iran: Re-examination of the Sphragistic System in the Il-khanid and Yuan Dynasties” , 新疆吐鲁番学研究院编《吐鲁番学研究——第三届吐鲁番学暨欧亚游牧民族的起源与迁徙国际学术研讨会论文集》，第 215—230 页；四日市康博：《伊利汗朝の印章制度における朱印、金印と漢字印——元朝の宝璽、官印との比較から》，《欧亚学刊》第 10 辑，中华书局，2012。

2　《元史》卷五，第 98 页。

> 凡迁官之法：从七以下属吏部，正七以上属中书，三品以上非有司所与夺，由中书取进止。自六品至九品为敕授，则中书牒署之。自一品至五品为宣授，则以制命之。三品以下用金宝，二品以上用玉宝，有特旨者，则有告词。[1]

玉质印章，除了皇帝之外，还有三类人可以使用。一是皇太后、皇后，册封、上尊号颁给玉册、玉宝。二是国师、帝师，史料记载和考古资料都证明了元朝番僧国师都被赐予玉印。从那摩国师开始，八思巴、答耳麻八剌剌吉塔、乞剌斯八斡节儿、藏不班八、公哥儿监藏班藏卜、公哥列思巴冲纳思监藏班藏卜、必剌忒纳失里、加剌麻等国师、帝师皆受赐玉印。[2]三是道教真人，元英宗至治二年（1322），赐玄教道士吴全节玉印一枚、银印两枚。[3]诸王原则上只能使用金制印章，不能使用玉石印。[4]印文方面，元朝仅有皇帝、皇后、太后及皇太子所持印章可用“××之宝”，其余人只能用“××之印”。

伊利汗国公文书上出现的印文，反映出其受汉地印玺传统影响至甚：一方面无论是伊利汗的宝玺，还是政府的官印，汉字印文的使用并不罕见；另一方面印文内容既有“××之宝”，也有“××之印”。[5]四日市认为，印文为“××之宝”的印章，不符合元朝印章印文书写

1　《元史》卷八三，第2064页。

2　《元史》卷四，第68页，卷一二，第249页，卷一八，第385页，卷二四，第545页，卷二五，第568页，卷三〇，第678页，卷三五，第778页，卷三九，第843页，卷一二五，第3075页，卷二〇二，第4518—4521页。

3　《元史》卷二〇二，第4528页。

4　元顺帝时，曾赐给左右丞相、平章、枢密知院、御史大夫玉押字印（《元史》卷四一，第878—879页），但押字印不属于官印，且此为特例，故不予展开讨论。

5　四日市康博：《伊利汗朝の印章制度における朱印、金印と漢字印——元朝の宝璽、官印との比較から》，《欧亚学刊》第10辑，第345页。

惯例，定然不是元朝所赐，而应是伊利汗国自己铸造的。[1]然笔者认为，伊利汗国早期的大型印章，在当地铸造的可能性不大。例如阿八哈汗时代使用的“辅国安民之宝”（图 5-3），最早可见于 1267 年的文书中，这也是目前可见最早使用汉字印章的伊利汗国文书。这一年是旭烈兀去世、阿八哈即位后两年，而元朝册封阿八哈的使团是在 1268 年才到达伊朗的，所以这枚印章不是元朝赐给阿八哈汗的，而应是更早时候送来赐予旭烈兀汗的印章。汉文文献中有称旭烈兀为“辅国贤王”的记载，[2]所以“辅国”二字应是对旭烈兀的专称。1264 年忽必烈将伊朗之地封给旭烈兀，后派使团前来赐封。这方“辅国安民之宝”应是当时携来的。旭烈兀不久后辞世，印章便留给了继任者阿八哈使用。

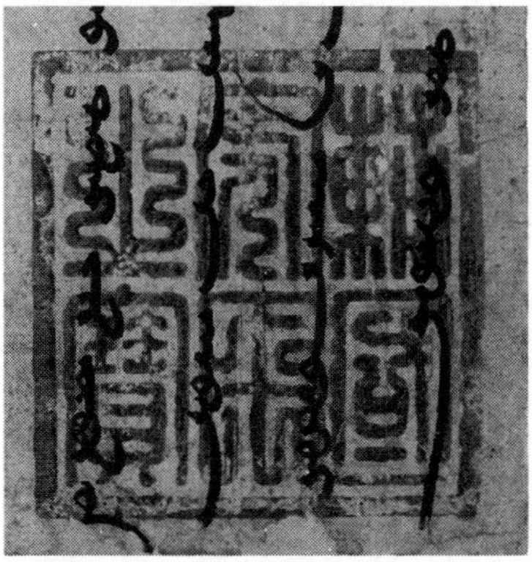

图 5-3 “辅国安民之宝”印文

（梵蒂冈教会档案馆［Archivio Segreto Vaticano］藏。四日市康博：《伊利汗朝の印章制度における朱印、金印と漢字印——元朝の宝璽、官印との比較から》，《欧亚学刊》第 10 辑，第 247 页）

---

1 Yokkaichi Yasuhiro, “Chinese Seals in the Mongol Official Documents in Iran”，新疆吐鲁番学研究院编《吐鲁番学研究——第三届吐鲁番学暨欧亚游牧民族的起源与迁徙国际学术研讨会论文集》，第 218—219 页；《伊利汗朝の印章制度における朱印、金印と漢字印——元朝の宝璽、官印との比較から》，《欧亚学刊》第 10 辑，第 313 页。

2 王恽《大元故蒙轩先生田公（文鼎）墓志铭》载：“岁壬子（1252），辅国贤王定封彰德为分地，擢用贤隽，特授公为本道课税所经历。”《秋涧集》，四部丛刊本，卷四九，第 23 叶。

那么元朝为何会赐给旭烈兀一枚逾制的印章呢？存在两种可能。一种是，若这枚印章确实是1264年送达伊朗的，那么铸造印章的时候，元朝尚未颁布上述玺印制度。许多例子证明，忽必烈之前的蒙古贵族拥有"××之宝"印章的情况并不少见。如成吉思汗曾赐给次弟合赤温之子按赤台的"皇侄贵宗之宝"，[1]窝阔台颁给察合台的"皇兄之宝"，[2]定宗贵由赐给东道诸王塔察儿的"皇太弟宝"。[3]对于这些逾制的印章，忽必烈即位后曾收回过一些。另一种可能是，忽必烈赐给旭烈兀"辅国安民之宝"与阿里不哥之乱的历史背景有关。1259年蒙哥去世后，忽必烈与阿里不哥之间爆发了争夺蒙古大汗之位的斗争，这场斗争一直持续到1264年才落下帷幕。在此期间，忽必烈为争取旭烈兀的支持，将原本交由旭烈兀代管的伊朗之地封给他为独立汗国。1264年元朝使团来到伊朗，就是为了正式兑现这一承诺。对忽必烈来说，旭烈兀支持他取得了对阿里不哥的胜利，维护了蒙古帝国的稳定，堪称"辅国安民"；且无论是血缘远近，还是政治向背，旭烈兀都是当时最尊贵的诸王，在忽必烈艰难平定阿里不哥之乱后，赏赐这样一方高规格的印章给旭烈兀，亦为合理。

元朝还有一方逾制大印"移相哥大王印"，背印印文竟为"皇帝之宝"，令人匪夷所思。移相哥是成吉思汗幼弟哈撒儿之子，阿里不哥乱时他坚定地站在忽必烈一方，与阿里不哥作战。这方背印带有"皇帝之宝"的印章，或为移相哥出征时代行皇帝之令的凭证。[4]移相哥印是目前可见到的元朝最大的印

---

1 《元史》卷一四，第301页。

2 《元史》卷一三九，第3352页。

3 《元史》卷一三四，第3243页。

4 照那斯图、薛磊：《元国书官印汇释》，辽宁民族出版社，2011，第1—3页。

章，边长为 12.5 厘米。而“辅国安民之宝”则更大，边长达 15 厘米，也是伊利汗国所有印章中最大的一方。这两方规格、印文都超出标准的印章，很可能都是忽必烈与阿里不哥争位的时代产物。而在忽必烈稳定统治后，就再也未见新铸的逾制印章了。

据统计，目前已知伊利汗国宝玺及官印使用情况如下：

表 5-1　伊利汗国历代宝玺、官印使用情况

<table>
<tr><th>伊利汗</th><th>宝玺铭文</th><th>官印铭文</th></tr>
<tr><td>旭烈兀
（1256—1265）</td><td>不明</td><td>不明</td></tr>
<tr><td>阿八哈
（1265—1282）</td><td>“辅国安民之宝”</td><td>不明</td></tr>
<tr><td>阿合马
（1282—1284）</td><td>不明</td><td>不明</td></tr>
<tr><td>阿鲁浑
（1284—1291）</td><td>“辅国安民之宝”</td><td>不明</td></tr>
<tr><td>乞合都
（1291—1295）</td><td>不明</td><td>“行户部尚书印”</td></tr>
<tr><td>拜都
（1295）</td><td>不明</td><td>不明</td></tr>
<tr><td>合赞
（1295—1304）</td><td>“王府定国理民之宝”</td><td>不明</td></tr>
<tr><td rowspan="3">完者都
（1304—1316）</td><td rowspan="3">“真命皇帝天顺万事之宝”[1]</td><td>“王府之印”</td></tr>
<tr><td>“右枢密使之印”</td></tr>
<tr><td>“总管隐院之印”</td></tr>
<tr><td rowspan="2">不赛因
（1316—1335）</td><td>“真命皇帝天顺万事之宝”</td><td rowspan="2">“总管隐院之印”</td></tr>
<tr><td>“lā ilāha illā Allāh. Muḥammad rasūl Allāh. Abū Bakr, ‘Umar, ‘Uthmān, ‘Alī”（阿拉伯语：万物非主，唯有安拉。穆罕默德是安拉的使者。不别、乌玛儿、奥思蛮、阿里[2]）</td></tr>
</table>

续表

伊利汗	宝玺铭文	官印铭文
不赛因（1316—1335）	"al-Sultān al-aʿzham Abū Saʿīd khallada Allāh mulkahu"（阿拉伯语：伟大算端不赛因，安拉愿他王位永存）	"翊国公印"（八思巴字）

注：① 陈得芝先生对这方印章上的汉字印文有不同的识读，认为是"真命皇帝和顺万夷之宝"（陈得芝:《中国通史》第 8 卷《中古时代·元时期》上册，上海人民出版社，2013，第 475 页）。

② 不别、乌玛儿、奥思蛮、阿里为伊斯兰教四大哈里发之名。

资料来源：译自四日市康博《伊利汗朝の印章制度における朱印、金印と漢字印——元朝の宝璽、官印との比較から》,《欧亚学刊》第 10 辑，第 345 页。

从表 5-1 可以看出，中国的印玺文化在这一时期持续影响着伊朗。在不具备汉语环境的伊利汗国，国家的公文书上却有汉字印文的出现，这反映出伊利汗国作为藩国对元朝宗主国权威的认可，也体现了两国政治交往的紧密。表 5-1 还显示，伊利汗国前期公文中使用印玺的情况较少，除了上文谈到的"辅国安民之宝"外，只有乞合都时的官印"行户部尚书印"。[1] 合赞汗即位后，对国家文书制度的运行和印玺的使用建立了严格的制度，具体的规定被详细地记录在《史集·合赞汗传》中：

> 针对每件重要事情都制定了专门的印玺。对显贵的算端、异密和灭里的统治事宜和国家的重要事务，使用玉石大印，对伊斯兰教法官、伊玛目和谢赫，使用另一种略小的玉石印。对一般性的事务，使用大金印，较次要的事则使用玉石印。对军队出征或驻扎，使用带有规定的文字和花纹的特殊金印，但在

1　据四日市研究，"行户部尚书印"应当本为元朝所赐，而后在伊朗当地亦有打造。

> 周围绘有弯弓、权杖、刀剑图案。……还设置一种小金印，盖在国库或地方的支票、收据、清账凭据和底万关于贸易、水、土地所发公文上。[1]

这段记载反映的是伊利汗宝玺的使用规范。此外，伊利汗国对官印的使用规定是：宰相、财政大臣和必阇赤掌有朱印（āl tamghā），为金、银材质，印色为红色，用于发布政令；怯薛掌有墨印（qarā tamghā），印色为墨色，用于确认文书。[2] 可以看到，合赞汗时制定的印玺制度，受到了元朝制度的很大影响。这种影响体现在三方面：一是印章皆为方形；[3] 二是君主处理不同级别、类型的事务，官员履行职责时，使用不同级别的印章；三是印章的材质标准与元朝制度一致，伊利汗的宝玺为玉石和金质，官员官印为金、银等材质。至此，玉石印章被赋予了特殊的政治意义，成为伊利汗国规格最高的印章，中国的“玉玺”概念被移植到了伊朗。

值得注意的是，合赞汗所制定的宝玺制度，突破了元朝对诸王印章规格的要求。不仅使用“×× 之宝”的印文，而且使用玉石材质。合赞汗以后的宝玺“王府定国理民之宝”“真命皇帝天顺万事之宝”，按照制度都应该是由玉石制成的。“王府定国理民之宝”直径约9.5厘米，“真命皇帝天顺万事之宝”直径13厘米，[4] 两者都属于

1　《史集》苏联集校本，Vol. 3，p. 501；参看汉译本，第 3 卷，第 478—479 页。

2　《史集》苏联集校本，Vol. 3，pp. 500-501；参看汉译本，第 3 卷，第 477—478 页。

3　尽管伊斯兰地区过去也使用过方形的印章，但印章上的文字多为草书，且不受印章形状影响。而在伊利汗时代，伊朗人所使用的方形印章上，方形的库法（Kufic）字体像汉字“篆书”那样充满整个平面。参看 Kadoi Yuka, *Islamic Chinoiserie: The Art of Mongol Iran*, p.89。

4　Yokkaichi Yasuhiro, “Chinese Seals in the Mongol Offical Documents in Iran”，新疆吐鲁番学研究院编《吐鲁番学研究——第三届吐鲁番学暨欧亚游牧民族的起源与迁徙国际学术研讨会论文集》，第 226—227 页。

处理国家重大事务时使用的“玉石大印”。[1]

文献对伊利汗国玉石印章的使用记载得很详细，但遗憾的是，考古方面尚未发现伊利汗所使用的印章实物。日本学者门井由佳研究蒙元时期中国艺术风格对伊朗的影响，她认为伊朗的玉石业受中国影响不大，可能是由于玉石原料不足。[2]她的研究是基于考古资料和实物材料进行的，所以未关注到当时的文献对玉石印章的记载。从伊利汗国玺印制度和公文中呈现的印文来看，伊利汗的玉玺是非常大的，且不止一方。这说明伊利汗国不缺乏玉石储量。而我们还能从《元史》中看到不赛因向元朝进贡玉石的记载，[3]尽管进献之人可能只是假称使臣的回回商人，但他们能以玉石贡献，至少说明伊朗与中国之间的玉石之路是通畅的。至于为何伊利汗国的玉石工艺品，不像同时期传入的其他类型的中国工艺品那样多见，恐怕与蒙古人的审美旨趣有关。蒙古人传统上崇尚金银，在征服了西域后，对回回人进贡的各种绚丽的宝石亦喜爱异常。蒙古人对玉器的审美是受汉文化的影响形成的，并逐渐接受了儒家“礼制用玉”的观念。但对于早期西迁至伊朗的蒙古人来说，他们缺乏汉地“玉石文化”审美情趣的熏陶。玺印制度所体现的“以玉为尊”的观念，仅是附着于汉地政治制度，被整体移植到伊朗的。因此，在这种制度之外，伊利汗国的蒙古人对玉石的使用和推崇就远不及汉地了。

1　“王府定国理民之宝”用于合赞汗致教皇卜尼法斯八世（Bonifacius VIII）的书信中，“真命皇帝天顺万事之宝”盖于完者都致法国国王腓力四世（Philippe IV le Bel）的信上。

2　Kadoi Yuka, *Islamic Chinoiserie: The Art of Mongol Iran*, p. 109.

3　《元史》卷三〇，第672页。

小　结

玉，在中华文化中具有特殊的含义和地位。它很早就超越了普通石材的概念，而演变成一种身份、地位、审美及权力的象征。但对中华文明圈以外的世界来说，玉石并不具备这种特殊内涵。玉石很早就开始输入伊朗地区，被用于制作刀剑配件、带饰、戒指、杯碗等物件。中古时代以来，亚洲大陆上次第西迁的游牧部族将东方的玉石文化传至伊朗，波斯语、阿拉伯语文献记载了有关于阗玉石种类、产地、用途及制造工艺的丰富信息。契丹人在中亚建立西辽政权后，中国的玉器风格也传入伊朗东部地区。

中国的玉石文化真正传入伊朗，是在蒙元时代实现的。蒙古人征服伊朗后建立政权，与中国元朝保持着密切的政治、经济和文化交往关系。受元朝玺印制度的影响，伊利汗国将汉地玉石文化移植到伊朗，形成了“以玉为尊”的政治文化风尚。这一现象反映了政治力量对文化传播的巨大带动力。然而这种政治文化并没有向下进入到民间土壤中，因此当政治实体覆灭后，这种文化观念也随之消亡。

值得注意的是，本章在考察玉石西渐伊朗的历史过程中，揭示了古代西迁的突厥、契丹、蒙古等部族在亚洲东西方文化传播中所扮演的重要角色。这为我们研究中华文化向外传播之路径提供了一种思路，即中华文化是在漫长的历史过程中，在多个民族的共同参与和多元文化的交互影响下，历经数个阶段、一步步地衍射至域外地区的。

第六章 “中国石”“中国铁”与中国铜铁器的西传

商品流通是各地区文明间沟通与交流的重要方式。古代中国的大量产品源源不断地向西出口，外销至波斯、阿拉伯地区。除了为人熟知的丝绸和瓷器之外，还有香料、药物、珠宝、矿石及手工业制成品等各种类别的中国货物。阿拉伯语中有一个专门的词语 ṭarā'if，原本是指珍贵稀有之物，后来演变成对中国宝货的专称。[1] 此外，波斯语、阿拉伯语文献中亦可见到许多带有“中国的”

1 伊朗学者乌苏吉指出，ṭarā'if 是 ṭarīfa 的复数形式，这个词语最早出现在阿拔斯王朝的宫廷用语中，后来进入波斯语，在波斯文学作品中大量使用，指来自中国（尤其是由海路而来）的商品。参见乌苏吉《马可·波罗与伊朗的中国“Tarāef”——马可·波罗时代的中伊贸易》，李鸣飞译，《国际汉学研究通讯》第 4 期，北京大学出版社，2011。

（Chīnī 或 Ṣīnī）这一修饰语的名词。有些只是表示从中国运来的物品；还有一些则是固定词语，用以指称某种中国特产或中国发明的物品。这些物品由于在波斯、阿拉伯语言中找不到对应的词汇，因此便用一个已有名词加上“中国的”后缀合成一个专有名词来指代它。例如：中国土（khāk-i Chīnī 或 gil-i Chīnī）是指高岭土，中国木（dārchīnī）是指肉桂，中国根（chūb-i Chīnī）指茯苓，中国雪（salj Ṣīnī）、中国盐（namak-i Chīnī）指用来制作火药的硝石，等等。[1] 以这种方式构成的词语，往往需要经过名、实考证才能知晓其真实含义。

这类合成词中有一种被称为“中国石”（波斯语 khārchīnī，阿拉伯语 khārṣīnī）或“中国铁”（波斯语 āhan-i Chīnī，阿拉伯语 ḥadīd al-Ṣīn）的物质，在中古时代的波斯、阿拉伯文献中频繁出现。“中国石”“中国铁”产自中国，并向西传播至伊朗伊斯兰地区。但它们究竟是何种物质，学界众说纷纭，并无定论。本章在波斯、阿拉伯文献史料的基础上，结合汉文记载和考古资料，辨析“中国石”“中国铁”的概念和含义，探察这种物质的本质和名实演变过程，并对古代尤其是蒙元时期，这种物质从中国输入伊朗伊斯兰地区的情况做全面考察。

---

1 参看劳费尔《中国伊朗编》，第 371、389—390 页；张广达《海舶来天方，丝路通大食——中国与阿拉伯世界的历史联系的回顾》，《张广达文集：文本、图像与文化流传》，第 150—174 页。

第一节 “中国石”“中国铁”名实考

关于“中国石”“中国铁”的记载最早见于8世纪的波斯炼金术士扎比尔·伊本·赫扬（Jābir ibn Ḥayyān）的著作中，赫扬将其称为“七种金属”之一。[1]此后，花剌子迷（Muḥammad ibn Mūsā Khwārizmī）、拉齐（Abū Bakr Muḥammad ibn Zakariyā al-Rāzī）、阿维森那（Abū ʿAlī Ḥusayn ibn Sīnā）、比鲁尼等波斯学者对这种物质都有记载。13—14世纪时，波斯作家仍然热衷于在他们的宝石学、地理学著作中描述这种物质。在历代记载中，12世纪末内沙不里的记述尤其具有承前启后的意义，主要表现在三个方面：第一，他最早将“中国石”和“中国铁”分别记述，并阐释了二者之间的关系，即中国铁的主要成分是中国石；第二，他最早记载了波斯湾的巴林（Baḥrīn）和怯失（Kīsh）两国争夺一把中国石铸剑的轶事；第三，他最早记载了中国铁被用于制造响钟和镜子，并具有医药用途。

那么“中国石”和“中国铁”究竟为何种物质？对此，近代以来的研究者有许多不同的说法。第一种，铜镍合金说，即中国的“白铜”。此观点最为流行，德萨西（A. I. S. de Sacy）、劳费尔（Berthold Laufer）、拉斯卡（J. Ruska）以及李约瑟等人均支持此说，认为镍元素是除了铜之外的第二主要配料。[2]第二种是锌说，洪伯

1 Joseph Needham, *Science and Civilisation in China*, Vol. 5, part 4, Cambridge: Cambridge University Press, 1980, p. 429.

2 劳费尔：《中国伊朗编》，第388页；Joseph Needham, *Science and Civilisation in China*, Vol. 5, part 4, p. 431。

特（Jean Humbert）、斯泰普顿（Henry Ernest Stapleton）、斯特兰奇（Guy Le Strange）持这种观点。[1] 此外，还有水银说、铂金说、青铜说等各种意见。[2]

对这个问题论述最详尽的应数著名科学史学者李约瑟。他辨析说：

> 斯泰普顿恐怕太乐观了，认为拉齐是一位足够专业的化学家，可以将它（中国石）认定为基础元素而非一种合金。在10世纪那个时候，他真能分辨出来吗？另一种方法是现在我们可以通过其他地方的金属锌和铜镍合金来获取信息。通过它们可以很清楚地知道，中国不可能在10世纪之前就出口金属锌，而早在2—3世纪的东汉三国时，铜镍合金就被输送到西方国家了。因此记载此物质的扎比尔·赫扬文献所处的9世纪，对于锌来说太早了，而铜镍则较为可能。事实上，关于中国石的记载出现在较晚的阿拉伯化学著作中，而非早期著作，这使得很难利用年代来判定它是什么。然而，对中国石制成的具有回声的响钟的记载，决定性地证明它是铜镍而非金属锌，因为这正是白铜在18世纪的欧洲受到欢迎的特性。[3]

---

1 H. E. Stapleton et al., "Chemistry in ʿIrāq and Persia in the Tenth Century A.D." , *Memoirs of the Asiatic Society of Bengal*, Vol. 8 (6), 1927, pp. 405-408;《心之喜悦》英译本，p. 194.

2 如英国学者柏廷顿（J. R. Partington）认为它是水银，伊朗学者扎乌什（Muḥammad Zāvush）认为是铂金（platinum）。见 J. R. Partington, "Review: Chemistry in ʿIraq and Persia in the Tenth Century A.D." , *Nature*, Vol. 120 (3015), 1927, pp. 242-243; Muḥammad Zāvush, *Kānī-shināsī dar Īrān-i Qadīm*, pp. 327-333; George Sarton, "Review: Chemistry in ʿIraq and Persia in the Tenth Century A.D." , *Isis*, Vol. 11 (1), 1928, pp. 129-134。

3 Joseph Needham, *Science and Civilisation in China*, Vol. 5, part 4, pp. 431-432.

自劳费尔和李约瑟先后证明“中国石”与中国之镍白铜（铜镍合金）为同一种物质后，中国的科技史学者几乎全部采用了他们的观点。研究中国矿物史的梅建军、潘吉星、黄超等学者在关于白铜的研究论作中纷纷引用这一论断。[1]然而欧洲人了解镍白铜始自17世纪，他们称之为paktong（白铜），尽管当时西方的近代科学已经发展起来，但定义“白铜”这种物质的时候，只能描述说这是一种从中国进口的、由东印度公司的船舶运来的金属矿。[2]可以说，欧洲人对中国白铜的直观了解是很晚的，且是在明清云南镍铜矿被大量开采并出口至欧洲这一背景下，因此将白铜定义为含镍的铜合金恐怕很有时代局限性。而在中国古代“白铜”指何种矿石，并没有那么确凿。其实中国学者很早就了解到，中国古代的白铜并不是一种固定的矿料。民国地质学家章鸿钊在对劳费尔《中国伊朗编》的译证中指出：“抑乃古之白铜未必即今之白铜，其实质容或大异。然亦无由证明之也。”[3]同样的看法亦见于王琎在1929年发表的文章中：

> 中国用白铜，则由来已久，《唐书·舆服志》言及白铜，视为贵品。但白铜之种类颇多，有因铜参铅锡过多而白者，新莽及隋唐时之白铜皆以此类为多；有因含镍而白者，古代虽未能

1 梅建军：《中国古代镍白铜及其西传》，《中国社会科学报》2012年1月4日，A05版；潘吉星：《中外科学技术交流史论》，中国社会科学出版社，2012，第660—661页；黄超：《从中国西南地区村镇中发掘古代科技文化遗产——以中国古代镍白铜作为考察对象》，《广西民族大学学报》（自然科学版）2015年第2期。

2 李约瑟：《中国科学技术史》第5卷第2分册，科学出版社、上海古籍出版社，2010，第225页。

3 章鸿钊：《洛氏中国伊兰卷金石译证》，地质专报乙种第3号，1925年，第101—102页。

炼得纯粹之镍，惟镍之合金，则确已有之。其制法则于炼白铜时加入含镍之矿物，最常用所加入之含镍矿物即为砒镍矿，此种矿石类别颇多……吾国古人未能分别，皆谓之砒石……[1]

现代科学手段也证明了这一点，被李约瑟认为是镍铜合金的白铜钱“大夏真兴”和隋五铢钱，经检测均为高锡青铜，不含镍。日本正仓院收藏的中国白铜镜，经分析亦为高锡青铜；此外含砷在10%以上的砷白铜也是白铜的主要种类之一。[2]钱币研究者周卫荣更是直接指出：

我国古代的铜钱，在明嘉靖以前都是青铜合金。铜色发白，只因含锡量高之故。……这种铜色发白的钱在后世被称作“白铜钱”。……其实，白铜在当今是专有所指的，一般指镍白铜（有时也指砷白铜）。铜色发白称白铜，在古人无可厚非；在今人是不科学、不可取的。[3]

由此可知，近代欧洲东方学家从现代的概念出发，来推定古代的白铜配置，是站不住脚的。而将现代的镍白铜对应于古代波斯、阿拉伯文献中的 khārṣīnī，更是缺乏证据。

欧洲学者之所以将中国石认定为镍白铜，很大程度上是因为他们所处的时代，正是中国镍白铜名声大噪的时期。当时的欧洲来华

1　王琎：《杂俎：中国铜合金内之镍》，《科学》1929 年第 10 期。

2　熊申甫：《中国古代白铜钱考略》，《武汉金融》2004 年第 6 期；梅建军：《白铜——中国古代的独创合金》，《金属世界》2000 年第 2 期。

3　周卫荣：《“锡镴”与六朝“白钱”》，中国钱币学会古代钱币委员会、江苏省钱币学会编《六朝货币与铸钱工艺研究》，凤凰出版社，2005，第 3 页。

人士目睹中国特产的镍白铜并纷纷记载下来；而过去他们早就通过穆斯林知道声名远播的“中国石”，这致使欧洲人认为镍白铜就是传说中的“中国石”。

然而如果将波斯、阿拉伯矿物学著作中对“中国石”的描述，与中国镍白铜的性状相对照，就会发现两者差异颇大。判定古代矿物质是非常不容易的工作，因为在不具备科学检测条件的古代，仅凭颜色和外形所做的描述总是不甚精确。波斯文、阿拉伯文文献对“中国石”“中国铁”状貌、性质、产地的描述五花八门，关于其颜色，有说银色、黑色、金色、黄黑色；关于其属性，有说与金相近，有说与银、铁、锡、白铜（rūy-i sifīd）类似；关于其矿藏，有说特产于中国，亦有说在中亚喀布尔（Kābul）、巴达哈伤（Badakhshān）、谢飓（Zāvulistān）、镬沙（Vakhsh）一带，甚至波斯湾也出产此矿。这些大相径庭的记述，反映出波斯人、阿拉伯人对这种来自东方的矿物了解得并不透彻。不同作者根据不同渠道获取关于它的信息，难免盲人摸象，各执一词。因此，如若根据状貌这些外在描述来判断物质，实在缺乏可靠性。

那么古代的记载对判断物质究竟有没有作用呢？仔细梳理这些记载后可以发现，尽管这些波斯、阿拉伯资料对“中国石”和“中国铁”矿石状貌的记述各异，但是在对其制成品的记载上，却较为一致。文献记载这种矿物的制成品大致可分为四类：（1）兵器；（2）钟；（3）镜子；（4）其他日用品。而古代中国制造这些器具的原料是什么，则是有迹可循的。因此从制成品的角度出发，有可能找到“中国石”和“中国铁”究竟为何物的答案。

第一，兵器。波斯文、阿拉伯文文献所记“中国石”用来制造的兵器，主要是指箭镞、刀剑，其特点是极为坚硬、锋利，具有致命的杀伤力。13 世纪波斯学者札克里牙·可疾维尼（Zakariyā ibn Muḥammad Qazvīnī）说："用它（中国石）制成的刀剑极具杀伤力。用它制作成钩子，能抓到大鱼。因为一旦被它钩上，就很难摆脱。"[1] 另一位穆斯妥菲·可疾维尼（Ḥamd Allāh Mustawfī Qazvīnī）则记载道："伊朗没有中国石，贤哲常用这个词来表达'不存在的事物'之意。但我在一些书里看到说中国有这种矿石，人们用它来制造兵器，杀伤力比铁刃还厉害。"[2]

那么中国古代冷兵器的制造材质是什么呢？在三代早期使用青铜兵器之后，中国人所使用的冷兵器主要是钢铁制成的刀剑。根据科技史学者的研究，最早中国人是使用自然陨铁制作兵器的刃部，大约从公元前 10 世纪开始出现人工冶铁，最早的人工冶铁制品为块炼铁。块炼铁，也叫海绵铁，含碳量很低，因此非常柔软，可以通过反复加热，增碳变硬，成为块炼渗碳钢。不过，在中国人掌握块炼铁制钢技术后不久，最晚在公元前 6 世纪时，发明了生铁和生铁制钢技术。生铁，又称铸铁，是含碳量在 2.11%—6.69% 的铁碳合金。与熟铁相比，生铁含碳量较高，因此又硬又脆，只可铸造不能锻打，原本不适合制作兵器。但中国人发明了铸铁脱碳技术，将铸铁制成铸铁脱碳钢。钢，是含碳量介于生铁和熟铁之间的合金，既坚硬又有韧性，非常适合制造兵器。因此古代炼钢就有两种方法：以熟铁为原料，则用渗碳技术增加碳含量；以生铁作原料，就用脱碳技术减少碳含量。由于铸铁脱碳工艺比块炼渗碳钢工艺简单且成本低，因此很快广泛应用，用它制

---

1 Zakariyā ibn Muḥammad Qazvīnī, *'Ajā'ib al-Makhlūqāt va Gharā'ib al-Mawjūdāt*, tr. into Persian by anonymous translator, ed. by Yūsuf Bayg Bābāpūr and Mas'ūd Ghulāmīya, p. 314.

2 《心之喜悦》校勘本，p. 203；英译本，p. 194.

造的兵器成为中国古代的战争利器。[1]

那么为西亚人所赞誉的“中国石”制造的兵器，是否是中国的生铁制钢产品呢？这就需要对比一下西方的铁质兵器制造情况。从世界范围来看，古代西方使用陨铁和发明炼铁技术都要早于中国，但其冶铁技术长期停滞在块炼铁和块炼铁渗碳钢阶段，没有形成生铁与生铁制钢体系。块炼铁渗碳钢往往内外含碳量不均匀，杂质较多，因此成品率很低。西方人为了提高优质钢的出品率，就在锻造技术上不断增强。波斯镔铁、大马士革钢、印度 wootz 钢等一些优质的产品，也享有广泛声誉，并传入中国。[2] 由于原料问题，这些名品钢虽质量尚佳，但锻造不易，因此价格昂贵，普通人难以拥有。士兵打仗时所使用的普通刀剑不够坚硬，杀伤力低得多。[3] 而中国发明出了生铁和生铁制钢技术后，其钢铁生产遥遥领先于世界各国，使得中国士兵能够普遍使用坚硬的钢铁兵器。这也是为何古代西方人会惊叹于中国箭矢的致命性。公元前后的希腊作家霍拉赛（Horace）的诗歌中写道：“那位秀发馨香的王孙是谁？他举手向你敬酒，这只手善于用祖传的弓弩射出赛里斯国的利箭。”[4] 公元 200 年前后的阿克伦（Acron）在《颂歌》中也说：“赛里斯民族与帕提亚

---

1 卢嘉锡总主编，王兆春著《中国科学技术史 · 军事技术卷》，科学出版社，1998，第 62—64 页；杨宽：《中国古代冶铁技术发展史》，上海人民出版社，2004，第 302—311 页；北京科技大学冶金与材料史研究所：《铸铁中国——古代钢铁技术发明创造巡礼》，冶金工业出版社，2011，第 4、8—18、27—28、40、97—98 页；潘吉星：《中外科学技术交流史论》，第 628—631 页；孙机：《中国古代物质文化》，中华书局，2014，第 219—226 页；华道安（Donald B.Wagner）：《中国古代钢铁技术史》，李玉牛译，四川人民出版社，2018，第 151—231 页。

2 Paul Pelliot, “Andanique” , *Notes on Marco Polo*, Vol. 1, pp. 40-42；张子高、杨根：《镔铁考》，《科学史集刊》第 7 期，科学出版社，1964，第 45—52 页；潜伟：《“镔铁”新考》，《自然科学史研究》2007 年第 2 期。

3 潘吉星：《中外科学技术交流史论》，第 631 页。

4 戈岱司编《希腊拉丁作家远东古文献辑录》，耿昇译，中华书局，1987，第 2 页。

人相毗邻，以他们善于造箭而广负盛名。”[1]著名的罗马学者普林尼在其《自然史》中对中国和波斯的冶铁技术同时做了评价：“在各种铁中，赛里斯铁最为优胜。赛里斯人给我们送来织物和皮货的同时也送来了铁。第二等的是帕提亚的铁。”[2]

在回顾了古代中国及西方的铁质兵器制造情况后，再来看中古波斯文献所描述的用“中国石”制成的锋利致命的中国兵器，不难判断出这就是中国人用生铁制钢技术制造的钢铁兵刃。

第二，钟。内沙不里最早记录了“中国铁”的这项制成品。他说：“在桃花石的城市中有许多庙宇，寺庙具有一些仪式，就像每个国家那样，到了修行的时间，就会有特定的方式来提醒和通知人们在特定的时间做祈祷。就像伊斯兰教国家的宣礼一样，其他国家敲钟也是如此。在这些国家，人们通常用合金制成大钟，它像大水缸一样，人们将它的顶端绑紧，用链子悬挂在寺庙的屋顶上，当要做祈祷的时候，用铁锤撞击它，让它的声音传向四方。城市中的大多数民众听到这声音和召唤后，就聚集到寺庙中去了。”[3]他所描述的钟的形状、用途、声响特点，都很接近中国古代的梵钟。[4]根据学者们的研究，中国古代的钟可分为编钟和梵钟两种类型。所谓梵钟，是指截面呈圆形（相对于编钟的合瓦形），不成编悬挂，也无法演奏音乐的钟。梵钟不仅常见于佛寺，在道观、黉舍、神庙以及城市的钟楼中也广泛使用。传世的最早的梵钟是南北朝的梵钟。唐代以降，各地县治所在地都设立钟楼，以钟鼓声宣告一天的起始。可以

1　戈岱司编《希腊拉丁作家远东古文献辑录》，第 59 页。

2　Pliny, the elder, *Natural History*, Vol. 9, book 34, tr. & ed. by H. Rackham, Cambridge: Harvard University Press; London: William Heinemann, 1961, p. 233.

3　Nayshābūrī, *Javāhir-nāma-'i Niẓāmī*, ed. by Īraj Afshār, p. 336.

4　王福谆用“梵钟”专指佛钟，另外还有道钟、朝钟、更钟等，统称为“大钟”。王福谆：《中国古代的千斤大钟》，《铸造设备研究》2006 年第 5 期。

说中国古代的梵钟的数量，在世界上是首屈一指的。[1]

那么梵钟的铸造材料是什么？根据王福谆2006年的统计，中国各地留存下来的古代千斤大钟（1840年前），最少有251口，其中大铜钟137口，大铁钟114口。铁钟在世界其他国家罕有，但在中国却有着相当多的数量。铁钟在中国被大量铸造的原因主要有两点：一方面，铁钟虽然外貌和音响效果略逊于铜钟，但成本较低，可以弥补青铜之紧缺；另一方面，铁钟由生铁铸造而成，其他国家不具备生铁加工技艺，[2]因此无法生产铁钟。中国现存最早的大铁钟是北宋时代铸造的，这与宋代冶铁业的迅猛发展有密切关系。[3]

中国古代的梵钟体积硕大，重达千斤，但亦有出口至海外的记载。《旧唐书》载贞观年间，陀洹国向唐朝进贡，[4]并求赐马匹和铜钟，唐朝赐予了他们。[5]另外，古代中国的梵钟还有被运到朝鲜的实例。[6]这表明中国大钟在海外可能颇具盛名，波斯、阿拉伯文献所记“中国石”和“中国铁”制成的大钟，可能就是生铁梵钟。

1 孙机：《中国梵钟》，《考古与文物》1998年第5期；罗泰、托马斯·罗行：《青铜时代后的东亚铜钟：比较与思考》，北京大学考古系编《“迎接二十一世纪的中国考古学”国际学术讨论会论文集》，科学出版社，1998，第433页；王福谆：《中国古代的千斤大钟》，《铸造设备研究》2006年第5期。

2 王福谆：《中国古代的千斤大钟》，《铸造设备研究》2006年第5期；王福谆：《古代大铁钟》，《铸造设备研究》2007年第3期；罗泰、托马斯·罗行：《青铜时代后的东亚铜钟：比较与思考》，北京大学考古系编《“迎接二十一世纪的中国考古学”国际学术讨论会论文集》，第433页。

3 卢嘉锡总主编，韩汝玢、柯俊主编《中国科学技术史·矿冶卷》，科学出版社，2007，第706页；王福谆：《古代大铁钟》，《铸造设备研究》2007年第3期。

4 此城位于今泰国东部与柬埔寨边界处。见黎道纲《陀洹昙陵二国考——唐代泰境古国考》，《南洋问题研究》1999年第4期。

5 《旧唐书》卷一九七，中华书局，1975，第5272页。

6 罗泰、托马斯·罗行：《青铜时代后的东亚铜钟：比较与思考》，北京大学考古系编《“迎接二十一世纪的中国考古学”国际学术讨论会论文集》，第433页。

第三，镜子。在中亚、西亚的波斯文、阿拉伯文文献中，关于中国人用“中国铁”制作镜子的记载非常多。比鲁尼《珠宝录》记载说：“将‘中国石’与锡混合后，就成了制作中国镜子的原料。”[1]内沙不里说：“在遥远的桃花石国，中国铁被用来制造镜子，据说它的主要成分是中国石。”[2]那么中国的古镜是由什么材料制成的呢？除了作为墓葬明器使用的铅镜、滑石镜和陶镜外，用作日常生活用品的镜子主要是铜镜和铁镜两种。考古研究表明，中国铜镜的制造和使用早在齐家文化时期就已出现，一直延续至近代，可谓中国古代使用时间最长、使用范围最广的金属器具。而铁镜的出现，同铁钟具有相似的原因，也是冶铁业发展到一定阶段后的产物。从考古发现的情况来看，铁镜最早出现在两汉之际；魏晋南北朝至唐代，铁镜在中国十分流行。然而，由于铁镜的照鉴效果比不上铜镜，且易生锈不易存放，因此在唐代铜镜加工业再度兴盛后，铁镜逐渐衰落。尽管如此，元代的墓葬中仍有铁镜出土。[3]

据科学家对铜镜的铸造原料所做的成分分析，西周之前的铜镜中，铜、锡、铅比例不稳定；从战国至唐五代的铜镜，基本是含铅的高锡青铜，比较稳定；宋至明清的铜镜成分为两种情况，一小部分承袭汉唐的旧制，而大部分使用了含锡量较低，而铅、锌、铜含量较高的合金材料。[4]据此，詹姆斯·艾伦（James W. Allan）、克拉多克（P. T. Craddock）等工艺美术史家认为制作中

1 Bīrūnī, *Al-Jamāhir fī al-Jawāhir*, ed. by Yūsuf Hādī, p. 425.

2 Nayshābūrī, *Javāhir-nāma-ʾi Niẓāmī*, ed. by Īraj Afshār, p. 336.

3 黄秀纯、雷少雨执笔《北京地区发现的元代墓葬》,《北京文物与考古》第2辑，北京燕山出版社，1991，第222、239页。

4 何堂坤:《中国古代铜镜的技术研究》，紫禁城出版社，1999，第33—48页。

国镜子的“中国石”可能指的是高锡青铜。[1]而对铁镜来说，铸造使用的金属材料一般为脱碳可锻铸铁，也就是中国所特产的生铁。[2]同梵钟相似，用作镜子的“中国石”也有了两个选项——锡青铜和铸铁。

在古代世界其他文明中，镜子的制造和使用也都各具悠久的历史。与中国等东亚地区的圆形具钮镜不同，希腊、埃及以及西亚等地区的镜子多为圆板形具柄镜。在东西方相互交流的过程中，两种镜子相互吸收对方的艺术特色。宋代中国也开始流行起有柄的镜子，而伊朗出土的 12 世纪圆形具钮青铜镜，亦极具中国风格。[3]同时，中国的铸镜工艺也影响着伊朗的制镜业，高锡青铜合金在中国被发明后，传向了世界其他地区；而宋代之后中国铜镜中锡含量下降、铅锌含量提高这一变化特征，同样表现在 13 世纪伊朗的铜镜上。[4]此外，波斯文献中所描述的中国镜子所具有的辟邪、驱魔、治病的功效，是非常悠久的古镜文化。内沙不里引述《宝石的属性》一书记载说，患有面部麻痹症的人，可以通过照中国镜子来治病，并且随身携带它可以辟邪；癫痫病人带中国镜子在身上很有用，能够消除妖术；而忧郁病患者带着它，也很有益处。[5]札克里牙·可疾维尼记载“中国石”制成的中国镜子能治疗

---

1 James W. Allan, *Persian Metal Technology, 700-1300 A.D.*, London: Ithaca Press for the Faculty of Oriental Studies and the Ashmolean Museum, University of Oxford, 1979, pp. 49-51, 101-102; P. T. Craddock, “The Copper Alloys of the Medieval Islamic World—Inheritors of the Classical Tradition”, *World Archaeology*, Vol. 11 (1), 1979, p. 77.

2 何堂坤:《中国古代铜镜的技术研究》，第 330—331 页。

3 美国大都会博物馆藏 12 世纪伊朗乃沙不耳出土的青铜镜，检索号：40.170.265。检索号为 42.136 的伊朗 12 世纪的一面青铜镜，其铸造方式为中国的砂铸法，且亦为具钮镜。

4 P. T. Craddock, “The Copper Alloys of the Medieval Islamic World—Inheritors of the Classical Tradition”, *World Archaeology*, Vol. 11 (1), 1979, p. 76.

5 Nayshābūrī, *Javāhir-nāma-ʾi Niẓāmī*, ed. by Īraj Afshār, pp. 336-337.

面部麻痹症，他还提到在黑暗的屋子里照镜子，疾病就能痊愈。[1] 徒昔、哈沙尼都延续了内沙不里的相关记载。[2] 丰富的汉文记载表明，中国古镜在丧葬、医疗、占卜、佩饰、宗教和文学等诸多领域都具有特定的文化意涵。[3] 波斯文献中所提到的这些特异功能皆来自其中。

第四，其他日用品。其中最主要的一种是锅。比鲁尼说，巴儿思汗到伊塞克河的锅都是由"中国石"制成的；[4] 内沙不里记载说，"中国石"出产于乞台和桃花石，在那里它被用来制作器皿和大碗（ṭās）。[5] 波斯、阿拉伯文献中提到的中国的锅，是古代中国常见的外销商品之一，尤其是铁锅，在海外极受欢迎。考古学家通过对出土实物的检测，获取了铁锅的铸造原料信息。根据中国社会科学院考古研究所对元大都遗址出土铁锅的检测分析，该遗址出土的两口铁锅和两只铁碗皆为白口铁铸造而成。[6] 南宋"南海 I 号"沉船出水的铁锅残片经化学分析可知，其主要原料也是白口铸铁。[7] 此外，铜锅虽不比铁锅畅销，但同样是一种十分常见的外销商品，曾大量地出口海外。

镊子也是古代常见的生活日用品，其用途非常广泛。唐以来的许多诗作中都反映了用镊子拔去白发这一生活细节，如李白著有

1 Zakariyā ibn Muḥammad Qazvīnī, *'Ajā'ib al-Makhlūqāt va Gharā'ib al-Mawjūdāt*, tr. into Persian by anonymous translator, ed. by Yūsuf Bayg Bābāpūr and Mas'ūd Ghulāmīya, p. 314.

2 Naṣīr al-Dīn Ṭūsī, *Tansūkh-nāma-'i Īlkhānī*, ed. by Madris Rażavī, pp. 225-226; Kāshānī, *'Arāyis al-Javāhir va Nafāyis al-Aṭāyib*, ed. by Īraj Afshār, p. 241.

3 参看刘艺《镜与中国传统文化》，四川大学博士学位论文，2002。

4 Bīrūnī, *Al-Jamāhir fī al-Jawāhir*, ed. by Yūsuf Hādī, p. 425.

5 Nayshābūrī, *Javāhir-nāma-'i Niẓāmī*, ed. by Īraj Afshār, p. 335.

6 王可、韩汝玢、杜茀运:《元大都遗址出土铁器分析》,《考古》1990 年第 7 期。

7 刘薇等:《中国南海三处古代沉船遗址出水铁器凝结物分析》,《中国国家博物馆馆刊》2011 年第 2 期。

《秋日炼药院镊白发》“长吁望青云，镊白坐相看”，[1]白居易有“懒镊从须白，休治任眼昏”；[2]至元代，黄清老亦有“十年望春云，不忍镊白发”之语。[3]用镊子拔掉白发，已然成为古人感叹岁月老去的一种情怀表述。相似的是，波斯文献中也记载了用“中国石”制成的镊子拔毛的用途。札克里牙·可疾维尼说：“用它（中国石）制成镊子拔毛发，在拔掉毛发的地方涂抹口水，就不会再长出毛发来，如此在脸上反复拔毛。”[4]波斯人用镊子来褪脸上汗毛的做法与中国人镊白发如出一辙。考古发现也表明，中国古人在生活中使用镊子的历史非常久远。在咸阳齐家坡西汉墓、潍坊后埠下西汉墓、广州南越王墓、阳高古城堡汉墓、洛阳烧沟汉墓都出土有铁制镊子，出土时往往伴随有剪刀、耳勺，因此一般认为是修容用具。[5]在辽金元时期的出土品中曾发现多件镊子，材质有金银质、铜鎏金、铁质。其中金银质及铜鎏金镊子出自辽代墓葬，墓主人多为贵族妇女，同时出土的还有耳勺、针筒、剪刀等小工具，因此推测是女性日常缝补、化妆用具。[6]元大都遗址中也出土有一件铁制镊子，经检测为铁素体基体锻造而成，也就是生铁锻造。[7]另外，2009年黑龙江博物馆曾征集到一批出自泰来县塔子城的四件“手术工具”——刮刀、镊子、手术刀、起子，经检测均为生铁锻造。[8]

---

1 瞿蜕园、朱金城校注《李白集校注》卷十，上海古籍出版社，1980，第665页。

2 白居易：《晚出西郊》，《白居易集》卷一六，顾学颉校，中华书局，1979，第334页。

3 黄清老：《鄱阳舟中闻友人消息因赠》，顾嗣立编《元诗选二集》，中华书局，1987，第751页。

4 Zakariyā ibn Muḥammad Qazvīnī, *'Ajā'ib al-Makhlūqāt va Gharā'ib al-Mawjūdāt*, tr. into Persian by anonymous translator, ed. by Yūsuf Bayg Bābāpūr and Mas'ūd Ghulāmīya, p. 314.

5 白云翔：《先秦两汉铁器的考古学研究》，科学出版社，2005，第270—271页。

6 王春燕：《辽代金银器研究》，吉林大学博士学位论文，2015，第47、50页。

7 王可、韩汝玢、杜茀运：《元大都遗址出土铁器分析》，《考古》1990年第7期。

8 衣晓峰、靳万庆：《辽金“外科手术刀”见证一段医学史》，《中国中医药报》2012年8月13日，第8版。

以上从制成品角度对波斯、阿拉伯文献所记“中国石”和“中国铁”做了分析，可以发现它们既不是镍铜合金，也和金属锌无关，答案指向生铁和锡青铜。为何出现了两个答案？究竟哪种物质才是真正的“中国石”呢？在回答这两个问题之前，还需要增加一个问题——为何历代波斯、阿拉伯文献记载对“中国石”描述的差异会如此之大？如果将第一个问题和第三个问题放在一起，就会发现造成文献描述混乱的原因正是因为不同文献描述的“中国石”确实并非同一种物质，有的是生铁，有的是锡青铜。为何会如此？这就要回答“中国石”究竟是哪种物质这个问题了。

从8世纪扎比尔·赫扬第一次使用khārṣīnī来指称一种中国特产的金属矿石，到中古时代结束时，已然过去数百年，其间中国的金属制造工艺在不断地变化和发展。同一种类器物的生产原料，或有配比上的改变，或有材质上的更换。这些信息零零星星地通过不同渠道传至伊斯兰世界，被不同的作家获悉后记录在各自的著作中。如此一来，差异就逐渐产生了。以中国古镜为例，青铜镜和铁镜除了材质不同外，外形、样式、功用都基本一致。当这些镜子传至伊斯兰世界后，当地人不知道它们的材质差异，更难以辨析自己见到的中国镜子与前人描述的那种镜子是否是同一物质。最早的扎比尔·赫扬可能了解到的是生铁制成的镜子，他将这种不明材质称作“中国石”(khārṣīnī)，而将这种镜子叫作“中国镜子”。于是，“中国石”就成了“中国镜子”的捆绑属性。随着“中国镜子”的名声越来越响亮，伊斯兰地区人民形成了中国的镜子都是“中国石”制造的刻板认识，哪怕他们实际接触到的是青铜镜。简言之，在古代世界范围内的长途贸易中，与商品的产地相较，材质上的差异很容易被忽略。这种现象实际上十分普遍，即使在今天，人们对不熟悉的进口商品，相较于材质而言，往往更加关注其品牌和产地。因此，同一名称下的材质的混淆就出现了。

而加重“中国石”概念混淆的另一个因素，是波斯、阿拉伯文献所具有的时代传承性。穆斯林作家在撰写自己的著作时，会大量地参考、援引前人的记载。尤其是地理类、自然科学类著作，传承、吸纳已有文献的情况更为突出，这些转引和继承来的“旧识”，与自己亲身了解到的“新知”杂糅在一起，造成了又一层的混淆。

厘清了文献记载混乱的原因后，再来辨析在混淆出现之前“中国石”原应指的是哪种材料。笔者认为应该是生铁（或铸铁），理由是生铁是古代中国最具生产垄断性的技术产品，也是最能代表中国冶炼先进技术的加工品，最有资格和道理被称为“中国之石”或“中国之铁”。同时，在“中国石”之后，“中国铁”这个名字的出现及其与“中国石”概念的重合，反映出伊斯兰世界对中国生铁认识的进步，他们逐渐了解到“中国石”的本质是一种铁合金。总结而言，“中国石”和“中国铁”原本是指中国的生铁原料及其加工品，但由于生产技术的发展和东西方信息交流的延滞，混入了锡青铜的特征，因此到蒙元时代，这两个词已成为对中国的生铁（或铸铁）和锡青铜的泛称。

第二节 元代铜铁制品的外销

中国的铜铁制品（尤其是生铁）在伊斯兰地区久负盛名，那么这两种矿石及其制成品在出口方面情况如何呢？汉文文献和考古沉船资料为此提供了丰富的研究材料。

元代汪大渊《岛夷志略》是反映古代中国海外贸易最重要的文献之一。作者搭船出海，每到一地，就要记下当地的物产以及中国商人在当地销路最好的贸易品。中国商船中所载商品，一部分为收购的他国货品，一部分系中国的特产。可以看出，在这些“贸易之货”中，除了素有盛名的中国织物和陶瓷器外，铜铁类矿石及制成品也占据了相当大的比重：

> 三岛：贸易之货用**铜珠**、青白花碗、小花印布、**铁块**之属。
>
> 麻逸：贸易之货用**鼎**、**铁块**、五采红布、红绢、牙锭之属。
>
> 无枝拔：贸易之货，用西洋布、青白处州磁器、瓦坛、**铁鼎**之属。
>
> 交趾：贸易之货，用诸色绫罗匹帛、青布、牙梳、纸扎、**青铜**、**铁**之类。
>
> 民多朗：货用漆器、**铜鼎**、阇婆布、红绢、青布、斗锡、酒之属。
>
> 日丽：贸易之货，用青磁器、花布、粗碗、**铁块**、小印花布、五色布之属。
>
> 麻里鲁：贸易之货，用牙锭、青布、磁器盘、处州磁、水坛、大瓮、**铁鼎**之属。
>
> 遐来勿：贸易之货，用占城海南布、**铁线**、**铜鼎**、红绢、五色布、木梳、篦子、青器、粗碗之属。
>
> 彭坑：贸易之货，用诸色绢、阇婆布、**铜铁器**、漆磁器、鼓、板之属。

戎：贸易之货，用**铜**、漆器、青白花碗、磁壶、瓶、花银、紫烧珠、巫仑布之属。

罗卫：贸易之货，用棋子手巾、狗迹绢、五花烧珠、花银、青白碗、**铁条**之属。

东冲古刺：贸易之货，用花银、盐、青白花碗、大小水埕、青缎、**铜鼎**之属。

苏洛鬲：贸易之货用青白花器、海南巫仑布、银、**铁**、水埕、小罐、**铜鼎**之属。

针路：贸易之货，用**铜条**、**铁鼎**、**铜珠**、五色焇珠、大小埕、花布、鼓、青布之属。

八都马：贸易之货，用南北丝、花银、赤金、**铜**、**铁鼎**、丝布、草金缎、丹山锦、山红绢、白矾之属。

淡邈：货用黄硝珠、麒麟粒、西洋丝布、粗碗、青器、**铜鼎**之属。

尖山：贸易之货，用牙锭、**铜铁鼎**、青碗、大小埕瓮、青皮单、锦、鼓乐之属。

八节那间：贸易之货，用青器、紫矿、土粉、青丝布、埕瓮、**铁器**之属。

三佛齐：贸易之货，用色绢、红焇珠、丝布、花布、**铜铁锅**之属。

啸喷：货用五色硝珠、磁器、**铜铁锅**、牙锭、瓦瓮、粗碗之属。

浡泥：货用白银、赤金、色缎、牙箱、**铁器**之属。

暹：贸易之货，用硝珠、水银、青布、**铜铁**之属。

爪哇：货用硝珠、金银、青缎、色绢、青白花碗、**铁器**之属。

都督岸：贸易之货，用海南占城布、红绿绢、盐、**铁铜鼎**、色缎之属。

苏禄：贸易之货，用赤金、花银、八都刺布、青珠、处器、**铁条**之属。

旧港：贸易之货，用门邦丸珠、四色烧珠、麒麟粒、处瓷、**铜鼎**、五色布、大小水埕瓮之属。

龙牙菩提：贸易之货，用红绿烧珠、牙箱锭、**铁鼎**、青白土印布之属。

班卒：贸易之货，用丝布、**铁条**、土印布、赤金、瓷器、**铁鼎**之属。

蒲奔：贸易之货，用青瓷器、粗碗、海南布、**铁线**、大小埕瓮之属。

文老古：贸易之货，用银、**铁**、水绫、丝布、巫仑八节那涧布、土印布、象齿、烧珠、青瓷器、埕器之属。

古里地闷：以银、**铁**、碗、西洋丝布、色绢之属为之贸易也。

龙牙门：贸易之货，用赤金、青缎、花布、处瓷器、**铁鼎**之类。

灵山：贸易之货，用粗碗、烧珠、**铁条**之属。

东西竺：贸易之货，用花锡、胡椒、**铁器**、蔷薇水之属。

花面：货用**铁条**、青布、粗碗、青处器之属。

淡洋：贸易之货，用赤金、**铁器**、粗碗之属。

勾栏山：贸易之货，用谷米、五色绢、青布、**铜器**、青器之属。

特番里：贸易之货，用麻逸布、五色绸缎、锦缎、**铜鼎**、红油布之属。

班达里：贸易之货，用诸色缎、青白瓷、**铁器**、五色烧珠之属。

喃哑哩：贸易之货，用金、银、**铁器**、蔷薇水、红丝布、樟脑、青白花碗之属。

金塔：贸易之货，用**铁鼎**、五色布之属。

东淡邈：贸易之货，用银、五色布、**铜鼎**、**铁器**、烧珠之属。

大八丹：贸易之货，用南丝、**铁条**、紫粉、木梳、白糖之属。

加里那：贸易之货，用青白花碗、细绢、**铁条**、苏木、水银之属。

波斯离：贸易之货，用毡毯、五色缎、云南叶金、白银、倭铁、大风子、牙梳、**铁器**、达剌斯离香之属。

挞吉那：贸易之货，用沙金、花银、五色缎、**铁鼎**、**铜线**、琉黄、水银之属。

千里马：贸易之货，用**铁条**、粗碗、苏木、铅、**针**之属。

小唄喃：贸易之货，用金、银、青白花器、八丹布、五色缎、**铁器**之属。

古里佛：去货与小唄喃国同。

大乌爹：贸易之货，用**白铜**、鼓板、五色缎、金、银、**铁器**之属。

万年港：贸易之货，用**铁条**、**铜线**、土印花布、瓦瓶之属。

阿思里：贸易之货，用银、**铁器**、青烧珠之属。

天堂：贸易之货，用银、五色缎、青白花器、**铁鼎**之属。

甘埋里：去货丁香、豆蔻、青缎、麝香、红色烧珠、苏杭色缎、苏木、青白花器、瓷瓶、**铁条**，以胡椒载而返。

麻呵斯离：贸易之货，用剌速斯离布、紫金、**白铜**、青琅玕、阇婆布之属。

经统计，汪大渊共记录海外地名99个，55地都进口中国的铁、铜原料或制成品。其中，铁及铁制品的出口地区比铜类制品更为广泛。铁一类的外销品有铁、铁块、铁条、铁线、铁鼎、铁锅、针等；铜一类的外销品有铜、铜条、铜线、铜珠、铜鼎、白铜等。其中的"铁"和"铜"，应是原材料，铁块、铁条、铁线、铜条、铜线这些都属于原料的初级加工品。在制成品中，外销最多的是铁鼎和铜鼎。"鼎"为何种器物？柔克义（William W. Rockhill）译注的《岛夷志略》将其翻译成大锅（caldron）或锅（pot），[1] 夏德（Friedrich Hirth）和柔克义在《诸蕃志》的译注中译作三足鼎（tripod）和香炉（censer）。[2] 苏继庼先生指出，《岛夷志略》和《诸蕃志》中的"鼎"皆指灶，是一种类似锅的炊具。[3] 除锅鼎外，铁针、铁线以及其他铁器，也被大量贩卖至海外。

元代的另一部海外行纪《真腊风土记》所记载的柬埔寨进口的中国商品中，铁锅、铜盘和针也都被列入主要贸易品中。[4] 显然，中

1 W. W. Rockhill, "Notes on the Relations and Trade of China with the Eastern Archipelago and the Coast of the Indian Ocean during the Fourteenth Century, Part II", *T'oung Pao*, Second Series, Vol. 16 (2), 1915, p. 268; "Notes on the Relations and Trade of China with the Eastern Archipelago and the Coast of the Indian Ocean during the Fourteenth Century, Part V", *T'oung Pao*, Second Series, Vol. 16 (5), 1915, p. 619.

2 *Chau Ju-kua, His Work on the Chinese and Arab Trade in the 12th and 13th Centuries, Entitled Chu-fan-chï*, tr. & ed. by Friedrich Hirth and W. W. Rockhill, St. Petersburg: Imperial Academy of Sciences, 1911, pp. 78, 160.

3 汪大渊著，苏继庼校释《岛夷志略校释》，第37页。

4 周达观著，夏鼐校注《真腊风土记校注》，中华书局，1981，第148页。

国商人们十分清楚如铁锅一类的铸铁器具、炊具是长途贸易的理想商品，因为它们成本低廉、重可压舱，又是中国垄断性产品，可畅销海外。[1]

宋代《淳熙三山志》就记载了福建出产的生铁及民间打造的农具、锅釜出口海外的史实：

> 铁。宁德、永福等县有之。其品有三：初炼去矿，用以铸冶器物者为生铁；再三销拍，又以作鍱者为鑐铁，亦谓之熟铁；以生柔相杂和，用以作刀剑锋刃者为刚（钢）铁。商贾通贩于浙间，皆生铁也。庆历三年（1043），发运使杨告乞下福建严行禁法，除民间打造农器锅釜等外，不许私贩下海。两浙运司奏："当路州军自来不产铁。并漳、泉、福等州转海兴贩，逐年商税课利不少，及官中抽纳折税，收买打造军器。乞下福建运司晓示，许令有物力客人兴贩。乃令召保，出给长引，只得诣浙路去处贩卖。"本州今出给公据。[2]

材料显示，生铁是海外贸易的畅销货品。对大量出口的铁材，宋朝一度颁行禁止或限制出口的法令。此后元朝也将铜铁列为国家专营物品，禁止“无引（执照）私贩”，但由于铁器是人民大众必需的生产和生活资料，因此又规定“凡私铁农器锅釜刀镰斧杖及破坏生熟铁器，不在禁限”。[3]宋元海外贸易繁荣，为政府创造了巨大

---

1 William M. Mathers & Michael Flecker, *Archaeological Recovery of the Java Sea Wreck*, Annapolis: Pacific Sea Resources, 1997, p. 99.

2 梁克家纂修《淳熙三山志》卷四一，李勇先点校，《宋元珍稀地方志丛刊》甲编 7，四川大学出版社，2007，第 1663 页。

3 《元史》卷一〇四，第 2649 页。

的经济收益。围绕着铜铁能否出口，朝廷的政策也时有变化。《元史》“市舶法”记载至元二十年（1283）十月，“忙古觮言，舶商皆以金银易香木，于是下令禁之，唯铁不禁”。[1] 而在《元典章》收录的至元三十年（1293）的公文中，重申了二十八年制定的“市舶则法二十三条”，规定“金、银、铜钱、铁货、男子妇女人口，并不许下海私贩诸番”。[2]《通制条格》收录的延祐元年（1314）所颁《市舶法》中亦明令：“金、银、铜钱、铁货，男子妇女人口，丝锦、缎匹、销金绫罗、米粮、军器，并不许下海私贩诸番。”[3] 尽管政府的公文屡屡明文限制铜铁出口，但是旅行家行纪和沉船资料都表明，铜铁及其制品一直源源不断地销往海外。

近年来不断增多的水下考古资料证实，铜、铁制品是整个中古时代中国向海外销售的主要商品。1998 年印尼东南勿里洞岛（Belitung）发现的 9 世纪阿拉伯沉船黑石号，打捞的出水物中除大量的瓷器外，还有铸铁大锅、铸铁鼎、铜合金碗、铜磨石、铜秤锤，以及两大捆带有金属凝结块的木条，其原形是两捆带铁镞的箭矢。[4] 另外，船上还有 29 面青铜镜子。[5] 这艘沉船丰富的发现物，几乎涵盖了波斯文、阿拉伯文文献中出现的所有中国铜铁制品。

13 世纪沉没的爪哇海船的出水物，反映出这艘船大量贩运铁货的特点。该船打捞出一块长 4 米、宽 1.5 米的铁凝结块，清理后

1　《元史》卷九四，第 2401 页。

2　《元典章》卷二二，第 880 页。

3　方龄贵校注《通制条格校注》卷一八，中华书局，2001，第 533 页。

4　Michael Flecker, “A Ninth-Century A.D. Arab or Indian Shipwreck in Indonesia: First Evidence for Direct Trade with China”, *World Archaeology*, Vol. 32 (3), 2001, pp. 339, 342.

5　François Louis, “Bronze Mirrors”, *Shipwrecked: Tang Treasures and Monsoon Winds*, ed. by Regina Krahl et al., Washington, D.C.: Arthur M. Sackler Gallery, Smithsonian Institution; Singapore: National Heritage Board: Singapore Tourism Board, 2010, pp. 213-219.

可以分辨出其中包裹着一系列大小不同的铁锅、大量不同型号的熟铁铁条、铁斧、12 个铜合金秤锤、2 个铜秤杆、铜盘、铜锣、铜锭以及其他一些零散的青铜器。[1] 而在韩国发现的元代新安沉船，是元代水下考古最重要的实物资料。船上装载有青铜狮钮盖三足鼎形香炉、四足方鼎形香炉、觚形瓶、贯耳瓶、龙耳瓶、长颈壶，这些青铜仿古器物都是比较高级的外销品；此外船上还运有青铜制雨龙形笔架和一批中国制造的铜镜。[2]

现将中国周边海域发现的 9—17 世纪沉船及出水铜铁制品情况整理如下。

表 6-1 9—17 世纪沉船及出水铜铁制品情况一览

沉船	沉没年代	沉没地点	出水中国铜铁制品
黑石号	9 世纪	印尼 Belitung 岛	铸铁大锅、铸铁鼎、铜合金碗、铜磨石、铜秤锤、铁箭镞、青铜镜
印坦沉船	10 世纪	印尼印坦海域	青铜镜、青铜碗、青铜盘、架
井里汶沉船	10 世纪	爪哇北岸井里汶外海	铁锭、铁锚、铜镜、铜锭
Tanjung Simpang	11 世纪	马来西亚 Sabah 西北	铜锣、铜锭、铜盘
爪哇海船	13 世纪	印尼爪哇海西岸	铁锅、熟铁条、铁斧、铜器
Jade Dragon Wreck	13 世纪	马来西亚婆罗洲最北端	青铜镜
南海 I 号	南宋	广东阳江	铁锅、铁钉、铁锄、铜环、铜钱、铜镜、铜鼎
华光礁 I 号	南宋	西沙群岛华光礁	铜镜、铜钱、铜锭、铜器、铁器

1 William M. Mathers & Michael Flecker, *Archaeological Recovery of the Java Sea Wreck*, pp. 77-89.

2 久保智康：《新安沉船装载的金属工艺品——其特点以及新安沉船返航的性质》，彭涛译，《南方文物》2008 年第 4 期。

续表

沉船	沉没年代	沉没地点	出水中国铜铁制品
泉州湾宋代海船	南宋末年	泉州湾	铁钱，大量铜钱，零星铜镜、勺、钮、钩、锁，铁斧、搭钩、钉送
新安沉船	元代	韩国新安	铜镜、铜秤锤、青铜器、铜锣、铜钱、铜笔架
绥中沉船	元代	辽宁绥中	铁犁、铁锅
富国岛沉船	14 世纪	泰国湾沿岸富国岛南	铜钱、铁凝结物、铜锭
图灵号	约 1370 年	中国南海、马来半岛东 100 海里	铁凝结物、铁条
占婆号	15 世纪	越南占婆岛	铜钱、铁锅、铜磬
潘达南岛沉船	明代	菲律宾潘达南岛和巴拉望岛之间海域	铁锅、铜锣、小铜炮、铁剑、铁刀、铜镜、铜盒、铜天平、铜钱
平顺沉船	明末	越南平顺海域	铜壶、铜盘、铜锁、针、铁锅

资料来源：久保智康:《新安沉船装载的金属工艺品——其特点以及新安沉船返航的性质》,《南方文物》2008 年第 4 期；广东省文物考古研究所:《2011 年“南海 I 号”的考古试掘》，科学出版社，2011，第 90 页；李庆新:《南宋海外贸易中的外销瓷、钱币、金属制品及其他问题——基于“南海 I 号”沉船出水遗物的初步考察》,《学术月刊》2012 年第 9 期;“南海 I 号”考古队:《来自“南海 I 号”考古队的报告》,《中国文物报》2014 年 12 月 30 日，第 3 版；杜希德、思鉴:《沉船遗宝：一艘十世纪沉船上的中国银锭》,《唐研究》第 10 卷，北京大学出版社，2004，第 386 页；福建省泉州海外交通史博物馆:《泉州湾宋代海船发掘与研究（修订版）》，海洋出版社，2017，第 27—28 页；李旻:《十世纪爪哇海上的世界舞台——对井里汶沉船上金属物资的观察》,《故宫博物院院刊》2007 年第 6 期；山西博物院、海南省博物馆编著《华光礁 I 号沉船遗珍》，山西人民出版社，2013，第 31—32、48—49、54 页；范伊然:《南海考古资料整理与述评》，科学出版社，2013，第 13、121 页；Warren Blake & Michael Flecker, “A Preliminary Survey of a South-East Asian Wreck, Phu Quoc Island, Vietnam”, *The International Journal of Nautical Archaeology*, Vol. 23(2), 1994, pp. 88-89; Sten Sjostrand, “A 1000 Year-old Wreck Site Providing Archeology and Art History with New Information”, http://www.mingwrecks.com/TgSimpang.html; Sten Sjostrand & Claire Barnes, “The ‘Turiang’: A Fourteenth-Century Chinese Shipwreck Upsetting Southeast Asian Ceramic History”, *Journal of the Malaysian Branch of the Royal Asiatic Society*, Vol. 74 (1), 2001, p. 99。

需要注意的是，几乎每艘沉船上都有大块的铁凝结物，这是铁制品在海水中锈蚀并附着海洋生物后产生的凝结。在未将这些凝结物清理出来之前，有一些铁制品的器型尚无法辨别。如华光礁I号沉船上成捆堆放的长条中空形铁器单体和铁块凝结物，目前尚未知其用途。[1]但这些铁的凝结物已经可以说明船舶运载了大量的铁器。除了沉船外，在广阔的南海海域的水下遗物点，也发现有铜器和铁器，铜器类型有盘、镜、铜锭、熨斗等，铁器有刀、凿、钉。[2]可以说，无论是文献还是实物资料，都表明在古代铜铁及其制成品一直都是中国向外出口的畅销货。

第三节 中国铸铁在伊朗的传播

中国以西的中亚、西亚地区，古代的冶铁技术水平也具有差异性。从发明冶铁技术和使用铁制工具的时间来看，中近东地区最早，向东则越来越晚。但铸铁技术却是由东向西反方向传播的。[3]研究认为，中国铸铁技术的西传最早可能是西汉时期：

1 山西博物院、海南省博物馆编著《华光礁I号沉船遗珍》，第54页。

2 范伊然：《南海考古资料整理与述评》，第99—100、102页。

3 A. Mazahéri, “Le Sabre contre l’Épée: ou l’origine chinoise de l’ « Acier au creuset»”, *Annales: Économies, Sociétés, Civilisations*, Vol.13 (4), 1958, p.669-686.

> 自大宛以西至安息，国虽颇异言，然大同俗，相知言。……其地皆无丝漆，不知铸钱器。[1]及汉使亡卒降，教铸作他兵器。[2]

考古学家在中亚的费尔干纳、铁儿梅兹、木鹿地区找到了使用坩埚铸铁的遗迹，9—13世纪这里是生产较高质量铁器的中心，能够使用坩埚铸铁来锻造锤、钳、斧、锛、犁、锹、镰等农具，以及剪、刀、勺、锁等小型工具。然而中亚和呼罗珊地区能够广泛使用铸铁来铸造锅、壶等器物的时间，要晚至15世纪以后，[3]铸造更加大型的钢铁制品，则要更晚。

帖木儿王朝（1370—1507）的历史文献《也里天堂志》（*Rawżāt al-Jannāt fī Ūṣāf-i Madīnat-i Hirāt*）记载，帖木儿王朝的沙哈鲁国王在征服伊朗时，将伊利汗国曾经的都城帖必力思城的几扇钢铁大门（dar-i pūlād）运回了自己的也里城（Hirāt），安装在古哈尔·沙的·贝格姆宫廷学校中，后来将这些大门又迁移至撒麻耳干城。[4]这几扇钢铁大门，被不远千里地转移至几个王都，可知一定十分珍稀。而这些钢铁大门最早为伊利汗国都城帖必力思之物，伊利汗国与元朝关系亲密，往来频繁，此门的建材极可能来自中国。同时代稍晚成书的阿里·阿克巴（Siyyid ʿAlī Akbar Khiṭā'ī）《契丹志》

1　《史记》校勘记，徐广曰："多作'钱'字，又或作'铁'字。"《汉书》此段记载为"不知铸铁器"。

2　《史记》卷一二三，中华书局，1982，第3174页；《汉书》卷九六，中华书局，1962，第3896页。

3　B. A. Litvinsky, "Iron in Eastern Iran", *EIr*, Vol. XIII, Fasc. 6, Costa Mesa, CA: Mazda Publishers, 1997, pp. 601-605.

4　Muʿīn al-Dīn Muḥammad Zhamchī Isfazārī, *Rawżāt al-Jannāt fī Ūṣāf-i Madīnat-i Hirāt*, ed. by Muḥammad Kāẓim Imām, Tehran: Dānishgāh-i Tihrān, 1959, p. 145.

（*Khiṭāy-nāma*）曾评价中国的铸铁技术道：“三扇供皇帝通过的中央大门都是用中国钢（pūlād-i Khiṭāy）铸成的。多么神奇。如果在世界的其他地方还存在这样的门，那一定是在中国制造的。”[1] 此外，在《契丹志》中，作者同时使用了“中国铁”（āhan-i Khiṭāy）、“中国钢”（pūlād-i Khiṭāy）和“铸铁”（Jūyn）三个词语来描述中国的钢铁制造。伊朗裔法国学者阿里·玛扎海里（Aly Mazaheri）认为，Jūyn 一词的词源即为汉语“铸铁”，后传入突厥语、蒙古语、俄语以及波斯语。在波斯语中，Jūyn 逐渐演化为今天的 chudan，意思就是铸铁、生铁。[2]

可以说，中国的生铁冶炼技术和使用生铁锻造、铸造钢铁器物的技术，在整个古代历史中都处在世界的领先位置。伊朗热衷于进口中国的铁材和铁制品。汪大渊《岛夷志略》所记载的中国铜铁器出口的海外诸地中，有三个地名属于伊朗地区：甘埋里、波斯离和麻呵斯离。其中甘埋里可能是起儿漫地区的出海口忽里模子（Hurmūz）；波斯离是两河流域的大港弼斯罗（Baṣra，今译巴士拉），它也是大城报达的出海口。此二港正是蒙元时代伊朗最大、最繁荣的海外贸易港。从海上来的商品运到二港后，再由此转运至内陆其他地区。汪大渊记载中国的铁条外销至此二港，足以证明元朝有对伊利汗国的铁材出口。同样，在波斯地理书《寰宇志》（*Jahān-nāma*）中也记载了“中国铁”由海路运至伊朗的信息：“来自东方海域，从中国（Chīn）运来了骨咄、麝香、中国器皿、闪亮

---

1 ʿAlī Akbar Khiṭāʾī, *Khiṭāy-nāma*, ed. by Īraj Afshār, Tehran: Markaz-i Asnād-i Farhangī-yi Āsiyā, 1978, p. 83.

2 阿里·玛扎海里：《丝绸之路——中国—波斯文化交流史》，耿昇译，新疆人民出版社，2006，第 249 页。

的铁（āhan-i gawhar-dār）[1]和一些药材。”[2]波汉文献同时反映了蒙元时期中国的铁材贩至伊朗的史实。

制成品方面，中国的铁制兵器经希腊、罗马史家广为传颂之后，在中世纪依然具有盛名。10 世纪菲尔多西《列王纪》中屡屡提到中国兵器的强大威力：

> 我只猜想他是中国来的将官，因见他辎重与兵器崭新耀眼。[3]
>
> 他抓起中国铁的大棒准备迎战。……他猛然砍下妖人一只手臂。[4]
>
> 萨格拉布人和印度人都不配为敌，我不怕印度和中国的钢刀兵器。[5]
>
> 不论铁盔、甲衣还是宝剑，中国的坚盾和良弓利箭，给了他的军队不计其数，战功卓著的人尤为优厚。[6]

关于中国镜子出口伊朗的情况，阿里·玛扎海里指出，早在萨珊时代，中国镜子就传入了波斯，之后中国的铸铁锅也出口到了那里。[7]在波斯的历史、文学作品中，中国镜子的美名被屡屡提及，以明亮、清晰而著称。12 世纪的席尔旺（Shīrvān）宫廷诗人哈冈尼（Khāqānī）在其抒情诗中描述道：“中国皇帝在地平线上亮出中国

1　波斯语直译是：闪闪发光、绚丽的铁。

2　Bakrān, *Jahān-nāma*, ed. by Muḥammad Amīn Riyāḥī, p. 103.

3　菲尔多西：《列王纪全集》第 1 卷，第 672 页。

4　菲尔多西：《列王纪全集》第 2 卷，第 515 页。

5　菲尔多西：《列王纪全集》第 2 卷，第 654 页。

6　菲尔多西：《列王纪全集》第 3 卷，第 401 页。

7　阿里·玛扎海里：《丝绸之路——中国—波斯文化交流史》，第 249 页。

之镜，使桑给巴尔国王的世运之镜（āyīna-yi charkh）黯然失色。”[1]帖木儿时代的波斯诗人喀什菲（Ḥusayn Vāʿiẓ Kāshifī）的诗歌写道：“野兔引着狮子来到了井边，井水是那么的清澈，就像中国的镜子，将他们清晰地映射。”[2]类似的描述还出现在迷儿宏达（Mīr Khwānd）的史书《洁净园》（*Rawżat al-ṣafā*ʾ）中：“他的面容为何如此明净，就像中国的镜子一般。”[3]

考古资料方面，伊朗尸罗夫（Sīrāf）大港考古出土物中，发现了中国样式的青铜镜，考古学家怀特豪斯（David Whitehouse）称，这面铜镜可能是中国制造的，或是伊斯兰地区仿造的。[4]不论这面铜镜产地是哪里，它所展现的中国样式说明了中国镜子在当地的流通。

阿里·玛扎海里说，古代波斯的理发师如果能拥有一面中国的铸铁镜子，就会被认为是一名技艺高超的理发师；再有一把中国的剃刀，那么装备就十分齐备了。[5]他还总结说，在18世纪以前，中国生产的镜子、铁锅、钢针、镊子以及各种小五金件，一直是波斯人所喜爱的商品。直到近代，这些中国传统贸易品才被欧洲的现代工业制品所取代。[6]从这方面来说，古代中国在钢铁冶炼技术上的领先，使其一直源源不断地为包括伊斯兰地区在内的世界各地人民提

---

1 乌苏吉：《马可·波罗与伊朗的中国“Tarāef”——马可·波罗时代的中伊贸易》，《国际汉学研究通讯》第4期，第401—402页。此文章中引有波斯语诗歌原文和汉语译文，笔者据原文重新译出。

2 Ḥusayn Vāʿiẓ Kāshifī, *The Anvār-i Suhaylī (The Lights of Canopus)*, tr. & ed. by Edward Backhouse Eastwick, Hertford: Stephen Austin, 1854, p. 126.

3 Muḥammad ibn Khāvandshāh Mīr Khwānd, *The Rauzat-us-Safa (Garden of Purity)*, Part II, Vol. 2, tr. by E. Rehatsek, ed. by F. F. Arbuthnot, London: Royal Asiatic Society, 1893, p. 479.

4 David Whitehouse, “Excavations at Sīrāf: Fourth Interim Report”, *Iran*, Vol. 9(1), 1971, p. 3.

5 阿里·玛扎海里：《丝绸之路——中国—波斯文化交流史》，第249页。

6 阿里·玛扎海里：《丝绸之路——中国—波斯文化交流史》，第3—4页。

供改善生活的优质产品。今天的中国是世界第一制造业大国，了解中国的制造历史，对今天的我们既是鼓舞，亦是鞭策。

小　结

本章考察了中古时代波斯、阿拉伯文献中一种常见的中国舶来品——“中国石”（或“中国铁”）。通过对文献的梳理、前人研究的辨析和实物资料的利用，厘清了其基本含义和名实的变化的过程。“中国石”“中国铁”原指中国生产的生铁或铸铁材料，后来亦被宽泛地用来称呼中国出产的各种铜铁制品。

生铁冶炼和加工是古代中国的独创技术。这项技术虽然传播至其他国家和地区，但在整个古代，中国都保持着这项技术的世界领先地位。中国生产的生铁和生铁制成品大量出口海外，长期是世界贸易中的畅销货。与丝绸、瓷器等艺术品、奢侈品不同，通过铸铁和生铁制钢制成的刀、剑、锅、鼎、镜子、镊子等武器、日用品，对普通大众的日常生活无疑具有更广泛的影响。

第七章　《迹象与生命》所见中国植物的西传

本章将要考察的是蒙元时期中国的植物对伊朗社会的影响，讨论涉及用作食物、药物、香料、建材等的多种植物。在13世纪之前的波斯、阿拉伯文献中，已经出现了对中国植物的丰富记载，尤其是作为贸易品输入伊朗的植物种类。而在蒙元时代，中伊两国间全面而持久的密切联系，也对植物类物品的交流起到了促进作用。

据《史集》记载，合赞汗注重农业发展，曾下令将帖必力思没有的或从来没有人见过的各种果树、草、谷物的种子送来，移植幼芽，嫁接嫩枝，使这些植物在帖必力思生长。合赞汗还派遣使者前往中国、印度等远方国度，搜集当地的特产植物，并将种子带回伊朗。[1]至于这些被带到伊朗的中国植物具体有哪些种类，是否在伊朗得到培植，《史集》中并未细述。但在拉施都丁撰著的一部农业生产手册《迹象与生命》（*Āṣār va Aḥyā'*）中，大量有关中国植物的信息和它们在伊朗的传播情况被记录了下来。而此书就成了反映蒙元时代中国对伊朗植物传播历史的最重要史料。

第一节　拉施都丁《迹象与生命》中的中国植物信息

拉施都丁与中国文化在伊朗的传播研究，很早就引起学者们的注意。尤其是他在医学、农学方面的贡献，因《伊利汗中国科技珍宝书》和《迹象与生命》这两部书的流传而格外受到关注。前者是对金元时期流行于汉地的医书《脉诀》的波斯语翻译和注释，是中医理论和实践在伊朗流传的体现；后者是对包括中国植物在内的世界各地植物知识的介绍，涉及植物的地理分布、生态习性、形态特征、功用价值、栽培方法及移植与传播等诸多信息。

合赞汗时期，拉施都丁在帖必力思城东北捐资营建了一个小镇，此镇以他的名字为名，被称作"拉施特镇"（Rab'-i Rashīdī）。拉施特镇地处山脚之下，周围开垦有农田、果园、花园、树林，并且种植了许多别处没有的珍稀草木，供镇上的医院和药房配制

1　《史集》苏联集校本，Vol. 3，p. 415；参看汉译本，第3卷，第388页。

药剂所用。[1] 拉施都丁还从伊朗中部的耶思德（Yazd）征调了 300 头役牛和一批牛夫到帖必力思，以便将城市垃圾和废料驮运到费哈巴德（Fatḥ ābād）[2] 和拉施特镇等地用作肥料。[3] 根据《拉施特镇捐赠书》的记载，拉施特镇上有多达 150 名园丁役使。[4] 可以说，在拉施都丁的个人兴趣影响和大力投资下，拉施特镇拥有了当时伊朗最豪华的植物园。而拉施都丁对农业的热情，与合赞汗的志趣和劝农政策互为支持，他协助合赞汗为恢复伊朗农业发展施行一系列举措。[5] 这些为拉施都丁了解、试验、培育来自中国的植物提供了硬件基础，在这种背景下，他撰著的《迹象与生命》这部书兼具理论性和实践性。

《迹象与生命》一书的发现、刊布及版本情况已在第一章中介绍，此处不再赘述。关于这部著作的研究情况，英国东方学家布朗（Edward Granville Browne）在其著作《蒙古统治时期的波斯文学》中引用过卡特麦尔（É. Quatremère）对《迹象与生命》的评介；[6] 苏联学者彼得舍夫斯基（И. П. Петрушевский）也曾介绍过拉施都丁的这部著作，他同时还介绍了伊朗学者纳吉姆・杜拉（Najm al-

---

1 F. Abbasnejad et al., "Rabi Rashidi (Rashidi Quarters): A Late Thirteen to Early Fourteenth Century Middle Eastern Medical School" , *Child's Nervous System*, Vol. 28 (11), 2012, pp. 1823-1830.

2 此城毗邻大不里士，位于其东南部。

3 《完者都史》, pp. 116-117.

4 Rashīd al-Dīn, *Vaqfnāma-'i Rab'-i Rashīdī*, ed. by M. Minūvī and Ī. Afshār, chap-i ḥurūfī, p. 194; Sheila S. Blair, "Ilkhanid Architecture and Society: An Analysis of the Endowment Deed of the Rab'-i Rashīdī" , *Iran*, Vol. 22, 1984, p. 87.

5 A. K. S. Lambton, "The *Āthār wa Aḥyā'* of Rashīd al-Dīn Faḍl Allāh Hamadānī and His Contribution as an Agronomist, Arboriculturist and Horticulturalist" , in: *The Mongol Empire and Its Legacy*, ed. by Reuven Amitai-Preiss and David O. Morgan, p. 128.

6 E. G. Browne, *A History of Persian Literature under Tartar Dominion (A.D. 1265-1502)*, Cambridge: University Press, 1920, p. 75.

Dawla）刊布的《园艺与耕作》，但并未把它与《迹象与生命》勘同。[1] 而苏图德、阿夫沙尔校勘本的出版，引起了历史学家的兴趣。英国伦敦大学的伊朗学家兰普顿在研究伊朗中世纪农业史时使用了拉施都丁的这部著作，[2] 之后还发表了《拉施都丁〈迹象与生命〉及其对农学、树艺学和园艺学的贡献》一文，对苏图德、阿夫沙尔校勘本的各章节内容做了非常详细的摘译和评述，以此讨论蒙元时代伊朗的农业发展状况。[3] 美国蒙古学家爱尔森（Thomas T. Allsen）是利用《迹象与生命》研究蒙元时代中国与伊朗交流史的杰出代表，他的《蒙元欧亚大陆的文化与征服》利用《迹象与生命》关于中国植物的记载，论证了汉地饮食在伊朗的传播和影响，并推测此书与《农桑辑要》有关；此外，他对印度、中国的若干种植物名称进行校勘，考证了一些农作物的流传过程。[4] 日本蒙元史学者宫纪子所著《蒙古时代东、西方的“知识”》第 18 章“拉施都丁农书所见中国信息”概述、注释了《迹象与生命》中与中国有关的植物种类，并完整翻译了粟黍、桑树、茶和泽兰四种作物的内容。[5]

在中国学术界，北京大学王一丹教授最早引介了这部作品，她的《波斯拉施特〈史集·中国史〉研究与文本翻译》一书对拉施都丁的这部著作做了系统的介绍，并将书名确定为《迹象与生命》，

1　I. P. Petrushevski, *Kishāvarzī va Munāsabāt-i Arẓī dar Īrān: ʿAhd-i Mughūl*, tr. & ed. by Karīm Kishāvarz, pp. 33-37.

2　A. K. S. Lambton, *Continuity and Change in Medieval Persia: Aspects of Administrative, Economic, and Social History, 11th-14th Century*, pp. 158-184.

3　A. K. S. Lambton, “The *Āthār wa Aḥyā*ʾ of Rashīd al-Dīn Faḍl Allāh Hamadānī and His Contribution as an Agronomist, Arboriculturist and Horticulturalist”, in: *The Mongol Empire and Its Legacy*, ed. by Reuven Amitai-Preiss and David O. Morgan, pp. 126-154.

4　Thomas T. Allsen, *Culture and Conquest in Mongol Eurasia*, pp. 116-121.

5　宮紀子『モンゴル時代の「知」の東西』下册、958－996 頁。

还摘译了"茶"和"莲花"两个片段。[1] 北京大学的时光撰文讨论了书中所载的中国药用植物。[2]

根据《拉施都丁著作全集》所载《迹象与生命》目录显示，原书共24章，内容涉及气象学、地理学、农学、植物学、矿物学、建筑学等多学科中有关农业生产的各个方面。但迄今发现的三种抄本都不完整，或是缩写本，或是残本，只保留了原书6—13章关于农业和园艺部分的内容。这三个抄本分别为:（1）库姆沙赫布丁·纳杰非·马尔什图书馆（Kitābkhāna-yi Āyat Allāh al-ʿAẓmī Shahāb al-Dīn Najifī Marʿashī）藏本，是目前所存最古老的抄本，也是苏图德、阿夫沙尔校勘本的底本;（2）纳吉姆·杜拉石印本;（3）伊朗国家图书馆（Kitābkhāna-yi Millī-yi Īrān）藏抄本。

现在流行的苏图德、阿夫沙尔校勘本，是目下可见最新、最好的刊本。此刊本将《迹象与生命》现存文本内容分为五章，分别是"一、植物知识""二、嫁接与施肥知识""三、大麦、小麦、粟黍、水稻、高粱作物知识""四、豆类及其他植物知识""五、草料、蔬菜和香草知识"。其中第一章"植物知识"占全书一半篇幅，主要介绍世界各地的重要树种。章下又分为两节：第一节介绍世界各地尤其是伊朗本地的树种；第二节则专门记载印度和中国的树种，这一节也是此书涉及中国植物信息最多的主体章节。除此章节外，其他章节中亦有关于中国植物情况的分散记载。

归纳书中出现的中国植物，大致可分为三大类。第一类是中国原产、特产，且在当时尚未广泛传入伊朗的植物种类，如茶、荔

1 王一丹:《波斯拉施特〈史集·中国史〉研究与文本翻译》，第17—19、41—47页。

2 时光:《〈迹象与生命〉所载中国药用植物考》,《国际汉学》2022年增刊。

枝、银杏、莲花、芡实、杨梅等；第二类是中国南方与东南亚、印度地区生长的南海热带植物，有椰子、罗望子、胡椒、白檀、紫檀、沉香、丁香、槟榔、蒌叶、诃子、芒果、苏木等，这些植物虽非中国独有或特产，但中国是其主要产地之一，所以拉施都丁关于这些植物的记载，也蕴含了大量有关中国的信息；第三类是当时在伊朗、中国甚至世界各地都有种植的植物，其中一些是原产于中国，很早就传至世界各地，也有一些是从世界其他地方传入中国的，如桑树、枣树、橘树、松树、粟黍、绿豆等，各地的品种各有差异。拉施都丁在介绍这些植物时，或单独记载了中国品种的情况，或专门介绍了中国人种植和利用此种植物的特殊方式。这些内容无疑是研究蒙元时期中国对伊朗植物传播的第一手资料。本章将以《迹象与生命》一书中对中国植物的记载为纲，针对每种要讨论的植物，先给出《迹象与生命》中波斯文的译文，然后考述蒙元时代中国植物在伊朗的传播历史。

第二节　茶

《迹象与生命》第一章第二节“茶”条载：

关于茶（chā）树的知识

按照我们这里的医生〔的说法〕，它被称作 shah-i

KHLQ[1]，蛮子话和乞台话称之为“茶”（cha）。

它生长在蛮子田地——也就是秦的一些地方，在QM jū[2]地区的所有山林荒野中也都生长。树木大小与桃金娘树（dirakht-i murd）相似，叶片形似石榴叶，但较之略小，全部为绿色。采摘茶树叶片，将其放入锅（dīg）[3]中以蒸汽焙炒，再放在太阳下晒干。如果能使它免于受潮的话，其功效可以保持好几年。

茶叶作为商品被运至秦和乞台各地，〔那里〕人们饮茶甚多。茶是一种大宗贸易品，从茶叶贸易中可获取丰厚利润（naf‘）[4]，但在忻都斯坦人们很少饮食。

在属于乞台之地的秦州（Chīn Chīu），有另外一种茶，其树木更加高大，叶片也更大，只比橘树的叶子略小，厚度则差不多。在那里按照租契（ẓamān va muqāṭa‘a）的规定，〔承租者〕每年要向官府（dīvān）纳税。人们不能随意出售茶叶。每人允许贩运的茶叶数量，以及根据租契需要交纳的茶叶数量，都有规定。

根据泡出的汁液的不同，茶叶可分为：御茶、中档茶和普通茶。御茶是将麝香、樟脑及其他配料与茶叶混合在一块制成的，这种茶也要由税官（tamghājī）单独征税。将茶叶用磨石碾碎，像〔碾磨〕海娜花（ḥanā）那样，然后用筛子筛好，再用纸卷包裹起来，在上面盖上官印，以缴纳商税（tamghā）[5]。

1 原校注：或应作 shāh-i Khitāy。

2 原校注：底本作 NM jīu。

3 原校注：底本作 dīgar（另外的）。

4 原校注：底本作 tighā，根据石印本校改。

5 tamghā，源自突厥语，原义为印章，后衍生为印花税、商税之意。元代蒙文圣旨中，商税称为tamqa，音译作“探合”。这是一种交易税，凡进入市场买卖的商品，皆要缴纳商税。参看陈高华《元代商税初探》，《中国社会科学院研究生院学报》1997年第1期。

任何人不缴税就不能贩卖，违者论罪。就这样茶叶用纸包着被运往各地，它是一种大宗商品。它的口味和功效〔能一直保持〕。[1]

有一种我们称为“茶”的最早的茶（chāy-i avvalīn）[2]，是一种纯茶叶，[3]那种茶也要缴税。但生长在荒野上的茶无需租契，任人随意采摘。

忽必烈合罕（Qūbīlāy[4] Qāān）下令将茶树运至乞台之地，栽种在花园中，茶树长大后，任何想栽种茶树的人皆可移植。茶树不论在热带还是寒带都能生长。合罕在汗八里（Khānbāligh）附近的中都（Chun dū）城种植茶树，那里就属寒带。这种茶树开黄色的花朵，大小如桃花，种子如鹰嘴豆（nukhūdī）般大，呈黄色。

栽种此树，可通过播种、扦插和栽种幼苗的方法，每种皆能成活。用浴室排出的污水浇灌其根部，能使树木快速、茁壮地成长。

在生长“晚茶”（chāy-i ākharīn）的地方，生活着能产麝香的麝鹿，它们以芳香的树枝和草料为食，如甘松（sunbul）等。[5]

茶，是中国对世界贡献的最重要的饮品。关于茶叶和饮茶习俗西传的问题，一直是学界关注的焦点。已有研究表明，唐代茶已传入吐蕃和回鹘，五代宋辽金元时期，汉人周边的西夏、契丹、

1　原校注：底本没有此句，根据石印本添加。

2　原校注：与后面的“晚茶”（chāy-i ākharīn）相对。

3　这是相对前面那种混合其他香料制成的御茶而言。这种茶是只是单纯的茶叶，应当是宋元流行起来的散茶，这种茶摘取嫩芽后杀青，无须捣碎、制饼，亦称作“草茶”“茗茶”“茶芽”。

4　原校注：底本为“QRBYLAY”。

5　《迹象与生命》，pp. 86-88.

女真、蒙古等族人民也逐渐形成了饮茶的习俗。[1] 最迟至15世纪时，茶叶已较大量地传入中亚、西亚地区了。[2] 17世纪以后，欧洲人将茶叶作为饮品原料，大量地从中国进口。[3] 中国茶向西传播的历史虽然大体能够勾勒出脉络，但15世纪以前茶叶在西域以西地区的流传情况还缺乏明确的证据。只模糊地知道，波斯人、阿拉伯人接触茶叶的时间是很早的，但饮茶习惯的形成则要晚得多。

目前已知波斯、阿拉伯史料关于中国茶的最早记载是9世纪成书的阿拉伯文文献《中国印度见闻录》(*Akhbār al-Ṣīn wa al-Hind*)：

> 国王本人的主要收入是全国的盐税以及泡开水喝的一种干草税。在各个城市里，这种干草叶售价都很高，中国人称这种草叶叫“茶”(sākh)。此种干草叶比苜蓿的叶子还多，也略比它香，稍有苦味，用开水冲喝，治百病。〔人头税、〕[4] 盐税和这种植物税就是国王的全部财富。[5]

---

1 黄时鉴:《关于茶在北亚和西域的早期传播——兼说马可波罗未有记茶》，原载《历史研究》1993年第1期，此据《黄时鉴文集》(II)；陈保亚:《论丝绸之路向茶马古道的转型》,《云南民族大学学报》2011年第5期；罗宏:《茶叶初传时期吐蕃人对茶的认识及利用》,《西藏研究》2013年第2期。

2 尚衍斌:《从茶、棉、葡萄酒、胡食的传播看古代西域与祖国内地的关系》，原载《西北史地》1993年第3期，此据氏著《元史及西域史丛考》，第392—397页。

3 德克·卜德:《中国物品传入西方考证》，王森译,《中外关系史译丛》第1辑，上海译文出版社，1984，第214—215页；黄时鉴:《茶传入欧洲及其欧文称谓》，原载王元化主编《学术集林》卷五，上海远东出版社，1995，此据《黄时鉴文集》(III)。

4 阿拉伯文原文和刘半农汉译本中，此处皆有“人头税”一项。

5 《中国印度见闻录》，第17页。阿拉伯文原文见 Jean Sauvaget, *Aḥbār aṣ-Ṣīn wa l-Hind. Relation de la Chine et de l'Inde rédigée en 851*, Paris: Belles Lettres, 1948, pp. 17-18；汉译另参见《苏莱曼东游记》，刘半农、刘小蕙译，华文出版社，2015，第37页。

多数研究者认为，这条记载仅能代表这位穆斯林旅行家在中国的见闻，并不能证明当时茶已经西传到波斯、阿拉伯地区。其中记载的“茶”的名称 sākh，语源不明。[1]除了这条文献外，长期以来为学者所知晓的就只有 10—11 世纪波斯大学者比鲁尼关于中国茶的记载了。20 世纪初欧美东方学家引用他的记载时，多利用德国文献学家克伦科（F. Krenkow）编辑的比鲁尼《中国见闻录》（*Nubadh fī Akhbār al-Ṣin*），其中将中国茶称作 jā。[2]蒙元史学家黄时鉴先生后将此“jā”与藏语“茶”的读音 ja 联系起来，尝试构拟藏语 ja > 阿拉伯语 jā 的假设，同时指出语言学家认为阿拉伯语的“茶”是从波斯语借入的。[3]笔者认为，比鲁尼笔下的 jā 并非阿拉伯语，而是用阿拉伯文书写的波斯语 chā。原因有二：一是比鲁尼的著作虽是用阿拉伯文写成的，但他本人却是波斯人，所以他对两种语言都十分精通；二是阿拉伯文中没有 ch 这个字母，会用字母 j 替代波斯文字母 ch。因此，比鲁尼用阿拉伯文记载的 jā，完全可还原为波斯语的 chā。

20 世纪后期，随着西方学者对波斯、阿拉伯文献研究的不断深入，比鲁尼的集大成著作《医药书》（*Kitāb al-Ṣaydana*）被整理刊布

---

1 关于 sākh 这个读音，美国东方学家劳费尔解释说：“现代汉语中之 ča 音在唐朝读作 ja（dža）音，但是由朝鲜语及日语之 sa 音看来，有些中国的方言中也可能有变体的 sa 音。由于汉字尾音从来不带有辅音，故苏莱曼之 sāx（即 sākh）是阿拉伯语所特有现象（假设这手稿没有写错）。”法国东方学家索瓦杰（Jean Sauvaget）则认为，这个结尾的辅音是由讹读所引起的错误。参见劳费尔《中国伊朗编》，第 386 页注 3；《中国印度见闻录》，第 76 页。

2 克伦科校勘本，发表于《阿拉伯科学著作集成》（*Majallat al-Majma' al-'Ilmī al-'Arabī*，缩写为 MMAI）第 13 卷，1955 年。亨利・玉尔、索瓦杰皆引用此记载，但在《中国印度见闻录》汉译本中，译者误将书名译作《印度志》（《印度志》一般是指比鲁尼的 *Taḥqīq mā lil-Hind* 一书），之后国内学者凡引用这条材料者，皆沿袭此错讹译名。

3 黄时鉴：《关于茶在北亚和西域的早期传播——兼说马可波罗未有记茶》，《黄时鉴文集》（II），第 229—230 页。

出来，其中有一条专门的词条对中国茶做了介绍，在这里“茶”被清楚地写作 chā。[1]

茶（chā），大食人用阿拉伯语读作 ṣā。[2] 这是一种生长在秦国（al-Ṣīn）的植物。

〔据说茶是汉语词汇，指生长在当地高海拔地区的一种草本，在契丹（Khiṭā）和泥婆罗（Nipāl，今译尼泊尔）也有种植。根据颜色的不同，茶可分为：白茶、绿茶、紫茶、灰茶和黑茶。白茶是最上等的，它的叶片细长而芳香，比其他所有种类都更有益于人体，白茶极为珍稀而难得。其次是绿茶、紫茶、灰茶和黑茶各种。〕[3]

人们烹煮茶叶，晒干后贮存于方罐中。需要的时候放入热水中制成舍里八（sharbat）饮用。茶舍里八还是一种药物，但没有药物的害处，很有益处。它可以当水喝，但尤擅解酒。因此它被贩运到了吐蕃，因为当地人有酗酒的习惯，没有哪种药比茶更能解酒了。那些贩运茶叶到吐蕃之地的人，只愿意用麝香来交换。

《中国见闻录》(*Akhbār al-Ṣīn*) 一书记载,〔30 包茶叶价值 1 迪拉姆（dirham），其味甜而酸。煮沸后，酸味就没有了。〕[4]

---

1 本书使用《医药书》共三种刊本，一种为阿拉伯文本，一种为哈金（Hakim）英译、阿拉伯语原文合璧本（简称英译本），还有一种波斯文译本。此段译文以阿拉伯文本为底本，兼收入另两种刊本。

2 阿拉伯文本有注释说：此处本应写成字母 j，但作者称“字母 j 被阿语化后读作 ṣ”，所以这里只好写成 ch。笔者按：波斯语的 ch 进入阿拉伯语中常转化为 ṣ，例如“中国”，波斯语称 Chīn，阿拉伯语称 Ṣīn。

3 此段为英译本独有。

4 此句为英译本独有。

茶叶比红豆草细长，味道也更佳，但有一点苦。当把它煮沸后，苦味就出来了。茶叶在鲜嫩的时候放在一起搓揉、捣碎。放入热水中，空腹喝下，能够降火清血。

有人去过秦国出产茶叶的地方，说那个国家的君王住在扬州（Yanjū）城，城中有大河穿过，如报达城中的底格里斯河一般。河两岸遍布酒坊、烧窑和店铺。人们聚在那里喝茶，就像在印度人们在特定的地方饮食大麻一样。〔那里的君王收取人头税，〕[1]人民禁止买卖茶叶，因为茶〔和酒〕[2]皆归君王所有。他们的法律规定茶叶为专营，若有人未得君王许可贩卖盐或茶，就会以盗贼论处，而在那里盗贼会被处死，他的肉要被吃掉。

那些地方的税款纳入国库，其利润可比金、银矿之所出。

《药理学》（*Qarābādīn*）记载说，茶是一种植物，出产自秦。在那里茶被制成圆饼，贩运到周边地区。这些药学著作还记载了茶叶的起源：秦国的君主对一个侍臣发怒了，遂将他驱逐出城，赶到荒山中度日。侍臣〔感发高烧，〕[3]脸色苍白、身体虚弱。一日，他拖着虚弱之躯在山谷中跋涉，饥饿万分。他见到的只有茶树，便把茶叶吃了下去。过了一段时间，〔发烧痊愈了，〕[4]他的健康状况和脸色都有所改善。就这样坚持下来，他的力气增强了，脸色变好了。

君主的另一位近侍偶然经过，看到了他身上发生的显著变化，就向君主汇报了此事。君主对此甚感诧异，召回这位被流放的臣子来到御前。当君主看见他时，由于他展现出的巨大的

1　此句为英译本独有。
2　此句为英译本独有。
3　此句为英译本独有。
4　此句为英译本独有。

变化，君主〔一时〕没有认出他，直到问他的情况时，才认出是他。〔君主看到他跟被驱逐之前一样健康，非常高兴，便询问他是如何康复的。〕[1] 于是这位侍臣就讲述了自己的奇遇，并介绍了茶叶的神奇特性。〔君主随即下令查验这些茶叶，〕[2] 医师们用它来试验，弄清了茶的益处，并开始用它制作药物。[3]

比鲁尼的这条记载向我们展现了10—11世纪时波斯学者对中国茶的了解程度。比鲁尼关于茶的知识有两个来源，一是来自前人记载，二是源于他自己的认识。很明显，其记载后半部分的逸闻故事是引自前人著述，作者也标明了出处；而前半部分记载则更像是他自己的所见所闻。首先，他记载了茶叶的产地，除秦地外，还有契丹和泥婆罗。比鲁尼的时代，契丹已经在中国北方建立了政权，如果这条记载抄本上没有问题的话，那么可以知道中国南北分治的政治格局已然为波斯、阿拉伯地区所获知。

其次，引文中关于吐蕃人与中原王朝茶叶贸易的记述格外值得注意。这段描述反映的是宋朝与吐蕃之间的茶马贸易情况。汉蕃之间的茶马贸易自唐代就已经开始，到了北宋时尤其兴盛，吐蕃是宋朝实施茶马贸易的主要对象。而波斯人比鲁尼得闻这条信息的渠道颇值得深究。根据汉文史料的记载，吐蕃诸部通过向宋朝进贡方物来换取茶叶，仔细检看吐蕃诸部的贡物种类，便会发现其中含有许多非吐蕃土产的域外之物。如熙宁十年（1077）西蕃邈川首领董毡向宋朝进贡珍珠、乳香、象牙、玉石、马匹；[4] 元祐元年，董

1 此句为英译本独有。

2 此句为英译本独有。

3 比鲁尼《医药书》阿拉伯文本，pp. 165-167；波斯文本，pp. 385-386；英译本，pp. 105-106.

4 徐松辑《宋会要辑稿》卷四二五八，中华书局，1957，第7825页。

氈又贡乳香。[1] 珍珠、乳香、象牙、玉石，皆非吐蕃土产，其中的乳香则是波斯、阿拉伯的特产香料，这说明吐蕃与波斯、阿拉伯地区之间存在着直接或间接的贸易往来，结合比鲁尼记载的吐蕃信息，更可证实这一点。波斯、阿拉伯地区的乳香如果能通过吐蕃进入中原汉地，那么理论上，汉地的茶叶也完全可能通过吐蕃传入西亚。

《宋会要辑稿》中记载："光尧皇帝建炎三年（1129）三月七日，宰臣进呈张浚奏：大食国遣使进奉珠玉宝贝等物，已至熙州。上宣谕曰：'大观、宣和间，茶马之政废，川茶不以博马，惟市珠玉。故马政废缺，武备不修，致胡虏乱华，危弱之甚。今若复捐数十万缗贸易无用珠玉，曷若惜财以养战士？宜以礼赠贿而谢遣之。'"[2] 黄时鉴对这段记载中北宋茶马贸易的对象"大食国"是指波斯、阿拉伯表示怀疑。[3] 笔者认同波斯、阿拉伯与宋朝直接发生联系的可能性较低。从比鲁尼的记载亦可看出，10—13 世纪东西交通阻隔，波斯、阿拉伯地区对中国周边少数民族政权的了解，要超过对宋朝的了解。比鲁尼关于"中国茶"的记载表明，他掌握的关于契丹、吐蕃的知识是"新鲜"的，而对中原王朝情况的记载则全是抄袭前人的"旧事"。 由此可见，这一时期"中国茶"知识的西传，更多得力于汉族周边少数民族的贡献。

在比鲁尼的这条材料之后，茶在波斯、阿拉伯文献中似乎又消失了，劳费尔曾对此感到十分困惑。[4] 但笔者认为，关于茶的记载一

1 李焘：《续资治通鉴长编》卷三六八，中华书局，1990，第 8862 页。

2 徐松辑《宋会要辑稿》卷四二五八，第 7760 页。

3 参看黄时鉴《关于茶在北亚和西域的早期传播——兼说马可波罗未有记茶》，《黄时鉴文集》（II），第 229 页。

4 劳费尔：《中国伊朗编》，第 386 页。

定是存在的，按照比鲁尼所言，在他之前的阿拉伯医学书籍就已经记载了茶叶的功效了，这表明关于茶的记载不会少。那么相关记载无迹可寻的原因，会不会是因为波斯人、阿拉伯人另有其他的名称来称呼茶，致使我们没有辨认出来呢？

12—13 世纪的波斯植物学家伊本·拜塔尔（Ibn al-Bayṭār）在他的《药草志》中摘引 10 世纪末的伊本·卢德万（Ibn Ruḍvān）的记载，介绍了一种名为 shāh-i Chīnī 的药物：

> 我们得到的这种药，呈片状，黑而且薄，是用某种植物的汁配制而成的。该药似降温剂，能治疗发烧性头痛和发炎肿块。根据这种情况，人们往往将其研成粉剂，撒在病灶。[1]

14 世纪初拉施都丁在其《史集·忻都、信德与怯失迷儿史》（*Jāmiʿ al-Tavārīkh: Tārīkh-i Hind va Sind va Kishmīr*）中也提到此物：

> 在马八儿地区，由于空气污浊，食物容易变质，人如果吃放了半天的饭，就会死亡。因此，人们把饭和 shāh-i Chīnī、大麦壳一起烹煮后食用。[2]

同时代地理学家迪马士基的《陆地与海洋的奇迹》记载，在中国海域的一个岛上，有大量的肉豆蔻、核桃、丁香、肉桂和 shāh

1 费琅：《阿拉伯波斯突厥人东方文献辑注》上册，第 302 页。

2 Rashīd al-Dīn , *Jāmiʿ al-Tavārīkh: Tārīkh-i Hind va Sind va Kishmīr*, ed. by Muḥammad Rawshan, pp. 44-45.

Ṣīnī。shāh Ṣīnī 的叶片类似蒌叶，它的汁液类似爪哇香的汁液。[1]

以上几种文献中出现的 shāh-i Chīnī（波斯语）和 shāh Ṣīnī（阿拉伯语）的字面意思都是“中国之王”，这是一种什么物质呢？前人学者没有给出明确答案。[2] 但笔者在《迹象与生命》“茶”词条中找到了线索。拉施都丁一开始就说，波斯医生称为 shāh-i Khitāy 的东西，中国话称为“茶”。这表明，茶除了音译 cha 之外，还有另一个称谓，叫作 shāh-i Khitāy，而这个 shāh-i Khitāy 才是波斯人称呼茶的更加常用的名字。shāh-i Khitāy 字面意思也是“中国之王”，这显然是一种意译，反映出波斯人对中国茶的价值的总体评判。外来物品同时拥有音译和意译两个名称的现象很常见，例如在现代汉语中，“芝士”（cheese）和“奶酪”、“扑克”（poker）和“纸牌”都是这样的命名逻辑。

无论是波斯语 shāh-i Chīnī 和 shāh-i Khitāy，还是阿拉伯语 shāh Ṣīnī，其含义都是一样的，所指的事物也应一致。且根据前文所引文献对“中国之王”的描述，很像是一种茶叶的加工品。伊本·拜塔尔描述说，它是黑色的薄片，可以碾碎外敷，功效是清热消炎。唐宋时期中国流行一种叫作蜡茶或蜡面茶的茶饼，是在茶叶中加入香料膏油后压制成饼。《证类本草》中记载了皮肤上生疮，可以将蜡面茶研磨成粉末后外敷于疮口的方子，[3] 与伊本·拜塔尔所述颇为契合。而《史集·忻都、信德与怯失迷儿史》和迪马士基的描述皆指出“中国之王”在热带地区的应用，这与茶清热降火的性质有关。

1　Dimashqī, *Nukhbat al-Dahr fī ʿAjāʾib al-Barr wa al-Baḥr*, tr. into Persian by Ḥamīd Ṭabībiyān, 2003, pp. 239-240.

2　劳费尔:《中国伊朗编》，第 384—385 页。

3　唐慎微:《重修政和经史证类备用本草》卷一三，第 325 页。

《迹象与生命》中关于茶的记载代表了蒙元时代波斯人、阿拉伯人对中国茶知识的最全面了解。其记载主要包含五方面内容。

第一，该记载首次将茶的两种称谓联系起来，对新旧名称做了勘同。

第二，该记载首次较详细地记录了茶叶在中国的产地：蛮子田地的 QM Jū 和乞台的 Chīn Chīu。

QM Jū，从对音上判断，可与“甘州”、“剑州”或“赣州”对应。但从产茶特色来看，甘州可以排除，剑州和赣州皆在元代产茶区内；又因拉施都丁指出此地属于蛮子田地，那么剑州就也应被排除。[1] 综上，只有赣州较为符合。

若从元朝茶叶生产的实际情况来看，“建州”（kiɛn tʂiəu[2]）或亦能成为 QM Jīū 的一种可能性，只是在对音方面，有一定差距。建州是唐代的地名，元时称建宁路。波斯语文献记录中国地名时，常常只取第一个字，再加上一个“州”字，所以将“建宁”简称作“建州”亦有可能。此地自唐代至元代，一直是中国最著名的茶叶产区，当地所产茶叶有“建茶”之称，也是朝廷指定的主要贡茶品种。元朝在此设有“建宁北苑武夷茶场提举所”，“掌岁贡茶芽”。[3]

Chīn Chīu，王一丹教授认为是“秦州”，秦州元代属陕西省，宋代在此设榷茶司，明代设茶马司，控制对西番的茶叶贸易。通过茶马贸易，川陕一带出产的川茶从这里进入河湟地区，贩运至吐蕃各部，这可能就是 Chīn Chīu 之所指。

第三，该书详细记载了元代的茶法。拉施都丁对茶场租契、凭

---

1 剑州地处四川，元代属于汉地，即拉施都丁所谓乞台之地。

2 拟音引自张玉来、耿军《中原音韵校本》，第 127、140 页。

3 《元史》卷八七，第 2206 页。

引买卖、贡茶、官印筒袋关防包装等细节做了细致的描述，与元代的茶法具有高度的一致性。

第四，该书记载了忽必烈汗下令在汗八里附近的中都栽种茶树一事。中都，是指营建元大都以前的旧中都，即过去的金中都。蒙古人占领金中都后，改称其为“燕京”；忽必烈即位后，于中统五年（1264）又将“燕京”改为“中都”，并在中都附近大力营造新城，即后来的元大都（汗八里）。[1]而忽必烈下令在汗八里附近栽种茶树一事，就发生在营建元大都之际。此事在《史集》中也有记载，说忽必烈下令修建元大都之际，“从每个地方运来了各式各样的果树，栽植到了该地的花园和瓜园中”。[2]同时代的马可·波罗也证明了此事之真实，其行纪记载说：“此处有一山，百步之高、方圆逾一哩。山上植满美树，皆不落叶，四季常青，冬夏皆有果实，芳草鲜美。当伟大君主听闻某地有佳木，便命人将其连根带土一同掘出，驱大象负载运来，栽植于山上。不论树之大小，皆如是移植。由此一来，那里便聚集了世间最美的树木。”[3]爱尔森指出，蒙古人视树木为新生和长寿的象征，因此蒙古统治者们都很重视植树事业。[4]

值得注意的是，伊利汗国的合赞汗也做过同样的事情，他曾下令将伊朗各地的植物移植到他的都城帖必力思，此事拉施都丁也同样记录在了《史集》中。[5]忽必烈和合赞高度相似的举动，令人想到合赞汗可能是受到了忽必烈的影响。而拉施都丁在这一事件中，恐

1　陈高华、史卫民：《元代大都上都研究》，中国人民大学出版社，2010，第22—27页。

2　《史集》汉译本，第2卷，第322页。

3　A. C. Moule & Paul Pelliot, *Marco Polo, the Description of the World*, Vol. 1, pp. 210-211.

4　Thomas T. Allsen, *Culture and Conquest in Mongol Eurasia*, p. 121.

5　《史集》汉译本，第3卷，第388页。

怕发挥了关键的作用。他很可能从孛罗丞相那里了解到忽必烈的这一政策，进而向合赞汗建议也这样做。至少拉施都丁对合赞汗这项旨令一定是支持的，甚至移植树苗的具体工作可能也是由他负责实施的。他在《迹象与生命》中多处提及自己从各地移植各种植物到帖必力思，就证明了这一点。正因拉施都丁对此事的热忱和投入，他在自己的两部著作中多次记载了元朝和伊利汗国的植物移植行动。

第五，该书描述了茶树的培育方法。王一丹教授认为，拉施都丁关注到了茶在中国的情况，但没有告诉读者伊朗是否成功繁育了茶树，以及波斯人是否习得了制茶的工艺。[1]笔者认为，伊朗人当时应该尚未学习制茶，因为制茶工艺与饮茶风气相辅相成，饮茶风气未形成时，制茶也没有存在的基础。但在当时，茶的药用价值已为伊朗医生所熟知，对于热心医学的拉施都丁来说，在他自己的试验田中培育茶树是非常有可能的。拉施都丁在介绍茶树栽培法时，特别提到用浴室污水浇灌可助其成长。这不是中国传统的灌溉、施肥方法。《农桑辑要》"茶"条记载种植茶树，在幼苗阶段，"旱时以米泔浇"，二年外，"以小便、稀粪、蚕沙浇拥之"。[2]中国古代农业常用的施肥方法有粪肥、饼肥、渣肥、土肥、泥肥、灰肥等多种，但没有利用浴室污水增肥的传统。显然，这种植物增肥方法是拥有发达浴室文化的伊朗本土发展出来的，[3]将其用于茶树种植，则应当是拉施都丁在其试验田移植中国茶树时做出的因地制宜的改良经验。

---

1 王一丹：《波斯拉施特〈史集·中国史〉研究与文本翻译》，第 46 页。

2 石声汉校注《农桑辑要校注》，中华书局，2014，第 237 页。

3 伊朗城镇中的私人住宅、公共浴室以及清真寺的污水池会由清洁工清理，污物加入泥灰后放入田地里，可作肥料。见 Willem Floor, "dung" , *EIr*, Vol. VII, Fasc. 6, New York: Bibliotheca Persica Press, 1996, pp. 386-387。

由此可以推断，茶树在伊朗是得到了种植实践的。

在知道 shāh-i Chīnī/shāh Ṣīnī 就是茶叶之后，再来翻检有关它的记载，便能很快找到蒙元时代中国茶在西方传播的踪迹。《拉施特书信集》(*Mukātabāt-i Rashīdī*) 中收录了一封忻都的灭里·阿老丁寄给拉施都丁的信，信中除表达对拉施都丁的问候之外，还附上了一份礼品清单，言明这些礼品将通过巴士拉的商人送给拉施都丁。在这份礼品清单中，罗列了各种类型的物品，包括织物、宝石、香料、动物、珍馐、器物以及建筑材料，其中就有大量来自中国的特产，包括 20 曼的茶叶 (shāh Ṣīnī)。[1] 而在阿拉伯半岛的也门，1304 年拉苏勒王朝曾向马木鲁克赠送了一批礼物，其中有中国的麝香、锦缎、瓷器以及茶叶 (shāh Ṣīnī)。[2]

梅维恒 (Victor H. Mair)、郝也麟所著《茶的世界史》，是关于中国茶的世界传播史的论著，该书第 12 章"征服新世界"是对茶叶在伊斯兰世界传播的论述，其中对于蒙古西征军最早为伊斯兰带去了喝茶习俗的观点，持怀疑态度。[3] 诸多材料都反映出一个史实，即茶早期传入伊朗时可能是作为一种药物而非饮品。一方面，中古时期能够运送到伊朗地区的茶叶数量想必不会太多，因而不可能供大范围饮茶所用；另一方面，相较于苦涩的口味，茶叶的治病功效显然更能受到异域人民的欢迎。[4] 因此，传到伊朗的中国茶最早被那里的医生、药学家所关注和了解。可以说直到蒙元时代，茶叶的医药

1 Rashīd al-Dīn Fażl Allāh, *Savāniḥ al-Afkār-i Rashīdī*, ed. by M. T. Dānishpazhūh, Tehran: Kitābkhāna-yi Markazī va Markaz-i Asnād, 1980, pp. 252-261.

2 Doris Behrens-Abouseif, *Practising Diplomacy in the Mamluk Sultanate: Gifts and Material Culture in the Medieval Islamic World*, London: I. B. Tauris, 2014, pp. 39-40.

3 梅维恒、郝也麟:《茶的世界史》，高文海译，商务印书馆 (香港) 有限公司，2013，第 139—151 页。

4 伊朗人对苦茶并没有什么喜好，今天的伊朗人在喝红茶时，通常都要配着方糖块一同食用。

效用都是它在波斯、阿拉伯地区的最主要用途。

可以看到，蒙元时期波斯、阿拉伯文献中关于中国茶的记载多了起来，这无疑要归功于蒙古西征带来的东西交通的畅通。尽管西征的蒙古人还没有饮茶习俗，但其构建起的“蒙古治世”（Pax Mongolica）为中国与波斯、阿拉伯地区的物质交流、信息交流和文化交流提供了最佳的通道。茶叶作为古代中国最有特色、最为常见、流行时间最长的特产之一，没有理由默默无闻甚至销声匿迹。9世纪沉没的阿拉伯黑石号商船上发现的写有“茶盏子”的长沙窑瓷碗，就反映出中国茶文化向海外无意识的输出。相信随着新材料不断被发现，茶叶在伊斯兰世界的早期传播历史会越来越清晰。

第三节 荔枝

《迹象与生命》第一章第二节“荔枝”条载：

关于荔枝（lījīu）树种的知识

它们在蛮子（Manzī）[1]的一些地方，福州（FRJYWN）[2]和刺桐（Zaytūn，即泉州）城生长，其他地方则没有。荔枝树如橡树（balūṭ）般大小，树枝繁茂。树干和树皮与橡树类似，树

---

1 原校注：石印本作 MSRY。

2 校勘本作 FRJYWN，爱尔森认为它显然是 Fu-chou（福州），即应写作 Fūjīu。见 Thomas T. Allsen, *Culture and Conquest in Mongol Eurasia*, p. 120。

叶则像桃叶，长而肥厚，表面长有小刺，但较为扁平。花朵全部为黄色，大小如李树花，但气味并不芳香。

果实未长成时为绿色，成熟后半绿半红，如鸡蛋般大小，时间很长。荔枝的气味比桃子好闻，口味也更美味和甘甜。荔枝的皮很硬，像鱼鳞一般。

但把荔枝皮剥开后，果肉白而软嫩，光滑的黑色果核大小有如一节指节，极其坚硬。为了贩卖，人们将荔枝制成干果，运往各地，就像杏子那样。当荔枝晒干后，外壳为红色，里面的果肉变成黑色。干荔枝也很美味，十分芳香、甘甜。

欲种植荔枝，可栽种其周围的幼苗，也可通过种子栽种。当然嫁接也能成活。

荔枝可以像苹果那样放入砂糖和蜂蜜中浸渍制成蜜饯。其性热。功效之一是能够止泻。

这种水果生长在那个国家的山地、丛林和花园中。

在那个国家，丛林也是人们的产业，就像花园一样，人们在其间打理、耕种、施肥。[1]

这段材料是目前可以在波斯史料中找到的中国荔枝的唯一记载。拉施都丁记载的两个出产荔枝的地方——福州和泉州，是宋元时期最著名的荔枝产地。北宋苏颂《本草图经》曰："荔枝子，生岭南及巴中，今泉、福、漳、嘉、蜀、渝、涪州、兴化军及二广州郡皆有之。其品闽中第一，蜀川次之，岭南为下。"[2]蔡襄所撰《荔枝谱》亦言："闽中唯四郡有之，福州最多，而兴化军最为奇特，泉、

1 《迹象与生命》，pp. 95-96.

2 苏颂撰，尚志钧辑校《本草图经辑校本》，学苑出版社，2017，第 537 页。

漳时亦知名。”[1]元代王祯《农书》所述与宋人一致。[2]由此可见，拉施都丁记载的产地名是非常准确的。

值得注意的是，拉施都丁还记载了中国人的两种荔枝加工方法：一种方法是把鲜荔枝晒干，制成干荔枝；另一种方法是将荔枝制成蜜饯。这两种加工方法在汉文文献中皆有记载。《本草图经》曰：“福唐岁贡白暴荔枝，并蜜煎荔枝肉，俱为上方之珍果。”[3]蔡襄《荔枝谱》将荔枝干的制作又分为两种方法。一种是“红盐之法”，“民间以盐梅卤浸佛桑花为红浆，投荔枝渍之，曝干，色红而甘酸，可三四年不虫，修贡与商人皆便之”，但他说“红盐之法”制成的荔枝干“绝无正味”。另一种是“白晒者”，所谓“白晒者”，就是不添加辅料，单纯晒干的荔枝干，即《本草图经》的“白暴荔枝”，蔡襄曰这种制法“烈日干之，以核坚为止。畜之瓮中，密封百日，谓之出汗。去汗耐久，不然逾岁坏矣”。[4]关于荔枝蜜饯，《荔枝谱》也记录下其制作方法：“剥生荔枝，笮去其浆，然后蜜煮之。……用晒及半干者为煎，色黄白而味美可爱。”[5]王祯《农书》有“晒荔法”：“采下即用竹篱朗晒，经数日，色变核干，用火焙之，以核十分干硬为度。收藏用竹笼，箬叶裹之，可以致远。成朵晒干者，名为荔锦。取其肉，生以蜜熬作煎，嚼之如糖霜然，名为荔煎。”[6]

鲜荔枝经过加工后，可以防止变质腐烂，有利于长途贩运。古代，南方出产的鲜荔枝，很难运输到中原等北方地区，“是生荔枝，

1 蔡襄:《荔枝谱》,《百川学海》癸集，武进陶氏景刻本，1927，第1叶。
2 《王祯农书》(下)，孙显斌、攸兴超点校，湖南科学技术出版社，2014，第871页。
3 苏颂撰，尚志钧辑校《本草图经辑校本》，第537页。
4 蔡襄:《荔枝谱》,《百川学海》癸集，第4叶。
5 蔡襄:《荔枝谱》,《百川学海》癸集，第4叶。
6 《王祯农书》(下)，第872页。

中国未始见之也”。[1] 王祯说：“非惟中原不尝生荔之味，江浙之间亦罕焉。今闽中岁贡亦晒干者。”[2] 可见，至元代，鲜荔枝仍然无法远途运输，加工处理后的干荔枝是长途贩运的主要果品形态。

荔枝味道甜美，即使是干荔枝，也颇受海内外民众的喜爱，因此贩运颇远。《本草图经》说：“凡经暴皆可经岁，好者寄至都下及关、陕、河外诸处，味犹不歇。”[3]《荔枝谱》称干荔枝“外至北戎、西夏，其东南舟行新罗、日本、琉求、大食之属，莫不爱好，重利以酬之。故商人贩益广，而乡人种益多”。[4]《农书》亦有同样的说法。这里所说的大食，就是波斯、阿拉伯地区。荔枝干出口海外的贸易，显然延续到了拉施都丁的时代。考古材料从一定程度上也证明了这种情况的存在。考古人员在南海Ⅰ号沉船中找到鹅卵形酱黑色荔枝果核，[5] 泉州湾宋元海船上也发现有11颗荔枝核。有研究者认为这些果核可能是船员食后的遗物。[6] 但现在结合文献来看，它们也很有可能是外销的荔枝干。拉施都丁完全可能品尝过中国的荔枝。

至于拉施都丁是否栽培过荔枝树，我们更倾向于否定答案。一方面，虽然拉施都丁在这里提到了荔枝的三种栽种方法——幼苗移栽、种子繁殖和嫁接繁殖，但并未如他处那般直言自己曾经种植；另一方面，荔枝的生长环境必须炎热湿润，帖必力思一带气候寒冷，不符合种植环境的要求。由是推测拉施都丁成功栽培荔枝树的可能性较小。

1　苏颂撰，尚志钧辑校《本草图经辑校本》，第537页。

2　《王祯农书》（下），第873页。

3　苏颂撰，尚志钧辑校《本草图经辑校本》，第537页。

4　蔡襄：《荔枝谱》，《百川学海》癸集，第3叶。

5　李庆新：《南宋海外贸易中的外销瓷、钱币、金属制品及其他问题——基于“南海Ⅰ号”沉船出水遗物的初步考察》，《学术月刊》2012年第9期。

6　福建省泉州海外交通史博物馆：《泉州湾宋代海船发掘与研究（修订版）》，第29、61—62页。

第四节 灵眼

《迹象与生命》第一章第二节“灵眼”条载：

关于灵眼（lī[n]kyān）树种的知识

灵眼树生长在蛮子国的被称作 Būksān jū 的地方。这种树既有长在种植园中的，也有长在树林中的。在 Hīnk 和其他一些城市的小花园中也有栽种。

灵眼树比梧桐树高大，堪称一棵巨大的树。树皮、树叶皆似白杨树（dirakht-i sifīd[dār]）。花朵白而小，没有多少香气。果实如带皮的鲜核桃（jūz）一般大小，尚未熟时为绿色，成熟后又绿又硬，很像带皮的鲜核桃。汁液极其刺激，一旦粘在手上，手上的皮肤就会开裂。若粘到了人身上，会导致长脓包和蜕皮。

灵眼成熟后，将其摘下，置于井中十至十五日。每日用热水浇灌一两次，直到果皮腐烂、脱落，然后用木制大漏勺把它们从井里捞出，放入筐中，大量的水从顶部流过，直至苦涩的果皮清理干净。清理好的灵眼像小核桃，其壳像阿月浑子的壳。把壳剥开即露出果仁，颜色如阿月浑子一般是绿色的，果仁上覆有一层膜，像核桃里面的那层膜一样。把这层膜也剥掉。果仁味道很像巴旦杏仁，但较之略甜。既可煮熟了吃，也可以生吃。既可以鲜吃，也可以制成干果吃。它们作为商品被贩至各地。在灵眼尚未完全成熟的时候，从果仁里获取汁液，放在火上烹煮。

> 灵眼有这样一个功效，上火引起眼睛痛，生吃灵眼很有益处。
>
> 要栽种此树，便种下没开裂的灵眼果。如果已经变干燥，就要像种核桃和阿月浑子那样种下去，它就会长出来。[1]

灵眼，学名银杏，俗名白果、鸭脚子、灵眼、白眼。它是中国特有的一种古老树种，古代关于它的汉文记载非常丰富。虽然有多种俗称，但“银杏”一名最为通用，历代官修的农书、医书中，多以“银杏”为正名，“白果”“鸭脚子”次之，而“灵眼”一名仅是方言所称。例如元代《农桑辑要》称其为“银杏”，王祯的《农书》除了“银杏”外，也只提到了“鸭脚”这一别名；即使是稍晚年代的集大成著作《本草纲目》，也是以“银杏”为正名，收录“鸭脚”“白果”俗名，皆未提及“灵眼”。可见“灵眼”这一俗称流传并不那么广泛。那么是什么地方的方言称“灵眼”呢？明代农书《树艺篇》引《太仓志》的说法，称：“银杏，一名鸭脚子，俗呼为白眼，又曰灵眼。”[2] 明代周文华《汝南圃史》“银杏”一条载：“北人称为‘白果’，南人亦呼之，吴俗皆称‘灵眼’，又称‘白眼’。”[3] 由此可知，“灵眼”当为吴语的称呼。

然而《迹象与生命》记下的不是银杏的正名，却是不常见的吴地方言“灵眼”这个俗名，这就很值得思索了。多数研究者推测拉施都丁撰写《迹象与生命》一书，可能参考了《农桑辑要》等元代官修农书。但就“灵眼”这一名称来看，其信息来源绝非农书。进

1　《迹象与生命》，pp. 96-97.

2　《树艺篇·果部卷三》，《续修四库全书》977 册，上海古籍出版社，2002，第 679 页。

3　周文华：《汝南圃史》卷四，《续修四库全书》1119 册，第 52 页。

一步推测，拉施都丁不是从官方渠道，甚至不是从北方汉人那里获得的植物信息，这更像是他与一名操吴语方言的南方人交流而习得的知识。[1]

银杏树在我国南北方广泛生长，汉代之后到宋代，由于作为贡果，在江南栽培渐盛。因此古籍中多有“银杏生江南”的说法。而拉施都丁记录的“灵眼”这个方言名称，也表明他的信息来源是江南。他记录的地名 Būksān jū，最后一个音节无疑是“州”字，前面部分可以辨出是两个汉字的发音。宫纪子猜测可能是福清或福宁，[2]时光认为其中的波斯字母 s 应为 y 的误写，此地名应写作 Bū kiyān jū，即“福建州”。[3]拉施都丁记载的第二个出产灵眼的地名是 Hīnk，尽管只有一个音节，但与书中其他地方出现的“行在”（Hīnksāy）的“行”转写一样，它应该是“行在”的略写，指的即是杭州。《梦粱录》《乾道临安志》中讲到杭州的物产，都记录了银杏，[4]说明当时杭州确实是出产银杏之地。

银杏果是否参与海外贸易，目前尚不清晰。不过在泉州湾宋元海船上发现有 1 枚银杏核。[5]至于银杏树在伊朗种植情况，还是很令人怀疑的。因为拉施都丁对银杏树的介绍中，缺少了这一树种的一项鲜明特征，即银杏树为雌雄异株，仅雌树能结果，而果实也有雌雄之分，栽种时要将雌雄银杏果一起种下。银杏树有雌雄之分的这一特征，在元代的《农书》《农桑辑要》中都有讲述，“夫树有雌雄，

1 宫纪子将这一名称还原为“龙眼”，显然也是因为不知道“灵眼”是银杏的一种方言称谓所产生的误读。根据《迹象与生命》关于其树种的描述，即可判知这种植物不可能是龙眼，而应是银杏。宫紀子『モンゴル時代の「知」の東西』下册、961 頁。

2 福清州和福宁州皆位于福州路。宫紀子『モンゴル時代の「知」の東西』下册、961 頁。

3 时光:《〈迹象与生命〉所载中国药用植物考》,《国际汉学》2022 年增刊。

4 吴自牧:《梦粱录》卷一八，知不足斋丛书本，第 6 叶；周淙:《乾道临安志》卷二,《南宋临安两志》，浙江人民出版社，1983，第 35 页。

5 福建省泉州海外交通史博物馆:《泉州湾宋代海船发掘与研究（修订版）》，第 29 页。

雌者结果。其实亦有雌雄之异，种时须合种之”，[1]但这一点拉施都丁却没有提到。由此可以推测，一方面拉施都丁关于银杏树的知识确实并非通过元朝的农书获得；另一方面他也没有成功栽种过银杏树，可能只是见到过商人带到伊朗的银杏果。

通过对《迹象与生命》“灵眼”条目内容的分析，可以做以下判断：与前面的“茶”条目相比较，可以发现，拉施都丁对银杏这一树种的了解不是通过官方渠道，无论是植物的名称还是产地的名称，都体现出明显区别于中原官话的南方口音特征。这似乎说明了拉施都丁更可能是通过私人的、民间的渠道来获取了关于银杏的信息和知识。而他对银杏树介绍中的讹误和缺失，也印证了信息的非官方性。笔者认为，他的消息可能是通过两类人获得的：一类是往来于中国和伊朗之间的贸易商人，这些商人是操南方口音的江南人——事实上，中国的舶商也多数都是南方人；另一类是寓居在伊利汗国的中国人，包括在伊利汗宫廷和拉施都丁身边供职的文人，或是为拉施都丁服务的厨子。这些民间人士非专业性的介绍，造成了拉施都丁对这种植物记载的偏差。

第五节　莲花

《迹象与生命》第一章第二节“莲花”条载：

1　《王祯农书》（下），第879页。

关于莲花（līnk[1] khwā）的知识

莲花的状貌类似睡莲（nīlūfar），非乔木。

我国古失塔思非（Gushtāsbī）一带的湖沼（nāvur）[2] 中也长有莲花，根（即莲藕）为白色，埋于水下的淤泥之中，有手腕粗细，〔花茎〕像睡莲那样从水下伸出水面。即使水深超过 10 盖斯（gaz）[3]，它也会伸出来。莲叶宽大如盾牌，花朵比睡莲更大，有白色、青色和红色，其中红色为多。形貌极美，芳香宜人。鄙人见过多次。

花朵凋谢后，新鲜青涩的种子呈绿色，成熟干燥了的种子则变为黑色。外皮坚硬，味道极佳，谓之“莲子”（LLNYR）[4]。

此花生长在蛮子和乞台各地。它的根既可以做肉汤（qalya）[5]，亦可生吃。

要栽种莲花，可将其根部埋入湖中淤泥中，或将新鲜的莲子——来自莲花中间的大莲蓬——投入湖中，也能长出来。鄙人就用此法栽种过。

莲花的功效之一是祛暑清热。[6]

---

1 原作 LNYK，校勘者由于不清楚这个词的汉语读音，所以颠倒了第二、三个字母的顺序，正确转写当作 līnk，即“莲”。

2 nāvur，来自蒙古语，意为湖泊，即元人所称“海子”。《元朝秘史》第 53 节“纳浯儿”，旁译“海子”;《华夷译语·地理门》:“湖，纳兀儿。”参见乌兰校勘《元朝秘史（校勘本）》卷一，第 16 页;《华夷译语》,《北京图书馆古籍珍本丛刊》6 辑，第 2 页；方龄贵《古典戏曲外来语考释词典》，第 191—192 页。

3 长度单位，1 盖斯约为三英尺。

4 原校注：石印本无此字。译者案：王一丹指出这个词应为“līnz”，即是“莲子”。

5 qalya 是一种蔬菜和肉类熬成的浓汤，加入淀粉类的食材能使肉汤变得浓稠。而莲藕所含的淀粉就具有这样的用处。

6 《迹象与生命》，pp. 98-99. 参看王一丹关于本段的译文（《波斯拉施特〈史集·中国史〉研究与文本翻译》，第 43 页）。

伊朗本地生长的 nīlūfar 是睡莲。在今天的植物学分类中，睡莲属于睡莲科睡莲属；而汉语中所说的“荷花”“莲花”“水芙蓉”所指皆为我国所产的莲花，属于莲科莲属。简言之，中国的莲花和伊朗的睡莲不是同一植物品种。两者之间最明显的区别是：莲花的花朵和叶片出水，而睡莲的花、叶浮水；莲花结莲蓬、长莲藕，睡莲无此功能；睡莲多用于观赏，莲花具有食用价值。睡莲在世界许多地区都有生长，但莲花为中国和印度特产。莲花的这些独有特征，也被拉施都丁观察到，并记载了下来。

事实上，拉施都丁不是第一个记载莲花的人，在他之前的波斯、阿拉伯学者就有不少对莲花做了记述，不过普遍认为它是印度的特产。例如 10—11 世纪的比鲁尼在其《医药书》“nīlūfar”条中就提到，印度人用印度莲花（nīlūfar-i Hindī）的根（莲藕）制作肉汤，也嚼食种子（莲子）。[1] 所谓印度莲花，显然就是与中国莲花同种的莲花，而不是伊朗的睡莲。然而在《迹象与生命》中，拉施都丁没有使用 nīlūfar 这个常规用词，而用汉语“莲花”来称呼它，将它作为中国的特产介绍。这反映出拉施都丁对莲花的记载绝非因袭前人著述，而是他自己的原创。拉施都丁自称亲眼见过莲花，这让我们相信这段对莲花形貌性状的描述是出自他自己的观察；他说自己亲手栽培过莲花，也说明了当时中国莲花已经移植伊朗的事实。相较于记述灵眼栽培方法时出现的错讹，他关于莲花种植知识的介绍要更为准确。他记载的两种培育莲花的方法——分藕繁殖和播种繁殖，的确也是元人繁育莲花的方法，在《农桑辑要》中可见记载：

1　比鲁尼《医药书》波斯文本，p. 974；英译本，p. 324.

《齐民要术》：种莲子法。八月、九月中，取莲子坚黑者，于瓦上磨莲子头，令皮薄。取墐土作熟泥，封之；如三指大，长二寸；使蒂头平重，磨处尖锐。泥干时，掷于泥中：重头沉下，自然周正。皮薄易生，少时即出。其不磨者，皮既坚厚，仓卒不能生也。

种藕法。春初，掘藕根节头，着鱼池泥中种之，当年即有莲花。[1]

此外，拉施都丁记载的莲藕、莲子的食用方法和功效，爱尔森推测，可能来自他的中国厨子。[2]

《迹象与生命》“莲花”条对本研究最有价值之处，在于拉施都丁明确表述了他在伊朗种植莲花的实践活动，以及伊朗古失塔思非（Gushtāsbī）地区栽培莲花的情况。Gushtāsbī 亦作 Gushtāsfī，位于里海南岸，失儿湾（Shirvān）的南面，今属阿塞拜疆共和国，此地多河流湖泊。穆斯妥菲·可疾维尼《心之喜悦》（*Nuzhat al-Qulūb*）对这个地方记载说：

古失塔思非（Gushtāsfī）地处里海之滨，由鲁赫拉斯普（Luhrāsp）之子古失塔思夫（Gushtāsf）营建，[3] 他从苦儿河（Kur）[4] 和阿剌思河（Aras）开凿了一道运河，引流出许多支流，灌溉了两岸的众多村庄。当地种植谷物、稻米和

1　石声汉校注《农桑辑要校注》，第 239 页。

2　Thomas T. Allsen, *Culture and Conquest in Mongol Eurasia*, p. 135.

3　Luhrāsp 和 Gushtāsf 都是古代伊朗神话中凯扬王朝（Kayāniān）的君王。

4　今译“库拉河”（Kura），kur 为突厥语河流、水塘之意。此河源于土耳其东北部，流经格鲁吉亚，进入阿塞拜疆，与阿剌思河汇流后注入里海。

> 少量棉花与水果。居民皮肤白皙，是沙斐仪派（Shāfiʿī）信徒，说巴列维语岐兰方言。在蒙古征服这里之前，当地的财政收入相当于一百万现在的底纳儿，但是现在只有117500[1]底纳儿。有一些军事采邑（iqṭāʿāt），零散分布在这个地区。[2]

此段文字反映出两条信息：一是古失塔思非地区农业发达，二是那里是蒙古军队的采邑。从地理位置来看，古失塔思非在伊利汗的两大冬营地木干（Mūghān）草原和阿兰草原之间，是蒙古人频繁活动之地，完者都汗一年中有长达四五个月都驻跸在木干。[3]对蒙古人来说，游牧是他们的日常生活，在伊利汗巡游期间，国家的行政机构、生产生活设施也往往随之迁徙，上至异密、宰相、财政大臣、书记官，下至工匠、奴仆等服务人员，皆要跟随前往。拉施都丁身为宰相，也常随扈完者都汗巡游，这在《完者都史》中有多处记载。[4]因此拉施都丁关于古失塔思非地区种植莲花的记载，很可能是出自他在当地的亲眼所见。此外，古失塔思非农业发达，作为蒙古军的采邑，其地出产的粮食、蔬菜、水果则会供应给蒙古统治者。尽管没有记载显示此地有汉人移民，但莲花出现在这一地区，似乎透露出汉人在这里生活的迹象。汉人擅长耕种，他们倾向于定

1　一些抄本作118500。

2　《心之喜悦》校勘本，pp. 92-93；英译本，p. 94.

3　Guy Le Strange, *The Lands of the Eastern Caliphate: Mesopotamia, Persia, and Central Asia, from the Moslem Conquest to the Time of Timur*, pp. 175-179. 汉译本参看G. 勒·斯特兰奇《大食东部历史地理研究：从阿拉伯帝国兴起到帖木儿朝时期的美索不达米亚、波斯和中亚诸地》，第257—263页；本田実信「イルハンの冬營地・夏營地」『東洋史研究』34巻4号、1976、563−590頁；查尔斯·梅尔维尔（Charles Melville）:《完者都的巡游》，俞雨森译，《欧亚译丛》第1辑，第148—187页。

4　《完者都史》，pp. 83, 133, 147, 199.

居在适合农业耕作的地方。[1] 而跟随蒙古军队西迁的汉人，也有可能随蒙古人在这一带活动。

相较于莲花植物本身，莲花的艺术形象可能更早传入伊朗。艺术史学者研究认为，莲花母题传入伊朗的情况比较复杂，拥有早期印度文化因素和晚期中国文化因素两个源头，但两者的表现形式迥乎不同。[2] 伊利汗时代艺术最主要的特色之一是大量中国母题的涌现，而中国样式的莲花是一种最为普遍的艺术样式，它被大量装饰在织物、瓷器、金银器、瓷砖、细密画等艺术载体上。尤其是伊利汗国的蒙古贵族的生活场合，成为中国母题聚集之地，如研究表明，目前发现的带有龙凤图案的相似类型的瓷砖，基本都来自阿八哈汗的宫殿苏莱曼王座。甚至在伊斯兰的宗教场所，莲花的母题也十分流行。例如在柯伤（Kashān）的什叶派阿里圣迹神殿（Shrine of the Footprint of ʿAli）中发现有用莲花作装饰背景的瓷砖。[3] 据统计，莲花最早于 13 世纪 70 年代出现在伊朗的建筑装饰中，随后进入到绘画和装饰艺术中。到 14 世纪中期，这种外来母题已经演变成一种极具波斯风格的样式了。超出同一时期传入伊朗的其他中国风格母题，莲花更能反映文化的活力和东西方艺术的交流。[4]

---

1 下文还将介绍其他在这一带种植的中国植物，详见后述。

2 艺术史学者门井由佳指出，印度的莲花图案多为圆花结或圆牌状形态，而中国莲花则呈现莲花的自然花朵特征。Kadoi Yuka, *Islamic Chinoiserie: The Art of Mongol Iran*, p. 91。

3 Linda Komaroff & Stefano Carboni, *The Legacy of Genghis Khan: Courtly Art and Culture in Western Asia, 1256-1353*, New York: Metropolitan Museum of Art, 2002, p. 58.

4 Kadoi Yuka, *Islamic Chinoiserie: The Art of Mongol Iran*, pp. 89-100.

第六节　鸡头花

《迹象与生命》第一章第二节“鸡头花”条载：

关于鸡头花（kītaw khwā）的知识

它也不属于木本植物，同样生长于水下淤泥中，如前（莲花）所述。它的叶片也很宽大，且长有刺，手不能触摸。它的根圆且大，形似甜菜，为红色。味道很像那种被突厥人称为“dūmalān”[1]的根茎，它可以做肉汤（qalya）吃。它的茎可生吃。花朵为青紫色，与莲花一般大小，但气味和形貌不如莲花。

花朵凋谢后，可见其种子，如小榛子般大小，圆球形状。起初为绿色，成熟干燥后变为黄色，表皮比莲子的柔软，种仁为白色，味道鲜美，很像新鲜、薄嫩的巴旦杏，鲜嫩时和干燥后皆可食用。当花朵刚绽放，表皮还是软的时候，不能运去别的地方，因为会腐坏。

将砖打碎放入水中，再把〔鸡头花的种子〕放在砖水中一二日后洗净，表皮会变硬。当被运往遥远地区时，它们能够保存住，不会腐坏。

在蛮子和乞台的大部分地区的湖沼中都生长着这种植物。想要栽种它，通过播种，就能长出来。它的花朵可供赏玩，种

1　波斯语作 dunbalān，指一种生长在地下的可食用块菌。土耳其语作 domalan，指松露。

子贩作商品。它的功效之一是祛暑清热。[1]

鸡头花的正名为“芡实”，是一种类莲的水生植物。王祯《农书》载：“芡，一名鸡头……叶大如荷，皱而有刺。花开向日，花下结实，故菱寒而芡暖。”[2]《本草纲目》引五代时韩保昇《蜀本草》曰：“苗生水中，叶大如荷，皱而有刺。花子若拳大，形似鸡头，实若石榴，其皮青黑，肉白如菱米也。”[3] 拉施都丁描述的植物状貌与这些记载高度一致。可见，无论是从对音上，还是从植物状貌描述上，都可确定 kītaw khwā 就是中国的芡实，俗名称作“鸡头”的植物。

拉施都丁记载鸡头花的食用部位及方法，可谓非常准确。他介绍说其根、茎和种子皆可食用。正如《农书》所载，“其茎蔌之嫩者名为蔌，人采以为菜茹”，“春去皮，捣为粉，蒸渫作饼，可以代粮”。[4]《本草纲目》李时珍曰：“其茎长至丈余，中亦有空有丝，嫩者剥皮可食。……烂取芡子，藏至椑石，以备歉荒。其根状如三棱，煮食如芋。”[5] 元代《饮膳正要》中有“鸡头粥”“鸡头粉羹”等用芡实制成的食物。[6]

关于这种植物的培育方法，拉施都丁介绍说是通过种子繁育，这与《农桑辑要》《农书》所述也一致：“掰破取子，散着池中，自生。”[7]

关于这种植物在伊朗的传播，恐怕直到今天还没有实现，甚

1 《迹象与生命》，p. 99.

2 《王祯农书》（下），第 819 页。

3 李时珍著，刘衡如、刘山永校注《本草纲目新校注本（第三版）》卷三三，华夏出版社，2008，第 1277 页。

4 《王祯农书》（下），第 819 页。

5 李时珍著，刘衡如、刘山永校注《本草纲目新校注本（第三版）》卷三三，第 1277 页。

6 忽思慧著，尚衍斌等注释《〈饮膳正要〉注释》，中央民族大学出版社，2009，第 152 页。

7 石声汉校注《农桑辑要校注》，第 240 页；《王祯农书》（下），第 819 页。

至在现代的波斯语中还没有一个固定的词语对应于它。正因如此，700 多年前拉施都丁对鸡头花的记载，尤显珍贵。

第七节　杨梅

《迹象与生命》第一章第二节“杨梅”条载：

一种叫“杨梅”(yānk may) 的植物的知识

杨梅是一种类似小乔木的植物。夏季生长，冬季枯萎。它由此被称为“杨梅”。它生长在蛮子国（vilāyāt-i Manzī）的某地，那里是其国之都城，也是最大的城市，它被叫作“行在”（Hīnksāy）。[1] 在我国它以“Khīngsāy”[2] 之称而闻名。

那座城市中有一座山，延绵二、三法尔生格。山上就长有杨梅。杨梅树高约一盖斯，叶片很小，似鹰嘴豆（nukhūd）叶。花为红色，大小如桃花，但没有什么香气。其果实初为绿色，成熟后整个为红色。其果核似李子核，小而圆，枝条柔软无刺。果实尚未完全成熟时，味酸；完全成熟后甜如桑葚。

杨梅的功效之一是，发热的人吃下它，可生津、清热。

1　校勘本写作 HNYKYSAY，显然第二个字母 N 和第三个字母 Y 颠倒了，中间的 Y 或为衍生。正确的拼写应是 Hīnksāy，是“行在”二字的音译，指南宋都城杭州。

2　校勘本写作 Khīngīsāy，第二个字母 ī 当衍。

杨梅核仁也是甜的，大小如鹰嘴豆。

一些人将杨梅核煮熟滤净，再把它放进那个水中煮，饮下其汤汁。或将它嚼碎用水送下，会很有功效。

想要制作杨梅干，就在杨梅上撒上少许盐，在太阳下晒干。然后便可运往其他地方出售。[1]

这段材料十分精确地描述了杨梅的形态特征、生长环境及药用价值。杨梅为中国原产植物，在国内分布甚广。最初栽种于岭南、湖南一带，三国以后扩展到浙江、江西、江苏、安徽等地。到了宋代，长江以南的广大地区皆有种植。[2]现今，杨梅以浙江省栽培最盛，沿海一带，几无县无之。[3]杭州杨梅亦是杨梅中的名品。宋代张镃《仕学规范》中记载了这么一件轶事：

韩庄敏公一日侍立，神宗云："闻杭州杨梅甚佳，卿曾食否？"公云："旧亦曾食。然中国甘珍，亦自不少。远方之物，一有供奉，便成劳弊，如汉唐荔枝是也。"神宗云："诚然。"[4]

杭州杨梅令宋神宗也如此惦念，可知其名之盛。

《迹象与生命》记载所述，杭州杨梅产于城中山上。查宋元文献，杭州西湖边山中有以"杨梅坞"为名者。相传宋时此地一位姓金的老妪家所出杨梅极具美名。苏轼《参寥惠杨梅》诗云：

---

1 《迹象与生命》，p. 100.

2 忽思慧著，尚衍斌等注释《〈饮膳正要〉注释》，第 279 页。

3 曾勉：《中国杨梅品种分类》，《农报》1935 年第 2 期。

4 张镃：《仕学规范（外二种）》卷二五，文渊阁《四库全书》875 册，上海古籍出版社，1993 年影印本，第 129 页。

新居未换一根椽，只有杨梅不直钱。莫共金家斗甘苦，参寥不是老婆禅。[1]

与苏轼同时代的诗人杨蟠、郭祥正及稍晚的董嗣杲也都曾唱和《杨梅坞》诗作，所指皆杭州金婆杨梅坞。[2]

考杨梅坞地名，淳祐、咸淳《临安志》引傅牧《西湖古迹事实》曰：

在南山近瑞峰石坞内，有一老妪姓金。其家杨梅甚盛，俗称杨梅坞。所谓金婆杨梅是也。[3]

元代曲作家张小山《秦楼月》也对杨梅坞的地点给予描述：

寻芳屦，出门便是西湖路。西湖路，傍花行到，旧题诗处。瑞芝峰下杨梅坞，看松未了催归去。催归去，吴山云暗，又商量雨。[4]

又明时田汝成所撰《西湖游览志》“南山胜迹”记载灵石山西北“为鸡笼山、凤凰岭、一片云石、杨梅坞、狮子峰、延恩衍庆讲

1　《苏轼诗集》卷四七，王文诰辑注，孔凡礼点校，中华书局，1982，第 2547 页。

2　杨蟠诗云：“夏日红相照，天晴坞自开。襄阳多稚子，摘赠故人来。”郭祥正诗云：“红实缀青枝，烂熳照前坞。不及杏繁时，林闲有仙虎。”董嗣杲诗云：“仙子遗丹满瑞峰，累累疑与荔枝同。金婆传种移根异，火齐烧空满坞红。鹤顶分丸凝晓露，猩唇结颗缀熏风。曩时若解包茆贡，一骑星驰入汉宫。”施谔：《淳祐临安志》卷九，《宋元方志丛刊》第 4 册，中华书局，1990，第 3313 页；董嗣杲：《杨梅坞》，杨镰主编《全元诗》第 10 册，中华书局，2013，第 358 页。

3　施谔：《淳祐临安志》卷九，《宋元方志丛刊》第 4 册，第 3313 页；潜说友纂修《咸淳临安志》卷三〇，《宋元方志丛刊》第 4 册，第 3639 页。

4　史良昭解《元曲三百首全解》，复旦大学出版社，2007，第 189 页。

寺、龙井、神运石”，[1] 又释杨梅坞云：

> 杨梅坞，近瑞峰坞。宋时有金妪者，所栽杨梅盛美，因以起名。……至今其地杨梅异于他产。[2]

释广宾《上天竺山志》释“杨梅坞”地名：

> 杨梅坞，在狮子峰麓。宋时杨梅甚盛，而金婆家所产，尤称佳品，故以为名也。[3]

从以上记载可知，“杨梅坞”因宋代金婆在此种植杨梅而得名，而杨梅坞所在之山岭也因此名“杨梅岭”，其通路亦名“杨梅弄”。其名沿用至今，杨梅岭亦为今西湖景区南线一处名胜。自宋代以来，记述吟咏西湖风景的文人诗赋不厌其多，而“杨梅坞”之名亦不绝于世人之耳。事实上，中国出产杨梅之地甚广，而远在波斯的拉施都丁提及杨梅之产地，仅言杭州一地，大概与杭州西湖杨梅名气大有关。

此外，拉施都丁还记载了杨梅的两种食用方法——腌制杨梅干和杨梅煮水。加盐腌制杨梅干的方法，中国人很早就掌握并运用了。贾思勰引《食经》载“藏杨梅法”：

> 择佳完者一石，以盐一升淹之。盐入肉中，仍出，曝令干熇。取杬皮二斤，煮取汁渍之，不加蜜渍。梅色如初，美好，

1 田汝成辑撰《西湖游览志》卷四，尹晓宁点校，上海古籍出版社，2017，第 38 页。

2 田汝成辑撰《西湖游览志》卷四，第 38—39 页。

3 释广宾：《杭州上天竺讲寺志》卷一〇，杭州出版社，2007，第 159 页。

可堪数岁。[1]

腌制的方法能够使易腐坏的水果得以长时间保存，也使其能够长途贩运。《本草图经》曰："南人淹藏以为果，寄至北方甚多。"[2]明代嘉靖《吴邑志》称杨梅"惟宜腌以行远也"，[3]可见在古时，杨梅腌制成干后长途贩运十分普遍。或许这种干果也通过海路或陆路运至国外，成为国际贸易的一种商品。

另一种杨梅的食用方法煮水法，元人笔记中常常提及，如《庶斋老学丛谈》所言"江东人以杨梅煎汁饮之"。[4]同时拉施都丁强调了此法的药用作用。

杨梅是否曾出口海外，尚无明确证据。不过考古人员在泉州湾宋元海船上发现了5颗杨梅核。[5]与荔枝一样，杨梅也是一种不易存放的水果。明代宋诩《宋氏家要部》评论说："其樱桃、杨梅、桃、李、梅、杏之属，贩于行商者，皆郁养强熟，而味不能全。"[6]鲜果不宜长途运输，能够被带到舶上的应该也是杨梅的加工类制品。

关于杨梅在当时移植伊朗一事，可能性比较小，目前尚未有直接材料予以证明。而且拉施都丁在这段对杨梅的介绍中，未提及杨梅的栽培方法，恐怕是他没有实践或未能成功栽种出这一树种的缘故。

1　贾思勰著，缪启愉校释《齐民要术校释（第二版）》，中国农业出版社，1998，第730页。
2　苏颂撰，尚志钧辑校《本草图经辑校本》，第530页。
3　杨循吉、苏佑纂《吴邑志》卷一四，明嘉靖八年（1529）刻本，第5叶。
4　盛如梓：《庶斋老学丛谈》卷下，中华书局，1985，第51页。
5　福建省泉州海外交通史博物馆：《泉州湾宋代海船发掘与研究（修订版）》，第29页。
6　宋诩：《宋氏家要部》卷三，《北京图书馆古籍珍本丛刊》61辑，书目文献出版社，1988，第15页。

第八节 粟黍

《迹象与生命》第二章“粟黍”条载：

有关粟黍（gāvars）的情况，其耕种、开发方法等相关知识

我们说，粟黍因各地、各国气候水土的不同而有所不同。原因在前面介绍香瓜的章节中已讲过了。上天赐福，则有丰硕的收成。它有两种耕作方式：

一种是用水种植，或是给予灌溉。

另一种是种在沟渠中。有些土地在冬季和初春时吸收了大量的水分，或是特意促成，或是初春河流充盈时，引水到那里。在小麦和大麦一节中已经介绍过。当土地变干后，将粟黍种下。

粟黍的特性和优点如下：一是用少量种子，就能有丰硕的收获；一是放在锅里稍微烹煮，就会膨大；还有一个是它能储存很多年，且价格低廉；荒年时候，可用于救荒，价格平稳。人民的性命以此维系。

事实是这样的，在多数时候，它是托钵僧的糊口之粮，鼠耗很少。

据有堡垒（qalāʿ）的人，为了贮存粟黍，甚至在堡垒的房屋墙壁的涂泥中也夹入很多粟黍，这样如果日后堡垒中口粮短缺了，就把墙上的涂泥剥下来捣碎、烹煮，那些粟黍就能分离出来，以此给自己供给。

用粟黍可以酿造多种酒，如速儿麻（surma）、答剌孙

（ṭarāsūn）和拨糟（būza）。

粟黍（gāvars）有许多品种。一种叫作 arzan；一种叫 gāvars，根据穗子类型的不同，它还可以分成多个种类；还有一个品种是“乞台 tūkī”（tūkī-yi Khitāyī）。

从钦察平原（dasht-i Qibchāq）传来的粟黍被称作 gāvars-i tūkī，谷粒硕大，富含油脂，因而优质。其中还有一种是黄色的。

在蒙古地区也有一种粟黍，当蒙古人远征某地，在那里要停留一两年之久，路途遥远而荒芜，军队虚弱，勉强维持生存。在土地贫瘠或无法运送〔粮草〕的地方，军队得不到足够供给。每个人都预留一定数量的粟黍作为种子携带着。为了喂养牲畜，在路途中必要的地方停下来，将粟黍种种下，四十天就能长出来。在到达目的地前，自己的口粮和补给皆由此出。因为有它的帮助，军队和国家得以存续。

农民在水田里种粟黍，也能收获谷粒。当棉花〔地〕、瓜园和花园中水量过多时，就用这些水种植粟黍，这一年可收获翻倍，而水也不会被浪费。

在有大量军队和牲畜驻扎的地方种植这种谷物。这是因为牲畜不吃 arzan，但 gāvars 和 tūkī 吃得很好，这些能使牲畜肥壮。

在乞台地区，人们用 tūkī 喂养牲畜，tūkī 代替了大麦，被大量地用来饲喂牲畜，它是一种更好的饲料。在我国，以前没有 tūkī。乞台人把它从乞台带到了木鹿（Marū），并在那里种植。

当一些乞台人在豁夷（Khūy）定居后，他们就在当地种植 tūkī，于是就多了起来。现在 tūkī 从那里又被带到了帖必力思和其他地方，便传播开来。

种植它们和种植其他种类的粟黍一样，不过如果环境湿润，再施用肥料，就会有更多更好的收成。

粟黍的灾害有一种来自麻雀，它们非常喜欢这种作物。当各种鸟类和麻雀集聚在粟黍上时，会造成大量损耗，必须保护作物避开麻雀。[1]

粟黍是中国古代北方地区最早驯化的谷类作物，粟和黍在植物分类上不同“属”，但两种作物的传播、种植和分布常常联系在一起，植物特性、栽培条件和食用方式也很相似，因此习惯上往往合在一起称呼。[2]二者在英语中都可叫作 millet。农业考古学研究基本认为粟、黍起源于中国北方，后逐渐在整个欧亚大陆及周边地区广泛传播。粟黍的世界传播史特别为植物学家和考古学家所关注，通过科学测序方法，植物学家勾勒出了粟黍在世界传播的大体路线，但是古代传播的细节只能通过各个民族的文献资料来支撑。《迹象与生命》的这段记载正是反映蒙元时代中国粟黍品种传入伊朗的一手史料。

粟黍在中国古代历代文献中的称呼和分类各不相同，名实相互交错覆盖，非常复杂；在与外语对照的时候，更是混乱。因此，为了比对方便，首先梳理一下已有研究对波斯语、阿拉伯语中“粟黍”相关词语的判断：

---

1 《迹象与生命》，pp. 143-145.

2 游修龄：《黍粟的起源及传播问题》，《中国农史》1993 年第 3 期；何红中：《全球视野下的粟黍起源及传播探索》，《中国农史》2014 年第 2 期。

表 7-1　已有研究关于波斯语、阿拉伯语中“粟黍”词语的判断

研究者	汉语	波斯语 / 阿拉伯语	英语	拉丁学名
劳费尔	黍秫	shūshū	millet	*Panicum miliaceum; Setaria italica glutinosa*
安德鲁·沃森		dhurra, jāwars Hindī	sorghum	*Sorghum bicolor L. Moench*
兰普顿		gāwars	sorghum	*Sorghum vulgare*
		arzan	sorghum	
		dhurrat	millet	*Panicum*
爱尔森		gāvars	millet	
	黍	tūkī	a glutinous, hulled millet	*Panicum miliaceum L. Beauv.*
宫纪子	黍 / 稷	gāvars		

资料来源：Berthold Laufer, *Sino-Iranica: Chinese Contributions to the History of Civilization in Ancient Iran, with Special Reference to the History of Cultivated Plants and Products*, p. 565，汉译本参看劳费尔《中国伊朗编》，第 400 页；Andrew M. Watson, *Agricultural Innovation in the Early Islamic World: The Diffusion of Crops and Farming Techniques, 700-1100*, Cambridge; New York: Cambridge University Press, 1983, pp. 9-11；A. K. S. Lambton, “The *Āthār wa Aḥyā*ʾ of Rashīd al-Dīn Faḍl Allāh Hamadānī and His Contribution as an Agronomist, Arboriculturist and Horticulturalist”, in: *The Mongol Empire and Its Legacy*, ed. by Reuven Amitai-Preiss and David O. Morgan, pp. 146-148；Thomas T. Allsen, *Culture and Conquest in Mongol Eurasia*, pp. 121-122；宫紀子『モンゴル時代の「知」の東西』下册、962 頁。

这里一共出现了四个波斯语、阿拉伯语词语 gāvars、arzan、z̲urrat 和 shūshū。先看一下各类词典对它们的定义和解释。

《德胡达大词典》：

arzan：gāvars、shūshū。在伊朗主要有两种，一种叫作 arzan-i sifīd（白色的 arzan），也被称为 dukhn，英语作 millet，拉丁学名 *Panicum miliaceum* L.。另一种叫作 arzan-i rasmī（普通 arzan），或 arzan-i dāna-yi rīz，也叫 gārvas，英语作 spiked millet，拉丁学名 *setaria italica* (L) Pbeauve。（arzan 有两种，一种是黍，一种是粟）

gāvars：阿拉伯语作 jāwars，谷粒类似于 arzan。波斯语叫作 arzan，印度语叫作 chinā。除了 arzan 以外的品种，可以译作 ẕurrat。它是比较精细的 arzan。穷人用它做成馕食用。（gāvars 包括 arzan 和 ẕurrat）

dukhn：arzan、gāvars。印度语叫作 chiniyā。gāvars 的谷粒是比较精细的 arzan。

shūshū：gāvars 和 arzan。[1]

《伊朗学百科全书》：

arzan：millet。其主要品种可能起源于远东地区，似乎很早时从印度传入伊朗。波斯词语 arzan，如同阿拉伯语中的 dukhn，既指黍稷（*Panicum miliaceum* Linné）——它们在外高加索和怛逻斯可能是野生的，又指粟（*Setaria italica* Beauvois）或狗尾草（*Setaria viridis*）。[2]（arzan 既指黍，也指粟）

ḏorrat：玉米（maize 或 Indian corn，*Zea mays* L. ），有许多变种和杂种。术语解释：这种重要的谷物起源于美洲，大约在 1500 年由葡萄牙人引入印度，在萨法维时期（907—1145）可能被葡萄牙和西班牙商人带到波斯南部。在印度、

1 “Arzan” , *Dihkhudā*, Vol. 2, p. 1539; “Gāvars” , *Dihkhudā*, Vol. 11, p. 16685; “Dukhn” , *Dihkhudā*, Vol. 6, p. 9220; “shūshū” , *Dihkhudā*, Vol. 9, p. 12846.

2 M. Bazin, “ARZAN” , *EIr*, Vol. II, Fasc. 7, London; Boston: Routledge & Kegan Paul, 1987, p. 689.

波斯及其他中东国家，这个词语不会让人与美洲的玉米相联系，取而代之的是人们所熟悉的谷物，尤其是粟黍（millet）、高粱（sorghum）和小麦（wheat），这个词有时还带有修饰词。在印度，粟黍或高粱的方言名称包括jo/awār，原指苏丹草（*Sorghum sudanense*［Piper］Stapf）和印地语mak(k)ā/makāʾī“麦加的”，因为它被认为起源于阿拉伯（推测它的传播路线起自东非）。其他名称还有波斯语ḏorrat（库尔德语zōṟāt，阿拉伯语ḏor(r)a＜阿卡德语durra“某种millet”；例如叙利亚地区称黄色高粱［yellow sorghum］为ḏora ṣafrāʾ，埃及地区称叙利亚高粱［Syrian sorghum］为ḏora šāmīyya）、土耳其的mısır (darı)“埃及的（谷物）”，还有亚兹德语的goʾars，原义为millet。[1]

《伊斯兰百科全书》：

djāwars：波斯语作gāwars，即黍稷（*Panicum miliaceum* L.），一种最古老的栽培作物。虽然现在在欧洲它仅被用作饲料，但在亚洲和非洲的许多地方，它是一种重要的谷物和食物。尽管古代斯巴达人吃millet，迪奥斯科里季斯（Dioscorides）认为它是一种最没营养的谷物。阿拉伯的翻译者继承了这一观点，他们把希腊词语κέγχρος翻译成kan<u>kh</u>arūs（及各种变体）。不过与Ḥunayn同时代的Ibn Māssa认为millet放入牛奶中烹煮，或是在millet面粉和油脂混合的汤中烹煮，可做成美味的食品。从名称术语上可以看到：通常kan<u>kh</u>arūs既可以指

1　Hūšang Aʻlam, “ḎORRAT”, *EIr*, Vol. VII, Fasc. 5, 1995, pp. 519-520.

djāwars，也可以指 dhura，前者相当于莫札拉布语 banīshuh。其他人则认为 djāwars 是 dukhn 的一个品种，可能指的是珍珠粟（*Pennisetum spicatum*），广泛传播于苏丹，并被称作 Moorish millet；而 dhura 也叫作 djāwars Hindī “印度 millet”，表明其为高粱（*Sorghum vulgare*）。在 Abu Ḥanīfa 的书中，他认为 dukhn 就是 djāwars，是一种 dhura。后来 dhura 成了指称 millet 的主要表达。[1]

施泰因加斯《波英词典》：

arzan：millet。
jāvars/gāvars：millet。
shūshū：millet。
ẕurat：a species of millet。
zurat：maize（玉米），Indian corn（印度谷）。
dukhn：millet。[2]

《波斯语汉语词典》：

arzan：小米。
jāvars：稷，稗。
dukhn：小米。

---

1 A. Dietrich, “Djāwars” , *EI*, Vol. XII, Leiden: Brill, 2004, p. 249.

2 Francis Joseph Steingass, *A Comprehensive Persian-English Dictionary, Including the Arabic Words and Phrases to be Met with in Persian Literature*, London: Routledge & K. Paul, 1892, pp. 36, 354, 505, 558, 614, 766, 1073.

z̲urrat：玉米，玉蜀黍，苞米。

shūshū：小米。[1]

那么在《迹象与生命》成书的历史时期，gārvars 和 arzan 应该指何种谷物？这里不妨参考一下与之时代相近的也门拉苏勒王朝所纂《国王词典》中关于谷物的各种语言的对译情况。

表 7-2 《国王词典》收录的“粟黍”相关词语

编号	阿拉伯语	波斯语	突厥语	希腊语	亚美尼亚语	蒙古语
194A（5）	الدخن al-duẖn	كاورس gāvars	طارغ ṭarıq	كيخروس keẖros	كويريک goyrik	
202B（18）	الدخن al-duẖn	ارزن arzan	تاروا taru			آمون amun
202B（19）	الذرة المقشورة al-ḏura al-maqšura	ارزن كوفته arzan-i kūfta	تكو tükü			آمون amun

表 7-2 展现的情况与上述研究得出的结论基本一致，都反映了一个事实，即古代波斯语、阿拉伯语中表示谷类作物的词语 gāvars、arzan、dukhn、z̲urrat 在含义上相互重叠、覆盖，这些词语的差异，并不体现为现代植物学属种分类上的差别。简单来说，gāvars 的含义最为宽泛，既可以作为谷物的总称，也可以狭义地指某一种谷物，它包含了 arzan 和 z̲urrat。arzan 既可以指黍，也可以指粟，在古代二者没有那么清晰的区分。dukhn 基本可以等于 arzan。z̲urrat 现在主要指玉米，但在美洲被发现之前，它指的是粟黍、高粱等各类谷物。不过《迹象与生命》在此节之外，另有 z̲urrat 的专门一节，其所述为高粱的内容，因此可以断知，拉施都丁使用的 gāvars 和

1　北京大学东方语言文学系波斯语教研室编《波斯语汉语词典》，商务印书馆，1981，第 88、695、994、1115、1494 页。

arzan 与高粱无关，兰普顿将它们对应于高粱的判断是错误的。爱尔森将 gāvars 狭义含义定义为黍是正确的，但他忽略了拉施都丁的 gāvars 广义上还包括粟。总结来讲,《迹象与生命》gāvars 一节介绍的作物应是粟黍。

正如拉施都丁所述，粟黍在世界各个国家和地区都有栽培，种类各不相同，而他关于粟黍的记述，不但包括了伊朗的情况，还介绍了中国粟黍品种的知识。其中最重要的是他记载了一种名为 tūkī 的汉地谷种（tūkī-yi Khitāyī），详述它从中国北方传播到伊朗的过程。tūkī 实际上是一个突厥语词语，11 世纪喀什噶里的《突厥语大词典》中将其解释为脱了壳的谷物（lubb dukhn），[1] 上引《国王词典》也在突厥语一栏中清楚地列出了这个词语。克劳森（Gerard Clauson）解释 tögi 为“碾过的或处理过的谷物”，并举了很多实例。[2]《古代回鹘语词典》tögi 的释义为谷物、脱壳稻米。[3] 现代维吾尔语中仍有这个词，意思是“碾过的小米、黄米”。[4] 很明确，tūkī 这个词指的是脱了壳的粟黍。拉施都丁记载这个突厥语名称，说明操突厥语的民族在这种粟黍的西传过程中起了重要作用。

元代中国北方汉地，粟黍是非常重要的谷类作物品种。夏季以麦为主，秋季则收获粟米，可知粟与麦有同等重要的地位。[5] 在西北畏兀儿地区及塔里木盆地南缘绿洲，粟和黍也广泛种植，在各个历

1 Maḥmūd al-Kāšġarī, *Compendium of the Turkic Dialects*, part II, tr. & ed. by Robert Dankoff & James Kelly, p. 269.

2 Gerard Clauson, *An Etymological Dictionary of Pre-thirteenth-century Turkish*, p. 478.

3 tögi: Hirse, enthülster Reis. Jens Wilkens, *Handwörterbuch des Altuigurischen: Altuigurisch – Deutsch – Türkisch*, S. 736.

4 新疆维吾尔自治区语言文字工作委员会编《维汉大词典》，民族出版社，2006，第 336 页；廖泽余、马俊民编《维汉词典（修订本）》（维吾尔文），新疆人民出版社，2006，第 356 页。

5 吴宏岐：《元代农业地理》，西安地图出版社，1997，第 129 页。

史时期的农业遗址中都发现有粟黍类标本，一如中原汉地。[1]关于粟黍在汉地的用途，拉施都丁提到了其作为饲料喂养牲畜的作用。粟是粮草兼用作物，人们种粟除了收获籽粒外，还能收获大量优质谷草和谷糠。谷草和谷糠质地柔软，有甜性，适合喂养牲口，它们是北方家畜和家禽的重要饲料。[2]而黍稷的籽粒及副产品是猪和家禽的饲料，茎秆适合喂牛。黍稷还可以一年收割多次，晒成干草或制成青贮。[3]中国古代人民很早就用它们来饲养畜禽。西周时粟谷已经被用作饲料喂养马匹了,《诗经》称之为“秣”。吐鲁番文书、黑水城文书都有显示，使用粟黍作草料供给官府马匹。[4]《唐六典》详细记载了各种牲畜的草料供应标准，其中很多与粟黍有关,“马，粟一斗，盐六勺，乳者倍之”,“羊，粟、菽各升有四合，盐六勺”,“象、马、骡、牛、驼饲青草日，粟、豆各减半，盐则恒给；饲禾及青豆者，粟、豆全断。若无青可饲，粟、豆依旧给”。[5]这些标准反映了粟在牲畜饲养中的重要应用。

除了汉地粟黍品种外，拉施都丁还介绍了一种蒙古高原生长的粟黍品种，他非常细致地解释了它作为蒙古军粮所发挥的作用。他的信息来源不明，但是从《瓦撒夫史》中能够找到几乎完全相同的记载：在忽必烈与海都作战的几年中，忽必烈的军队有几次出征到半年征程之远的地方，他的军队就在荒野上播种一种叫作 **tūkī** 的粟黍（**arzan**），在雨水和日照帮助下，它们能够快速长成，四十天左

1　王炳华:《新疆农业考古概述》,《农业考古》1983 年第 1 期；张玉忠:《新疆出土的古代农作物简介》,《农业考古》1983 年第 1 期。

2　何红中、惠富平:《中国古代粟作史》，中国农业科学技术出版社，2015，第 196—197 页。

3　王星玉主编《中国黍稷》，中国农业出版社，1996，第 153 页。

4　庆昭蓉:《离离原上草——从吐鲁番与库车出土文字资料谈西域北道之草资源》，朱玉麒、孟宪实主编《探索西域文明——王炳华先生八十华诞祝寿论文集》，中西书局，2017，第 87—101 页；杜建录:《英藏黑水城马匹草料文书考释》,《宁夏社会科学》2009 年第 5 期。

5　李林甫等:《唐六典》卷一七，陈仲夫点校，中华书局，1992，第 484 页。

右就能长出来，供给皆由此出。[1]

蒙古人传统上以游牧为生，蒙古部落发展初期，他们的军需物品和生活补给是通过狩猎、部落间交换或与周边民族政权交换而得，劫掠也是重要的手段。[2] 不过，蒙古地区也有少量的农业。宋人李心传《鞑靼款塞》中记载熟鞑靼“能种秫穄，以平底瓦釜煮而食之”，[3]《蒙鞑备录》说“彼国亦有一、二处出黑黍米，彼亦解为煮粥”，[4] 可知蒙古地区出产的粮食以粟黍为主。而随着蒙古军队向南征略，被占领农耕地区所缴纳的赋税，成为供以出征的补给来源。耶律楚材曾向窝阔台进言对汉地实施课税，以供军需，他说收税“岁可得银五十万两、帛八万匹、粟四十余万石，足以供给”。[5] 有军事行动时，便要转粟饷军。旭烈兀西征伊朗时，其粮食供给主要来自已征服的乞台、畏兀儿、突厥斯坦、河中地区人民的缴纳。[6] 可以说粟米是蒙古军队的主要粮饷。不过，蒙元时期频繁的军事行动和路途遥远的征战，促使屯田成为战争补给的另一种重要方式。《元史》载：“国初，用兵征讨，遇坚城大敌，则必屯田以守之。”[7] 拉施都丁和瓦撒夫所记载的蒙古军队种植粟黍的事情，应该指的是军队的屯田行为。

拉施都丁在这里最具价值的记述，当属对中国粟黍传入伊朗的

1 《瓦撒夫史》哈默尔刊本，Band 1, Deutsche Übersetzung, S. 127, Persischer Text, S. 133；A. K. S. Lambton, “The *Āthār wa Aḥyā’* of Rashīd al-Dīn Faḍl Allāh Hamadānī and His Contribution as an Agronomist, Arboriculturist and Horticulturalist”, in: *The Mongol Empire and Its Legacy*, ed. by Reuven Amitai-Preiss and David O. Morgan, p. 148.

2 丛海平:《元代军事后勤制度研究》，南开大学博士学位论文，2010，第 24—32 页。

3 李心传:《鞑靼款塞》,《建炎以来朝野杂记》乙集卷一九，徐规点校，中华书局，2000，第 847 页。

4 赵珙:《蒙鞑备录》，李国强整理，大象出版社，2019，第 75 页。

5 《元史》卷一四六，第 3458 页。

6 志费尼:《世界征服者史》，第 679 页;《史集》汉译本，第 3 卷，第 30 页。

7 《元史》卷一〇〇，第 2558 页。

路线的介绍。他提到了两条路线：一条是从北边钦察草原传来的，一条是从东边呼罗珊传来的。

他在介绍汉地粟黍传播到伊朗之前，专门提到了钦察草原上种植粟谷的情况。当地的蒙古人、突厥人以粟黍为主食，可以从 14 世纪初旅行家伊本·白图泰的行纪中看到记载。他说当他旅行至斡罗思时，发现当地的突厥人以粟黍（al-dūqī）为主食，“这些突厥人不吃馕饼（nān），也不吃干的、稠的食物，但他们有一种特殊的食品，是用一种类似粟黍（anilī）、他们称之为 al-dūqī 的东西制作的。他们先把水在火上烧开，然后倒进去一些 al-dūqī，如果有肉，就切成小块放进去一起煮。然后每人用碗盛一份，把乳酪撒在上面，喝下去”。[1] 此外，传教士柏朗嘉宾也有相似的说法，他描述说：“他们（蒙古人）把小米放在水里煮，做得如此之稀，以致他们不能吃它，而只能喝它。他们每个人在早晨喝一二杯，白天他们就不再吃东西；不过，在晚上，他们每人都吃一点肉，并且喝肉汤。”[2] 柏朗嘉宾还提到他们在拔都汗那里时，仅从蒙古人那里得到一些小米，用水和盐煮小米吃。[3] 这些记载表明，生活在斡罗思的蒙古人，也是以粟黍为主要粮食。《瓦撒夫史》记载，金帐汗脱脱（Tuqtāy）[4] 在占领了伊利汗国的阿兰和阿哲儿拜占后，向合赞汗遣使送信，要求伊利汗国交出过去在这两地收取的赋税，并以自己兵强马壮相威胁。为了

1 Ibn Baṭṭūṭa, *Riḥlat Ibn Baṭṭūṭa al-Musammāh Tuḥfat al-Nuẓẓār fī gharā'ib al-amṣār wa 'Ajā'ib al-Asfār*, ed. by 'Abd al-Hādī al-Tāzī, Vol. 3, Rabat (Morrocco): Akādīmīyat al-Mamlakah al-Maghribīyah, 1997, p. 220, 英译参见 *The Travels of Ibn Baṭṭūṭa, A.D. 1325-1354*, Vol. 2, tr. & ed. by C. Defrémery and B. R. Sanguinetti, Cambridge: The Hakluyt Society at the University Press, 1962, p. 474。

2 道森编《出使蒙古记》，吕浦译，周良霄注，中国社会科学出版社，1983，第 17—18 页。

3 道森编《出使蒙古记》，第 55—56 页。

4 他是朮赤之子拔都之子秃罕之子忙哥帖木儿之子，是 1291—1312 年的金帐汗。

夸耀自己军队数量庞大，使者送信的同时还送去数袋粟黍（arzan），表示自己的兵马像粟黍一样多不可数。[1] 有趣的是伊利汗国一方回应金帐汗的挑衅的手段。当使者送上粟黍的时候，合赞汗命人拿来几只鸡，迅速地把这些粟黍吃掉了，以此表达自己毫不畏惧的态度。[2] 金帐汗国送粟黍的举动正是来自蒙古人以粟黍为军粮的习惯，也间接反映了斡罗思地区种植、食用粟黍的情况。同样在《心之喜悦》中，也记载钦察草原的小麦种植很少，却有大量优质的粟黍（gāvars）和其他夏谷。[3]

正如拉施都丁所说，伊朗的中国粟黍是从钦察草原传来的，许多细节皆可以证实这一点。首先是 tūkī 这个突厥语名字，反映出操突厥语的民族在粟谷传入过程中发挥的作用。一方面，钦察草原居住着大量突厥人。格鲁塞（Rene Grousset）指出，最初跟随拔都来到南俄草原的真正的蒙古人不会超过四千人，他的军队的其余成员主要是加入了蒙古的突厥人，即钦察人、保加尔人、乌古思人等，因此朮赤兀鲁思具有明显的突厥特征。他称其政权为由蒙古人担任长官的突厥部队。[4] 另一方面，阿哲儿拜占地区自 11 世纪被塞尔柱突厥王朝征服后，逐渐突厥化，当地语言从高加索语和伊朗语转变为突厥语。直到今天伊朗西北部和阿塞拜疆共和国都是以说突厥语的民族为主要居民。拉施都丁所记的 tūkī 这个名字，反映了粟黍从突厥人活动的高加索阿哲儿拜占一线传入伊朗的路线。

拉施都丁提到的第二条传播路线，是呼罗珊路线——乞台人将粟黍种子带至中亚，然后再从中亚传入伊朗。他提到的木鹿是呼

---

1 《瓦撒夫史》内贾德刊本，p. 10.

2 《瓦撒夫史》内贾德刊本，pp. 11-12.

3 《心之喜悦》校勘本，pp. 258-259.

4 格鲁塞：《草原帝国》，蓝琪译，商务印书馆，1998，第 494—495 页。

罗珊名城，阿母河以西第一大城。它位于呼罗珊大道之上，向东北直达阿母河边，渡河即至中亚名城不花剌。[1]木鹿的汉人应当来自河中地区，粟黍也是由河中传入呼罗珊之地的。而河中地区的汉人存在的历史十分久远，他们大规模迁入此地，当归因于黑韩王朝和西辽王朝先后在中亚建立的统治。至蒙古西征时，河中地区的汉人和农业已然颇具规模。耶律楚材《西游录》和李志常《长春真人西游记》的记载，无疑是对它最细致而生动的描写。李志常记载，邪米思干（撒麻耳干）“国破而来，存者四之一。其中大率多回纥人，田园不能自主，需附汉人及契丹、河西等。其官长亦以诸色人为之，汉人工匠杂处城中”。[2]可知，汉人对河中地区的农业生产发挥着重要作用。他描述当地农作物情况：“河中壤地宜百谷，惟无荞麦大豆。”[3]同样，耶律楚材也说撒麻耳干“八谷中无黍糯大豆，余皆有之”。[4]那么，河中汉人是何时迁入木鹿城的呢？自蒙古人西征以来，河中地区屡遭屠城，最严重的一次为 1273 年伊利汗阿八哈军队入侵阿母河以北地区，劫掠不花剌、花剌子模大量人口至呼罗珊，并焚毁不花剌，致使此后七年无一活物。[5]这是河中向呼罗珊地区最大的一次人口迁徙，很有可能是这次移民中的汉人将汉地的粟黍种子带到了伊朗。

此外，拉施都丁记载伊朗豁夷这个地方，有汉人在那里种植粟黍。豁夷是伊朗西北部的一座农业重镇，位于乌鲁米耶湖北面的平原低地中。《心之喜悦》描述当地气候温暖，河水充沛，种植园密

1　Guy Le Strange, *The Lands of the Eastern Caliphate: Mesopotamia, Persia, and Central Asia, from the Moslem Conquest to the Time of Timur*, p. 397.

2　李志常撰，王国维校注《〈长春真人西游记〉校注》卷上，《海宁王静安先生遗书》第 13 册，第 40 叶。

3　李志常撰，王国维校注《〈长春真人西游记〉校注》卷下，《海宁王静安先生遗书》第 13 册，第 1 叶。

4　耶律楚材：《西游录》，向达校注，中华书局，1981，第 3 页。

5　《史集》汉译本，第 3 卷，第 138—140 页。

布。更重要的是书中记载说，当地的居民是皮肤白皙、相貌美丽的乞台人种（Khitāy nizhād）[1]。《心之喜悦》成书是在14世纪40年代，这表明蒙古西征将近一个世纪后，豁夷拥有稳定的汉人聚居社区。不难想象，善于农耕的中国人总能找到合适的土地发挥自己的特长。按照拉施都丁的说法，是豁夷的乞台人扩大了汉地粟黍的种植规模，并将种子从那里传播至首都帖必力思。豁夷距离帖必力思只有一百余公里，并处于都城与夏营地阿剌塔黑（Alāṭāgh）之间，它是蒙古政权的腹地粮仓。关于此地汉人的来源，有学者认为他们是自发性或有组织的佛教徒移民，他们可能是旭烈兀时代修建豁夷佛教寺院的工匠集团后裔。[2]《史集》记载旭烈兀晚年曾捐资在豁夷建造庙宇，[3]考古学家也在这里发现了佛寺遗址，这也从侧面印证了豁夷的汉人很可能是工匠移民后裔。[4]他们在那里种植粟谷，并把这种谷种带到帖必力思，是非常便利的事。帖必力思作为都城和商业城市，与伊朗其他城市之间拥有通畅的交通，于是中国的粟黍便从那里传播开去。

《迹象与生命》关于粟黍酿酒的介绍，虽未明确指出，但很可能也是从中国获取的信息。拉施都丁记载了粟黍酿造的三种酒的名称，在汉文文献中都能找到。答剌孙，又作大辣酥、答剌速、打剌速等，是蒙古语“酒”的音译。陈高华先生认为蒙古语中一般将粮食酿制的酒称为“答剌速”；[5]蔡美彪先生曾做详解，指出答剌速广义可作酒的统称，包括汉人用粮食酿造的米酒。[6]速儿麻，亦作速鲁麻、

1 《心之喜悦》校勘本，pp. 84-85.

2 Roxann Prazniak, “Ilkhanid Buddhism: Traces of a Passage in Eurasian History”, *Comparative Studies in Society and History*, Vol. 56 (3), 2014, p. 664.

3 《史集》汉译本，第3卷，第94页。

4 本田実信「イルハンの冬營地・夏營地」『東洋史研究』34卷4号、104－105頁。

5 陈高华：《元大都的酒和社会生活探究》，《中央民族学院学报》1990年第4期。

6 蔡美彪：《也谈〈水浒〉中的“河漏子”、“大辣酥”及相关词语》，原载《文史知识》2010年第4期，此据氏著《辽金元史考索》，第564—565页。

嗦鲁麻、琐力麻、索儿麻等。方龄贵先生曾考证说这是一种外来酿酒法，surma 词源可能是突厥语，是一种从突厥斯坦传来的酿酒法。[1]德福（Doerfer）在其所著《新波斯语中的突厥语、蒙古语成分》中解释说这是一种用小麦酿制的发酵酒，是突厥斯坦的传统饮品。[2]《饮膳正要》中记载："速儿麻酒，又名拨糟。味微甘、辣，主益气，止渴，多饮令人膨胀生痰。"[3]于是，这里就有了拉施都丁记录的另一种酒名——拨糟。德福同样对这个词做了非常详尽的注释，指出其词源是突厥语，是用各种谷物酿制的发酵酒。[4]拉施都丁记载的这三个酒名，都是汉地流行的用粮食酿造的酒，与伊朗地区流行的烧酒完全不同。对此伊本·白图泰也有描述，他记载说斡罗思的突厥人有一种用粟黍（al-dūqī）谷粒酿制的发酵酒。他曾喝过这种用小碗装的白色液体，味道是酸的，当地人告诉他这是用粟黍酿制的粮食酒，名叫拨糟（būza）。[5]

无论是在元朝还是伊利汗国，粟黍都是价格低廉的谷物，是供军需所用和百姓解决温饱的口粮。在伊利汗国，用大麦或者粟黍混合豆类等制成的馕，是穷人的食物。马可·波罗记述波斯八国时，说此地种植大麦、小麦、粟和黍（millet and panic）等各种粮食作物。[6]当然在伊朗，粟黍的种植规模不及小麦、大麦，[7]但在今天伊朗东南部的起儿

---

1 方龄贵:《释"哈喇吉"与"速鲁麻"》,《云南民族学院学报》1997 年第 4 期。

2 Gerhard Doerfer, *Türkische und Mongolische Elemente im Neupersischen*, Band 3, S. 249-250.

3 忽思慧著，尚衍斌等注释《〈饮膳正要〉注释》，第 208 页。

4 Gerhard Doerfer, *Türkische und Mongolische Elemente im Neupersischen*, Band 2, S. 337-341.

5 Ibn Baṭṭūṭa, *Riḥlat Ibn Baṭṭūṭa al-Musammāh Tuḥfat al-Nuẓẓār fī gharā'ib al-amṣār wa 'Ajā'ib al-Asfār*, ed. by 'Abd al-Hādī al-Tāzī, Vol. 3, pp. 220-221; 英译参见 *The Travels of Ibn Baṭṭūṭa, A.D. 1325-1354*, Vol. 2, tr. & ed. by C. Defrémery and B. R. Sanguinetti, pp. 474-475。

6 A. C. Moule & Paul Pelliot, *Marco Polo, the Description of the World*, Vol. 1, p. 117. 原文将 panic 写作 panick，似为拼写错误。

7 J. B. Boyle, *The Cambridge History of Iran*, Vol. 5, Cambridge: Cambridge University Press, 1968, p. 500.

漫地区，粟米还被当作主粮制成馕饼。[1]《迹象与生命》中这段关于中国粟黍的记载，不仅为古代农作物的传播史提供了关键证据，也为研究蒙元时期中国移民在伊朗的农业活动贡献了宝贵的材料。

第九节 绿豆

《迹象与生命》第四章“绿豆”条载：

绿豆（māsh）和小扁豆（ʿadas）

在种棉花和瓜菜的时节〔种植它〕，它是优质的牲畜饲料，也是一种小食。

它在忻都斯坦大量生长，人们把它和大米放在一起或分开烹煮，与热药（dārū-yi garm）一起吃下。

在乞台地区人们从中提取淀粉（nishāsta），制成粉条（kūkā lāsha）烹食。在我们这里也有乞台人制作这种食物。

在木干省和一些地方，人们大量制作这种食物。在所有地方种植〔它〕，都能长出来。

其中有一个品种叫作“黑绿豆”（māsh-i siyāh）。把这种豆与其草料一并喂给牲畜，最能令牲畜肥壮。尤其是在秋季，一些牲畜会掉膘消瘦，变得虚弱，〔用此饲料饲喂〕二十天就能养肥。种植〔此豆〕要在夏季，这样到了秋季寒气来袭、霜露降

1 Murtaẓā Rāvandī, *Tārīkh-i Ijtimāʿī-yi Īrān*, Vol. 3, Tehran: Amīr Kabīr, 1977, p. 214.

下时，不至于枯萎或被冻坏。秋季乃牲畜消瘦的时节。

苦野豌豆（karsana）、Khūla[1]、小扁豆各种类，种植皆与绿豆相似。

用小扁豆也能提取淀粉，但是绿豆比它更佳。

但小扁豆会膨胀，豆皮味涩。[2]

绿豆，原产于印度，但也在世界其他地区广泛种植，伊朗和中国都有久远的栽培历史。在伊朗，绿豆一般在大麦、小麦收获后种植，到了秋天，当它的种子变硬、豆荚变黄变黑时，就可以收获。绿豆常与高粱、棉花、芝麻、谷子等间作。拉施都丁对绿豆栽培过程的描述，是十分准确的。不过，这段记载最有价值的内容，并不在于介绍绿豆这种作物本身，而是提供了一段关于中国饮食在伊朗传播的珍贵记录。这便是中国的绿豆粉食。

拉施都丁使用了 nishāsta 和 kūkā lāsha 这两个词语来描述这种绿豆食品。nishāsta 是波斯语，意思是淀粉，表明这是一种粉食；kūkā lāsha 则是蒙古语，指青色的细条状的食物，从形态上说明了这是用绿豆淀粉制成的细条状食物。爱尔森在讨论 kūkā lāsha 时这样解释：

众所周知，中国人主要以面条（noodles）的形式来食用淀粉（starch），其中一些是用豆面（bean flour）制成的。这种源自中国的特别的食物，有一个蒙古语名字 kūkā lāsha。[3]

爱尔森将这种食物译作 blue vermicelli（蓝色细面）。由于英语

1　原注：底本与石印本如此，该词不见于词典。

2　《迹象与生命》，pp. 160-161.

3　Thomas T. Allsen, *Culture and Conquest in Mongol Eurasia*, p. 135.

中没有专有名词对应于这种中国食品，因此他用了 noodles、starch 和 bean flour 来描述这种食品。不过 noodles 既可以用面粉制成，也可以用淀粉制成，而 bean flour 是指豆面，所以这个解释并没有分清“面食”和“粉食”的区别。相比之下，《饮膳正要》英译本中对“粉丝”的命名和解释就准确地多：

> 绿豆也被用来制作粉丝，英语叫作 pea-starch noodles。通过沸煮分离出淀粉，制成凝胶状半透明的粉团。用手截拽成条或用滤器筛拉成丝。[1]

这里的 pea-starch 就比 bean flour 更准确地体现了粉食的特征。事实上，用外语来精确描述一种本土特色饮食着实不易。但中国人能很清楚地知道面食和粉食是完全不同的两种吃食，制作方法也迥然不同。两者的差异体现在许多方面。首先是原料不同。面粉通常是麦类及谷类粮食磨成的粉末，而淀粉是从植物中提取得到的一种多糖类物质，能够提取淀粉的植物种类繁多，如藕、葛、蕨、芡实、谷类、薯类、豆类等。面粉中含有淀粉，而淀粉未必来自面粉。其次是制作方法不同。面粉是将脱壳后的谷物研磨成粉末，淀粉则要经过研磨、水洗、筛分、干燥后才能得到。最后是性质不同。面粉可溶于水，而淀粉不溶于水，淀粉在热水中会吸水膨胀而变成具有黏性的半透明胶体溶液。而绿豆既可以制成面，即将干燥的豆子磨碎，加入面粉后制成；也可以制成粉，即上述经水磨加工提取。根据拉施都丁明确所说 kūkā lāsha 是由从绿豆中获得的淀粉制成，可知 kūkā lāsha 是为粉食而非面食。从细条形态看，这就是绿豆粉条或粉丝。

---

1 Paul D. Buell, Eugene N. Anderson & Charles Perry, *A Soup for the Qan: Chinese Dietary Medicine of the Mongol Era as Seen in Hu Sihui's Yinshan Zhengyao*, Leiden; Boston: Brill, 2010, p. 489.

最迟不晚于五代，古代中国人掌握了从绿豆中提取淀粉的方法。《旧五代史》记载后周时曾发布诏令减除"旧贡滋味食馔之物"，其中包括河东地区的特产绿豆粉，[1]这表明绿豆粉在此之前是进贡给皇家的惯例佳肴。明代编纂成书的《树艺篇》记载提取绿豆淀粉的方法："菉豆，今人磨以成粉。其法用水磨碎，滤去查，搅浑，澄清，干之成块。用时仍用水研碎，沸汤中或旋或筛，成碧色。"[2]李时珍亦言"磨而为面，澄滤取粉，可以作饵顿糕，荡皮搓索"。[3]绿豆粉具有清热解毒的功效，在古代医书中被频繁记载。

由于绿豆所含直链淀粉高，具有热黏度高、凝胶强度弱以及凝胶透明度大等优良性能，因此它是制作粉丝的优良原料。[4]制作粉丝要先从绿豆中提取淀粉，再将淀粉加水煮沸后搅拌成糊状，用漏瓢拉丝、冷却、凝固、干燥后而成。古代中国人制作和食用绿豆粉丝，可见于宋代陈达叟《本心斋蔬食谱》的记载："绿粉，碾破绿珠，撒成银缕，热蠲金石，清澈肺腑。"[5]

在元代，绿豆做成的粉食已是一种大众食品，王祯《农书》记载："北方惟用绿豆最多，农家种之亦广。人俱作豆粥豆饭，或作饵为炙，或磨而为粉，或作曲材。其味甘而不热，颇解药毒，乃济世之良谷也。南方亦间种之。"[6]可见民间百姓尤其是北方人民普遍地掌握了制作绿豆粉食的方法。因此拉施都丁说在伊朗的乞台人也制作绿豆粉条或粉丝，是完全可能的。旭烈兀西征时，不少汉人随行伊朗并定居于此，对他们来说，利用当地种植的绿豆制作绿豆粉食是很平常的生活技能。于

1　《旧五代史》卷一一〇，中华书局，1976，第1463页。

2　《树艺篇》卷六，《续修四库全书》977册，第302页。

3　李时珍著，刘衡如、刘山永校注《本草纲目新校注本（第三版）》卷二四，第1019页。

4　余平、石彦忠主编《淀粉与淀粉制品工艺学》，中国轻工业出版社，2011，第127页。

5　陈达叟：《本心斋蔬食谱》，商务印书馆，1936，第3页。

6　《王祯农书》（下），第793页。

是移居到伊朗的汉人，就在异国他乡延续了自己的饮食习惯。

此外拉施都丁还提到了伊朗的木干地区存在大量制作绿豆粉条（或粉丝）的情况。木干草原位于伊利汗国北疆的阿剌思河（Aras river）下游，毗邻里海，是一片温暖湿润的沼泽平原，也是伊利汗每年长时间驻跸的冬营地之一。[1] 令人欣喜的是，继前文“莲花”一节之后，又一次在这一地区看到了中国人的活动踪迹。笔者在前文曾经指出跟随蒙古军队来到伊朗的中国人由于要一直为统治者效力，因而会聚居在蒙古人活动的范围内。古失塔思非和豁夷都是这样的例子。在木干草原这个伊利汗的驻冬之地，拉施都丁屡屡随扈在这里度过漫长的冬天，借此他观察到生活在这里的汉人制作绿豆粉条（或粉丝）的现象。制成的食品很可能供给伊利汗廷，因为拉施都丁记载的是这种食品的蒙古语名字，而非汉语名称。这表明拉施都丁是从说蒙古语的人那里获取的信息。蒙古人征略汉地后，吸收了大量的汉人饮食，在《饮膳正要》记载的许多菜肴中都可见绿豆粉的出现。而在伊朗的蒙古人看来也吸收了这一种汉人饮食。

在蒙古人的影响之下，绿豆粉条（或粉丝）这一食品在伊斯兰世界逐渐享有声名。最直接的证据就是《国王词典》中多次出现它的名字：

表 7-3 《国王词典》中关于“粉食”词语的对译

编号	蒙古语	阿拉伯语	突厥语	波斯语
187C（21）	kūkā lākhīsha	iṭriya		
187C（23）	tutmāj	lākīsha		
190C（15）		lākshā	tutmāj	
205A（38）	lākhsha	iṭriya	ukrā（ügre）	rishta

1 《心之喜悦》校勘本，pp. 89-90; Guy Le Strange, *The Lands of the Eastern Caliphate: Mesopotamia, Persia, and Central Asia, from the Moslem Conquest to the Time of Timur*, pp. 175-176.

通过表 7-3 我们可以看到这个蒙古语词的多种拼写，其标准形式 lākhsha 能够在波斯语字典中找到，解释是："这个词对应于阿拉伯语的 iṭriya 和 tutmāj，是 rishta 的一种。"[1]《国王词典》的整理者对这几个词做了注释：阿拉伯语 iṭriya 来自希腊语对一种糕点（cake）的称呼，9 世纪时传入阿拉伯语中，用来指一种 vermicelli；蒙古语的 lākhsha 指的是一种 vermicelli；波斯语的 rishta 指的是一种 macaroni。[2] 这里又见到用 vermicelli 来翻译这种食物，这是一个来自意大利语的词汇，原指意大利细面，现在也用来指中国的米线（rice vermicelli）、粉丝或粉条（Chinese vermicelli）。同样，rishta 这个波斯语词也具有面条、通心粉等细条形食品的类似含义。而突厥语词 tutmāj 就是元代汉文文献中的"秃秃麻食"，《饮膳正要》中称它是一种手撇面，有学者解释它的制作方法是将面剂子拉成小面片下锅煮熟后，加配料烹炒而成。[3] 在克劳森的突厥语字典中的解释是："这是一种粉类食物（farinaceous food），类似面条（noodles）、通心粉（macaroni）、意大利细面（vermicelli）等。"[4] 可以看出，阿拉伯语、波斯语、突厥语、意大利语、英语都在尽力寻找一个妥帖的词语来对应中国的粉丝、粉条，无论是古代的对译还是现代的翻译，都体现出跨文化物质交流中实现名实相符的难度。

《国王词典》的记载反映了伊斯兰世界对绿豆粉条（或粉丝）的认识，其词源显示出蒙古人在这种饮食的传播过程中所发挥的作

1　"lākhsha", *Dihkhudā*, Vol. 12. p. 17218.

2　Peter B. Golden et al. trs. & eds., *The King's Dictionary, the Rasūlid Hexaglot: Fourteenth Century Vocabularies in Arabic, Persian, Turkic, Greek, Armenian and Mongol*, pp. 80, 292.

3　忽思慧著，尚衍斌等注释《〈饮膳正要〉注释》，第 95 页；《居家必用事类全集》庚集，《北京图书馆古籍珍本丛刊》61 辑，第 274 页；尚衍斌：《忽思慧〈饮膳正要〉识读札记》，原载《中国文化研究》2003 年第 2 期，此据氏著《元史及西域史丛考》，第 203—205 页。

4　Gerard Clauson, *An Etymological Dictionary of Pre-thirteenth-century Turkish*, p. 457.

用。值得注意的是，波斯文编年史《蒙古消息》有一条反映蒙古人与这种食物密切关系的记载：旭烈兀攻打盘踞在伊朗北部的亦思马因派诸堡时，从各个已经征服的地方调集粮草，由驴、马、牛、驼等牲畜运来，甚至从乞台和畏兀儿地区运送 rishta 和煮熟的秃秃麻食（tutmāj-i pazīda）、碾过的粟黍（gāvars-i kūfta）到阿拉木忒、麦门底司等堡垒所在的山脚下。[1] 这条材料非常难得地记载了蒙古西征军将东方的饮食带到伊朗的情景。古语云"千里不运粮"，但蒙古人在亚洲西部打仗时，竟然还从亚洲的东部运送食品到前线，令人叹为观止。从中国到伊朗，单程少则数月，多则一年，运送辎重的队伍往往行进更加缓慢，这要求食品具有能长时间保存的特点。而粉食类食品由于经过了干燥处理，故能保存时间长久。而且食用简单，在不具备烹饪条件时，使用热水就能泡开即食。因此这是一种居家旅行必备的方便食品。而运去伊朗前线的 rishta 很可能就是这种粉食类食品。《蒙古消息》的这条记载，为我们展现了蒙古人的西征所引起的中国饮食文化向伊斯兰地区传播的生动细节。而《迹象与生命》的记载则反映出战争结束后定居伊朗的蒙古人和汉人共同在当地延续着食用粉食的习惯，促进这种食物传播开来，使得更加西方的阿拉伯人也认识了中国的绿豆粉食，并在他们编写的《国王词典》中留下了明确的记录。

---

1 *Akhbār-i Mughūlān dar Anbāna-'i Mullā Quṭb*, ed.by Īraj Afshār, p. 24.

小　结

本章以拉施都丁所撰《迹象与生命》一书为资料基础，讨论了八种中国植物在伊朗的传播、种植和利用情况。《迹象与生命》一书不仅提供了反映植物传播过程的珍贵史料，同时还围绕着这些植物，讲述了蒙元时代中国和伊朗社会文化交往交流的细节。通过将此书的记载与其他语种史料相互对照，本章对这八种中国植物在本土和伊朗的情况做了考述。

本章探讨的前六种植物，为中国原产、特产的植物物种，研究时侧重于名实考证和物种传播情况。最后两种植物是伊朗原本就有的农作物，研究则侧重于梳理中国品种在当地的传播，以及伊利汗国的中国移民种植、利用这些作物的情况。

值得注意的是，在考察植物传播的过程中，中国饮食文化在伊朗的流传细节逐渐浮现。生活在伊朗的中国人无疑是促成文化传播的主体力量，他们远在故土万里之外，生活在与中国截然不同的社会环境中，但仍努力保持自己的饮食传统。为此，他们携带种子，种植作物，并按照中国的方式加工食材。中国饮食不仅满足他们自身的需要，而且还在异域文化中传播开来，为蒙古人以及伊斯兰世界人民所接受。《国王词典》中收录的阿拉伯语对“筷子”的描述，亦是中国饮食影响伊斯兰世界的有力证明。[1]

1　《国王词典》记载阿拉伯语对筷子的称呼：吃面条时使用的两根木片。Peter B. Golden, et al. trs. & eds., *The King's Dictionary, the Rasūlid Hexaglot: Fourteenth Century Vocabularies in Arabic, Persian, Turkic, Greek, Armenian and Mongol*, p. 112。

结　语

一

蒙古对欧亚大陆的征服，打破了此前长期存在的政权间的壁垒，极大地增强了东西方在各个领域交流的通畅性。蒙元时代之前，西域各民族语言中杂乱的中国称谓，体现了交流不畅所造成的信息的滞后；而到了蒙元时代，伊斯兰世界对中国的认识和了解有了充分的更新和进步。

旭烈兀西征伊朗并在那里建立政权，是中伊两国建立亲密关系的开端。而跟随西征大军来到伊朗的中国人，则是将中国文明传播至伊朗的最直接实践者。这些中国移民的身份、职业各异，有军匠、医者、工匠、画师等技术人员，有僧、儒、道等能人异士，还有从后妃到从嫁人等地位高低不等的女性群体。他们或在伊利汗廷为统治者效力，或凭借一技之长在伊朗民间生存、发展，或是失去人身自由后从事底层的劳作。他们在日常的生活和工作中，有意或无意地将中国的风俗文化、技术方法浸入伊朗民间社会，成为中国文明在伊朗的最主要传播者。

使者是沟通中国与伊朗这两个相距遥远的国家的关键联络人。蒙元时期中伊两国密切关系的维护，与频繁的遣使活动相辅相成、密不可分。本书关于使者的专题研究，全面梳理了元朝与伊利汗国之间的遣使活动，对重要的遣使事件本末予以考述，通过新发现的史料，使过去学界对两国亲密关系的已有认知更加深化和具体化。尤其是对旭烈兀遣使告捷与运送战利品事件，以及阿八哈即位与元朝册封事件所做的史事性的补充和考订，使我们看到伊利汗国建立前后，中国统治政权对伊朗政治的强大影响。随着元朝和伊利汗国的先后建立，使者的类型及使团的组成惯例也体现出宗藩关系的稳定存在。

在物质交流专题中，笔者以矿石和植物这两大类物质为切入点，考察了中国的物质文明对伊朗乃至整个伊斯兰地区的深刻影响。其中矿石部分研究了玉石和“中国石”（“中国铁”）这两种实物。玉石在东方是一种被赋予了崇高文化含义和政治概念的石材，在蒙古人崛起之前，突厥、契丹民族对东方玉石文化的西传起到了重要的作用。随着蒙古人的西迁，汉文化影响下的玉石加工风格在伊朗流行，而“以玉为尊”的政治文化观念随着伊利汗国玺印制度的建立而传入伊朗，反映出蒙古统治时期中国制度对伊朗的影响。

在关于“中国石”“中国铁”的专题中，通过对波斯、阿拉伯文献丰富记载的梳理，结合汉文文献及考古资料，反驳了李约瑟极具影响力的“白铜”说及其他各类说法。本书考证认为波斯、阿拉伯文献中的“中国石”和“中国铁”最初是指中国的生铁加工技术所产生铁或铸铁材料，而后在漫长的岁月中，其含义变得模糊，被宽泛地指称中国出产的各种铜铁制品。生铁加工技术是古代中国的独创技术，且中国长久地保持着这项技术的世界领先地位。中国生产的生铁和生铁制成品大量出口海外，铸铁和生铁制钢制成的刀、剑、锅、鼎、镜子、镊子等武器和日用品长期是世界贸易中的畅销品。其对伊朗伊斯兰地区普罗大众的日常物质生活产生了广泛而深刻的影响。

在最后一章关于植物传播专题的研究中，重点介绍了拉施都丁所撰著的农书《迹象与生命》，并以其为基本史料，结合其他波斯文、阿拉伯文文献和汉文史料，考证了八种中国植物品种在伊朗的传播历史。尤其值得注意的是，这些植物传入伊朗，不仅具有物种传播的意义，还带动了中国饮食和饮食文化的西传。汉人在伊朗地区制作绿豆粉食，而吐蕃八哈失则将藏地的青稞种子带到伊朗，收获后像在故乡那样炒食。这些研究反映出生活在伊朗的中国移民相当程度上保持了自己的饮食习惯的可能性，也由此展现出他们在伊朗生存、生活的生动面貌。

二

笔者在导论中曾提出，本书的研究目的，是为了回答“中国究竟给伊朗带来了什么”这个大问题，在对移民、使者和物质交流这三个方面进行了专题研究后，现在就来尝试回答这个宏观问题。

要评估中国文明对伊朗的影响，可以从两方面进行。首先是中国移民在当地的社会影响力。对此，我们可以把他们与入华回回移民进行对比，从三个方面对两个群体进行比较。

第一是身份和地位。这很大程度取决于他们的职业。元朝入华回回人的主要职业是商人，尤其是担任蒙古统治者的斡脱。他们因擅长理财，获得统治者的重用。相较之下，伊利汗国的中国人则以技术类人员为主，从事营建、造作、医卜、方术等方面的工作。简而言之，回回人以商人为主，中国人以工匠为多。蒙元时期，商人和工匠的社会地位皆得到前所未有的提升，相较之下，蒙古人对财富的追求使他们更加重视商业的力量。有元一代，因理财能力而获宠的回回人众多，并且能够因此立足于庙堂之上。回回人在元朝势力之大，一度压倒汉臣群体，牙老瓦赤、奥都剌合蛮、阿合马、赛典赤·苫思丁、麦术丁、爱薛、赡思等人皆为元朝名臣。与之相比，伊利汗国的中国人地位远不及此，势力也没有那么大，甚至能够留下名字的都很少。根据现有研究，这些伊利汗国的中国移民多从事服务性、技术性工作，罕有参与政治者，更难以形成政治势力。从这方面评价，伊利汗国的中国人地位不及元朝的回回人。

第二是群体的社会影响力。这其实与身份和地位息息相关。元朝时，回回的语言波斯语与蒙古语和汉语同样被列为三种官方语言之一，公文书、牌子、外交书信中常常有波斯文译文，[1]元朝还成立了从事波斯语教学、翻译的回回国子学。[2]而汉语在伊朗就没有这种影响力了。但从拉施都丁的记载中可以了解到，伊利汗的宫廷和学术机构中有汉语译人工作，拉施都丁本人也对汉语有着浓厚的兴趣。此外，按照《史集》的说法，合赞汗有汉人老师，他本人也懂

1　刘迎胜：《波斯语在东亚的黄金年月的开启及终结》，原载《新疆师范大学学报》2013年第1期，此据氏著《华言与蕃音——中古时代后期东西交流的语言桥梁》，上海古籍出版社，2013。

2　刘迎胜：《中国官办波斯语教学教材源流研究》，原载《南京大学学报》1991年第3期，此据氏著《华言与蕃音——中古时代后期东西交流的语言桥梁》。

得汉语。[1] 同时，一些如万家奴这样受汉文化影响较深的畏兀儿人、西辽人亦能使用汉语。[2] 因此在伊利汗国，汉语可能在小范围内被使用，至少在汉人聚居区，是能够通用的。

第三是历史印迹。这是从更长远的视角来评估移民影响。入华回回人给中国带来的最大的历史印迹无疑是回族的形成和伊斯兰教在中国的传布，这从某种意义上已经充分证明了入华回回人的时代影响。与之相比，伊朗的中国移民则显得默默无闻，尽管他们在社会生活、艺术制造、医学科技等方面给伊朗伊斯兰文明带去了广泛的影响，但政坛上的失语，使中国移民群体的影响力明显不足。他们就像入华的粟特人一样，皆未能长久地保持其独特性，最终融入了伊朗的文化土壤中。

其次，与中国移民的社会影响力不同，中国的工艺制造成为对世界产生深刻影响的民族名片。关于中国人的工匠技能和中国的手工业制品在伊朗的传播情况，本书已经做了详细的阐述。伊斯兰世界人民对中国人的工艺技能一直给予高度评价和认可，几乎每一位见识到中国工艺水平的穆斯林，都不吝言辞地表达了惊叹和震撼。蒙元时代来访中国的伊本·白图泰这样描述中国人的精湛技艺：

> 中国人是各民族中最精于工艺者，这是远近驰名的，许多人在作品中已不惮其烦地谈到。譬如绘画的精巧，是罗姆等人所不能与他们相比的。他们在这方面是得天独厚，具有天

1 《史集》汉译本，第 3 卷，第 354 页。

2 阿拉伯史家 Ibn Fūwaṭī 的《传记辞书》(*Majmaʿ al-Ādāb fī Muʿjam al-Alqāb*) 记录了完者都汗军队中的一个西辽人懂得汉语；还有一名生长在不花剌的可失哈耳人乞牙思丁（Ghiyas al-Dīn）随蒙古那颜阿鲁（Arūq）来到了报达，他也会说汉语。见 Devin DeWeese, "Cultural Transmission and Exchange in the Mongol Empire: Notes from the Biographical Dictionary of Ibn al-Fuwaṭī" , in: *Beyond the Legacy of Genghis Khan*, ed. by Linda Komaroff, pp. 24-25。

才的。[1]

伊斯兰地区进口的中国货物，种类繁多，层次丰富，既有高档而奢侈的瓷器、丝绸及艺术品，也有实用而廉价的镜子、锅釜、刀剪、镊子等生活日用品。从某方面来说，后者更多地进入到普罗大众的日常生活中，对整个社会的影响更加广泛和深入。

如果将文明按照“精神文明”和“物质文明”的角度来划分，中国文明对伊朗的影响，更多体现在物质文明层面：生产技术、货物商品、物种移植，以及大范围的经济影响。中国文明的影响并非疾风骤雨、倏来忽往，而是和风细雨、润物无声。中国文明不热衷于以压迫性的力量搅动世界风云，却用“中国制造”在历史的漫漫长河中为改善世界人民的生活默默贡献着力量。

在全球化的今天，中国是世界上唯一一个具备全产业链（完整工业体系）的国家。中国人与世界的主要财富交流，几乎都是以工业制造为基础的。大到中国公司在非洲修建高铁，小到浙江义乌出口的日用小商品，中国人和中国制造生生不息地走进世界的各个角落。

最后，让我们以波斯著名的诗人哈菲兹的诗歌作为本书的结束。

一个商队从中国来了，
香气飘散了几十里。
带着芳香的丝绸和窃取的樟脑，

1　伊本·白图泰:《伊本·白图泰游记》，马金鹏译，宁夏人民出版社，2000，第 543 页。参看英译本 *The Travels of Ibn Baṭṭūṭa, A.D. 1325-1354*, Vol. 4, tr. & ed. by C. Defrémery and B. R. Sanguinetti, London: The Hakluyt Society, 1994, p. 891。

还有蔷薇油和没药。

哦，商人啊，告诉我你带来了什么？
伴随着悦耳的驼铃声。
你已跋涉了多少岁月，
萦绕在这些熏香之中。

我的商品是一位美丽的姑娘，
她散开了长长的秀发。
就是这款香味，
在空气中飘荡。

她的脸庞富有异域的风情，
我觉得她美得不似凡人；
她的美丽如同魔鬼之手，
令我忍不住颤抖。

我的货物是小小的月亮，
她的美颈如天神女儿一样。
握紧双手开始吟唱：哈菲兹啊，就是这样，
微风中处处是香料的芬芳。[1]

1 Richard Le Gallienne tr., *Odes from the Divan of Hafiz*, London: Duckworth, 1905, pp. 109-110.

参考文献

一　史料

（一）波斯文、阿拉伯文

Abū al-Fidā᾿ Ismā῾īl ibn ῾Alī, *Kitāb Taqwīm al-Buldān*, Paris: Dār al-Ṭibā῾a al-Sulṭānīya, 1840.

——*Géographie d'Aboulféda*, traduit de l' arabe en français par M. Reinaud, Paris: Imprimérie Royale, 1883.

Akhbār-i Mughūlān dar Anbāna-᾿i Mullā Quṭb, ed. by Īraj Afshār,

Qom: Kitābkhāna-yi Buzurg-i Ḥażrat Āyat Allāh al-ʿUẓmā Marʿashī Najafī, 2010.

Bakrān, Muḥammad ibn Najīb, *Jahān-nāma: Matn-i Jughrāfiyā-ʾī Tārīf shūda dar 605 Hijrī*, ed. by Muḥammad Amīn Riyāḥī, Tehran: Intishārāt-i Kitābkhāna-yi Ibn Sīnā, 1963.

Banākatī, Dāvūd ibn Muḥammad, *Tārīkh-i Banākatī*, ed. by Jaʿfar Shiʿār, Tehran: Intishārāt-i Anjuman-i Āsār-i Millī, 1969.

Bayhaqī, Abū al-Fażl Muḥammad ibn Ḥusayn, *Tārīkh-i Bayhaqī*, ed. by Muḥammad Jaʿfar Yāḥaqqī & Mahdī Sayīdī, Tehran: Intisharāt-i Suḥan, 2009, 2 vols.

Bīrūnī, Muḥammad ibn Aḥmad, *Alberuni's India*, Vol. 1, tr. & ed. by Edward C. Sachau, London: Kegan Paul, Trench, Trübner, 1910.

——*Al-Biruni's Book on Pharmacy and Materia Medica*, tr. & ed. by Hakim Mohammed Said and Sami K. Hamarneh, Karachi: Hamdard National Foundation, 1973, 2 vols.

——*Taḥqīq mā lil-Hind*, Beirut: ʿĀla al-Kutub, 1983.

——*Kitāb al-Ṣaydana fī al-Ṭibb*, ed. by ʿAbbās Zaryāb, Tehran: Markaz-i Nashr-i Dānishgāhī, 1991.

——*Al-Jamāhir fī al-Jawāhir*, ed. by Yūsuf Hādī, Tehran: Shirkat al-Nashr al-ʿIlmī wa-al-Thaqāfī, 1995.

——*Kitāb al-Ṣaydana fī al-Ṭibb*, tr. into Persian by B. Muẓaffarzāda, Tehran: Farhangistān-i Zabān va Adab-i Farsī, 2004.

Dimashqī, Shams al-Dīn Muḥammad ibn Abī Ṭālib, *Nukhbat al-Dahr fī ʿAjāʾib al-Barr wa al-Baḥr*, tr. into Persian by Ḥamīd Ṭabībiyān, Tehran: Asāṭīr, 2003.

Gallienne, R. L. (tr.), *New Nightingale, New Rose: Poems from the*

Divan of Hafiz, California: Bardic Press, 2003.

Gardīzī, ʿAbd al-Ḥayy ibn Żaḥḥāk, *Zayn al-Akhbār*, ed. by Raḥīm Riżāzāda Malik, Tehran: Anjuman-i Ās̱ār va Mafākhir-i Farhangī, 2005. 汉译参看：瓦·弗·巴托尔德：《〈加尔迪齐著《记述的装饰》摘要〉——〈中亚学术旅行报告（1893—1894年）〉的附录》，王小甫译，陈继周校，《西北史地》1983年第4期。英译参看：A. P. Martinez, "Gardīzī's Two Chapters on the Turks"，*Archivum Eurasiae Medii Aevi*, Vol. 2, ed. by P. B. Golden, T. Halasi-Kun and Th. S. Noonan, 1982。

Ḥāfiẓ-i Abrū, ʿAbd Allāh ibn Lutf Allāh, *Jughrāfiyā-yi Ḥāfiẓ-i Abrū, Mushtamil bar Jughrāfiyā-yi Tārīkhī-yi Diyār-i ʿArab, Maghrib, Andalus, Miṣr va Shām,* ed. by Ṣādiq Sajjādī, Tehran: Intishārāt-i Bunyān; Daftar-i Nashr-i Mīrās̱-i Maktūb, 1997-1999, 3 vols.

Ḥudūd al-ʿĀlam: A Persian Geography, 372 A.H.-982 A.D., 2d ed., tr. by V. Minorsky; ed. by C. E. Bosworth, London: Luzac & Co., 1970.

Ibn al-Athīr, ʿIzz al-Dīn, *Al-Kāmil fī al-Tārīkh*, ed. by C. J. Tornberg, Beirut: Dar Ṣādir, 1965. 英译本：*The Chronicle of Ibn al-Athīr for the Crusading Period from al-Kāmil fī ʾl-Taʾrīkh*, tr. by D. S. Richards, Aldershot; Burlington: Ashgate, 2006-2008, 3 parts。

Ibn Baṭṭūṭa, Abū ʿAbd Allāh Muḥammad, *Riḥlat Ibn Baṭṭūṭa: al-Musammāh Tuḥfat al-Nuẓẓār fī gharāʾib al-amṣār wa ʿAjāʾib al-Asfār*, ed. by ʿAbd al-Hādī al-Tāzī, Rabat (Morrocco): Akādīmīyat al-Mamlakah al-Maghribīyah, 1997. 英译本：*The Travels of Ibn Baṭṭūṭa, A.D. 1325-1354*, tr. & ed. by C. Defrémery and B. R. Sanguinetti, ed. by H. A. R. Gibb and etc., Cambridge; London: The Hakluyt Society, 1950-2000。汉译本：伊本·白图泰：《伊本·白图泰游记》，马金鹏译，宁

夏人民出版社，2000。

Ibn al-Bayṭār, *Grosse Zusammenstellung über die Kräfte der bekannten einfachen Heil- und Nahrungsmittel*, Band 2, übers. von Joseph von Sontheimer, Stuttgart: Hallberger'sche Verlagshandlung, 1840.

——*Traité des simples*, tome 2, traduction de Lucien Leclerc, Paris: Imprimerie Nationale, 1881.

Ibn al-Khaṭīb, *Al-Iḥāṭah fī Akhbār Gharnāṭah*, Vol. 3, ed. by Yūsuf ʿAlī Ṭawīl, Beirut: Dār al-Kutub al-ʿIlmīyah, 2003.

al-Idrīsī, Abū ʿAbd Allāh Muḥammad, *Nuzhat al-Mushtāq fī Ikhtirāq al-ʿAfāq*, Beirut: ʿĀlam al-Kutub, 1989, 2 vols.

Isfazārī, Muʿīn al-Dīn Muḥammad Zhamchī, *Rawẓāt al-Jannāt fī Ūṣāf-i Madīnat-i Hirāt*, ed. by Muḥammad Kāẓim Imām, Tehran: Dānishgāh-i Tihrān, 1959.

Jawzjānī, Minhāj Sirāj, *Ṭabaqāt-i Nāṣirī: yā Tārīkh-i Īrān va Islām*, ed. by ʿAbd al-Ḥayy Ḥabībī, Tehran: Dunyā-yi Kitāb, 1984.

——*Tabaḳāt-i-Nāṣiri: A General History of the Muḥammadan Dynasties of Asia, including Hindūstān, from A.H. 194 (810 A.D.) to A.H. 658 (1260 A.D.) and the Irruption of the Infidel Mughals into Islām*, tr. & ed. by Major H. G. Raverty, London: Gilbert & Rivington, 1881, 2 vols.

Juvaynī, ʿAlāʾ al-Dīn ʿAṭā Malik, *Tarikh-i-Jahān-gushā*, ed. by Mīrzā Muḥammad ibn ʿAbduʾl-Wahhāb-i-Qazvini, E. J. W. Gibb Memorial Series 16/1-3, Leiden: Brill; London: Luzac & Co., 1912-1937, 3 vols. 汉译本：志费尼:《世界征服者史》，何高济译，商务印书馆，2004。

——*Tārīkh-i Jahāngushā*, ed. by Ḥabīb Allāh ʿAbbāsī & Īraj

Mihrakī, Tehran: Zavvār, 2006.

Kāshānī, Abū al-Qāsim, *'Arāyis al-Javāhir va Nafāyis al-Aṭāyib*, ed. by Īraj Afshār, Tehran: Intishārāt-i Alma'ī, 2006.

al-Kāshgharī, Maḥmūd ibn al-Ḥussayn ibn Muḥammad, *Compendium of the Turkic Dialects*, tr. & ed. by Robert Dankoff & James Kelly, Cambridge, Mass.: Harvard University Printing Office, 1982-1985, 3 parts. 汉译本：麻赫默德·喀什噶里:《突厥语大词典》，民族出版社，2002。

Kāshifī, Ḥusayn Vā'iẓ, *The Anvār-i Suhaylī (The Lights of Canopus)*, tr. & ed. by Edward Backhouse Eastwick, Hertford: Stephen Austin, 1854.

al-Kindī, Yaqūb ibn Ishāq, *Kitāb Khawāṣ al-Jawāhir*, MS in National Library and Archives of Egypt.

Khiṭā'ī, 'Alī Akbar, *Khiṭāy-nāma*, ed. by Īraj Afshār, Tehran: Markaz-i Asnād-i Farhangī-yi Āsiyā, 1978.

Marvazī, *Sharaf al-Zamān Ṭāhir Marvazī on China, the Turks and India*, tr. & ed. by Vladimir Minorsky, London: Royal Asiatic Society, 1942. 汉译参看：胡锦州、田卫疆译《马卫集论中国》,《中亚研究资料：中亚民族历史译丛》(一)，新疆社会科学院中亚研究所，1985。

Mas'ūdī, 'Alī ibn al-Ḥusayn, *Les Prairies d'Or*, tome 1, Texte et traduction par C. Barbier de Meynard et Pavet de Courteille, Paris: Imprimerie Impériale, 1861. 汉译本：马苏第:《黄金草原》，耿昇译，青海人民出版社，1998。

Māzandarānī, 'Abd Allāh ibn Muḥammad, *Die Resālä-ye Falakiyyä des 'Abdollāh ibn Moḥammad ibn Kiyā al-Māzandarānī: Ein persischer Leitfaden des staatlichen Rechnungswesens (um 1363)*, hrsg. von Walther

Hinz, Wiesbaden: Franz Steiner, 1952.

Mīr Khwānd, Muḥammad ibn Khāvandshāh, *The Rauzat-us-Safa (Garden of Purity)*, tr. by E. Rehatsek, ed. by F. F. Arbuthnot, London: Royal Asiatic Society, 1891-1894, 2 parts in 5 vols.

Mufaḍḍal ibn Abī al-Faza'il, *Moufazzal ibn Abil-Fazail: Histoire des Sultans Mamlouks*, Fasc. 2, Texte Arabe Publié et Traduit en français par E. Blochet, Turnhout: Éditions Brepols, 1982.

Muḥammad ibn Hindūshāh Nakhjavānī, *Dastūr al-Kātib fī Ta'yīn al-Marātib*, *Дастӯр ал-кāтиб фӣ та'йӣн ал-марāтиб*, Т. 2, критический текст, предисловие и указатели А. А. Али-заде, Москва: Издательства “Наука” Глав. ред. восточной лит-ры, 1976.

Mustawfī Qazvīnī, Ḥamd Allāh, *Tārīkh-i Guzīda*, ed. by ʻAbd al-Ḥusayn Navāyī, Tehran: Amīr Kabīr, 1960.

——*Ẓafar-nāma*, ed. by Naṣr Allāh Pūrjavādī & Nuṣrat Allāh Rastigār, Tehran: Markaz-i Nashr-i Dānishgāhī; Wien: Verlag der Österreichischen Akademie der Wissenschaften, 1999, 2 vols.

——*Geographical Part of the Nuzhat al-Qulūb*, ed. by G. Le Strange, Leiden: E. J. Brill; London: Luzac & Co., 1915. 英译本：*Geographical Part of the Nuzhat al-Qulūb*, tr. by G. Le Strange, Leiden: E. J. Brill; London: Luzac & Co., 1919。

Narshakhī, Muḥammad ibn Jaʻfar, *Tārīkh-i Bukhārā*, tr. into Persian by Abū Naṣr Aḥmad ibn Muḥammad Naṣr Qabāvī, ed. by Mudarris Rażavī, Tehran: Tūs, 1984.

Nasavī, Muḥammad ibn Aḥmad, *Sīrat-i Jalāl al-Dīn Mīnkubirnī*, tr. from Arabic to Persian in the 13th c., ed. by Mujtabā Mīnūvī, chāp-i 2, Tehran: Shirkat-i Intisharāt-i ʻIlmī va Farhangī, 1986.

Nayshābūrī, Muḥammad ibn Abī al-Barakāt Jawharī, *Javāhir-nāma-ʾi Niẓāmī*, ed. by Īraj Afshār, Tehran: Mīrāṣ-i Maktūb, 2004.

Qāshānī, Abū al-Qāsim ʿAbd-Allāh ibn Muḥammad, *Tārīkh-i Ūljāytū*, ed. by Mahīn Hambalī, Tehran: Bungāh-i Tarjuma va Nashr-i Kitāb, 1969.

Qazvīnī, Zakariyā ibn Muḥammad, *ʿAjāʾib al-Makhlūqāt va Gharāʾib al-Mawjūdāt*, tr. by anonymous translator, ed. by Yūsuf Bayg Bābāpūr and Masʿūd Ghulāmīya, Qom: Majmaʿ-i Ẕakhāʾir-i Islāmī, 2012.

——*Āṣār al-Bilād va Akhbār al-ʿIbād*, tr. into Persian by Jahāngīr Mīrzā Qājār, ed. by Mīr Hāshim Muḥaddiṣ, Tehran: Muʾassasa-ʾi Intishārāt-i Amīr Kabīr, 1994-1995.

Rashīd al-Dīn Fażl Allāh, *Jāmiʿ al-Tavārīkh*, Tehran: Kitābkhāna-yi Majlis-i Shurāy-i Millī, MS. 2294.

——*Jāmiʿ al-Tavārīkh*, Istanbul: Topkapı Sarayı Müzesi Kütüphanesi, MS. Revan 1518.

——*Jāmiʿ al-Tavārīkh*, Tashkent: Abu Rayhan Biruni Institute of Oriental Studies of the Academy of Sciences of the Republic of Uzbekistan, MS. 1620.

——*Jāmiʿ al-Tavārīkh*, Vol. 3, ed. by ʿA. ʿA. ʿAlīzāda, Baku: Farhangistān-i ʿUlūm-i Jumhūr-i Shuravī-yi Sūsīyālistī-yi Āẕarbāyjān, 1957.

——*Jāmiʿ al-Tavārīkh*, Vol. 1, pt. 1, ed. by A. A. Romaskevich, L. A. Khetagurov and ʿA. ʿA. ʿAlīzāda, Moscow: Intishārāt-i Dānish, 1965.

——*Vaqfnāma-ʾi Rabʿ-i Rashīdī*, ed. by M. Minūvī and Ī. Afshār, chap-i ʿaksī, Tehran: Anjuman-i Āṣār-i Millī, 1971.

——*Tanksūqnāma: yā Ṭibb-i Ahl-i Khitā*, ed. by M. Mīnuvī, Tehran: Intishārāt-i Dānishkada-'i Adabiyāt va 'Ulūm-i Insānī-yi Dānishgāh-i Tihrān, 1972.

——*Vaqfnāma-'i Rab'-i Rashīdī*, ed. by M. Minūvī and Ī. Afshār, chap-i ḥurūfī, Tehran: Anjuman-i Ās̱ār-i Millī, 1977.

——*Jāmi' al-Tavārīkh*, Vol. 2, pt. 1, ed. by 'A. 'A. 'Alīzāda, Moscow: Intishārāt-i Dānīsh, Shu'ba-yi Adabiyyāt-i Khāvar, 1980.

——*Savāniḥ al-Afkār-i Rashīdī*, ed. by M. T. Dānishpazhūh, Tehran: Kitābkhāna-yi Markazī va Markaz-i Asnād, 1980.

——*Ās̱ār va Aḥyā'*, ed. by M. Sutūda and Ī. Afshār, Tehran: McGill University-Tehran University Press, 1989.

——*Jāmi' al-Tavārīkh: Tārīkh-i Hind va Sind va Kishmīr*, ed. by Muḥammad Rawshan, Tehran: Mīrās̱-i Maktūb, 2005.

——*Jāmi' al-Tavārīkh: Tārīkh-i Aqvām-i Pādshāhān-i Khitāy*, ed. by Muḥammad Rawshan, Tehran: Mīrās̱-i Maktūb, 2006. 德译本：*Die Chinageschichte des Rašīd ad-Dīn*, übers. u. komm. von Karl Jahn, Wien; Köln; Graz: Böhlau im Komm., 1971。

Sa'dī, Muṣliḥ al-Dīn, *Kullīyāt-i Sa'dī*, ed. by Muḥammad 'Alī Furūghī, Tehran: Hirmis, 2006.

Shabānkāra'ī, Muḥammad ibn 'Alī ibn Muḥammad, *Majma' al-Ansāb*, ed. by Mīr Hāshim Muḥaddis̱, Tehran: Amīr Kabīr, 2002, 2 vols.

Sīrāfī, Abū Zayd Ḥasan ibn Yazīd & al-Tājir Sulaymān, *Aḥbār aṣ-Ṣīn wa l-Hind. Relation de la Chine et de l'Inde rédigée en 851*, Texte établi, traduit et commenté par Jean Sauvaget, Paris: Belles Lettres, 1948. 汉译本:《中国印度见闻录》，穆根来、汶江、黄倬汉译，中华

书局，1983；《苏莱曼东游记》，刘半农、刘小蕙译，华文出版社，2016。

Tattavī, Qāzī Aḥmad and Āṣaf Khān Qazvīnī, *Tārīkh-i Alfī*, Vol. 6, ed. by Ghulām Riżā Ṭabāṭabāyī Majd, Tehran: Intishārāt-i ʿIlmī va Farhangī, 2003.

The King's Dictionary, the Rasūlid Hexaglot: Fourteenth Century Vocabularies in Arabic, Persian, Turkic, Greek, Armenian and Mongol, tr. & ed. by Peter B. Golden et al., Leiden; Boston; Köln: Brill, 2000.

al-Tīfāshī, Abu al-ʿAbbās Aḥmad ibn Yūsuf al-Qaysī, *Kitāb al-Aḥjār al-Mulūkīt*, MS in National Library and Archives of Egypt.

Ṭūsī, Naṣīr al-Dīn, *Tansūkh-nāma-ʾi Ilkhānī*, ed. by Madris Rażavī, Tehran: Intishārāt-i Buniyād-i Farhang-i Īrān, 1989.

Vaṣṣāf al-Ḥażrat, *Tārīkh-i Vaṣṣāf al-Ḥażrat*, Bombay: Muḥammad Mahdī Iṣfahānī 1853, 5 vols in 1.

——*Geschichte Wassaf's*, hrsg. u. übers. von Hammer-Purgstall, Wien: Verlag der Österreichischen Akademie der Wissenschaften, 2010, 4 Bände.

——*Tajziyat al-Amṣār wa Tazjiyat al-Aʿṣār*, Vol. 4, ed. by ʿAlī-Riżā Ḥājyān Nizhād, Tehran: Intishārāt-i Dānishgāh-i Tihrān, 2009.

Zarkūb Shīrāzī, Aḥmad ibn Abī al-Khayr, *Shīrāz-nāma*, ed. by Bahman Karīmī, Tehran: Maṭbaʿa-yi Rawshanāʾī, 1931.

——*Shīrāz-nāma*, ed. by Ismāʿīl Vāʿiẓ Javādī, Tehran: Intishārāt-i Bunyād-i Farhang-i Īrān, 1971.

（二）汉文

《白居易集》，顾学颉校，中华书局，1979。

《本草纲目新校注本（第三版）》，李时珍著，刘衡如、刘山永校注，华夏出版社，2008。

《本草图经辑校本》，苏颂撰，尚志钧辑校，学苑出版社，2017。

《本心斋蔬食谱》，陈达叟撰，商务印书馆，1936。

《藏春集》，刘秉忠撰，《景印文渊阁四库全书》1191 册，台北：台湾商务印书馆，2008。

《长春真人西游记》，李志常撰，顾宏义、李文整理《金元日记丛编》，上海书店出版社，2013。

《〈长春真人西游记〉校注》，李志常撰，王国维校注，《海宁王静安先生遗书》第 13 册，商务印书馆，1940。

《重修政和经史证类备用本草》，唐慎微撰，人民卫生出版社，1957 年影印原刻晦明轩本。

《淳熙三山志》，梁克家纂修，李勇先点校，《宋元珍稀地方志丛刊》甲编 5—7，四川大学出版社，2007。

《淳祐临安志》，施谔撰，《宋元方志丛刊》第 4 册，中华书局，1990。

《滋溪文稿》，苏天爵著，陈高华、孟繁清点校，中华书局，1997。

《鞑靼译语》，《北京图书馆古籍珍本丛刊》6 辑，书目文献出版社，1990。

《大元至元辨伪录》，释祥迈撰，《北京图书馆古籍珍本丛刊》77

辑，书目文献出版社，1998。

《岛夷志略校释》，汪大渊著，苏继庼校释，中华书局，1981。

《高昌馆译书》,《北京图书馆古籍珍本丛刊》6辑，书目文献出版社，1990。

《汉书》，班固撰，中华书局，1962。

《杭州上天竺讲寺志》，释广宾撰，杭州出版社，2007。

《黑鞑事略》，彭大雅撰，徐霆疏证，中华书局，1985。

《华夷译语》,《北京图书馆古籍珍本丛刊》6辑，书目文献出版社，1990。

《回回药方考释》，宋岘考释，中华书局，2000。

《建炎以来朝野杂记》，李心传撰，徐规点校，中华书局，2000。

《旧唐书》，刘昫撰，中华书局，1975。

《旧五代史》，薛居正等撰，中华书局，1976。

《居家必用事类全集》,《北京图书馆古籍珍本丛刊》61辑，书目文献出版社，1988。

《李白集校注》，瞿蜕园、朱金城校注，上海古籍出版社，1980。

《荔枝谱》，蔡襄撰,《百川学海》癸集，武进陶氏景刻本，1927。

《辽史》，脱脱等撰，中华书局，1974。

《蒙鞑备录》，赵珙撰，李国强整理，大象出版社，2019。

《梦梁录》，吴自牧撰，知不足斋丛书本。

《秘书监志》，高荣盛点校，浙江古籍出版社，1992。

《牧庵集》，姚燧撰，四部丛刊初编本。

《农桑辑要》，石声汉校注，中华书局，2014。

《齐民要术校释（第二版）》，贾思勰著，缪启愉校释，中国农业出版社，1998。

《千金翼方校释》，孙思邈著，李景荣等校释，人民卫生出版社，1998。

《乾道临安志》，周淙撰，《南宋临安两志》，浙江人民出版社，1983。

《清容居士集》，袁桷撰，四部丛刊本。

《秋涧集》，王恽撰，四部丛刊本。

《全元诗》，杨镰主编，中华书局，2013。

《〈儒门事亲〉校注》，张从正撰，张海岑等校注，河南科学技术出版社，1984。

《汝南圃史》，周文华撰，《续修四库全书》1119 册，上海古籍出版社，2002。

《史记》，司马迁撰，中华书局，1982。

《仕学规范（外二种）》，张镃撰，文渊阁《四库全书》875 册，上海古籍出版社，1993 年影印本。

《庶斋老学丛谈》，盛如梓撰，中华书局，1985。

《树艺篇》，《续修四库全书》977 册，上海古籍出版社，2002。

《宋会要辑稿》，徐松辑，中华书局，1957 年影印本。

《宋氏家要部》，宋诩撰，《北京图书馆古籍珍本丛刊》61 辑，书目文献出版社，1988。

《苏轼诗集》，王文诰辑注，孔凡礼点校，中华书局，1982。

《太医张子和先生儒门事亲》，张子和撰，元中统三年（1262）刻本，北京大学图书馆藏，典藏号：NC/7910/1321。

《唐六典》，李林甫等撰，陈仲夫点校，中华书局，1992。

《通制条格校注》，方龄贵校注，中华书局，2001。

《王祯农书》，王祯撰，孙显斌、攸兴超点校，湖南科学技术出版社，2014。

《委兀儿译语》,《北京图书馆古籍珍本丛刊》6 辑，书目文献出版社，1990。

《吴邑志》，杨循吉、苏佑纂，明嘉靖八年（1529）刻本。

《武经总要》，曾公亮、丁度撰,《中国兵书集成》，解放军出版社、辽沈书社，1988 年影印本。

《西湖游览志》，田汝成辑撰，尹晓宁点校，上海古籍出版社，2017。

《西使记》，刘郁撰，顾宏义、李文整理《金元日记丛编》，上海书店出版社，2013。

《西游录》，耶律楚材著，向达校注，中华书局，1981。

《咸淳临安志》，潜说友纂修,《宋元方志丛刊》第 4 册，中华书局，1990。

《续资治通鉴长编》，李焘撰，中华书局，1979—1995。

《雪楼集》，程钜夫撰，元代珍本文集汇刊本，台北:“中央”图书馆，1970。

《遗山集》，元好问撰，四部丛刊本。

《〈饮膳正要〉注释》，忽思慧著，尚衍斌等注释，中央民族大学出版社，2009。

《永乐大典》，中华书局，1984。

《寓庵集》，李庭撰,《元人文集珍本丛刊》第 1 辑，台北：新文丰出版公司，1985。

《御药院方》，许国桢（祯）著，王淑民、关雪点校，人民卫生出版社，1992。

《元朝秘史（校勘本）》，乌兰校勘，中华书局，2012。

《元典章》，陈高华等点校，中华书局、天津古籍出版社，2011。

《元诗选二集》，顾嗣立编，中华书局，1987。

《元史》，宋濂等撰，中华书局，1976。

《元文类》，苏天爵编，四部丛刊本。

《增定华夷译语》，《北京图书馆古籍珍本丛刊》6辑，书目文献出版社，1990。

《真腊风土记校注》，周达观著，夏鼐校注，中华书局，1981。

《至正集》，许有壬撰，《元人文集珍本丛刊》第7辑，台北：新文丰出版公司，1985。

（三）其他文种

Bar Hebraeus, *The Chronography of Gregory Abū'l Faraj, the Son of Aaron, the Hebrew Physician Commonly Known as Bar Hebraeus: Being the First Part of His Political History of the World*, Vol. 1, tr. by Ernest A. Wallis Budge, London: Oxford university press, H. Milford, 1932.

González de Clavijo, R., *Historia del gran Tamorlan*, En Madrid en la imprenta de Don Antonio de Sancha se hallará en su librería en la Aduana Vieja, 1782. 英译本：*Clavijo: Embassy to Tamerlane 1403-1406*, tr. by Guy Le Strange, London: George Routledge & Sons, 1928。汉译本：《克拉维约东使记》，杨兆钧译，商务印书馆，1957。

Het'um the Historian, *History of the Tartars*, tr. by Robert Bedrosian, Sources of the Armenian Tradition, Long Branch, New Jersey, 2004.

二　研究论著

（一）汉文

1. 专著

阿里·玛扎海里：《丝绸之路——中国—波斯文化交流史》，耿昇译，新疆人民出版社，2006。

巴托尔德：《蒙古入侵时期的突厥斯坦》，张锡彤、张广达译，上海古籍出版社，2011。

——《中亚突厥史十二讲》，罗致平译，中国社会科学出版社，1984。

白云翔：《先秦两汉铁器的考古学研究》，科学出版社，2005。

北京大学东方语言文学系波斯语教研室编《波斯语汉语词典》，商务印书馆，1981。

北京科技大学冶金与材料史研究所：《铸铁中国——古代钢铁技术发明创造巡礼》，冶金工业出版社，2011。

伯戴克：《中部西藏与蒙古人》，张云译，兰州大学出版社，2010。

蔡美彪：《辽金元史考索》，中华书局，2012。

陈得芝：《蒙元史研究丛稿》，人民出版社，2005。

——《中国通史》第8卷《中古时代·元时期》上册，上海人民出版社，2013。

陈高华、史卫民：《元代大都上都研究》，中国人民大学出版社，2010。

党宝海:《蒙元驿站交通研究》，昆仑出版社，2006。

道森编《出使蒙古记》，吕浦译，周良霄注，中国社会科学出版社，1983。

丁谦:《西使记地理考证》,《浙江图书馆丛书》第2集，浙江图书馆校刊，1915。

多桑:《多桑蒙古史》，冯承钧译，商务印书馆，2013。

范伊然:《南海考古资料整理与述评》，科学出版社，2013。

方龄贵:《古典戏曲外来语考释词典》，汉语大词典出版社、云南大学出版社，2001。

菲尔多西:《列王纪全集》，张鸿年、宋丕方译，湖南文艺出版社，2001。

费琅:《阿拉伯波斯突厥人东方文献辑注》，耿昇、穆根来译，中华书局，1989。

冯继钦、孟古托力、黄凤岐:《契丹族文化史》，黑龙江人民出版社，1994。

冯家昇:《火药的发明和西传》，上海人民出版社，1954。

冯家昇等编《维吾尔族史料简编》(上)，民族出版社，1958。

福建省泉州海外交通史博物馆:《泉州湾宋代海船发掘与研究(修订版)》，海洋出版社，2017。

戈岱司编《希腊拉丁作家远东古文献辑录》，耿昇译，中华书局，1987。

格鲁塞:《草原帝国》，蓝琪译，商务印书馆，1998。

耿世民:《耿世民新疆文史论集》，中央民族大学出版社，2001。

广东省文物考古研究所:《2011年“南海I号”的考古试掘》，科学出版社，2011。

韩儒林:《穹庐集》，河北教育出版社，2000。

何红中、惠富平:《中国古代粟作史》，中国农业科学技术出版社，2015。

何堂坤:《中国古代铜镜的技术研究》，紫禁城出版社，1999。

洪钧著，田虎注《元史译文证补校注》，河北人民出版社，1990。

华道安:《中国古代钢铁技术史》，李玉牛译，四川人民出版社，2018

黄时鉴:《黄时鉴文集》，中西书局，2011。

火者·盖耶速丁:《沙哈鲁遣使中国记》，何高济译，中华书局，2002。

贾敬颜、朱风:《蒙古译语、女真译语汇编》，天津古籍出版社，1990。

劳费尔:《中国伊朗编》，林筠因译，商务印书馆，1964。

李经纬、林昭庚:《中国医学通史（古代卷）》，人民卫生出版社，2000。

李约瑟:《中国科学技术史》第 5 卷第 2 分册，科学出版社、上海古籍出版社，2010。

廖泽余、马俊民编《维汉词典（修订本）》，新疆人民出版社，2006。

林梅村:《西域文明——考古、民族、语言和宗教新论》，东方出版社，1995。

刘旭:《中国古代火药火器史》，大象出版社，2004。

刘迎胜:《〈回回馆杂字〉与〈回回馆译语〉研究》，中国人民大学出版社，2008。

——《察合台汗国史研究》，上海古籍出版社，2011。

——《海路与陆路——中古时代东西交流研究》，北京大学出版社，2011。

——《华言与蕃音——中古时代后期东西交流的语言桥梁》，上海古籍出版社，2013。

——《蒙元帝国与13—15世纪的世界》，生活·读书·新知三联书店，2013。

卢保奇、冯建森:《玉石学基础（第二版）》，上海大学出版社，2012。

卢嘉锡总主编，王兆春著《中国科学技术史·军事技术卷》，科学出版社，1998。

卢嘉锡总主编，韩汝玢、柯俊主编《中国科学技术史·矿冶卷》，科学出版社，2007。

梅维恒、郝也麟:《茶的世界史》，高文海译，商务印书馆（香港）有限公司，2013。

那木吉拉:《中国阿尔泰语系诸民族神话比较研究》，学习出版社，2010。

内蒙古自治区文物考古研究所、哲里木盟博物馆:《辽陈国公主墓》，文物出版社，1993。

潘吉星:《中外科学技术交流史论》，中国社会科学出版社，2012。

邱轶皓:《蒙古帝国视野下的元史与东西文化交流》，上海古籍出版社，2019。

荣新江:《中古中国与粟特文明》，生活·读书·新知三联书店，2014。

山西博物馆、海南省博物馆编著《华光礁Ⅰ号沉船遗珍》，山西人民出版社，2013。

尚衍斌:《元史及西域史丛考》，中央民族大学出版社，2013。

时光校注《〈伊利汗中国科技珍宝书〉校注》，北京大学出版社，2016。

史良昭解《元曲三百首全解》，复旦大学出版社，2007。

孙机:《中国古代物质文化》，中华书局，2014。

谭其骧主编《中国历史地图集》第7册《元明时期》，中国地图出版社，1982。

徐良利:《伊儿汗国史研究》，人民出版社，2009。

王星玉主编《中国黍稷》，中国农业出版社，1996。

王一丹:《波斯拉施特〈史集·中国史〉研究与文本翻译》，昆仑出版社，2006。

维·维·巴尔托里德:《中亚突厥史十二讲》,《中亚简史：外一种》，耿世民译，中华书局，2005。

吴宏岐:《元代农业地理》，西安地图出版社，1997。

萧启庆:《内北国而外中国：蒙元史研究》，中华书局，2007。

新疆维吾尔自治区语言文字工作委员会编《维汉大词典》，民族出版社，2006。

许晓东:《辽代玉器研究》，紫禁城出版社，2003。

杨富学:《印度宗教文化与回鹘民间文学》，民族出版社，2007。

杨宽:《中国古代冶铁技术发展史》，上海人民出版社，2004。

杨志玖:《马可波罗与中外关系》，中华书局，2015。

姚大力:《追寻“我们”的根源——中国历史上的民族与国家意识》，生活·读书·新知三联书店，2018。

伊本·胡尔达兹比赫:《道里邦国志》，宋岘译，中华书局，1991。

殷晴:《探索与求真——西域史地论集》，新疆人民出版社，2011。

优素甫·哈斯·哈吉甫:《福乐智慧》，郝关中、张宏超、刘宾译，民族出版社，1986。

于宝东:《辽金元玉器研究》，内蒙古大学出版社，2007。

裕尔:《东域纪程录丛——古代中国见闻录》，考迪埃修订，张绪山译，中华书局，2008。

余平、石彦忠主编《淀粉与淀粉制品工艺学》，中国轻工业出版社，2011。

张大庆:《医学史》，北京大学医学出版社，2003。

张广达:《张广达文集：文本、图像与文化流传》，广西师范大学出版社，2008。

——《张广达文集：文书、典籍与西域史地》，广西师范大学出版社，2008。

张玉来、耿军:《中原音韵校本》，中华书局，2013。

张云:《元朝中央政府治藏制度研究》，黑龙江教育出版社，2013。

照那斯图、薛磊:《元国书官印汇释》，辽宁民族出版社，2011。

周一良:《魏晋南北朝史论集》，中华书局，1963。

2. 论文

阿地力、孟楠:《百年来关于“桃花石”问题研究综述》,《中国史研究动态》2006 年第 2 期。

阿尔丁夫:《“方向的顺时针 90° 移位”差错与平面四方观念中的 B 种类型——同日本学者大叶升一先生商榷，兼谈北半球人类方向的演变》,《内蒙古师范大学学报》2012 年第 2 期。

白玉冬:《“可敦墓”考——兼论十一世纪初期契丹与中亚之交通》,《历史研究》2017 年第 4 期。

毕波:《粟特文古信札汉译与注释》,《文史》2004 年第 2 辑。

波·少布：《朵儿边部史略》,《黑龙江民族丛刊》2001 年第 4 期。

伯希和：《黑衣大食都城之汉匠》，冯承钧译,《西域南海史地考证译丛六编》，中华书局，1956。

——《〈蒙古侵略时代之土耳其斯坦〉评注》，冯承钧译,《西域南海史地考证译丛三编》，商务印书馆，1962。

——《阔阔迭卜帖儿及户口青册》，冯承钧译,《西域南海史地考证译丛三编》，商务印书馆，1962。

查尔斯·梅尔维尔：《完者都的巡游》，俞雨森译,《欧亚译丛》第 1 辑，商务印书馆，2015。

陈保亚：《论丝绸之路向茶马古道的转型》,《云南民族大学学报》2011 年第 5 期。

陈春晓：《忽推哈敦与伊利汗国前期政治——蒙古制度在西亚的实践》,《西域研究》2016 年第 2 期。

陈得芝：《刘郁〈〔常德〕西使记〉校注》,《中华文史论丛》2015 年第 1 期。

陈高华：《元大都的酒和社会生活探究》,《中央民族学院学报》1990 年第 4 期。

——《元代的航海世家澉浦杨氏——兼说元代其他航海家族》,《海交史研究》1995 年第 1 期。

——《元代商税初探》,《中国社会科学院研究生院学报》1997 年第 1 期。

——《元代的巫觋与巫术》,《浙江社会科学》2000 年第 2 期。

——《论元代的称谓习俗》,《浙江学刊》2000 年第 5 期。

——《元代的医疗习俗》,《浙江学刊》2001 年第 4 期。

陈恒富：《〈福乐智慧〉与祖国文化传统》，新疆社会科学院民族文学研究所编《福乐智慧研究论文选》第 2 辑，新疆人民出版社，

1993。

陈久金:《符天历研究》,《自然科学史研究》1986 年第 1 期。

陈新元:《速混察·阿合伊朗史事新证——兼论伊利汗国的畏兀儿人》,《西域研究》2019 年第 1 期。

程彤:《伊利汗国法尔斯地区“宝”字钱币考释》,《西域研究》2008 年第 4 期。

程越:《古代和田玉向内地输入综略》,《西域研究》1996 年第 3 期。

措如·次郎口述《西藏古代药物化学之“水银洗炼”工艺史考》,登巴达吉、索朗齐美整理,刘英华编译,黄福开主编《藏医药研究文集——纪念北京藏医院建院二十周年》,中国藏学出版社,2013。

大叶升一:《关于见于元朝、伊利汗国文献中方向的顺时针 90° 移位》,宝力格译,《蒙古学信息》2001 年第 2 期。

德克·卜德:《中国物品传入西方考证》,王森译,《中外关系史译丛》第 1 辑,上海译文出版社,1984。

邓淑苹:《从“西域国手”与“专诸巷”论南宋在中国玉雕史上的重要意义》,《考古学研究(九):庆祝严文明先生八十寿辰论文集》,文物出版社,2012。

杜建录:《英藏黑水城马匹草料文书考释》,《宁夏社会科学》2009 年第 5 期。

杜希德、思鉴:《沉船遗宝:一艘十世纪沉船上的中国银锭》,《唐研究》第 10 卷,北京大学出版社,2004。

方龄贵:《释“哈喇吉”与“速鲁麻”》,《云南民族学院学报》1997 年第 4 期。

干福熹:《中国古代玉器和玉石科技考古研究的几点看法》,《文物保护与考古科学》2008 年增刊。

——《玻璃和玉石之路——兼论先秦前硅酸盐质文物的中、外文化和技术交流》,《广西民族大学学报》(自然科学版)2009 年第 4 期。

高伟:《元朝君主对医家的网罗及其影响》,《兰州大学学报》1999 年第 4 期。

葛承雍:《Khumdan 为唐长安外来译名的新证》,《中国历史地理论丛》2005 年第 3 期。

葛铁鹰:《阿拉伯古籍中的中国(十一)》,《阿拉伯世界》2004 年第 3 期。

——《阿拉伯古籍中的中国(十五)》,《阿拉伯世界》2005 年第 2 期。

龚方震:《唐代大秦景教碑古叙利亚文字考释》,《中华文史论丛》1983 年第 1 期。

何红中:《全球视野下的粟黍起源及传播探索》,《中国农史》2014 年第 2 期。

华涛:《穆斯林文献中的托古兹古思》,《西域研究》1991 年第 2 期。

——《〈史集〉中"中国"的名称及其含义》,《西域历史语言研究集刊》第 7 辑,2014。

黄超:《从中国西南地区村镇中发掘古代科技文化遗产——以中国古代镍白铜作为考察对象》,《广西民族大学学报》(自然科学版)2015 年第 2 期。

黄秀纯、雷少雨执笔《北京地区发现的元代墓葬》,《北京文物与考古》第 2 辑,北京燕山出版社,1991。

季羡林:《印度文学在中国》,《文学遗产》1980 年第 1 期。

贾陈亮:《占卜与元代政治》,《黑龙江史志》2011 年第 13 期。

桝屋友子:《伊儿汗国早期美术所见的东西交流》，陈萍译,《美术史研究集刊》第 28 期，2010。

金浩东:《蒙古帝国与“大元”》，崔允精译,《清华元史》第 2 辑，商务印书馆，2013。

——《蒙元帝国时期的一位色目官吏爱薛怯里马赤（Isa Kelemechi，1227—1308 年）的生涯与活动》，李花子译,《欧亚译丛》第 1 辑，商务印书馆，2015。

久保智康:《新安沉船装载的金属工艺品——其特点以及新安沉船返航的性质》，彭涛译,《南方文物》2008 年第 4 期。

康鹏:《〈马卫集书〉中的契丹语词“Sh.rghūr（汉人）”》,《西域研究》2016 年第 3 期。

——《马卫集书中的契丹“都城”——兼谈辽代东西交通路线》,《民族研究》2017 年第 2 期。

黎道纲:《陀洹昙陵二国考——唐代泰境古国考》,《南洋问题研究》1999 年第 4 期。

李弘祺:《中国的第二次铜器时代：为什么中国早期的炮是用铜铸的？》,《台大历史学报》第 36 期，2005。

李旻:《十世纪爪哇海上的世界舞台——对井里汶沉船上金属物资的观察》,《故宫博物院院刊》2007 年第 6 期。

李庆新:《南宋海外贸易中的外销瓷、钱币、金属制品及其他问题——基于“南海Ⅰ号”沉船出水遗物的初步考察》,《学术月刊》2012 年第 9 期。

李树辉:《“塔特・桃花石”考释》,《青海民族研究》2014 年第 3 期。

李兴:《旭烈兀和伊利诸汗在中原的封户》,《蒙古史研究》第 13

辑，内蒙古人民出版社，2020。

李逸友:《辽代带式考实——从辽陈国公主驸马合葬墓出土的腰带谈起》,《文物》1987 年第 11 期。

李吟屏:《和田玉雕漫谈》,《新疆地方志》1991 年第 3 期。

——《古于阗坎城考》，马大正、杨镰主编《西域考察与研究续编》，新疆人民出版社，1998。

廉亚明:《蒙古时代怯失的海上贸易》，陈春晓译，徐忠文、荣新江主编《马可•波罗 扬州 丝绸之路》，北京大学出版社，2016。

廖大珂:《元代官营航海贸易制度初探》,《厦门大学学报》1996 年第 2 期。

刘薇等:《中国南海三处古代沉船遗址出水铁器凝结物分析》,《中国国家博物馆馆刊》2011 年第 2 期。

刘英军:《伊朗史诗〈库什王纪〉所载古代中国地理信息刍议》,《西域文史》第 10 辑，科学出版社，2015。

刘迎胜:《察合台汗国疆域与历史沿革研究》,《中国边疆史地研究》1993 年第 3 期。

——《从阿合马的身份谈起》,《元史论丛》第 9 辑，中国广播电视出版社，2004。

——《“汉人八种”新解——读陈寅恪〈元代汉人译名考〉》,《西北民族研究》2020 年第 1 期。

罗宏:《茶叶初传时期吐蕃人对茶的认识及利用》,《西藏研究》2013 年第 2 期。

罗泰、托马斯・罗行:《青铜时代后的东亚铜钟：比较与思考》，北京大学考古系编《“迎接二十一世纪的中国考古学”国际学术讨论会论文集》，科学出版社，1998。

马建春:《蒙・元时期“回回炮”的东传及作用》,《西北民族研究》1996 年第 2 期。

梅建军:《白铜——中国古代的独创合金》,《金属世界》2000 年第 2 期。

——《中国古代镍白铜及其西传》,《中国社会科学报》2012 年 1 月 4 日，A05 版。

穆朝娜:《兔形玉件的演变》,《文物春秋》2012 年第 4 期。

“南海 I 号”考古队:《来自“南海 I 号”考古队的报告》,《中国文物报》2014 年 12 月 30 日，第 3 版。

彭晓燕:《察合台汗国的外交与遣使实践初探》，邱轶皓译，刘迎胜校,《西域研究》2014 年第 2 期。

潜伟:《“镔铁”新考》,《自然科学史研究》2007 年第 2 期。

乔建荣等:《〈回回药方〉烙灸疗法探析》,《宁夏医科大学学报》2011 年第 2 期。

庆昭蓉:《离离原上草——从吐鲁番与库车出土文字资料谈西域北道之草资源》，朱玉麒、孟宪实主编《探索西域文明——王炳华先生八十华诞祝寿论文集》，中西书局，2017。

邱轶皓:《伊利汗国的成立：异密・部族・集团——以〈五族谱〉(旭烈兀—阿合马)为中心》,《元史及民族与边疆研究集刊》第 27 辑，上海古籍出版社，2014。

——《萨迪诗歌中的蒙古帝国》,《文汇报》2016 年 1 月 29 日，第 6 版。

——《大德二年(1298)伊利汗国遣使元朝考：法合鲁丁・阿合马・惕必的出使及其背景》,《中央研究院历史语言研究所集刊》第 87 本第 1 分，2016。

——《〈完者都史〉“七〇四年纪事”译注》,《暨南史学》第 17 辑，2018。

——《〈完者都史〉"七〇五年纪事"译注》,《暨南史学》第21辑，2020。

荣新江:《真实还是传说：马可·波罗笔下的于阗》,《西域研究》2016年第2期。

荣新江、朱丽双:《从进贡到私易：10—11世纪于阗玉的东渐敦煌与中原》,《敦煌研究》2014年第3期。

沙畹:《宋云行纪笺注》，冯承钧译《西域南海史地考证译丛六编》，中华书局，1956。

时光:《〈迹象与生命〉所载中国药用植物考》,《国际汉学》2022年增刊。

史金波:《黑水城出土活字版汉文历书考》,《文物》2001年第10期。

石雨时、王巍、高焕民:《〈回回药方〉中络灸疗法的发展和运用》,《中国中医基础医学杂志》2013年第8期。

司律思:《元朝及明初蒙古人的名字》，唐莉译,《中国边疆民族研究》第4辑，中央民族大学出版社，2011。

松田孝一:《旭烈兀家族的东方领地》，马翼译，内蒙古社会科学院情报研究所编《蒙古学译文选》，内蒙古社会科学院情报研究所，1984。

苏航:《论札忽惕与契丹小字[illegible]》,《民族语文》2017年第2期。

孙机:《中国梵钟》,《考古与文物》1998年第5期。

王炳华:《新疆农业考古概述》,《农业考古》1983年第1期。

王福谆:《中国古代的千斤大钟》,《铸造设备研究》2006年第5期。

——《古代大铁钟》,《铸造设备研究》2007年第3期。

王琎:《杂俎：中国铜合金内之镍》,《科学》1929 年第 10 期。

王可、韩汝玢、杜茀运:《元大都遗址出土铁器分析》,《考古》1990 年第 7 期。

王素:《高昌诸壁、诸垒的始终》，朱玉麒主编《西域文史》第 1 辑，科学出版社，2006。

王一丹:《孛罗丞相伊利汗国事迹探赜——基于波斯语文献的再考察》,《民族研究》2015 年第 4 期。

韦兵:《夷夏之辨与雅俗之分：唐宋变革视野下的宋代儒家历、历家历之争》,《学术月刊》2009 年第 6 期。

魏良弢:《西辽时期汉文化对中亚的影响》,《历史研究》1985 年第 4 期。

乌苏吉:《马可·波罗与伊朗的中国“Tarāef”——马可·波罗时代的中伊贸易》，李鸣飞译,《国际汉学研究通讯》第 4 期，北京大学出版社，2011。

——《哈姆杜拉·穆斯图菲〈胜利之书〉所记蒙古人对中国的占领——与〈史集〉的对比研究》，王诚译,《西域文史》第 8 辑，科学出版社，2013。

——《〈动物之自然属性〉对“中国”的记载》，王诚译，邱轶皓审校,《西域研究》2016 年第 1 期。

吴天跃:《贴近细节的美术史——〈伊斯兰中国风：蒙古伊朗的艺术〉书评》,《美术向导》2014 年第 3 期。

熊申甫:《中国古代白铜钱考略》,《武汉金融》2004 年第 6 期。

许晓东:《契丹人的金玉首饰》,《故宫博物院院刊》2007 年第 6 期。

——《13—17 世纪中国玉器与伊斯兰玉雕艺术的相互影响》,《故宫博物院院刊》2015 年第 1 期。

闫亚林:《关于“玉石之路”问题的探讨》,《考古与文物》2010年第3期。

杨伯达:《“玉石之路”的布局及其网络》,《南都学坛》2004年第3期。

杨小语:《宋元明清“顾兔”造型及寓意流变》,《理论界》2015年第2期。

叶新民:《元代阴阳学初探》,《蒙古史研究》第6辑，内蒙古大学出版社，2000。

衣晓峰、靳万庆:《辽金“外科手术刀”见证一段医学史》,《中国中医药报》2012年8月13日，第8版。

殷晴:《唐宋之际西域南道的复兴——于阗玉石贸易的热潮》,《西域研究》2006年第1期。

游修龄:《黍粟的起源及传播问题》,《中国农史》1993年第3期。

于宝东:《辽代玉器文化因素分析》,《内蒙古大学学报》2006年第3期。

——《契丹民族玉器述论》,《内蒙古大学学报》2006年第6期。

余大钧:《蒙古朵儿边氏孛罗事辑》,《元史论丛》第1辑，中华书局，1982。

詹鄞鑫:《中国的星占术》,《文史知识》1987年第1期。

章鸿钊:《洛氏中国伊兰卷金石译证》，地质专报乙种第3号，1925年。

张帆:《断裂人生的散落碎片——元朝“孛罗丞相”史事拾遗》,“复旦文史讲堂”报告，2020年11月28日。

张同胜:《以“奴”起小字与西域粟特文化》,《济宁学院学报》2019年第4期。

张文德:《明与西域的玉石贸易》,《西域研究》2007年第3期。

张玉忠:《新疆出土的古代农作物简介》,《农业考古》1983年第1期。

张子高、杨根:《镔铁考》,《科学史集刊》第7期，科学出版社，1964。

曾勉:《中国杨梅品种分类》,《农报》1935年第2期。

钟焓:《辽代东西交通路线的走向——以可敦墓地望研究为中心》,《历史研究》2014年第4期。

周思成:《13世纪蒙元帝国军队的战利品获取和分配方式详说》,《隋唐辽宋金元史论丛》第7辑，上海古籍出版社，2017。

周卫荣:《“锡鑞”与六朝“白钱”》，中国钱币学会古代钱币委员会，江苏省钱币学会编《六朝货币与铸钱工艺研究》，凤凰出版社，2005。

3. 学位论文

丛海平:《元代军事后勤制度研究》，南开大学博士学位论文，2010。

李轩:《元代的医官》，北京大学硕士学位论文，2010。

刘珂艳:《元代纺织品纹样研究》，东华大学博士学位论文，2014。

刘艺:《镜与中国传统文化》，四川大学博士学位论文，2002。

刘岳超:《元代医者研究》，郑州大学硕士学位论文，2015。

苗冬:《元代使臣研究》，南开大学博士学位论文，2010。

任冰心:《元代医学教育及医药管理研究》，南京大学博士学位论文，2011。

王春燕:《辽代金银器研究》，吉林大学博士学位论文，2015。

武香兰:《元代医政研究》，暨南大学博士学位论文，2008。

辛元昌:《元代医疗行为研究》，郑州大学硕士学位论文，2016。

姚大力:《论蒙古游牧国家的政治制度》，南京大学博士学位论文，1986。

周剑:《元代医人社会地位研究》，暨南大学硕士学位论文，2015。

(二)日文

本田実信「チンギス·ハンの千戸——『元朝秘史』とラシード『集史』との比較を通じて」『史学雜誌』62 巻 8 号、1953。

——『モンゴル時代史研究』東京大学出版会、1991。

——「イルハンの冬營地·夏營地」『東洋史研究』34 巻 4 号、1976。

宮紀子「東から西への旅人: 常徳——劉郁『西使記』より」窪田順平編『ユーラシア中央域の歴史構図: 13－15 世紀の東西』京都: 総合地球環境学研究所、2010。

——『モンゴル時代の「知」の東西』名古屋大学出版会、2018。

惠谷俊之「ガザン·ハンの対元朝使節派遣について——14 世紀初頭におけるイラン·中国交渉史の一齣」『オリェント』東京: 日本オリエント学会、8: 3/4、1966。

吉田豊、森安孝夫、新疆ウィグル自治区博物館「麹氏高昌国時代ソグド文女奴隷売買文書」『内陸アジア言語の研究』IV、1988。

四日市康博:《伊利汗朝の印章制度における朱印、金印と漢字印——元朝の宝璽、官印との比較から》,《欧亚学刊》第 10 輯，中華書局，2012。

（三）西文

1. 专著

Aigle, D., *Le Fārs sous la domination mongole: politique et fiscalité (XIIIe-XIVe s.)*, Paris: Association pour l' avancement des études iraniennes, 2005.

Allan, J. W., *Persian Metal Technology, 700-1300 A.D.*, London: Ithaca Press for the Faculty of Oriental Studies and the Ashmolean Museum, University of Oxford, 1979.

Allsen, T. T., *Culture and Conquest in Mongol Eurasia*, Cambridge; New York: Cambridge University Press, 2001.

Ayalon, D., *Gunpowder and Firearms in the Mamluk Kingdom: A Challenge to a Mediaeval Society*, London: Vallentine, Mitchell, 1956.

Behrens-Abouseif, D., *Practising Diplomacy in the Mamluk Sultanate: Gifts and Material Culture in the Medieval Islamic World*, London: I. B. Tauris, 2014.

Biran, M., *The Empire of the Qara Khitai in Eurasian History: Between China and the Islamic World*, Cambridge; New York: Cambridge University Press, 2005.

Boyle, J. B., *The Cambridge History of Iran*, Vol. 5, Cambridge: Cambridge University Press, 1968.

Bretschneider, E., *Medieval Researches from Eastern Asiatic Sources*, Vol. 2, London: Trübner & Co., 1910.

Browne, E. G., *A History of Persian Literature under Tartar Dominion (A.D. 1265-1502)*, Cambridge: Cambridge University Press,

1920.

Budge, E. A. W., *The Monks of Kublai Khan, Emperor of China*, London: Religious Tract Society, 1928.

Buell, P. D., Eugene N. Anderson & C. Perry, *A Soup for the Qan: Chinese Dietary Medicine of the Mongol Era as Seen in Hu Sihui's Yinshan Zhengyao*, Leiden; Boston: Brill, 2010.

Clauson, G., *An Etymological Dictionary of Pre-Thirteenth-Century Turkish*, Oxford: Clarendon Press, 1972.

Christides, V., "nafṭ: 2. in the Mediaeval Byzantine and Arab-Islamic Worlds" , *EI*, Vol. 7, Leiden; New York: Brill, 1993.

Daftary, F., *Historical Dictionary of the Ismailis*, Lanham, Md.: Scarecrow Press, 2012.

Doerfer, G., *Türkische und Mongolische Elemente im Neupersischen*, Wiesbaden: Franz Steiner, 1963-1975.

van Donzel, E. & A. Schmidt, *Gog and Magog in Early Eastern Christian and Islamic Sources: Sallam's Quest for Alexander's Wall*, Leiden; Boston: Brill, 2010.

Ferrand, G., *Relations de Voyages et Textes Géographiques Arabes, Persans et Turks Relatifs à L'Extrème Orient du VIIIe au XVIIIe siècles*, Paris: Ernest Leroux, 1913.

Herrmann, G., *Persische Urkunden der Mongolenzeit*, Wiesbaden: Harrassowitz Verlag, 2004.

Hirth, F. & W. W. Rockhill (trs. & eds.), *Chau Ju-kua, His Work on the Chinese and Arab Trade in the 12th and 13th Centuries, Entitled Chu-fan-Chï*, St. Petersburg: Imperial Academy of Sciences, 1911.

Jenkins-Madina, M. & M. Keene, *Islamic Jewelry in the*

Metropolitan Museum of Art, New York: The Metropolitan Museum of Art, 1983.

Kadoi, Y., *Islamic Chinoiserie: The Art of Mongol Iran*, Edinburgh: Edinburgh University Press, 2009.

Kolbas, J., *The Mongols in Iran: Chingiz Khan to Uljaytu, 1220-1309*, London; New York: Routledge, 2006.

Komaroff, L. & S. Carboni, *The Legacy of Genghis Khan: Courtly Art and Culture in Western Asia, 1256-1353*, New York: Metropolitan Museum of Art, 2002.

Krawulsky, D., *The Mongol Īlkhāns and Their Vizier Rashīd al-Dīn*, Frankfurt am Main: Lang, 2011.

Lambton, A. K. S., *Continuity and Change in Medieval Persia: Aspects of Administrative, Economic, and Social History, 11th-14th Century*, Albany, N.Y.: Bibliotheca Persica, 1988.

Lane, G. E., *Early Mongol Rule in Thirteenth-Century Iran: A Persian Renaissance*, London: Routledge, 2003.

Laufer, B., *Jade: A Study in Chinese Archæology and Religion*, Chicago: Field Museum of Natural History, 1912.

——*Sino-Iranica: Chinese Contributions to the History of Civilization in Ancient Iran, with Special Reference to the History of Cultivated Plants and Products*, Chicago: Field Museum of Natural History, 1919.

Le Gallienne, R. (tr.), *Odes from the Divan of Hafiz,* London: Duckworth, 1905.

Le Strange, G., *The Lands of the Eastern Caliphate: Mesopotamia, Persia, and Central Asia, from the Moslem Conquest to the Time of*

Timur, Cambridge: Cambridge University Press, 1905. 汉译本：G. 勒·斯特兰奇:《大食东部历史地理研究》，韩中义译注，何志龙校订，社会科学文献出版社，2018。

Lessing, F. D. et al., *Mongolian-English Dictionary*, Berkeley, University of California Press, 1960.

Mathers, W. M. & Michael Flecker, *The Archaeological Excavation of the Java Sea Wreck*, Annapolis: Pacific Sea Resources, 1997.

Moule, A. C. & P. Pelliot, *Marco Polo, The Description of the World*, Vol. 1, New York: AMS Press INC., 1976.

Needham, J., *Science and Civilisation in China*, Vol. 5, part 4, Cambridge: Cambridge University Press, 1980.

Niazi, K., *Quṭb al-Dīn Shīrāzī and the Configuration of the Heavens: A Comparison of Texts and Models*, Dordrecht: Springer, 2014.

Pelliot, P., *Notes on Marco Polo*, Paris: Imprimerie Nationale, 1959-1963.

Pliny, the elder, *Natural History*, Vol. 9, book 34, tr. & ed. by H. Rackham, Cambridge: Harvard University Press; London: William Heinemann, 1961.

Spuler, B., *Die Mongolen in Iran: Politik, Verwaltung und Kultur der Ilchanzeit 1220-1350*, Leiden: E. J. Brill, 1985.

Stein, M. A., *Ancient Khotan: Detailed Report of Archaeological Explorations in Chinese Turkestan*, Oxford: Clarendon Press, 1907.

Steingass, F. J., *A Comprehensive Persian-English Dictionary, Including the Arabic Words and Phrases to be Met with in Persian Literature*, London: Routledge & K. Paul, 1892.

——*Arabic-English Dictionary*, New Delhi; Chennai: Asian

Educational Services, 2005.

Watson, A. M., *Agricultural Innovation in the Early Islamic World: The Diffusion of Crops and Farming Techniques, 700-1100*, Cambridge; New York: Cambridge University Press, 1983.

Wilkens, J., *Handwörterbuch des Altuigurischen: Altuigurisch – Deutsch – Türkisch*, Göttingen: Universitätsverlag Göttingen, 2021.

Yule, H., *The Book of Ser Marco Polo, the Venetian: Concerning the Kingdoms and Marvels of the East*, Vol. 1, London: John Murray, 1871.

2. 论文和学位论文

Abbasnejad, F., et al., "Rabi Rashidi (Rashidi Quarters): A Late Thirteen to Early Fourteenth Century Middle Eastern Medical School" , *Child's Nervous System*, Vol. 28 (11), 2012.

Bazin, M., "ARZAN" , *EIr*, Vol. II, Fasc. 7, London; Boston: Routledge & Kegan Paul, 1987.

Blair, S. S., "Ilkhanid Architecture and Society: An Analysis of the Endowment Deed of the Rab'-i Rashīdī" , *Iran*, Vol. 22, 1984.

Blake, W. & Michael Flecker, "A Preliminary Survey of a South-East Asian Wreck, Phu Quoc Island, Vietnam" , *The International Journal of Nautical Archaerology*, Vol. 23 (2), 1994.

Boyle, J. A. , "Rashīd al-Dīn and the Franks", *Central Asiatic Journal*, Vol. 14 (1/3), 1970.

Cleaves, F. W. , "A Chinese Source Bearing on Marco Polo's Departure from China and a Persian Source on His Arrival in Persia", *Harvard Journal of Asiatic Studies,* Vol. 36, 1976.

Colin, G. S., "Bārūd: i. General" , *EI*, Vol. 1, Leiden; New York:

Brill, 1986.

Craddock, P. T., “The Copper Alloys of the Medieval Islamic World-Inheritors of the Classical Tradition” , *World Archaeology*, Vol. 11 (1), 1979.

van Dalen, B., E. S. Kennedy & M. K. Saiyid, “The Chinese-Uighur Calendar in Ṭūsī's *Zīj-i Īlkhānī*” , *Zeitschrift für Geschichte der Arabisch-Islamischen Wissenschaften*, Band. 11, 1997.

DeWeese, D., “Cultural Transmission and Exchange in the Mongol Empire: Notes from the Biographical Dictionary of Ibn al-Fuwaṭī” , in: *Beyond the Legacy of Genghis Khan*, ed. by Linda Komaroff, Leiden; Boston; Köln: Brill, 2006.

Doerfer, G., “Āl Tamḡā” , *EIr*, Vol. I, Fasc. 7, London; Boston: Routledge & Kegan Paul, 1985.

—— “Altūn Tamḡā” , *EIr*, Vol. I, Fasc. 9, London; Boston: Routledge & Kegan Paul, 1985.

Flecker, M., “A Ninth-Century A.D. Arab or Indian Shipwreck in Indonesia: First Evidence for Direct Trade with China” , *World Archaeology*, Vol. 32 (3), 2001.

Floor, W., “dung” , in *EIr*, Vol. VII, Fasc. 6, New York: Bibliotheca Persica Press, 1996.

Fragner, B. G., “Ilkhanid Rule and Its Contributions to Iranian Political Culture” , in: *Beyond the Legacy of Genghis Khan*, ed. by Linda Komaroff, Leiden; Boston; Köln: Brill, 2006.

Golden, P. B., “Tušī: The Turkic Name of Joči” , *Acta Orientalia Academiae Scientiarum Hungaricae*, Vol. 55 (1-3), 2002.

Huff, D., “The Ilkhanid Palace at Takht-i Sulayman: Excavation

Results" , in: *Beyond the Legacy of Genghis Khan*, ed. by Linda Komaroff, Leiden; Boston: Brill, 2006.

Isahaya, Y., "History and Provenance of the 'Chinese' Calendar in the *Zīj-i Īlkhānī*" , *Tarikh-e Elm: Iranian Journal for the History of Science*, No. 8, 2009.

Jahn, K., "The Still Missing Works of Rashīd al-Dīn" , *Central Asiatic Journal*, Vol. 9 (2), 1964.

—— "Rashīd al-Dīn and Chinese Culture" , *Central Asiatic Journal*, Vol. 14 (1/3), 1970.

Kadoi, Y., "Buddhism in Iran under the Mongols: An Art-historical Analysis" , in: *Proceedings of the Ninth Conference of the European Society for Central Asian Studies*, ed. by Tomasz Gacek and Jadwiga Pstrusińska, Newcastle upon Tyne: Cambridge Scholars Publishing, 2009.

Kauz, R., "The Maritime Trade of Kish during the Mongol Period" , in: *Beyond the Legacy of Genghis Khan*, ed. by Linda Komaroff, Leiden; Boston: Brill, 2006.

Keene, M., "Jade: i. Introduction" , *EIr*, Vol. XIV, Fasc. 3, New York: Encyclopaedia Iranica Foundation, 2008.

—— "Jade: ii. Pre-Islamic Iranian Jades" , *EIr*, Vol. XIV, Fasc. 3.

—— "Jade: iii. Jade Carving, 4th Century B.C.E to 15th Century C.E." , *EIr*, Vol. XIV, Fasc. 3.

—— "Medieval Islamic Jades: Pre-Tīmūrid Islamic Jades" , *Ḥadīth al-Dār*, Vol. 12, 2001.

—— "Old World Jades outside China, from Ancient Times to the Fifteenth Century: Section One" , *Muqarnas*, Vol. 21 (1), 2004.

Lambton, A. K. S., "Mongol Fiscal Administration in Persia" , *Studia Islamica*, No. 64, 1986.

—— "Mongol Fiscal Administration in Persia (Part II)" , *Studia Islamica*, No. 65, 1987.

—— "The *Āthār wa Aḥyāʾ* of Rashīd al-Dīn Faḍl Allāh Hamadānī and His Contribution as an Agronomist, Arboriculturist and Horticulturalist" , in: *The Mongol Empire and Its Legacy*, ed. by Reuven Amitai-Preiss and David O. Morgan, Leiden; Boston: Brill, 1999.

Laufer, B., "Loan-Words in Tibetan" , *T'oung Pao*, Vol. 17 (4/5), 1916.

Litvinsky, B. A., "Iron in Eastern Iran" , *EIr*, Vol. XIII, Fasc. 6, Costa Mesa, CA : Mazda Publishers, 1997.

Lo, V. & Wang Yidan, "A Comparative Study of Rashīd al-Dīn's *Tanksūqnāma* and Its Chinese Sources" , in: *Rashīd al-Dīn: Agent and Mediator of Cultural Exchanges in Ilkhanid Iran*, ed. by A. Akasoy, C. Burnett & R. Yoeli-Tlalim, London; Turin: Warburg Institute, 2013.

Losensky, P., "Saʿdi" , *EIr*, online edition, 2012, available at http://www.iranicaonline.org/articles/sadi-sirazi (accessed on February 1, 2016).

Louis, F., "Bronze Mirrors" , in: *Shipwrecked: Tang Treasures and Monsoon Winds*, ed. by Regina Krahl et al., Washington, D.C.: Arthur M. Sackler Gallery, Smithsonian Institution; Singapore: National Heritage Board: Singapore Tourism Board, 2010.

Masuya, T., *The Ilkhanid Phase of Takht-i Sulaiman*, Ph.D. diss., New York University, 1997.

Mazahéri, A. , "Le Sabre contre l'Épée: ou l'origine chinoise de l'

«Acier au creuset »", *Annales: Économies, Sociétés, Civilisations,* Vol.13 (4), 1958.

Melikian-Chirvani, A. S., "Precious and Semi-Precious Stones in Iranian Culture, Chapter I. Early Iranian Jade" , *Bulletin of the Asia Institute*, No. 11, 1997.

Partington, J. R., "Review: Chemistry in 'Iraq and Persia in the Tenth Century A.D." , *Nature*, Vol. 120 (3015), 1927.

Pinder-Wilson, R., "Jades from the Islamic World" , *Marg*, Vol. 44 (2), 1992.

Prazniak, R., "Ilkhanid Buddhism: Traces of a Passage in Eurasian History" , *Comparative Studies in Society and History*, Vol. 56 (3), 2014.

de Rachewiltz, I., "Turks in China under the Mongols: A Preliminary Investigation of Turco-Mongol Relation in the 13th and 14th Centuries" , in: *China among Equals, the Middle Kingdom and Its Neighbors, 10th-14th Centuries*, ed. by Morris Rossabi, Berkeley: University of California Press, 1983.

Rockhill, W. W., "Notes on the Relations and Trade of China with the Eastern Archipelago and the Coast of the Indian Ocean during the Fourteenth Century, Part II" , *T'oung Pao*, Second Series, Vol. 16 (2), 1915.

—— "Notes on the Relations and Trade of China with the Eastern Archipelago and the Coast of the Indian Ocean during the Fourteenth Century, Part V" , *T'oung Pao*, Second Series, Vol. 16 (5), 1915.

Sarton, G., "Review: Chemistry in 'Iraq and Persia in the Tenth Century A.D." , *Isis*, Vol. 11 (1), 1928.

Scarcia, G., "The 'Vihār' of Qonqor-olong Preliminary Report" , *East and West*, Vol. 25 (1/2), 1975.

Sjostrand, S., "A 1000 Year-old Wreck Site Providing Archeology and Art History with New Information" , available at http://www.mingwrecks.com/TgSimpang.html.

Sjostrand, S. & Claire Barnes, "The 'Turiang' : A Fourteenth-Century Chinese Shipwreck Upsetting Southeast Asian Ceramic History" , *Journal of the Malaysian Branch of the Royal Asiatic Society*, Vol. 74 (1), 2001.

Skelton, R., "The Relations between the Chinese and Indian Jade Carving Traditions" , in: *The Westward Influence of the Chinese Arts from the 14th to the 18th Century*, ed. by William Watson, London: University of London, 1972.

—— "Islamic and Mughal Jades" , in: *Jade*, ed. by Roger Keverne, London: Anness Pubilsillng Ilmited, 1991.

Smith, J. M., "Hülegü Moves West: High Living and Heartbreak in the Road to Baghdad" , in: *Beyond the Legacy of Genghis Khan*, ed. by Linda Komaroff, Leiden; Boston: Leiden; Boston; Köln: Brill, 2006.

Stapleton, H. E. et al., "Chemistry in ʿIraq and Persia in the Tenth Century A.D." , *Memoirs of the Asiatic Society of Bengal*, Vol. 8 (6), 1927.

Togan, Z. V., "The Composition of the History of the Mongols by Rashīd al-Dīn" , *Central Asiatic Journal*, Vol. 7 (1), 1962.

Uyar, M., "Buqa Chīngsāng: Protagonist of Qubilai Khan's Unsuccessful Coup Attempt against the Hülegüid Dynasty" , *Belleten*, Vol. 81 (291), 2017.

Whitehouse, D., “Excavations at Sīrāf: Fourth Interim Report”, *Iran*, Vol. 9, 1971.

Yokkaichi, Y., “Chinese Seals in the Mongol Official Documents in Iran: Re-examination of the Sphragistic System in the Il-khanid and Yuan Dynasties”，新疆吐鲁番学研究院编《吐鲁番学研究——第三届吐鲁番学暨欧亚游牧民族的起源与迁徙国际学术研讨会论文集》，上海古籍出版社，2010。

（四）其他文种

Aḥmad, N., “Sa‘dī Shīrāzī va Sardār-i Mughūl Amīr-i Unkiānū”, *Tābistān*, No. 6, 1381/2002.

Dihkhudā, ‘Alī Akbar, *Lughat-nāma*, ed. by Muḥammad Mu‘īn & Ja‘far Shahīdī, Tehran: Mu’assasa-’i Intishārāt va Chāp-i Dānishgāh-i Tihrān, 1993-1994.

Petrushevski, I. P., *Kishāvarzī va Munāsabāt-i Arẓī dar Īrān: ‘Ahd-i Mughūl*, tr. & ed. by Karīm Kishāvarz, Tehran: Chāpkhāna-yi Dānishgāh-i Tihrān, 1966.

Rāvandī, M., *Tārīkh-i Ijtimā‘ī-yi Īrān*, Tehran: Amīr Kabīr, 1977.

Varjāvand, P., “Kashf-i Majimū‘a-yi ‘Ilmī-yi Raṣadkhāna-yi Marāgha”, *Hunar va Mardum*, Vol. 181, 1977.

Zāvush, M., *Kānī-shināsī dar Īrān-i Qadīm*, Tehran: Pazhūhishgāh-i ‘Ulūm-i Insānī va Mutāli‘āt-i Farhangī, 1996.

后　记

本书是在我的博士论文基础上完成的。十年前，我受北大国际汉学家研修基地“马可·波罗研究项目”的资助赴伊朗德黑兰大学交流学习。当时德黑兰的中国人很多，除了一些留学生外，大部分是从事各种生意的商人及其家属。在过去的几十年中，中国企业大量涌入伊朗市场。在伊朗既有中国派驻的石油、铁路等大型国有企业，也有华为、奇瑞等中国知名的民营公司，更有在异域谋求生存的小本生意经营者，他们从事矿石、机械、电子、毛纺、服饰以及各种生活日用品的跨国贸易，还有在通信、旅游、餐饮等服务类行业中工作的中国人。大到德黑兰人每天乘坐的地铁、伊朗航空的客机、伊朗国家网络防火墙，小到伊朗妇女每天用的洗碗布、小学生背的喜羊羊书包，无不展现着中国商品对伊朗的影响。

倘若问起伊朗人对中国的看法，多数伊朗人也只有“中国是一个经济大国”的印象。而伊朗人对中国商品的看法则很复杂：一方面，中国为伊朗提供了大量的价廉商品，使他们在西方的经济制裁期间，基本的生活需求仍能得到满足；另一方面，低廉的价格往往意味着低档的品质，也导致中国商品的名声受到影响。

我在伊朗期间目睹了现在的中国移民如何生活、工作，中国的商品对伊朗经济社会的影响，也看到了伊朗人对中国影响的反应。这使我迫切地想知道在古代中伊交流最繁盛的蒙元时期，中国人、中国物产如何进入伊朗，他们所承载的中国文明又对当时的伊朗有着怎样的贡献，历史的情形与今天的现实有哪些相同和不同。在撰写本书的过程中，对这些现实问题的思考时刻伴随着我。本书既是对学术问题的专题研究，也是对我本人关于古人生存和交流这两个主题的好奇心的满足。

我的博士论文于 2016 年 6 月通过答辩，之后经过几轮修改，形成了本书。本书能够付梓，并忝为学术研究做出些许贡献，与我的导师和众位师友的指导和帮助息息相关。我的导师荣新江先生专长于隋唐史、敦煌学、西域史与古代中外关系史等多个学术领域，学问精深、视野高远。他深谙做学问之根本，即使对他个人涉猎较少的领域，也能始终掌握研究的动态，保持学术的预流。他教授给我学术规范、思辨之法和论述之道，指导我如何搜集资料、布局、考证、撰述。荣老师极其重视与国际学界的对话，博士一年级我选定古代中伊关系史这一研究方向后，他便提议让我去伊朗学习交流。出国前手续繁复、经费滞缓，他更是为我垫付资金送我留学。博士毕业之际，他又力主我去德国继续深造，为我推荐、联络德方导师，终于顺利取得公派海外博士后的机会。他教导我们“读万卷书，行万里路”，做中外关系史研究不能只待在书屋里，也多次带我们对古代陆海丝绸之路所经过的省市做考察。更重要的是，他对学术研究彻底性的追求和一丝不苟的严谨态度，如一盏明灯，始终鞭策着我在学术道路上永不松懈、坚定前行。

在我并不算长的学术生涯中，南京大学的刘迎胜先生对我影响至深。我本科和硕士就读于南大历史系，虽不是刘老师的嫡传弟子，但受他的教导和关怀良多。硕士保送到中国近代史方向后不久，我忽然萌发了对蒙元史、西域史、边疆民族史的浓厚兴趣。于是，我成了刘老师课堂上的固定学员，跟他学习波斯语、突厥语、元史、边疆史等课程，尤其是他讲授的“审音堪同”方法，在我此后的学术道路上打下了深刻的烙印。硕士毕业时，我在南大已经学习了七年，刘老师建议我换一个新的学术环境，追求更大的进步。于是在他和华涛老师的推荐下，我考取了荣新江老师的博士。之后我与刘老师一直保持联络，向他汇报学习，请教交流。我的博士论文中所涉及的许多问题，刘老师都做过开创性的研究。尤为感激的是，我的博士论文答辩会也得到了刘老师的莅临指导，当时他年近七旬，却不辞辛劳奔波至京，接受我的博士成果的汇报。感念之情，无以言表。

我的博士论文是以波斯语文献为基础的史学研究，在这一领域，北大外国语学院王一丹教授对我的指导最多。王老师是研究波斯语文献的大家，也是一位极其耐心、可亲的师长。我所掌握和应用的许多重要的波斯语文献，都来自她的慷慨提点和馈赠。十年前，王一丹老师主持的社科基金重大项目“波斯文《五族谱》整理与研究”把我领入了波斯文抄本和伊朗学研究的大门。这个项目聚集了众多蒙元史专家，如北京大学的张帆、党宝海，社科院民族所的乌兰、刘正寅，北京师范大学的王东平等诸位老师，在一次次的交流中他们不吝赐教，令我受益匪浅。

此外，导师荣新江主持的“马可·波罗研究项目”，为我在蒙元史和中外关系史领域的学术训练提供了绝好的平台。除了上述已经提到的诸位老师外，还有孟嗣徽、朱玉麒、毕波、朱丽双等老师惠我良多。北大中古史中心的李孝聪教授、王小甫教授，南开大学李治安教授，以及我的博士论文答辩委员沈卫荣教授，均对本书的写作提出了宝贵的建议。

伊朗德黑兰大学乌苏吉（M. B. Vosoughi）教授学识渊博、待人真诚。他在北大访学的一年中，我与他交流甚多，树立了我研究中伊关系史的信心。此后我到伊朗学习，他担任我的邀请人和指导老师，生活上给予我无微不至的关心，学术上为我提供大量波斯文、阿拉伯文刊本、抄本资料，还带我在波斯湾沿岸及岛屿考察。本书的撰成，与他的帮助密不可分。

在我博士期间，师兄马晓林、罗帅、陈晓伟，师姐李鸣飞、赵大莹、郑燕燕在学术上给予我许多引导。师兄邱轶皓曾与我同赴伊朗，在收集资料、学术信息方面常常施以援手。波斯语专业的王诚总是有求必应地为我在伊朗购买书籍、查找资料。谢谢他们为我的学术进步所给予的帮助。还必须感谢博士期间一直陪伴着我的好友们——北大蒙元史的于月、罗玮、求芝蓉、冯鹤昌、张晓慧、陈新元、苗润博、王健丁、陈希，中外关系史的付马、胡晓丹、沈琛，隋唐史的郭桂坤、田卫卫、包晓悦、李昀、张凯悦、陈烨轩以及考古学院的范佳楠，谢谢他们一路做伴。

感谢北大国际汉学家研修基地顾晓玲、朱文静老师，中古史中心图书馆史睿馆长和管理员方老师，他们为我在使用图书馆资源方面提供了大力支持；感谢中科院自然科学史研究所陈巍老师提供的资料帮助；感谢伊朗商人阿里帮我运送书籍。还有许多帮助我的师友，无法一一列出，对他们我由衷感谢。

感谢中国社会科学院创新工程学术出版资助项目的资助，以及社会科学文献出版社历史学分社郑庆寰社长和责编郑彦宁老师的大力支持。

最后，我要感恩我的父母，在我的学术之路上给予的坚定的支持；谢谢我的丈夫对我无限的宽容和爱护。谢谢他们愿意成为我学术前进路途中最坚强的后盾。

搁笔之时，北京刚刚经历了新冠疫情最残酷的洗礼，无数人正从病痛中挣扎而起。不过，新年的钟声已经敲响。凛冬将去，春天不远。

陈春晓

2023年1月2日于北京门头沟家中

图书在版编目（CIP）数据

伊利汗国的中国文明：移民、使者和物质交流 / 陈春晓著 . -- 北京：社会科学文献出版社，2023.12
（九色鹿）
ISBN 978-7-5228-2894-7

Ⅰ . ①伊… Ⅱ . ①陈… Ⅲ . ①中外关系－文化交流－文化史－元代 Ⅳ . ①K247.03

中国国家版本馆CIP数据核字（2023）第224343号

·九色鹿·
伊利汗国的中国文明
——移民、使者和物质交流

著　　者 / 陈春晓

出 版 人 / 冀祥德
组稿编辑 / 郑庆寰
责任编辑 / 郑彦宁
责任印制 / 王京美

出　　版 / 社会科学文献出版社·历史学分社（010）59367256
地址：北京市北三环中路甲29号院华龙大厦　邮编：100029
网址：www.ssap.com.cn
发　　行 / 社会科学文献出版社（010）59367028
印　　装 / 南京爱德印刷有限公司

规　　格 / 开　本：787mm×1092mm　1/16
印　张：29　字　数：360千字
版　　次 / 2023年12月第1版　2023年12月第1次印刷
书　　号 / ISBN 978-7-5228-2894-7
定　　价 / 98.80元

读者服务电话：4008918866